QIYE ZIZHU CHUANGXIN JISHU DE SHANGYEHUA MOSHI YANJIU

企业自主创新技术的商业化模式研究

蔡桂云 著

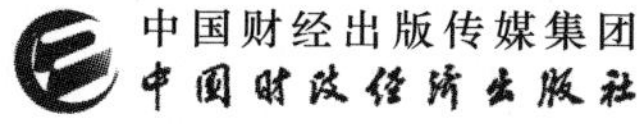
中国财经出版传媒集团
中国财政经济出版社

图书在版编目（CIP）数据

企业自主创新技术的商业化模式研究 / 蔡桂云著
. --北京：中国财政经济出版社，2021.8
ISBN 978-7-5223-0667-4

Ⅰ.①企… Ⅱ.①蔡… Ⅲ.①企业创新-技术革新-研究-中国 Ⅳ.①F279.233.1

中国版本图书馆 CIP 数据核字（2021）第 144382 号

责任编辑：李筱文　　责任校对：胡永立
封面设计：卜建辰　　责任印制：党　辉

企业自主创新技术的商业化模式研究
QIYE ZIZHU CHUANGXIN JISHU DE SHANGYEHUA MOSHI YANJIU

中国财政经济出版社 出版
URL：http：//www.cfeph.cn
E-mail：cfeph@cfeph.cn

社址：北京市海淀区阜成路甲 28 号　邮政编码：100142
营销中心电话：010-88191522
天猫网店：中国财政经济出版社旗舰店
网址：https：//zgczjjcbs.tmall.com
北京财经印刷厂印刷　各地新华书店经销
成品尺寸：170mm×240mm　16 开　25 印张　360 000 字
2021 年 9 月第 1 版　2021 年 9 月北京第 1 次印刷
定价：96.00 元
ISBN 978-7-5223-0667-4
（图书出现印装问题，本社负责调换，电话：010-88190548）
本社质量投诉电话：010-88190744
打击盗版举报热线：010-88191661　QQ：2242791300

本研究获得国家社科基金青年项目“企业自主创新技术的商业化模式研究”（项目批准号：13CJL026）资助，是该课题的结题成果，在此深表感谢！

同时，感谢江西现代农业及其优势产业可持续发展的决策支持协同创新中心和江西农业大学“三农”问题研究中心的共同资助。

摘　　要

本书主要探讨企业之间创新技术成果的商业化传播问题，试图从上下游的角度解释现实中多种技术许可方式同时存在，以及不同的技术商业化模式并存的原因，进一步分析跨国企业的技术转移以及技术吸收策略（是否通过企业兼并向东道国企业进行技术转移或者吸收东道国先进技术），研究表明：

1. 在双寡头古诺市场竞争条件下，一个拥有提高下游市场所生产的最终产品质量技术的非生产性创新企业技术许可选择。在固定收费许可方式下，技术拥有企业向另一个企业转让技术时其利润更高；在单位产出费许可方式下，技术拥有企业的技术许可对象选择与企业的技术革新程度密切相关；在固定收费加单位产出费许可方式下，不管政府是否允许技术拥有企业对被技术受让企业进行补贴，技术拥有企业都应该只向一个企业转让其新技术。令人惊讶的是，与政府不允许企业进行补贴相比，政府允许企业补贴时技术拥有企业的利润、消费者剩余以及社会福利不会更低。因此，从最大化社会福利的角度来看，政府反对企业补贴政策不太合理；对于技术拥有企业而言，单纯从理论上进行比较，固定收费加单位产出费许可方式肯定最优（但在现实中难以操作），但固定收费许可和单位产出费许可两种方式相比，孰优孰劣取决于企业自主创新的技术革新程度。

2. 在差异寡头古诺市场竞争条件下，一个拥有降低下游市场所生产的最终产品生产成本技术的非生产性创新企业技术许可选择。在固定收费许可方式下，技术拥有企业最优技术许可对象选择取决于新技术的使用所带来企业生产成本下降的幅度；在单位产出费许可方式下，技术拥有企业同时转让技术其利润更高；固定收费加单位产出费许可方式下，不管政府是否允许企业补贴，技术拥有企业最优技术许可对象选择都与企业的技术革新程度紧密相关，因此，从创新企业的角度看，其如何选择许可对象同样要考虑其技术的先进性，以及其与竞争对手协议的技术收费方式。

3. 在顺序进入市场条件下，一个拥有提高下游市场所生产的最终产品质量技术的非生产性创新企业的技术商业化转移选择。企业的最优并购选择或者是兼并先进入企业或者跟随企业或者兼并两个企业，这取决于政府是否允许企业补贴以及企业技术提高产品质量的程度；在技术拥有企业通过技术许可方式进行技术商业化传播时，不管政府是否允许企业补贴，技术拥有企业的最优许可对象或者是跟随企业或者两个企业，这取决于创新技术提高产品质量的幅度。综合比较这两种技术商业化传播方式发现，不管政府允许企业补贴，与技术许可相比，兼并时的消费者剩余和社会福利都可能更高。因此，从社会福利的角度来看，国家鼓励企业通过技术许可进行技术转移从而给予相关优惠政策，而对企业兼并设置种种限制的政策可能存在一定的不合理性。

4. 在同时进入市场条件下，非生产性创新企业如何商业化其拥有的提高最终产品质量技术。如果下游市场进行价格竞争，技术拥有企业的最优兼并对象选择和最优许可对象选择都只取决于企业的技术创新程度，并且有两种技术转移方式，技术拥有企业的最优技术传播方式既可能是兼并，也可能是技术许可，但对社会而言，兼并时的消费者剩余和社会福利不会比技术许可时更低，即又一次从理论论证政府鼓励技术许可转让的优惠政策存在不合理性；如果将两种不同竞争方式下均衡时的产业利润和社会福利比较，可以得到以下结论：创新技术所有者通过企业兼并的方式或者技术许可的方式转让其创新技术时，与 Bertrand 竞争相比，Cournot 竞争时的社会福利可能更高，产业利润可能更低。

5. 通过实证研究发现：影响企业自主创新技术许可方式选择以及技术商业化传播的因素很多，其中技术创新程度是一个非常重要的因素。技术创新程度越高，技术拥有企业越偏向于通过技术许可的方式（企业兼并）转移其创新技术，并且越偏好采取固定收费许可的方式；同时，技术转移程度的大小以及企业的销售额波动等也影响企业技术许可方式的选择，并且企业资产规模等也是影响企业技术商业化模式的重要影响因素。

6. 在纯粹寡头垄断市场条件下，一个生产技术落后（技术先进）的跨国企业的企业兼并选择，即其继续利用落后（先进）技术进行生产，还是通过企业兼并发达国家企业来获取对方先进技术（向对方企业转移技术）进行高效率生产，这取决于技术差距和两国贸易成本，以及东道国政府的引资政策等。

目　　录

第 1 章

导　论

1.1 研究意义

当今，科学技术是第一生产力已成为共识，技术创新已成为经济增长最关键的要素。2018 年 5 月 2 日习近平总书记在北京大学考察时强调指出"重大科技创新成果是国之重器、国之利器，必须牢牢掌握在自己手上，必须依靠自力更生、自主创新"。这足以说明科技创新在一国经济中的重要性。从某种意义上讲，科学技术的发展水平，已经成为衡量一个国家发达与否的重要标志，从根本上决定着国家的经济实力的强弱。近几十年发达国家的经济增长，约 2/3 来自技术进步。

对于企业而言，创造新技术并及时将科技成果转化为生产效率，对企业产品的更新换代、产业结构的转型升级具有十分重要的意义，也是当今各个企业抢占国际市场竞争制高点的重要因素。

在各国经济贸易活动中，企业与企业之间的技术传播增长非常迅猛。以我国为例，我国的技术贸易额从 2001 年的 782 亿元增长到 2015 年 9835. 8 亿元，2016 年技术合同交易量达 32 万多项。

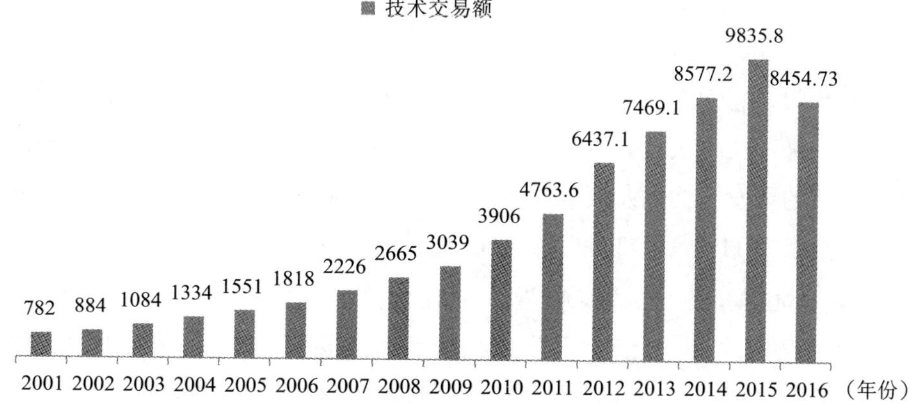

图 1. 1 2001—2016 全国技术交易合同额（单位：亿元）

任何一个企业只有不断地在发展中进行企业技术的创新升级，才能在激烈的市场竞争中生存下来。当然，企业的技术除了自主研发以外，有相当一部分来源于外部引进。例如“二战”后，日本就是依靠大量“引进、吸收、提高、创新”欧美的技术，使日本的制造业实现了腾飞。因此，技术传播一方面推动了相关企业的迅速发展；另一方面为国家当前的经济增长提供了强劲的动力。

当然，“引进、吸收、提高、创新”的企业技术创新策略，不仅是日本制造业得以异军突起的重要原因，也是中国制造业在过去几十年取得成功的重要秘诀。例如，格力和苏泊尔等国内的电器生产企业大部分都是走的“自主创新+技术引进”的企业技术创新之路。

事实上，每一项新技术和新发明都不是凭空想象出来的，几乎都是立足于现有的科学和技术进行不断创新。即便是企业自主研发的一项新技术，其技术设计中也可能会涉及很多已有的非企业自有技术成果，因此企业技术中使用这些已有的技术成果，就必须要获得被引用企业的同意或者授权。所以，按照专利保护法的相关要求，即便是企业自创的创新技术也可能需要获得其他企事业单位的许可同意。相比较于企业自主研发存在投入高、研发成果不确定、投入周期长、风险大等弊端，甚至某些企业更青睐于使用由其他企业或机构已经研发并经过生产应用的成熟技术。

当然，企业通过技术引进获取高新技术在现实中也是可行的。原因在于一些国家重点实验室、高校以及科学研究院等主要从事技术研发的一些企事业部门，它们本身不会将自己研发的创新专利投入用于生产相应的产品，而是采用技术买卖方式来实现其创新技术商业化的传播目的。国家统计局公布的研发机构以及高等学校的科技活动报表显示：全国研发机构专利许可数由 2011 年的 735 件增加到 2015 年的 3567 件，专利许可收入由 2011 年的 66622.7 万元增加到 2015 年的 72435.4 万元，5 年的增幅分别高达 3.85 倍和 8.7%。全国高等学校科技产出专利许可数由 2011 年的 2203 件增加到 2015 年的 2786 件，专利许可收入由 2011 年的 46864.78 万元增加到2015年的66942.445万元，5年的增幅竟分别高达6.5%和42.8%。[①]由此可见，高等院校等非生产性企事业单位的专利转让规模越来越大，且在国内专利交易中占据十分重要的地位。

同样，在现实经济中，企业通过兼并获取其创新技术也不乏先例。例如，2016年，湖北泰特机电有限公司全资收购荷兰研发企业e－Traction公司获得新能源汽车生产的核心技术—轮毂电机技术，从而实现汽车轮毂电机产业化发展[②]。再例如，美国陶氏化学公司（美国的第二大化学公司）不惜耗资55亿美元成功并购了马里恩实验室。因此，陶氏化学公司获取了马里恩实验室生产特种医药的权利，因而也进入生物工程高科技的生产领域。[③]

由此可见，企业通过技术引进和企业兼并来获取高新技术的方式非常普遍，并且这种活动对于企业和国家而言意义重大。因此，深入研究企业创新技术的商业化传播具有非常重要的现实意义。

1.2 相关概念界定

1.2.1 技术商业化模式

技术的商业化模式即指的是自主创新企业新技术商业化传播的方式。事实上，企业之间技术商业化模式的途径有很多，但学者研究最多的技术商业化模式有技术许可、企业兼并以及技术溢出这三种。

（1）技术溢出

技术溢出指的是企业通过员工流动等各种渠道毫无成本地获取或者部

---

① 数据来源：中国科技统计年鉴（2012－2016年）中的研究与开发机构部分。

② 数据来源：http：//www.qi－che.com/rp/201611261643116.html.

③ 陈德智、肖宁川：“并购—技术跨越模式研究”，《科技管理研究》，2003年第5期。

分获取研发企业的创新技术。这意味着创新企业的新技术研发并投入使用后，这种新技术将不仅有利于这个企业，而且会对其他生产者产生有利的影响（即创新技术的正外部效应）。例如，其他企业或者通过员工流动或模仿有形产品等渠道也可以获取新技术所带了正的外部效应，即他们可以不用支付任何报酬。而且企业技术溢出发生时，很多时候技术创新企业不知情或者是知情，但无法完全阻止从而处于被动情形下发生，故技术溢出尽管对社会福利整体可能会有正的外部性，但多数情况下对技术创新企业而言不仅没有带来直接的收益，反而会因技术人员被“挖走”、产品被模仿等行为造成很大的损失。

创新企业实现技术的突破后，为了最大化企业的自身利益，它会为这种自主创新技术申请专利。而专利赋予研发创新企业拥有该项技术的所有权（包括使用权和商业权等），因而其他企业如果想使用这项新技术，就必须获得技术发明企业的同意。从这个角度看，专利制度实际上是对企业研究和发明的激励与保护，并且随着与专利相关的法律和制度不断完善，企业技术的传播方式中技术溢出所占的比重会越来越小。因此，企业之间技术主要的传播方式就是技术授权（许可）和企业兼并。

（2）技术授权（许可）

技术授权是指技术拥有企业与技术受让企业签订合同，提供给技术受让企业专利、专有技术的使用权和产品的制造权等，技术受让企业根据相关协议以支付使用费并保守技术秘密等义务作为获取创新技术的代价。

技术授权合同中关于技术授权费用的规定分为以下三个大类：

一是固定收费（fixed－fee），指的是技术受让企业向技术拥有企业一次性支付一定数量的费用，并且这笔费用与技术受让企业今后利用该项技术生产产品的产量没有任何关系。因此，技术受让企业使用技术后，这笔费用的支出就会构成技术受让企业的固定成本。

二是特许权收费（royalty），指的是技术受让企业向技术拥有企业支付与其利用该技术生产产品的产出有关的费用。实际上，现实中特许权收费又分为单位产出费（per－unit royalty）和单位收益费（ad valorem royalty）两类。前一类是指技术受让企业支付一定数量的费用是以其产品的产量为基础，即其每生产一单位产出向对方支付 t 的费用，因此 t 构成了技术受让企业的边际成本；后一类是指技术受让企业支付的费用以其产品的销售额为基础，即技术受让企业利用该技术生产产品每获得一单位收益向对方支付 t 的费用。

三是双重收费（two - part tariff），指的是技术受让企业向技术拥有企业除了支付一笔固定的费用之外，还要支付与其产出相关的特许权使用费。同样，双重收费又分为单位产出费加固定收费（per - unit royalty plus fixed fee）和单位收益费加固定收费（ad valorem royalty plus fixed fee）两类。

为了分析的简单，本书所探讨的是固定收费、单位产出费、单位产出费加固定收费这三种收费方式。[①]

（3）企业兼并

由于企业兼并活动发生后，可以使得兼并企业得到被兼并企业的技术等方面的资源。因此，现实中相当一部分企业兼并的动机就是获取知识产权以及获得并掌握相关技术，进而达到进一步扩大企业自身的市场份额和市场竞争力的目的。甚至企业还可以通过并购获取对方的关键技术、相关技术诀窍，以此达到打入新市场或者稳固市场地位的目标。

由于技术溢出大多数发生在技术拥有企业非自愿或者不知情的情形下，并且在实际中企业技术溢出的程度受多种因素影响，而且国内也有很多学者对技术溢出的相关问题进行了理论和实证研究。加上作者专业知识有限，本书就不探讨技术溢出这种技术传播模式。因此，本书中企业创新技术的商业化模式只研究创新企业通过技术许可以及企业兼并这两种模式商业化的创新技术。

---

① 因为本书是在上下游的框架下讨论企业的技术许可选择，如果探讨特许权收费中单位收益费，则进行比较静态分析时，数学计算处理时情况特别复杂。为了分析简便，本书只讨论单位产出费。

1.2.2 技术创新的类型

实际经济中具体的企业创新技术种类繁多，涉及不同的行业，但可以把这些技术创新归结到以下三种类型：

（1）提高产品质量的技术创新

新技术投入使用后，产品的质量确实会得到提升。因而新技术使用后的产品在消费者心目中的保留价格也得以提高，即消费者愿意花更高的价格来购买这种新产品。

（2）降低产品生产成本的技术

技术受让方获得该项技术后，其产品的生产成本会下降（不包括新技术的使用成本，即技术使用费）。当然，这并不意味着所有企业都愿意花钱购买这种技术，因为厂商使用新技术还得向企业支付技术使用费。

（3）开发新产品

新技术的使用会带来全新产品的生产。当然，这种新产品可能是市场上已经存在的产品的近似替代品，或者是市场上根本没有近似替代品的特殊产品。

需要补充说明的一点是，其中第一种和第三种技术创新类型指的是产品创新，而第二种技术创新类型指的是过程创新。

由于新产品研发出来后投入市场的过程中会存在市场需求前景等很多不确定性。因此，本书所探讨的企业创新技术指的是提高产品质量技术的产品创新和降低企业生产产品成本技术的过程创新这两种，即产品创新仅考虑提高产品质量的创新。

1.2.3 技术创新（革新）程度

（1）非剧烈创新

技术受让企业使用新技术后，其市场竞争力得以提高，但新技术使用后不足以将其竞争对手挤出市场，即未接受技术转让的企业与其共同存在于市场并进行竞争。这种新技术的创新程度称之为非剧烈创新。

（2）剧烈创新

新技术在投入使用后，技术受让企业的市场竞争力得到很大的提升，以至于将原先与其进行竞争的对手挤出市场，这种新技术的创新程度称之为剧烈创新。

同时需要补充的是，本书中所谈到的技术创新程度较高指的是，新技术使用后能够带来产品质量的提高幅度较大或者是企业生产成本的降低幅度较大；反之，技术创新程度较低是指，技术接受企业使用新技术后其产品质量提高幅度较小或者是企业生产成本降低幅度不大，则为技术创新程度较低。

当然，本书中剧烈创新和非剧烈创新这两种技术创新程度的类型都有涉及，只不过在正文中没有特意做出相应的说明。

1.2.4 寡占市场上企业之间竞争方式

（1）古诺竞争（Cournot）

假设市场中的企业同时进入市场，并且在市场上进行产量竞争。即每个企业将其竞争对手的产量水平看成既定的，然后决定自己的产出水平。

（2）伯川德竞争（Bertrand）

假设市场中所有企业同时进入市场，并且它们在市场上进行价格竞争。即每个企业在决定其自身产品的价格时，将竞争对手的价格水平当成既定的。显然，如果所有企业生产的产品是同质的，企业之间进行价格竞争的均衡结果跟完全竞争市场的均衡结果完全相同。

（3）斯塔克尔伯格竞争（Stackelberg）

假设市场中的企业先后进入市场，并且它们在产品市场上也进行产量竞争。与古诺竞争不同的是，后进入企业即跟随者可以将先进入企业的产量水平看成是既定的，然后再决定自己的产出水平。因此，先进入企业即领导者在决定其产量水平时要考虑到跟随者对其产出的反应。

当然，除了上述三种企业之间竞争方式之外，还有价格主导厂商等，但在经济学的学术研究中，寡头垄断市场结构中这三种竞争方式的设定占绝对主导地位。因此，本书中企业之间的竞争方式就主要考虑这三种。需要指出的是，古诺竞争、斯塔克尔伯格和竞争伯川德竞争时消费者剩余、产业的利润以及社会福利也完全不同。因而，本书分别探讨这三种竞争方式也非常有必要。

1.2.5 企业的类型

企业的类型从不同的角度有不同的分类，本书包括问卷设计中都是按所有制形式分为两大类：

（1）私有企业

私有企业是以营利为目的的，因此其所有者的目标函数是企业的利润。本书也沿用了其他学者的分析方法，即私营企业的目标是追求利润最大化，即在实际研究过程中没有考虑现代企业所有者和经营者相分离的现实。①

（2）国有企业

国有企业是以增进社会福利为目的，因而其目标函数是一国社会福利，即国有企业的目标是追求社会福利最大化。这里补充说明一点，本书按照产业组织理论研究中常用做法将社会福利为消费者剩余与产业利润的总和，而微观经济学中社会福利等于消费者剩余加上生产者剩余。相比较而言，生产者剩余与企业利润之间的差额等于企业的总固定成本。但由于固定成本对于企业短期生产行为不产生任何影响，因此，如果按照微观经济学中的计算方法来计算社会福利，本书中的任何结论都不会改变。

当然，如果所分析寡头垄断市场结构中的企业既有国有企业又有私营企业，这种市场结构就定义为混合寡头市场。

随着企业对技术创新的不断追求，企业之间的技术交易规模越来越庞

---

① 实际上经营者的目标是效用最大化，但经营者不能偏离所有者目标太远，否则有被解雇的风险。因此，一些文献中如果考虑现代企业制度中的所有权和经营权分离，一般均假设企业的目标是企业的利润和企业销售额的加权平均值最大化。

大。并且，由于创新技术的使用对一国相关产业的市场结构乃至消费者福利都会产生较大的影响，因此，技术商业化转移自然就成为经济学，尤其是产业组织理论的研究热点，相关的研究成果尤其是理论研究方面的成果非常丰富。

1.3 相关文献综述

与本书相关的文献可以分为四大类：第一是技术授权（许可）的相关研究；第二是企业兼并与技术授权（许可）的研究；第三是企业兼并的相关研究；第四是技术溢出方面的研究。

1.3.1 技术授权（许可）的相关研究

有关技术授权的研究，主要沿着三个方面进行：第一是分析非生产性技术拥有企业从利润最大化的角度，什么样的技术许可方式最好，即固定收费许可、特许权收费许可和特许权收费加固定收费许可（双重收费许可）以及这三个大类收费合同的选择问题；第二是分析生产性技术拥有企业是否会向其他竞争对手进行技术授权。如果其选择进行技术授权，则进一步分析什么样的技术授权合同收费方式能达到其利润最大化的目的；第三是分析技术拥有企业的技术授权对象选择问题以及技术授权发生后的社会福利效应。

（1）技术许可的收费方式选择

根据本书前面相关分析可知，企业通过技术许可来实现技术商业化的目的，其选择的收费方式通常有三大类：固定收费、特许权收费和特许权收费加固定收费（双重收费）；寡头竞争市场上企业间的竞争方式主要有古诺竞争（Cournot）、伯川德竞争（Bertrand）和斯塔克尔伯格竞争(Stackelberg)。

①固定收费许可最优。在相关文献中，认为固定收费合同最优的文献有很多。Kamien 和 Tauman（1984）认为在完全竞争市场上，如果技术创新的非生产性企业可以任意选择固定收费许可和特许权收费许可，那么最优的收费方式是固定收费许可；Kamien 和 Tauman（1986）则引入不完全竞争市场结构，分别探讨在古诺竞争和伯川德竞争条件下非耐用品市场的技术许可，研究发现：如果生产性企业在产品市场上进行产量竞争，固定收费许可也总是优于特许权收费许可；Kamien 等（1992）引入非线性需求函数，也得出固定收费方式比特许权收费方式更优。Antelo（2003）认为非生产性技术企业因拥有技术方面的信息优势，其固定收费合同最优。徐璐、叶光亮（2018）则将研究的范围拓展到外国技术授权，研究拥有降低生产成本技术的外国企业如何将技术许可给东道国的两个企业，他们认为当能够进行歧视性授权时，外国企业总偏好固定收费许可方式，反之，当不能歧视性授权时，外国企业总偏好特许权收费许可方式。

②特许权收费最优。Wang（1998）将 Kamien 和 Tauman（1986）研究拓展到生产性技术拥有企业，分析的是在一个纯粹双寡头古诺市场竞争条件下，若有企业拥有降低生产成本的技术，要不要向竞争对手许可技术。他认为当技术创新程度非剧烈时，应该向竞争对手授权技术。[①] 固定收费方式会弱化技术拥有企业的成本优势，故特许权收费合同比固定收费合同更好，而当技术创新剧烈时，技术授权活动不会发生；Wang（2002）在其前期研究的基础上，探讨差异寡头古诺竞争条件下生产性技术拥有企业技术授权问题，得出了略有不同的结论，即技术创新剧烈时，技术授权活动也可能会发生；Filippini（2005）和 Saracho（2007）则分别研究了 Stackelberg 竞争条件下耐用品生产企业的技术授权选择，同样得出特许权收费优于固定收费的结论；Muto（1993）在多阶段非合作博弈模型的分析框架下，当企业生产异质产品且技术创新非剧烈时，特许权收费合同也优于固定收费合同；Kamien 和 Tauman（2002）则探讨多头寡占市场结构下，生产性企业创新的技术许可。他们认为当技术拥有企业所在行业数目足够多

① （非）剧烈创新指的是技术创新后，技术接受企业的垄断价格（高）低于创新前的竞争性价格。

时，其更偏好特许权收费。Banerjee（2019）认为当潜在专利技术接受企业的成本差异较小时，单位产出费许可最优。

③双重收费最优。还有一些学者认为，三种技术许可方式中双重收费最好。例如，Bousquet 等（1998）分析技术许可方式受产品市场需求的风险影响很大。如果产品的市场需求变化不定，技术受让方基于风险规避的需要会选择特许权收费合同，而技术许可方为了规避风险会选择固定收费许可，双方各退一步选择折中的双重收费来分散需求不定风险；如果风险是来源于技术受让方成本的不确定，那么双重收费、固定收费或特许权收费许可这三种许可方式都可能最优。

Beggs（1992）和 Vishwasrao（1994）则通过引入信息不对称问题，他们认为与技术拥有企业相比，技术受让方对产品市场需求等市场方面的信息了解更多。此时，双重收费方式最优。

Li 和 Geng（2008）突破了 Kamien 和 Tauman（1986）中产品的非耐用性假定，他们研究耐用消费品的最优技术许可选择。文章中探讨过程创新、水平创新、垂直创新这三种类型技术创新下技术拥有企业的最优技术许可选择。他们的研究表明，对于创新企业而言，过程创新时其应该选择特许权收费许可；然而水平产品创新时其往往应该选择固定收费许可；但是纵向产品创新时企业技术创新的程度决定最优的技术许可方式，即说明三种许可方式都可能最优。

李长英和王君美（2009）在 Stackelberg 竞争条件下，讨论拥有提高产品质量技术的非生产性技术拥有企业的技术授权问题。得出的结论是：对于技术拥有企业而言，固定收费许可给其带来的利润不一定高于特许权收费许可时的利润；双重收费许可时技术拥有企业获得收益最高，但此时技术传播活动可能会降低社会福利。李长英和王君美（2010）进一步在异质古诺竞争框架下，得到类似结论。

（2）技术授权对象的选择问题

刘兴和顾海英（2008）探讨了不同创新类型下，如何选择技术授权对象的问题，得出的结论是：对于不同的技术类型，技术拥有者可以选择其中任一个授权对象，其最终结果都有实现利益最大化的可能性。

李长英和王君美（2009）研究顺序进入市场竞争条件下，创新技术的非生产性拥有者的授权对象的选择问题。在特许权收费和双重收费许可方式下，技术拥有企业选择非排他性技术许可（即向两个企业转让技术）。在固定收费方式下，非排他技术许可（即向跟随企业后进入市场的企业许可技术）才是其最优的选择。

李长英和王君美（2010）研究了在 Cournot 市场结构下，非生产性技术拥有企业转让其降低成本技术时授权对象的选择问题。在固定收费方式，技术拥有企业应该排他性技术许可方式，即向高质量产品企业转让其技术，在特许权收费方式，技术拥有企业应该采取非排他性的技术授权方式；如果是双重收费方式，技术拥有者两种选择都有可能，即或者是非排他性技术许可，或者排他性技术许可只向高质量产品生产企业转让技术。

（3）企业是否进行技术许可问题

这一块主要是研究生产性技术拥有企业的技术许可与否问题，即其选择自己利用创新技术垄断生产，还是选择向同行其他企业进行技术授权从而共同生产，这取决于自己生产所得利润与技术授权后其所获得的总利润（生产利润与技术授权费用之和）之间比较的结果。[①] 如果生产性技术拥有企业技术授权时的总所得大于其独自生产时的生产利润，其应该选择与同行业的其他企业共同使用新技术进行产品的生产，否则的话，其应该选择垄断生产。Poddar 和 Sinha（2010）在 Cournot 竞争模型中，探讨了技术创新程度以及成本差异对企业技术授权的影响（技术拥有企业拥有高质量产品生产的技术，但其效率较低即生产成本较高）。他们认为创新技术所带来产品质量提高程度较大时，生产成本相对较低的技术拥有企业会选择技术授权来获取技术转让收益；创新技术所带来产品质量提高程度较小时，企业之间的成本差异适合的情况下才会选择向其他企业进行技术授权，而且双重收费许可是企业的最优选择。

值得说明的是，Mukherjee 和 Sinha（2014）和 Chen 等（2014）则在混合寡头的竞争框架下，探讨拥有创新技术的私有企业如何对本国公有企业

---

① 非生产性企业因为不生产，又不进行技术转让其利润为零时，其最终肯定愿意转让技术。

进行技术授权。

1.3.2 技术授权与企业兼并的相关研究

在现实经济中，有的企业进行企业兼并动因是为了获得被兼并企业的先进技术；除这种模式以外，企业还可以通过其他渠道，如技术许可获得相关技术。因此，这种目的下的兼并策略是一个可以被其他策略，如技术许可所替代的策略。目前，将这两者技术转移方式结合起来进行研究的文献不多，主要有以下几篇：

Fauli－Oller 和 Sandonis（2003）在一个水平差异双寡头垄断条件下，探讨生产性技术拥有企业采用或者企业兼并或者技术许可这两种技术转移方式来传播其降低成本的技术。他们认为，在固定收费许可和特许权收费许可条件下，技术拥有企业不进行技术许可时利润可能会更高；与企业兼并相比，这两种技术许可方式下社会福利可能会更低。因此，对社会而言，企业兼并更能有利于社会福利的提高。在此基础上，他们呼吁在兼并时的社会福利若高于技术许可时的社会福利时政府不应该反对企业兼并活动。

然而，Li（2005）研究市场上有一个本国企业和一个拥有创新技术的外国企业进行竞争的情况。他的研究发现，外国企业兼并本国企业时的社会福利比外国企业对本国企业进行技术许可时的社会福利更低。显然，政府禁止这种跨国并购的活动合理，这与 Fauli－Oller 和 Sandonis（2003）中的结论不同。李长英、宋娟（2006 a，b）古诺和斯塔克尔伯格竞争时，企业在兼并和技术许可这两种技术转移方式中的取舍问题也得到与 Li（2005）相似的结论。

李长英、姜羽（2006）又在 Stackelberg 竞争条件下研究类似的问题，他们探讨的是拥有降低生产成本技术的企业的技术转移方式的选择问题。研究表明，政府是否应该禁止兼并活动受技术许可的方式、技术的创新程度以及企业之间的产品水平化差异程度的影响，不能一概而论。

田晓丽、刘政（2012）在双寡头 Cournot 竞争模型中，探讨非生产性专利技术拥有企业的技术转移活动。从技术拥有企业利润最大化的角度，企业兼并总优于技术授权，并且，企业兼并和技术许可这两种技术传播活动都可能会有损于消费者剩余和社会福利，蔡桂云（2012）也得出类似的结论。

谢申祥、王孝松（2012）将研究拓展到外国技术授权。研究表明，如果技术授权采用双重收费方式，那么就应该限制外国企业对本国企业的兼并行为；如果是技术授权采取固定收费或者特许权收费方式，那么本国政府可以根据技术创新程度、产品替代程度等因素，相机选择是否允许外国企业兼并本国企业。

綦勇（2015）研究认为，产品质量差异程度和技术革新程度以及企业竞争方式等因素都能够影响技术拥有企业技术转移时技术授权与企业兼并之间的选择。田晓利（2016）在李长英和王君美（2009）的基础上，讨论非生产性的技术拥有企业，采取企业兼并和技术许可两种方式向生产性企业转移技术。研究表明，对于技术拥有企业而言，当技术革新程度较高时，企业兼并优于技术授权；当技术创新程度较低时，技术授权优于企业兼并，并且技术授权可能会降低社会福利。

1.3.3 企业兼并的相关研究

（1）横向兼并的相关研究

企业横向兼并和技术授权的研究可以追溯到20世纪60年代Williamson（1968）等对兼并理论的研究，其后，学者们从企业横向兼并动机、效应等角度进行了理论和实证方面的研究。

Williamson（1968）和Perry（1985）认为，尽管横向兼并可能会弱化市场竞争进而可能导致产品的价格上升，但会带来企业生产成本的降低，这样就能够提高市场效率进而可以增加企业收益。因此，企业之间就总会存在兼并动机。

Stigler（1950）、Farrell和Shapiro（1990）等学者从不同角度分析了兼并产生的动机及兼并实施的条件。例如，Salant等（1983）建立的SSR模型，分析了 Cournot 寡头垄断竞争条件下企业兼并的动机和效应。Farrell 和 Shapiro（1990）将 SSR 模型进行拓展，并证明了 Cournot 寡头垄断市场中，厂商横向兼并也可以改善社会福利。

还有一些国内学者也从企业技术传播的角度探讨企业横向兼并的动机和效应。何新宇、陈宏民（2000）从技术差异的角度，分析技术差距与企业横向合并动机之间的关系，认为技术差距是企业横向兼并的动机之一；田晓丽、刘政（2012）结合企业兼并和技术授权进行分析，认为在纵向市场结构中，政府从福利最大化的角度应该支持双重收费的技术授权方式，而对企业横向兼并予以禁止。

（2）纵向兼并

企业通过兼并或收购的方式控制与其相关的生产或销售阶段的厂商这一种行为，即纵向兼并在现实经济中非常常见。克拉克森（1996）认为，如果兼并是在存在关联关系的两个厂商（实质业务联系，如销售产品或者供应原材料等）之间发生的，这种兼并即为纵向兼并。

有关兼并的理论渊源可以追溯到亚当·斯密、穆勒，但标志性的事件还是科斯引入了交易费用后对企业边界的探讨和研究。新古典经济学将企业看成一个负责生产和销售的单位，但没有深入界定企业的性质是什么，企业与社会之间的边界在哪里？科斯在企业理论的分析框架之中纳入了企业兼并的问题。企业基于降低交易费用的考虑，可能与上下游企业形成纵向的联合关系，企业的边界以此来确定。企业纵向兼并的扩张，实际上是企业在考察内部自制的交易费用和向市场购买的交易费用之后进行的选择。总之，科斯有关纵向兼并方面的研究奠定了其在产业组织理论中的基础。

哈佛学派的 Mason 和 Bain 在市场结构中分析企业行为，认为集中度高的产业中，由于少数企业间的串谋和高进入门槛会限制企业竞争，结果往往会导致超额利润的诞生，利润越高垄断性越强，即寡占的市场结构最终会导致资源配置效率的低下。因此，他们主张对产业中的垄断和寡占采取规制措施，这对“二战”后西方发达国家的反垄断政策产生了重大影响。

同时，哈佛学派认为纵向兼并使企业的垄断势力进一步延伸，而且能够限制竞争对手的进入，进而实现限制企业竞争的作用。

相反，芝加哥学派认为纵向兼并对市场竞争没有影响，他们认为企业实施这种兼并行为是基于降低成本、提高效率的考虑，因而垄断并不是企业实施这一行为的首要考虑因素。

芝加哥大学的 Stigler 和 Posner 等从企业行为的角度出发去研究垄断问题，他们认为大企业的形成和生产的一体化主要是通过企业内部增长和对外兼并形成的，企业依靠内部增长发展成为具有垄断地位的大企业，这说明其生产经营效率更高，而对外兼并也会使资源从效率更低的企业向效率更高的企业进行转移。而能够形成寡占地位的大企业往往是竞争中效率更高的企业，对其拆分反而会降低资源配置效率，损害社会福利。

Bork（1978）和 Posner（1976）认为，企业实施纵向兼并后也可能会选择向其竞争对手销售中间产品。如果其选择不向竞争对手销售中间产品，其竞争对手和其他非一体化企业联合签订协议来保护他们的利益，这可能会对一体化企业不利。因此，他们认为纵向兼并不会影响市场竞争程度。

新制度经济学派具有代表性的研究 Williamson（1971）认为，由于企业通过外部市场购买中间产品，会出现供应的不确定性问题。因此，企业会选择本企业生产中间产品，从而用企业内部交易代替外部市场交易，以此降低外部市场带来的交易成本和交易风险。同样，他强调资产专用性会影响企业纵向兼并的决策，如果企业资产专用性程度较低，企业从市场购买中间产品很方便并且市场交易成本更改；相反，企业会倾向于用企业内部交易，即一体化的方式来替代外部市场交易。

Klein（1978）等也认为，资产专用性程度越高时，企业越应当选择纵向兼并，将专用性资产置于本企业的控制之下，以此避免机会主义者趁火打劫而带来的缔约成本上升。Stigler（1989）认为，一个产业所处的生命周期决定了这个产业的纵向一体化程度。在新兴行业中，由于市场规模有限、专业化程度不高，很多时候找不到专业化的商业机构来承担这一任务。于是企业不得不自行设计、制造相关的机器设备；甚至自己培训技术工人。此时，实施兼并就成为这个产业中必然的选择。产业发展成熟、市场分工细化时，一些生产过程和销售环节等可以交由专业化的企业去完成。

Hart 和 Tirole（1990）[①] 则认为企业实施纵向兼并会带来市场封锁，从而弱化市场竞争。原因在于企业兼并行为发生后，关键投入的供应商对非一体化下游企业垄断势力增强。而 Chen（2007）则认为企业实施兼并能影响非一体化企业的定价方式，由此激励其重新选择上游供给商。因此，这种兼并行为的竞争性效应取决于企业最终产品的差异程度以及下游企业更换供应商的成本高低。

Mendi（2009）、Nocke 和 White（2007）则分析了兼并的串谋效应，他们都认为兼并有利于企业之间的串谋。前者认为兼并有利于下游企业之间串谋的形成，而后者则认为兼并有利于上游企业之间串谋的形成。

Arrow（1975）企业纵向一体化会减少不确定性。他认为，为了避免上游中间产品供给的不确定性，以及下游企业产品需求的不确定性，企业倾向于选择将上游产品和下游产品置于本企业的控制权之下，即以纵向一体化的方式降低市场不确定性风险。并且，他指出当两个不同生产阶段的企业存在信息不对称时，通过纵向一体化可以有效提高两者的资源配置效率。

Carlton（1998）指出，不仅技术相互依存的生产部门存在不确定性，其他竞争性市场也同样存在不确定性。只要这个市场存在价格刚性，就可能产生不确定性，因此，下游厂商为了保证稳定的生产要素供给，就会选择纵向兼并。

Salop 和 Scheffman（1983，1987）则认为，企业实施兼并活动甚至可以达到提升其竞争企业生产成本的目的。如果企业采取掠夺性定价策略去限制竞争对手，就会牺牲兼并后的企业的短期利益，而通过兼并活动可以避免这种短期利益的牺牲等。Gaudet 和 Van Long（1996）认为，兼并后的企业可能通过在中间产品市场上购买产品来提高下游竞争对手的生产成本。因为兼并发生后，其他的上游企业中间产品需求的增加，会刺激中间

---

① O'Brien 和 Shaffer（1992）、Mcafee 和 Schwart0z（1994）结论也类似。

品生产厂家提高价格。如此一来，竞争对手购买的中间产品价格会上升，进而提高了竞争对手的成本。Neumann 和 Reichel（2005）也认为并购后的企业不一定要自己生产中间产品，从中间产品市场上购买产品可能是利益最大化的选择。

但是，情况不同的是，Salinger（1988）认为兼并能否提高竞争对手的生产成本不确定。原因是，企业兼并行为发生后，中间品的厂商供给和市场需求都因为一体化中间产品交易而转化为企业集团内部交易而同时减少。因此，并购后中间产品市场上的产品价格不一定上升。Riordan（1988）认为主导厂商实施纵向兼并会带来最终产品价格的上升。因而这种兼并活动对社会福利的影响不确定，主要取决于并购发生前实施并购行为的企业的市场份额等。

纵观以上的相关研究，已有的研究更多的是单独研究技术授权（许可）和企业兼并问题，而将企业兼并和技术许可进行比较研究也仅是分析技术拥有企业为生产性企业这种情况。[①] 仅有田晓利（2016）同时研究非生产性企业的企业兼并和技术许可问题，但她的研究没有考虑下游企业生产最终产品需要中间投入的事实。实际上引入中间品市场后，下游企业的边际生产成本一定会跟下游企业的产量密切相关。因而，本书中引入中间产品市场对企业的最优技术转移方式的选择。在前人已有研究的基础上，试图从上下游的角度，分析非生产性技术拥有企业通过企业兼并以及技术许可两种方式来实现自主创新技术商业化的目的，进一步探讨不同技术商业化模式下的社会福利效应，进而对国家制定相关行业竞争规制政策进行评价。

1.3.4 技术溢出相关的研究

（1）技术溢出方面的理论研究

最早探讨技术溢出的是 Macdougall（1960），他认为技术的溢出效应是

---

① Fauli－Oller 和 Sandonis（2003）；李长英、宋娟（2006 a，b）；李长英、姜羽（2006）；綦勇（2015）和蔡桂云（2012）等。

外国直接投资的一般福利效应中一个重要现象。随后，Cooden（1960）和 Caves（1971）在分析跨国公司对外直接投资的成本和收益的时候，也多次提到了技术溢出的存在。Caves（1974）的研究被认为是正式开创了技术溢出研究的先河，他把技术扩散带来的外部性分为：外资对垄断遏止而带来的资源配置效应；来自跨国公司的竞争压力给当地企业带来的技术示范效应；由于竞争、模仿带来的技术转移和扩散加速效应。后来 Kokko 等（1994，1996）所进行的研究所得结论也支持上述观点。

Findlay（1978a）、Koizumi 和 Kopecky（1977）认为，技术差距是技术溢出的来源，跨国公司的子公司和当地企业之间的技术差距以及跨国公司在当地市场中的份额决定了技术溢出的大小。Wang 和 Blomstrom（1992）全面地分析了跨国公司的决策、当地企业的行为对技术溢出的影响。Aghion 等（2009）结合熊彼特的破坏性创新的理论，认为跨国公司进入后，会对关联性较强的当地企业产生激励作用，对与跨国公司关联性较弱的本地企业产生抑制作用。

（2）技术溢出方面的实证研究

Katz（1969）对 20 世纪 50 年代阿根廷制造业的 FDI（外商直接投资）分析后认为，FDI 对当地企业的技术溢出明显。Caves（1974）对 1969 年澳大利亚产业进行分析后认为，外资对澳大利亚相关产业的存在有显著的技术溢出效应。Blomstrom（1983，1986）对墨西哥的产业进行分析。Aitken 和 Harrison（1999）研究委内瑞拉制造业中 FDI，结论都是存在正的技术溢出效应。

Joholm（1999）和 Kugler（2001）也证实了在印度尼西亚和哥伦比亚制造业中存在技术溢出效应。

对于我国引进外资过程中技术溢出效应这个问题，我国的学者也进行了不少实证方面的检验。秦晓钟等（1998）利用 1995 年工业普查数据进行了检验，得出了我国外商直接投资存在明显的技术溢出效应。陈涛涛（2003）使用 2000 年中国制造业的行业数据进行实证研究，得出结论，当内外资企业的能力差距较小时，技术溢出效应更大。陈丰龙、徐康宁（2014）则关注的是经济转型国家 1999—2010 年跨国公司技术溢出效应，通过相关数据分析，他们认为经济转型对促进跨国公司的技术溢出效应没有显著作用。蒋冠宏（2017）利用 2001—2012 年 37 个行业的数据进行实证分析，证实跨国并购对我国相关行业的生产率有促进作用。

当然，为了最大化本企业的利益，企业在实现了技术突破时可以为这种技术申请专利。专利保护了企业产权，从而使技术溢出的外部效应转变为技术收益。专利制度的完善，使技术溢出这种方式所占份额越来越小，技术授权和企业兼并成为最主要的技术传播方式。

1.4 主要研究思路、研究方法、研究内容

1.4.1 研究思路

本书主要探讨上下游企业之间创新技术成果的商业化传播问题，并试图从上下游的角度解释现实中多种技术许可方式同时存在，以及不同的技术商业化模式并存的原因。主要解决以下问题：首先，对于技术所有者而言，其最优技术商业化传播模式是什么？技术许可还是企业兼并？其次，如果其通过技术许可的方式进行技术转移，最优的技术许可形式又是什么？如果潜在的技术接受企业有多个，则技术拥有企业最优的技术授权对象选择是什么？最后，对于社会而言，最优的技术商业化模式是什么？政府对技术拥有企业的技术传播活动是应该允许还是禁止？理论依据是什么？现行的有关企业并购方面的政策（如反垄断并购条例等）是否完全合理？

为解决上述问题，本书拟通过在一个寡头竞争框架下，即考虑在一个纵向市场结构（有三个生产性企业和一个非生产性企业）中的技术商业化传播问题，并进一步比较不同技术商业化模式下的社会福利效应。

①站在技术拥有企业的角度，其采用技术许可还是企业兼并转移其创

新技术时，技术拥有企业的利润更高，并探讨不同技术传播方式下本国的消费者剩余以及社会福利效应。

②如果技术拥有企业通过技术许可的方式进行技术转移，那么最优的技术许可收费方式是什么。潜在技术受让企业不止一个时，此时，还应该进一步分析技术拥有企业创新技术许可的排他性问题，即只向一个企业还是向多个企业同时转让技术，这将为创新企业的技术许可决策提供理论指导。

③通过比较技术传播发生前后的消费者剩余、产业利润和社会福利，分析指出技术传播活动对社会是否有利；并且通过进一步比较技术授权和企业兼并情形下的消费者剩余、产业利润和社会福利，分析指出哪种技术传播方式下社会福利更高，这可以为国家制定相关行业竞争规制政策提供理论指导。之所以能提供理论指导，原因在于，政府是反对还是支持企业兼并或企业技术授权活动，既取决于该项技术传播活动从总体上会降低还是会提高社会福利，还取决于哪一种技术传播方式即技术授权还是企业兼并时的社会福利更高。

④通过调研来获取技术拥有企业进行技术转让相关的微观数据，对本书理论研究的结论进行实证检验，以期更好为企业决策和政府制定相关政策提供更令人信服的依据，从而更好地实现本研究的相关应用价值。

⑤结论及政策建议。本书分别从技术拥有企业的角度和从政府角度得出相应的结论，并根据本书的结论给出相应的建议。

⑥最后，将企业之间的技术转移活动拓展到不同国家的企业之间，即跨国企业和东道国企业之间，并且分别讨论跨国企业为技术先进企业和技术落后企业两种情形下，其是否通过企业兼并向落后企业进行技术转移和向技术先进企业获取技术的问题，并进一步分析东道国的最优政策。

1.4.2 研究方法

本书主要采用的研究方法有以下几种：

①文献分析法，即引用大量相关文献，通过对已有文献进行深入分析

和评述，找出本书研究的突破点。同时，将本书中的一些研究结论与已有文献的观点进行对比，并深入分析产生不同结论的原因。

②数理分析法，即建立模型，并在此基础上运用产业组织中 SCP 分析法、博弈论分析法、均衡分析法、静态分析和比较静态分析法等。本书理论建模的相关章节都是在 SCP 分析范式，即先给出市场结构（S），接着分析企业的行为（C），最后研究市场绩效（P）；同时，运用均衡分析，找出不同技术传播方式下的均衡状态；紧接着进行静态分析，找出实现均衡状态的条件；进而通过比较静态分析，分别将技术拥有企业在技术授权或企业兼并前后的均衡状态进行比较，并对两种技术传播方式的均衡状态进行比较，以找出对技术拥有企业而言最优的技术传播方式以及对社会、消费者而言最优的技术传播方式。并且，每个数理模型都是采用博弈论中常用的逆向归纳法进行严密推导。并且，数理推导的计算都是采用 mathematica 软件来完成。

③问卷调查。模型计量部分所需要的截面数据都是通过问卷调查获取的。为得到真实可靠的数据，问卷调查采用调研员自填的方式，以最大限度降低无效问卷数量。

④计量分析法。对问卷调查所得到的真实数据进行统计分析，并对分析所得的数据采用多元回归的计量分析方法进行实证分析。

1.4.3 主要研究内容

本书分别从理论上研究拥有自主创新技术的企业通过技术许可和企业兼并这两种模式实现技术商业化转移，并对这两种模式进行对比研究，然后利用可得的数据对理论研究部分进行实证检验，内容共分为 10 个章节，具体是：

第 1 章，本书的研究意义、相关概念的界定、国内外相关研究的梳理。阐述本书研究的意义、相关概念（技术商业化模式、技术创新类型、市场竞争方式、企业类型等）界定、国内相关研究主要技术溢出研究、技术授权研究、企业兼并、技术许可和企业兼并研究等方面对国外相关研究进行了综述；研究展望，主要提出需要从上下游的角度来进一步分析技术拥有企业的最优技术商业化方式；需要进一步提升创新企业技术商业化研究的实证分析。

第2章，分析在产量竞争市场结构下，企业自主创新技术的最优许可方式的选择。该部分探讨了一个从事专利技术研发的企业非生产性企业如何转让其能够提高最终产品质量的创新技术，即技术创新的类型为产品创新，分析技术拥有企业的最优技术许可对象以及最优的收费方式（包括许可对象的选择，即采取排他性还是非排他性的技术许可权；最优的技术许可方式的选择），并在探讨单位产出费加固定收费许可方式中分别讨论了政府允许技术拥有企业对技术受让企业进行补贴和政府不允许企业进行补贴情形且进行了比较，以评价政府政策的合理性；最后还着重将固定收费许可方式和单位产出费许可方式做比较，目的是为了与已有的经典的结论作比较。

第3章，在差异寡头竞争条件下，技术拥有企业如何选择技术许可的收费方式。该部分探讨与上一章不同的是，本章探讨的是降低企业生产成本的创新技术如何转让其技术即技术创新的类型为过程创新。与第2章相同的是，该部分讨论了技术拥有企业的最优技术转移对象的选择与技术转移最优收费方式的选择；同样通过比较政府允许企业补贴与否两种情形下的社会福利来评价政府的反补贴政策的合理性等。从某种意义上讲，可以将这章的研究结论与上一章的结论进行比较，以判断本课题研究结论的稳健性。

第4章，有关创新企业技术授权合同选择的实证研究。本章主要是利用调查江西省的一些中小企业数据，并对数据进行处理，运用多元回归的计量模型来深入探讨影响技术拥有企业技术许可收费合同方式选择的因素，以期对本书的第2章和第3章的理论研究结论进行实证检验。同时，课题组的相关成员根据本章的实证结果提出相应的建议。

第5章，在顺序进入市场的条件下来研究技术拥有企业的技术最优商业化模式。根据前面两章分析的结论可知，在信息完全的条件下，固定收费加单位产出费收费合同方式下，技术拥有企业的利润最大。故本章只探讨了技术拥有企业采用单位产出费加固定收费许可方式和采用企业兼并转移技术这两种技术传播方式（并分别只向领导企业、追随企业、同时向领导企业和追随企业这三种情形进行探讨），并对他们的均衡结果进行比较，找出对技术拥有企业而言最优的技术传播模式和对社会而言最优的技术传播模式，并且希望通过比较不同情形下的均衡结果来评价政府在技术转播方面的政策是否合理。

第 6 章，在同时进入市场条件下，比较技术拥有企业采取技术许可与企业兼并这两种传播方式。与第 5 章不同的是，这一部分分别在价格（Bertrand）竞争和产量（Cournot）竞争这两个分析框架下，在政府允许企业对技术受让企业进行补贴和政府不允许补贴时，分别研究技术拥有企业采用单位产出费加固定收费许可方式和企业兼并这两种技术商业化模式，并对不同的均衡结果进行比较。与上一章研究最大的不同是，本章还特意比较价格竞争和产量竞争这两种竞争方式下的市场均衡结果，试图将本章的结论与已有的经典文献如 Singh 和 Vives（1984）中的经典结论形成对比，并深入分析产生不同结论的原因。

第 7 章，有关创新企业技术商业化模式的实证研究。沿用第 4 章的做法，利用调查所得的企业数据并采用 SPSS24.0 专业的统计软件，对问卷结果进行了描述统计分析，同样运用多元回归的计量模型来深入探讨技术拥有企业技术商业化传播方式选择的影响因素，以期对本书的第 5 章和第 6 章的理论研究结论进行实证检验，并且根据本章的实证结果提出相应的建议。

第 8 章，混合寡头竞争条件下技术跨国转移研究。本章主要探讨一个低效率的跨国公司的最优投资选择，即通过兼并东道国高效率可以获得东道国的先进技术或者兼并东道国的低效率企业从而无法实现技术的进步，或者在另一个东道国进行新建这三种投资方式，并进一步在讨论两个东道国政府都没有引资政策、仅有一个东道国政府有引资政策、两个东道国政府都有引资政策这三种情形下跨国公司的均衡选择。最后，将本章的研究模型进行拓展分析，进一步探讨如果东道国低效率企业存在研发的情况下，跨国公司的投资选择如何影响企业的最优研发水平。

第9章，高效率跨国企业的跨国技术转移研究。与上一章不同的是，本章探讨的跨国企业是一个高效率企业。同样，分析东道国政府没有引资政策、单个东道国政府有引资政策、东道国政府都有引资政策这三种情况下的跨国公司的投资选择，即跨国公司到底是兼并还是自己单独用高效率技术生产更优。因此，如果将这章的研究结论与上一章的结论进行比较，可以验证本课题相关研究结论的稳健性。

第10章，对课题研究的主要结论以及后期研究思路进行分析。

第 2 章

基于垂直产品差异条件下的技术许可研究

技术对企业的作用是不言而喻的。那么，企业如何获取先进技术呢？应该不外乎技术引进和企业自主研发这两个方面。对于一些研发实力较弱的企业，它们则更多地依靠技术引进来获取创新技术，甚至一些研发能力很强的公司也会采取这种做法获得新技术。当然，这些企业这样做在实际中也是可行的。因为在现实经济中，有很多单位如国家重点实验室以及科学研究单位等它们主要从事一些技术的研发，但它们并不从事与研发技术相关产品的生产。提到这一点，让人想起早期英国 ARM 公司,① ARM 公司是全球领先的半导体知识产权（IP）提供商，但这个企业不直接从事芯片生产，它靠转让其设计给合作公司，然后由与之合作的公司生产特色鲜明的各种芯片，最后世界各个大的半导体生产商再从 ARM 公司购买其设计的芯片。② 再如，IT 行业的巨头微软公司也曾花巨资向其他的公司购买一些其需要的技术专利。③

如果一个创新企业有创新技术，他该如何选择技术许可的对象？他以何种技术许可形式转让技术？各种技术许可方式会对消费者以及整个社会福利有什么影响？

2.1　基本模型

2.1.1　前提假设和博弈次序

先给出本章基本的前提假定：纵向的上下游市场中有 3 个生产性企业和 1 个非生产性企业，其中企业 1 和企业 2 是下游市场生产最终产品的生产性企业，他们生产低质量的同种产品（产品质量均为 S_1），并进行古诺

---

① 英国 ARM 公司在 2016 年被日本银软公司收购。

② 资料来源：http：//product. pconline. com. cn/itbk/company/subltcom/1204/2757367. html。

③ 资料来源：http：//news. 9ask. cn/zlq/zltt/200906/192746. html。

竞争。简化数学分析，企业 1 和企业 2 的生产成本假设相同，都只有购买中间产品的支出,[①] 生产一单位最终产品需要投入一单位中间产品;[②]

企业 3 是生产中间产品的上游企业，并在中间产品市场上进行垄断生产和销售，同样简化分析，假设企业 3 的边际成本为零。

企业 4 为非生产性企业，其从事专利技术的研发工作，假定其成功研发出一项可以提高产品质量的创新技术，即能够将最终产品的质量由 s_1 提高到 s_2，满足 $s_1=\lambda s_2$，$(\lambda\in(0,1))$，按常规做法 s_1 可以标准化为 1,[③] 这样 s_2 等于 $1/\lambda$，因而 λ 体现了产品的质量差异程度，即是体现企业技术创新程度的指标；λ 越小产品质量差异程度越大，即企业的技术创新程度越高；反之越小。这意味着获得了该项技术的下游企业，其产品产量将由 1 提高到 $1/\lambda$，没有获得该项技术的下游企业，其产品质量仍为 1，企业 4 可以选择不同的技术许可方式以最大化其技术许可利润。

借鉴 Tirole（1988）中的分析方法，假设代表性消费者的效用函数为:[④]

$$U=\begin{cases}\theta s_i-p_i & \text{购买质量为 } s_i \text{ 价格为 } p_i \text{ 的商品}\\ 0 & \text{不购买商品}\end{cases},i\in(1,2)$$

U 为消费者的效用；θ 为消费者的偏好参数，θ 均匀地分布在区间[0,1]上。s_i 代表所消费产品的质量；p_i 代表产品的价格。按照常规的做法，假定消费者总数为 $N=1$，且每个消费者最多购买一单位产品。

接着，给出本章的博弈顺序为：第一，非生产性企业 4 选择以什么样的收费方式向企业 1 和（或）企业 2 转让其提高产品质量的技术（即技术许可对象以及技术许可的收费方式），同时企业 1 和（或）企业 2 决定是

---

① 这里暗含产品的边际转化成本为零，这样做的目的仅仅是为了简化数理推导。如果改变这个假定，例如设边际转化成本为 c，本章的结论不会发生变化。蔡桂云（2012）中也做过这样的假定。

② 一方面为了简单计算；另一方面也为了集中探讨纵向联系对技术授权最优合同形式的影响。在现实中也确实存在这样的关系。例如，最终产品生产企业与中间产品生产企业之间类似于零售商与其批发商之间的关系。

③ s_1 取值的大小不影响本书的任何结论。

④ 当然，后面有很多学者沿用这一设定方法，如 li 和 wang（2010）；李长英和王君美（2009）；田晓丽（2016）中等都有进行相同的设定。

否购买该项新技术；[①] 第二，企业 3 决定其生产产品的价格和产量；第三，企业 1 和企业 2 进行产量竞争决定各自产品的价格和产量。当然，本章采用博弈论中倒推法进行均衡状况的求解。

2.1.2　技术许可发生前的市场均衡分析

企业自主创新技术传播活动实施前，生产性企业 1 和企业 2 生产产品质量为 s_1（即 $s_1=1$）的低质量产品。

由代表性消费者的效用函数，可以非常容易地求出最终产品市场的反需求函数为：$p=1-q$，其中为 p 消费者购买商品的价格；q 为消费者购买商品的数量。

因此，生产最终产品企业 i 的利润函数为：$\pi_i=(p-c-w)\times q_i$，其中 w 为企业 3 出售给企业 1 和企业 2 中间产品的价格；c 为下游企业的边际转化成本；[②] q_i 表示企业 i 的产量。为了计算简单，本章假设 c 为零。这样，企业 1 和企业 2 的利润函数分别为：$\pi_1=(1-q_1-q_2-w)\times q_1$；$\pi_2=(1-q_1-q_2-w)\times q_2$

此时，企业 1 和企业 2 在最终产品市场上进行产量竞争。根据企业利润最大化的一阶条件，不难求出企业 1 和企业 2 的产出为 $q_1=q_2=\dfrac{1-w}{3}$。进一步，可以求出下游企业对上游企业 3 所生产的中间产品的引致需求函数为 $q_3=\dfrac{2}{3}-\dfrac{2w}{3}$，进而得到企业 3 的市场反需求函数 $w=\dfrac{1}{2}(2-3q_3)$。

这样可以进一步得到企业 3 的利润函数为：$\pi_3=\dfrac{1}{2}(2-3q_3)\times q_3$，非常容易求出企业 3 的最优产出为 $q_3^*=\dfrac{1}{3}$。因此，可以得到中间产品的价格为 $w=\dfrac{1}{2}$，$\pi_3=\dfrac{1}{6}$

---

① 由于企业 4 是非生产性企业，技术转让发生前其利润为零，技术转让发生后，其可以获取相应的授权费用，因此，企业 4 肯定愿意转让其技术，因此不讨论企业 4 是否愿意转让技术。

② c 取值的大小不影响本书的基本结论。

这样，最终产品生产企业 1 和企业 2 的产出和利润以及消费者剩余和社会福利为 $q_1=q_2=\frac{1}{6}$，$\pi_1=\pi_2=\frac{1}{36}$，$CS=\frac{1}{18}$，$SW=\frac{5}{18}$

2.2 不同收费情形下的技术许可

众所周知，如果专利技术拥有企业采取技术许可方式转让其技术，那么技术许可收费的形式有三大类，即固定收费、单位产出费、单位产出费加固定费用三种形式。在本章中分别用 π_k^{ijh}、w^{ijh}、p_k^{ijh}、q_k^{ijh}、CS^{ijh} 和 W^{ijh} 表示企业的利润、[①] 中间产品的价格、最终的产品价格、企业的产出，消费者剩余和社会福利，其中，$k=1,2,3,4$，分别表示四个企业，$i=F,R,T$ 分别代表固定收费许可、单位产出费许可、单位产出费加固定收费许可这三种许可形式；$j=O,B$ 表示技术受让企业个数；O 表示只向企业 1 转让技术；B 表示向两个企业转让技术（这也说明企业 4 进行技术许可时可以选择排他性和非排他性这两种策略）；$h=Y,N$ 表示政府是否允许企业对技术受让企业进行补贴；Y 表示政府允许企业对技术受让企业补贴，而 N 表示政府不允许企业对技术受让企业补贴。

2.2.1 固定收费条件的技术许可选择

如果企业 1 或企业 2 接受企业 4 的技术许可，则企业 4 会向技术受让企业一次性收取与其产量无关的费用 f。在信息完全的条件下，技术受让企业使用新技术后，扣除其支付技术许可费用 f，其利润在技术转让前后不变。因此，企业 4 可以获得技术受让企业因其生产产品质量提高而增加的全部利润。

① 对于企业 4 而言，利润指的是技术许可费收入；对其他企业而言，利润为生产利润。

（1）只向企业 1 进行技术许可

因为只有企业 1 接受技术拥有企业 4 的创新技术，[①] 所以技术许可后企业 1 会生产高质量产品，而企业 2 只能继续生产低质量产品。此时，由于技术许可发生前企业 1 和企业 2 生产同质产品，而技术许可发生后它们生产不同质量的产品，故从某种意义上讲技术许可在一定程度上会弱化最终产品市场的竞争程度。当然，企业 1 也必须向企业 4 支付数量为 f^{FO} 的技术许可费。

由消费者的效用函数以及根据 $\theta s_2 - p_1^{FO} = \theta s_1 - p_2^{FO}$ 和 $s_1 = \lambda s_2 = 1$，可以求出企业 1 的边际消费者的偏好为 $\theta_1 = \frac{\lambda(p_1^{FO} - p_2^{FO})}{1-\lambda}$，同时根据 $\theta s_1 - p_2^{FO} = 0$ 和 $s_1 = 1$，求出企业 2 的边际消费者的偏好为 $\theta_2 = p_2^{FO}$

此时，消费者偏好分布在 $[\theta_1, 1]$ 的消费者选择企业 1 生产的高质量产品，偏好分布在 $[\theta_2, \theta_1]$ 的消费者会选择企业 2 生产的低质量产品，偏好分布在 $[\theta_2, 0]$ 的消费者则选择不消费任何质量的产品。

因此，可以求出消费者对企业 1 和企业 2 的产品需求分别为：

$$q_1^{FO} = \int_{\theta_1}^{1} d\theta = 1 - \frac{\lambda(p_1^{FO} - p_2^{FO})}{1-\lambda}$$

$$q_2^{FO} = \int_{\theta_2}^{\theta_1} d\theta = \frac{\lambda(p_1^{FO} - p_2^{FO})}{1-\lambda} - p_2^{FO}$$

由上面企业 1 和企业 2 的需求函数，不难求出他们的反需求函数分别为：

$$p_1^{FO} = \frac{1 - q_1^{FO} - \lambda q_2^{FO}}{\lambda}$$

$$p_2^{FO} = 1 - q_1^{FO} - q_2^{FO}$$

这样，容易求出企业 1 和企业 2 的利润函数为：

$$\pi_1^{FO} = \left(\frac{1 - q_1^{FO} - \lambda q_2^{FO}}{\lambda} - w^{FO}\right) \times q_1^{FO} - f^{FO}$$

$$\pi_2 = (1 - q_2^{FO} - q_1^{FO} - w^{FO}) \times q_2^{FO}$$

---

① 由于企业 1 和企业 2 在接受技术转让发生前，他们生产同质的低质量产品且成本相同，因此它们是对称的。与仅向企业 2 进行技术转让市场均衡结果一致。

进一步，可以求出两个企业利润最大化的产出为：$q_1^{FO}=\frac{2-\lambda-w^{FO}\lambda}{4-\lambda}$ 和 $q_2^{FO}=\frac{1-2w^{FO}+w^{FO}\lambda}{4-\lambda}$，更进一步可以得到企业 3 所面临的需求函数为 $q_3^{FO}=\frac{-3+2w^{FO}+\lambda}{-4+\lambda}$，因而其反需求函数可以表示为 $w^{FO}=\frac{3-\lambda-4q_3^{FO}+\lambda q_3^{FO}}{2}$

此时，求解企业 3 的最大化利润问题即为：

$$\max_{q_2^{FO}}\pi_3^{FO}=\frac{3-\lambda-4q_3^{FO}+\lambda q_3^{FO}}{2}\times q_3^{FO}\quad st\quad \frac{1-2w^{FO}+\lambda w^{FO}}{4-\lambda}\geqslant 0$$

根据上式可以求出，企业 3 的均衡产出为：

$$q_3^{FO}=\begin{cases}\dfrac{1-\lambda}{2-\lambda} & 0<\lambda\leqslant\dfrac{1}{2}(5-\sqrt{17})\\[2ex] \dfrac{3+\lambda}{2(-4+\lambda)} & \dfrac{1}{2}(5-\sqrt{17})<\lambda\leqslant 1\end{cases}$$

技术革新程度较高时，中间品生产企业 3 利润最大化的产出水平是内解，然而当技术创新程度较低时，其最优产出则是一个角解，并且此时企业 2 被挤出市场。

将企业 3 的均衡产出逐层代入，可以得到各企业的均衡产出、产品价格以及利润分别为：

$$q_1^{FO}=\begin{cases}\dfrac{1-\lambda}{2-\lambda} & 0<\lambda\leqslant\dfrac{1}{2}(5-\sqrt{17})\\[2ex] \dfrac{8-7\lambda+\lambda^2}{16-4\lambda} & \dfrac{1}{2}(5-\sqrt{17})<\lambda\leqslant 1\end{cases}$$

$$q_2^{FO}=\begin{cases}0 & 0<\lambda\leqslant\dfrac{1}{2}(5-\sqrt{17})\\[2ex] \dfrac{-2+5\lambda-\lambda^2}{4(4-\lambda)} & \dfrac{1}{2}(5-\sqrt{17})<\lambda\leqslant 1\end{cases}$$

$$q_3^{FO}=\begin{cases}\dfrac{1-\lambda}{2-\lambda} & 0<\lambda\leqslant\dfrac{1}{2}(5-\sqrt{17})\\[2ex] \dfrac{3-\lambda}{2(4-\lambda)} & \dfrac{1}{2}(5-\sqrt{17})<\lambda\leqslant 1\end{cases}$$

$$p_1^{FO}=\begin{cases}\dfrac{1}{2\lambda-\lambda^2} & 0<\lambda\leqslant\dfrac{1}{2}(5-\sqrt{17})\\ \dfrac{8+5\lambda-6\lambda^2+\lambda^3}{4\lambda(4-\lambda)} & \dfrac{1}{2}(5-\sqrt{17})<\lambda\leqslant 1\end{cases}$$

$$p_2^{FO}=\begin{cases}\dfrac{1}{2-\lambda} & 0<\lambda\leqslant\dfrac{1}{2}(5-\sqrt{17})\\ \dfrac{5-\lambda}{2(4-\lambda)} & \dfrac{1}{2}(5-\sqrt{17})<\lambda\leqslant 1\end{cases}$$

$$\pi_1^{FO}=\begin{cases}\dfrac{(1-\lambda)^2}{(2-\lambda)^2\lambda}-f^{FO} & 0<\lambda\leqslant\dfrac{1}{2}(5-\sqrt{17})\\ \dfrac{(8-7\lambda+\lambda^2)^2}{16\lambda(-4-\lambda)^2}-f^{FO} & \dfrac{1}{2}(5-\sqrt{17})<\lambda\leqslant 1\end{cases}$$

$$\pi_2^{FO}=\begin{cases}0 & 0<\lambda\leqslant\dfrac{1}{2}(5-\sqrt{17})\\ \dfrac{(2-5\lambda+\lambda^2)^2}{16(-4+\lambda)^2} & \dfrac{1}{2}(5-\sqrt{17})<\lambda\leqslant 1\end{cases}$$

$$\pi_3^{FO}=\begin{cases}\dfrac{1-\lambda}{(2-\lambda)^2} & 0<\lambda\leqslant\dfrac{1}{2}(5-\sqrt{17})\\ \dfrac{(3-\lambda)^2}{8(4-\lambda)} & \dfrac{1}{2}(5-\sqrt{17})<\lambda\leqslant 1\end{cases}$$

假设市场信息完全，企业 4 获取企业 1 因产品质量提高获得的全部新增利润。而企业 1 在接受新技术之前的利润，即其初始状态利润为$\frac{1}{36}$，故此时企业 1 最大的固定费用指出，即企业 4 的利润为 $\pi_4^{FO}=f^{FO}=\begin{cases}\dfrac{(1-\lambda)^2}{(2-\lambda)^2\lambda}-\dfrac{1}{36} & 0<\lambda\leqslant\dfrac{1}{2}(5-\sqrt{17})\\ \dfrac{(8-7\lambda+\lambda^2)^2}{16\lambda(4-\lambda)^2}-\dfrac{1}{36} & \dfrac{1}{2}(5-\sqrt{17})<\lambda\leqslant 1\end{cases}$。因而，企业 1 的利润为：

$$\pi_1^{FO}=\frac{1}{36}$$

显然，从上式不难看出企业 4 的利润为正，故技术拥有企业 4 一定有出让其创新技术的意愿；并且，由于企业 1 的利润也等于（不低于）技术许可前的利润，企业 1 愿意接受企业 4 转让的新技术。因而，在这种情形下这项技术交易一定能达成。

同时，企业 2 作为技术受让企业 1 的竞争对手，在企业 1 接受新技术后，企业 2 的利润下降甚至降为零。关于这一点容易理解，技术许可发生后企业 1 生产高质量产品，生产低质量产品的企业 2 为了提升其优势以能在产品市场立足，必须降低其产品的出售价格，企业 2 的利润也必然在减少，并且这种利润的减少幅度与新技术的创新程度呈正向变化，直到其利润降为零，即企业 2 退出最终产品市场；

但是，技术许可发生后，中间产品生产企业 3 的利润却在增加。原因在于：企业 1 接受技术许可后所生产的产品质量提高，其产品的需求扩大，企业 1 的总产出增加；尽管与此同时，未接受新技术的企业 2 的产出在减少，但由于企业 2 产出变动的幅度远小于企业 1 产出变动幅度，导致技术许可后下游市场的总产出在增加，企业 3 所生产的产品引致需求增加，企业 3 的利润增加。因此，技术许可能给企业 3 带来正的外部效应。

相应的消费者剩余和社会福利分别为①：

$$CS^{FO} = \int_{p_2}^{\frac{\lambda(p_1-p_2)}{1-\lambda}} (\theta s_1 - p_2) d\theta + \int_{\frac{\lambda(p_1-p_2)}{1-\lambda}}^{1} (\theta s_2 - p_1) d\theta =$$

$$\begin{cases} \dfrac{(1-\lambda)^2}{2(2-\lambda)^2\lambda} & 0 < \lambda \leqslant \dfrac{1}{2}(5-\sqrt{17}) \\ \dfrac{64-140\lambda+153\lambda^2-75\lambda^3+15\lambda^4-\lambda^5}{32(4-\lambda)^2\lambda} & \dfrac{1}{2}(5-\sqrt{17}) < \lambda \leqslant 1 \end{cases}$$

$$W^{FO} = \begin{cases} \dfrac{(3-\lambda)(1-\lambda)}{2(2-\lambda)^2\lambda} & 0 < \lambda \leqslant \dfrac{1}{2}(5-\sqrt{17}) \\ \dfrac{192-212\lambda+111\lambda^2-5\lambda^3-7\lambda^4+\lambda^5}{32(4-\lambda)^2\lambda} & \dfrac{1}{2}(5-\sqrt{17}) < \lambda \leqslant 1 \end{cases}$$

显然，技术许可提高了消费者剩余和社会福利。由于新技术的使用会提高企业 1 生产产品的质量，同时会带来企业 2 的产品价格下降，这意味着技术许可发生后，不管消费者是购买高质量产品还是购买低质量产品都

---

① 将技术许可前后的消费者剩余和社会福利作比较。

能从技术许可中获益，[①] 新技术的商业化传播一定会增加整个消费者剩余。根据前面的分析可知，未接受技术转移的企业 2 在技术传播过程中利益受损，但由于其他企业因为技术许可带来产品质量的普遍提升而获益更大，整个产业利润会增加。因而，技术的商业化也必然整体上提高社会福利。

（2）向企业 1 和企业 2 转让技术

此时，企业 1 和企业 2 都会生产高质量产品，且企业 4 会向企业 1 和企业 2 同时收取足够高的技术许可费用，以获取它们因质量提高而新增的全部利润。当然此时，技术许可并没有改变最终产品的市场竞争程度。

由消费者的效用函数，根据 $\theta s_2 - p = 0$ 和 $s_2 = 1/\lambda$，求出边际消费者的偏好 $\theta_1 = \lambda p$。此时，消费者偏好分布在 $[\theta_1, 1]$ 的消费者选择消费企业 1 和企业 2 生产的高质量产品，偏好分布在 $[0, \theta_1]$ 的消费者会则选择不消费产品。因此，可以求出消费者对企业 1 和企业 2 的产品需求函数和为：$q = 1 - \lambda p$

此时，企业 1 和企业 2 的利润函数则分别为：

$$\pi_1^{FB} = \left(\frac{1 - q_1^{FB} - q_2^{FB}}{\lambda} - w^{FB}\right) \times q_1^{FB} - f^{FB}$$

$$\pi_2^{FB} = \left(\frac{1 - q_2^{FB} - q_1^{FB}}{\lambda} - w^{FB}\right) \times q_2^{FB} - f^{FB}$$

经过简单的计算，可以求出各企业的产出和利润分别为：

$q_1^{FB} = q_2^{FB} = \frac{1}{6}$，$q_3^{FB} = \frac{1}{3}$，$\pi_1^{FB} = \pi_2^{FB} = \frac{1}{36}$，$\pi_3^{FB} = \frac{1}{6\lambda}$，$\pi_4^{FB} = 2f^{FB} = 2\left(\frac{1}{36\lambda} - \frac{1}{36}\right)$ 与之相应的消费者剩余以及社会福利：$CS^{FB} = \frac{1}{18\lambda}$ 和 $W^{FB} = \frac{5}{18\lambda}$

将技术拥有企业 4 的利润 π_4^{FB} 和 π_4^{FO} 进行比较，可以得到：

命题 2-1：在固定收费许可方式下，技术拥有企业总是偏好向一个企业转让其创新技术。[②]

命题 2-1 可以这样理解：此时，企业 4 可以获取技术受让企业 1 因使

---

① 购买高质量产品的消费者得到了产品质量提升的好处；仍然购买低质量产品的消费者，则得到价格方面的优惠。

② 命题 2-1 的数学证明见附录 1-1，蔡桂云（2012）认为只有在双重收费时才如此。

用提高产品质量的新技术所获取的全部新增利润。因此，企业 4 只向企业 1 转让技术时企业 1 的新增利润与向企业 1 和企业 2 转让技术时企业 1 和企业 2 新增利润之和大小来决定企业 4 的技术许可对象的选择。

技术提高产品质量的幅度较小时，如果企业 4 只向企业 1 转让技术，则接受新技术的企业 1 与未使用新技术的企业 2 共同存在于市场中，这意味着新技术的传播不会改变产品市场结构。但此时，技术许可可以弱化市场竞争。[①] 因此，与企业 4 向企业 1 和企业 2 转让技术相比，企业 4 向企业 1 转让技术时最终产品的市场竞争更弱、下游企业利润之和更高。[②] 根据前面分析可知，新技术传播发生后企业 2 的利润在减少，故此时技术受让企业 1 的新增利润会更高，[③] 因而，企业 4 的利润也就更高。

技术提高产品质量的幅度较高时，如果企业 4 只向企业 1 转让技术时，则企业 1 使用新技术后产品质量优势提高会很大，以至于将企业 2 挤出市场，[④] 从而其在最终产品市场上垄断生产和销售高质量产品。但若企业 4 向企业 1 进行技术许可，他们都生产高质量的产品，那么最终产品的市场竞争程度没发生变化。根据微观经济学的相关知识可知，垄断市场结构下最终产品市场的产业利润更高，技术接受企业的新增利润也就更高。因此，这种创新程度下企业 4 向企业 1 进行技术许可，技术受让企业 1 的新增利润更高，企业 4 的利润必然更高。

所以，不管新技术的革新程度是高还是低，技术拥有企业 4 的最优选择都是向一个企业转让其创新技术。

---

① 技术许可前，企业 1 和企业 2 均生产低质量产品，而技术许可后企业 1 生产高质量产品，企业 2 生产低质量产品，即产品的差异程度扩大，市场竞争减弱。

② 与只向企业 1 转让技术相比，如果企业 1 和企业 2 同时生产高质量产品，意味着部分低质量产品消费者会退出市场，最终产品的产出会减少，进而导致其对中间产品的需求减少，中间产品价格上升，企业 1 和企业 2 的生产成本上升，他们的利润将进一步减少。

③ 如果企业 4 同时向企业 1 和企业 2 进行技术许可，则此时企业 2 的利润应该等于其初始状态的利润；但如果只向企业进行技术转让，企业 2 的利润则低于其初始状态利润。

④ 此时的技术创新程度为剧烈创新。

2.2.2　单位产出费收费条件的技术许可选择

如果拥有提高产品质量技术的企业 4 采用单位产出费许可形式向下游企业 1 和（或）企业 2 进行技术转让，接受技术转让的企业需要向技术拥有企业 4 缴纳数量为 $r^{RO}q_i^{RO}$ 的费用，以此作为其获得专利的回报。显然，此时技术接受企业的边际成本中将增加单位产出费率 r^{RO} 这一部分。

（1）只向企业 1 许可技术

这种情况意味着企业 1 生产高质量产品，而企业 2 因没有接受新技术要继续生产低质量产品。与固定收费许可方式时相同的推导，可以得到企业 1 和企业 2 的产品需求函数分别为：$q_1^{RO}=1-\dfrac{\lambda(p_1^{RO}-p_2^{RO})}{1-\lambda}$ 和 $q_2^{RO}=\dfrac{\lambda(p_1^{RO}-p_2^{RO})}{1-\lambda}-p_2^{RO}$

不难得到，企业 1 和企业 2 的反需求函数分别为：$p_1^{RO}=\dfrac{1-q_1^{RO}-\lambda q_2^{RO}}{\lambda}$ 和 $p_2^{RO}=1-q_1^{RO}-q_2^{RO}$。此时，企业 1 和企业 2 的利润函数调整为：

$$\pi_1^{RO}=[\frac{1-q_1^{RO}-\lambda q_2^{RO}}{\lambda}-r^{RO}-w^{RO}]\times q_1^{RO}$$

$$\pi_2^{RO}=(1-q_1^{RO}-q_2^{RO}-w^{RO})\times q_2^{RO}$$

根据严密的数理推导，可以得到各企业的产出和利润分别为：

$$q_1^{RO}=\frac{8+(-7-8r^{RO}+\lambda r^{RO})\lambda+\lambda^2}{4(4-\lambda)}$$

$$q_2^{RO}=\frac{-2+\lambda(6-\lambda)r^{RO}+5\lambda-\lambda^2}{4(4-\lambda)}$$

$$q_3^{RO}=\frac{3-\lambda r^{RO}-\lambda}{2(4-\lambda)}$$

$$\pi_1^{RO}=\frac{[8-(7+8r^{RO})\lambda+(1+r^{RO})\lambda^2]^2}{16\lambda(4-\lambda)^2}$$

$$\pi_2^{RO}=\frac{[2-(5+6r^{RO})\lambda+(1+r^{RO})\lambda^2]^2}{16(4-\lambda)^2}$$

$$\pi_3^{RO} = \frac{(-3+\lambda r^{RO}+\lambda)^2}{8(4-\lambda)^2}$$

此时，可以求解博弈过程第一阶段。企业 4 的利润函数为 $\pi_4^{RO} = r^{RO} \times q_1^{RO} = \frac{8+(-7-8r^{RO}+\lambda r^{RO})\lambda+\lambda^2}{4(4-\lambda)} r^{RO}$。在保证企业 1 接受新技术转让后其利润不低于其初始状态利润的前提下，求解企业 4 实现利润最大化的单位产出费率 r^{RO} 问题即为：

$$\max_{r^{RO}} \pi_1^{RO} = \frac{(r^{RO})^2(-8+\lambda)\lambda}{4(4-\lambda)} + \frac{(8-7\lambda+\lambda^2)r^{RO}}{4(4-\lambda)}$$

$$st\ \frac{[8-(7+8r^{RO})\lambda+(1+r^{RO})\lambda^2]^2}{16(4-\lambda)^2\lambda} \geqslant \frac{1}{36}$$

不难求出，企业 4 的最优单位产出费率为：

$$r^{RO} = \begin{cases} \dfrac{8-7\lambda+\lambda^2}{2(8-\lambda)\lambda} & 0<\lambda\leqslant 0.687229 \\ \dfrac{24-21\lambda+3\lambda^2-2(4-\lambda)\sqrt{\lambda}}{3(8\lambda-\lambda^2)} & 0.687229<\lambda\leqslant 1 \end{cases}$$

当技术革新程度较高（$0<\lambda\leqslant 0.687229$）时，企业 4 可以依据其利润最大目标制定一个相对较高的单位产出费率，此时的最优单位产出费率是一个内点解。当然，在这种情形下，企业 4 无法攫取企业 1 因接受新技术而获得的全部新增利润，这意味着新技术的传播对技术买卖双方才真正实现了双赢。

当技术革新程度较低（$0.687229<\lambda\leqslant 1$）时，企业 4 为了保证企业 1 接受技术转让后的利润不低于其初始利润，只能设定相对较低的单位产出费率 $r^{RO} = \frac{24-21\lambda+3\lambda^2-2(4-\lambda)\sqrt{\lambda}}{3(8\lambda-\lambda^2)}$，此时，最优的单位产出费率是一个边界解。[①] 因此，在这种情况下，企业 1 接受新技术前后利润不变，意味着新技术传播的好处被技术拥有企业 4 所独占。

---

① 从数学的角度也可以分析出来，当 $r^{RO} = \frac{24-21\lambda+3\lambda^2-2(4-\lambda)\sqrt{\lambda}}{3(8\lambda-\lambda^2)}$ 时，$\frac{d\pi_1}{dr^{RO}}>0$。因而，此时的最优单位产出费率为角解。

将最优单位产出费率逐一代入各企业的利润函数，可以求出各企业的均衡利润分别为：

$$\pi_1^{RO}=\begin{cases}\dfrac{(8-7\lambda+\lambda^2)^2}{64(4-\lambda)^2\lambda} & 0<\lambda\leqslant 0.687229\\[2ex] \dfrac{1}{36} & 0.687229<\lambda\leqslant 1\end{cases}$$

$$\pi_2^{RO}=\begin{cases}\dfrac{(16+34\lambda-13\lambda^2+\lambda^3)^2}{64(8-\lambda)^2(4-\lambda)^2} & 0<\lambda\leqslant 0.687229\\[2ex] \dfrac{(12-6\sqrt{\lambda}+\lambda^{3/2})^2}{36(8-\lambda)^2} & 0.687229<\lambda\leqslant 1\end{cases}$$

$$\pi_3^{RO}=\begin{cases}\dfrac{(40-15\lambda+\lambda^2)^2}{32(8-\lambda)^2(4-\lambda)} & 0<\lambda\leqslant 0.687229\\[2ex] \dfrac{(6+\sqrt{\lambda})^2(4-\lambda)}{18(8-\lambda)^2} & 0.687229<\lambda\leqslant 1\end{cases}$$

$$\pi_4^{RO}=\begin{cases}\dfrac{(8-7\lambda+\lambda^2)^2}{16\lambda(8-\lambda)(4-\lambda)} & 0<\lambda\leqslant 0.687229\\[2ex] \dfrac{-8+\dfrac{24}{\sqrt{\lambda}}-21\sqrt{\lambda}+2\lambda+3\lambda^{3/2}}{144-18\lambda} & 0.687229<\lambda\leqslant 1\end{cases}$$

通过简单的比较可以发现：与固定收费许可方式不同是，[①]新技术传播对企业 3 利润的影响不确定，即技术革新程度较高时，技术许可会提高企业 3 的生产利润；反之，当技术革新程度较低时，技术许可会降低企业 3 的生产利润。

关于这一点并不难理解：企业 1 在接受新技术之前，其边际生产成本等于中间产品价格，但是其接受新技术许可后，边际成本则为中间品价格与正的单位产出费率之和。这也就是意味着，新技术许可一方面提高了企业 1 生产产品的质量；另一方面也提高了其边际成本。前者有弱化最终产品市场竞争的作用，因而有促使下游市场总产出增加；后者因会提高下游市场成本，使得下游市场总产出有减少的趋势，并且后者的作用力度超过

① 固定收费许可方式下，新技术的商业化推广一定会给企业 3 带来正的外部效应。

前者。因此，技术许可总的来说会减少下游企业的总产出，企业 3 的产出也会减少。此时，为了使得其自身利润不至于降低太多，企业 3 会提高中间品价格。当技术革新程度较高时，企业 3 产出减少的幅度小于其产品价格上升的幅度，技术许可从总体上提高企业 3 的利润；但是当技术革新程度较低时，则情况恰恰相反，技术许可会减少企业 3 的利润。

令人惊讶的是，当技术创新程度较低时，技术许可发生后，企业 2 的利润竟然会增加，这意味着企业 1 接受技术许可也有可能会给其竞争对手企业 2 带来正的外部效应。仔细分析，这一点也容易理解：企业 1 接受新技术后，会给企业 2 的生产带来正反两方面的影响。一方面因企业 1 提高产品质量会促使企业 2 的部分消费者转向消费高质量产品，即导致消费者对低质量产品的需求发生转移，这会促使企业 2 需求减少；另一方面因技术许可后企业 1 的边际成本上升，[①] 企业 2 在与企业 1 竞争时具有成本优势，这会促使企业 2 的市场份额增加。当技术创新程度较低时，技术许可所带来后面的影响起主要作用，即企业 1 接受新技术会促使企业 2 的市场需求增加，进而带来企业 2 的利润增加；然而，当技术创新程度较高时，则前面的影响起主要作用，技术许可发生后企业 2 的利润会减少。

当然从上式也可以看出，不管新技术的革新程度如何，企业 2 始终在最终产品市场上生产（因为企业 2 进行生产能带来正的利润），这意味着新技术的传播也不会改变产品市场结构。

相应的消费者剩余和社会福利分别为：

$$CS^{RO}=\begin{cases}\dfrac{4096-5888\lambda+9408\lambda^2-6844\lambda^3+2281\lambda^4-379\lambda^5+31\lambda^6-\lambda^7}{128(8-\lambda)^2(4-\lambda)^2\lambda} & 0<\lambda\leqslant 0.687229\\[2ex] \dfrac{208+48\sqrt{\lambda}-76\lambda+17\lambda^2-\lambda^3}{72(8-\lambda)^2} & 0.687229<\lambda\leqslant 1\end{cases}$$

① 企业 2 的边际成本增加了单位产出费率。

$$W^{RO}=\begin{cases}\dfrac{28672-30976\lambda+25920\lambda^2-10500\lambda^3+1703\lambda^4-37\lambda^5-15\lambda^6+\lambda^7}{128(8-\lambda)^2(4-\lambda)^2\lambda} & 0<\lambda\leqslant 0.687229\\[2ex] \dfrac{768+944\sqrt{\lambda}-816\lambda-68\lambda^{3/2}+180\lambda^2-17\lambda^{5/2}-12\lambda^3+\lambda^{7/2}}{72(8-\lambda)^2\sqrt{\lambda}} & 0.687229<\lambda\leqslant 1\end{cases}$$

与固定收费许可方式不同的是，单位产出费许可方式下新技术的商业化可能会损害消费者的利益。根据前面的分析可知，由于企业 1 使用创新技术后会生产高质量产品，此时企业 1 和企业 2 生产异质，这会弱化最终产品的市场竞争。[①] 企业 2 因在低质量产品垄断势力提升而提高产品的价格。[②] 这意味着技术传播发生后，选择低质量产品的消费者群体受损。与此同时，企业 1 接受新技术后生产高质量产品，致使一部分消费群体由技术许可发生之前消费低质量产品转变为消费高质量产品，因而这部分消费群体能从新技术的传播中获益。

当技术创新程度较低（$0.6163<\lambda\leqslant 1$）时，受益的消费群体所获得的利益小于受损消费群体的损失，则新技术的商业化从整体上会减少消费者剩余；但是，当技术创新程度较高（$0<\lambda\leqslant 0.6163$）时，受益的消费群体所获得的利益高于受损消费群体的损失，则技术的商业化会减少消费者剩余。

需要说明的是，当企业 4 只向一个企业转让技术时，技术传播并未改变市场的结构，但却从整体上提高了产品质量。因而，技术的商业化从整体上会提高社会福利。

（2）向企业 1 和企业 2 同时转让技术

倘若技术拥有企业 4 同时向企业 1 和企业 2 转让技术，则两个下游企业都生产高质量产品，即 $s_1=s_2=\dfrac{1}{\lambda}$。此时，技术许可发生后最终产品市

① 技术许可前他们生产同质产品，故技术许可弱化竞争。

② 其实，低质量产品的价格上升还有一个重要的原因是中间产品的价格上升，企业 2 的成本上升，进而导致企业 2 所生产的产品价格提高。

场企业的竞争程度没有发生任何变化。不难得到，企业 1 和企业 2 的利润函数分别为：

$$\pi_1^{RB} = (\frac{1 - q_1^{RB} - q_2^{RB}}{\lambda} - w^{RB} - r^{RB}) \times q_1^{RB}$$

$$\pi_2^{RB} = (\frac{1 - q_1^{RB} - q_2^{RB}}{\lambda} - w^{RB} - r^{RB}) \times q_2^{RB}$$

根据与前面类似的数理进行推导，可以求出各企业的产出和利润分别为：

$$q_1^{RB} = q_2^{RB} = \frac{1}{6}(1 - r^{RB}\lambda)$$

$$q_3^{RB} = \frac{1}{3}(1 - r^{RB}\lambda)$$

$$\pi_1^{RB} = \pi_2^{RB} = \frac{(-1 + r^{RB}\lambda)^2}{36\lambda}$$

$$\pi_3^{RB} = \frac{(1 - r^{RB}\lambda)^2}{6\lambda}$$

因而，企业 4 的利润函数为 $\pi_4^{RB} = r^{RB}(q_1 + q_2) = \frac{1}{3}r^{RB}(1 - r^{RB}\lambda)$

同样，在保证企业 1 和企业 2 的利润不低于它们初始利润的前提下，求解企业 4 利润最大化的问题即：

$$\max_{r^{RB}} = \frac{1}{3}r^{RB}\ (1 - r^{RB}\lambda) \qquad st\ \frac{(-1 + r^{RB}\lambda)^2}{36\lambda} \geqslant \frac{1}{36}$$

容易求出，企业 4 的最优单位产出费率为：

$$r^{RB} = \begin{cases} \frac{1}{2\lambda} & 0 < \lambda \leqslant \frac{1}{4} \\ \frac{1 - \sqrt{\lambda}}{\lambda} & \frac{1}{4} < \lambda \leqslant 1 \end{cases}$$

当 $0 < \lambda < 1/4$，即技术创新程度较高时，企业 4 可以设置一个相对较高的单位产出费率来最大化其利润。此时，最优的单位产出费率为一个内点解，且企业 1 和企业 2 使用新技术后利润均有所增加。当 $1/4 < \lambda \leqslant 1$，即技术创新程度较低时，为了使企业 1 和企业 2 的利润不低于它们的初始利润，企业 4 只能设定较低的单位产出费率，因而，在这种情形下，最优

的单位产出费率为角解。

将最优的单位产出费率代入相应的函数中，可以求出各企业的利润分别为：

$$\pi_1^{RB}=\pi_2^{RB}=\begin{cases}\dfrac{1}{144\lambda} & 0<\lambda\leqslant\dfrac{1}{4}\\[2ex] \dfrac{1}{36} & \dfrac{1}{4}<\lambda\leqslant 1\end{cases}\qquad \pi_3^{RB}=\begin{cases}\dfrac{1}{24\lambda} & 0<\lambda\leqslant\dfrac{1}{4}\\[2ex] \dfrac{1}{6} & \dfrac{1}{4}<\lambda\leqslant 1\end{cases}$$

$$\pi_4^{RB}=\begin{cases}\dfrac{1}{12\lambda} & 0<\lambda\leqslant\dfrac{1}{4}\\[2ex] \dfrac{1}{3}\left(-1+\dfrac{1}{\sqrt{\lambda}}\right) & \dfrac{1}{4}<\lambda\leqslant 1\end{cases}$$

相应的消费者剩余和社会福利为：

$$CS^{RB}=\begin{cases}\dfrac{1}{72\lambda} & 0<\lambda\leqslant\dfrac{1}{4}\\[2ex] \dfrac{1}{18} & \dfrac{1}{4}<\lambda\leqslant 1\end{cases}\qquad W^{RB}=\begin{cases}\dfrac{11}{72\lambda} & 0<\lambda\leqslant\dfrac{1}{4}\\[2ex] \dfrac{1}{3\sqrt{\lambda}}-\dfrac{1}{18} & \dfrac{1}{4}<\lambda\leqslant 1\end{cases}$$

当企业 4 同时向两个企业转让技术时，技术许可不会改变市场结构以及市场的竞争程度，但技术许可却提高了产品的质量。因而，技术许可一定会提高消费者剩余和社会福利。

通过比较 π_4^{RO} 与 π_4^{RB} 的大小，可以得到以下结论：

命题 2－2：在单位产出费许可方式时，技术革新程度较高时技术拥有企业偏好向一个企业许可技术；相反的是，技术创新程度较低时其偏好向两个企业许可技术。①

命题 2－2 的经济学解释比较直观：在单位产出费许可方式下，技术拥有企业的利润取决于两个方面：单位产出费率和技术接受企业的有效产出。

当技术创新程度较高（$0<\lambda\leqslant 1/4$）时，与其同时向两个企业转让技术相比，如果企业 4 只向企业 1 转让技术，企业 1 和企业 2 的产品质量差异很大，为了扩大企业 1 在高质量产品的垄断优势，企业 4 设定相对较低

---

①　命题 2－2 的数学证明见附录 1－2。

单位产出费率，以更大程度提高企业的有效产出，即企业 4 只向企业 1 转让技术时，其设定单位产出费率更低，但有效产出高很多。[①]且综合比较发现他们的乘积也更高，即技术拥有企业的技术许可费收入也更高。

当技术创新程度较低（$0.687229 < \lambda \leqslant 1$）时，则结果恰恰相反。原因在于：与向两个企业同时转让技术相比，如果企业 4 只向企业 1 转让技术，如果技术革新程度较低，则企业 4 通过减少单位产出费率来增加企业 1 的竞争力的作用不会很大[②]，此时，企业 4 的最好做法是设定一个更高的单位产出费率，但这样会带来非常低的有效产出，并且有效产出与单位产出费率的乘积也更低，故企业 4 的技术许可费收入此时也会更低。

当技术创新程度介于上述两个区间时，分析方法类似但相对较复杂，在此不再赘述。

2.2.3 单位产出费加固定收费条件的技术许可选择

此时，创新企业 4 通过向技术受让企业 i 收取 $r^{Tj}q^{Tj}+f^{Tj}$ 的费用来实现其创新技术的商业化。技术许可发生后，企业 4 一方面调整单位产出费率 r^{Tj} 来影响技术受让企业的生产行为，这将进一步影响技术受让企业的新增利润；同时企业 4 通过固定费用部分 f^{Tj} 来转移这部分利润，当然这也仅限于完全信息条件。

（1）只向一个企业转让技术

同样，倘若企业 4 只向企业 1 转让其技术时，则企业 1 生产高质量产品，企业 2 继续生产低质量产品。根据消费者的效用函数，容易求出企业 1 和企业 2 的需求函数分别为 $q_1^{TO}=1-\dfrac{\lambda(p_1^{TO}-p_2^{TO})}{1-\lambda}$ 和 $q_2^{TO}=\dfrac{\lambda(p_1^{TO}-p_2^{TO})}{1-\lambda}$

---

① 与同时向两个企业转让技术相比，由于企业 4 只向企业 1 转让技术时下游市场生产的是两种质量的产品，他们可以同时满足偏好高质量产品和低质量产品的两类消费群体，因而总产出更高。这样中间产品的产出更高，中间产品价格更低，下游企业的成本更低，这样也能促使企业 1 的产出增加更多。王君美（2010）中的结论之所以与本书不同，就是没有考虑中间产品市场与最终产品市场这种内在联系。

② 企业 1 虽然生产的产品质量高而产生较大的竞争优势，但由于单位产出费率又构成企业 1 边际成本的一部分，其在成本上存在劣势，综合起来，企业 4 使用新技术的竞争优势不是很大。

$-p_2^{TO}$

这样，企业 1 和企业 2 的利润函数为：

$$\pi_1^{TO}=\left(\frac{1-q_1^{TO}-\lambda q_2^{TO}}{\lambda}-r^{TO}-w^{TO}\right)\times q_1^{TO}-f^{TO}$$

$$\pi_2^{TO}=(1-q_1^{TO}-q_2^{TO}-w^{TO})\times q_2^{TO}$$

根据利润最大化的条件以及上下游市场的纵向内在关系，可以求出各企业的产出和利润分别为：

$$q_1^{TO}=-\frac{8+(-7-8r^{TO}+r^{TO}\lambda)\lambda+\lambda^2}{4(-4+\lambda)}$$

$$q_1^{TO}=\frac{2+r^{TO}\lambda(-6+\lambda)-5\lambda+\lambda^2}{4(-4+\lambda)}$$

$$q_1^{TO}=\frac{-3+\lambda r^{TO}+\lambda}{2(-4+\lambda)}$$

$$\pi_1^{TO}=\frac{[8-(7+8r^{TO})\lambda+(1+r^{TO})\lambda^2]^2}{16(-4+\lambda)^2\lambda}-f^{TO}$$

$$\pi_1^{TO}=\frac{[2-(5+6r^{TO})\lambda+(1+r^{TO})\lambda^2]^2}{16(-4+\lambda)^2}$$

$$\pi_1^{TO}=\frac{(-3+r^{TO}\lambda+\lambda)^2}{8(-4+\lambda)}$$

假设市场信息完全，企业 4 确定的固定费用值 f^{TO} 等于技术受让企业 1 的新增利润，且由于技术许可发生前企业 1 的利润为 1/36。这样，企业 4 固定不变部分的许可费收入为：$f^{TO}=\frac{[8-(7+8r^{TO})\lambda+(1+r^{TO})\lambda^2]^2}{16(-4+\lambda)^2\lambda}-\frac{1}{36}$

进而，企业 4 通过技术许可获得的总利润为：

$$\pi_4^{TO}=r^{TO}\times q_1^{TO}+f^{TO}$$

$$=\frac{576-944\lambda+553\lambda^2-122\lambda^3+9\lambda^4+r^{TO}(-144\lambda^2+126\lambda^3-18\lambda^4)+(r^{TO})^2(-576\lambda^2+288\lambda^3-27\lambda^4)}{144(-4+\lambda)^2\lambda}$$

由于现实经济中，有的政府对技术合同的具体费用问题不进行干预，但也有政府借反垄断法干预技术合同，认为技术拥有企业签订技术合同收费不能出现负值，即补贴行为。同样，本部分将分别分析政府允许和不允许技术拥有企业对技术受让企业进行补贴两种情况进行探讨。首先，分析第一种情况。

①政府允许企业补贴。如果政府允许企业补贴，则企业 4 设定单位产出费率或固定费用部分可以为负数，在保证企业 2 的产出为非负数的条件下，最大化企业 4 的利润即为：

$$\max_{r^{TOY}}\pi_4^{TOY}=\frac{576-944\lambda+553\lambda^2-122\lambda^3+9\lambda^4+r^{TOY}(-144\lambda^2+126\lambda^3-18\lambda^4)+(r^{TOY})^2(-576\lambda^2+288\lambda^3-27\lambda^4)}{144(-4+\lambda)^2\lambda}$$

$$st\quad \frac{2+r^{TOY}\lambda(-6+\lambda)-5\lambda+\lambda^2}{4(-4+\lambda)}>0$$

求解出均衡的单位产出费率为：$r^{TOY}=\begin{cases}\dfrac{-2+5\lambda-\lambda^2}{(-6+\lambda)\lambda} & 0<\lambda\leqslant 0.5049\\ -\dfrac{8-7\lambda+\lambda^2}{64-32\lambda+3\lambda^2} & 0.5049<\lambda\leqslant 1\end{cases}$

技术革新程度（$0.5049<\lambda\leqslant 1$），为了进一步提高技术受让企业 1 在与企业 2 竞争时的优势，企业 4 设定的单位产出费率为负值，也就是说其会对企业 1 进行补贴。[①] 均衡的单位产出费率 $r^{TOY}=\dfrac{8-7\lambda+\lambda^2}{64-32\lambda+3\lambda^2}$是内点解。然而，技术革新程度（$0.5049<\lambda\leqslant 1$），企业 1 接受技术许可后竞争优势得以很大的提高，并将竞争对手挤出最终产品市场，最优单位产出费率是角解。

根据均衡时的单位产出费率，可以得到各企业的均衡产出和利润分别为：

$$q_1^{TOY}=\begin{cases}\dfrac{2}{6-\lambda} & 0<\lambda\leqslant 0.5049\\ \dfrac{8-7\lambda+\lambda^2}{16-6\lambda} & 0.5049<\lambda\leqslant 1\end{cases}$$

$$q_2^{TOY}=\begin{cases}0 & 0<\lambda\leqslant 0.5049\\ \dfrac{-16+38\lambda-13\lambda^2+\lambda^3}{128-64\lambda+6\lambda^2} & 0.5049<\lambda\leqslant 1\end{cases}$$

---

① 当然，企业 4 这样做的最终目的是为了最大化其自身利润。因为单位产出费率为负值，可以降低企业 1 生产的边际成本，提高企业 1 的竞争优势以获取更多的新增利润，然后其通过固定费用部分获取企业 1 的全部新增利润。

$$q_3^{TOY}=\begin{cases}\dfrac{2}{6-\lambda} & 0<\lambda\leqslant 0.5049\\[2ex] \dfrac{24-13\lambda+\lambda^2}{64-32\lambda+3\lambda^2} & 0.5049<\lambda\leqslant 1\end{cases}$$

$$\pi_1^{TOY}=\frac{1}{36}$$

$$\pi_2^{TOY}=\begin{cases}0 & 0<\lambda\leqslant 0.5049\\[2ex] \dfrac{(-16+38\lambda-13\lambda^2+\lambda^3)^2}{4(64-32\lambda+3\lambda^2)^2} & 0.5049<\lambda\leqslant 1\end{cases}$$

$$\pi_3^{TOY}=\begin{cases}\dfrac{2(4-\lambda)}{(-6+\lambda)^2} & 0<\lambda\leqslant 0.5049\\[2ex] \dfrac{(4-\lambda)(24-13\lambda+\lambda^2)^2}{2(64-32\lambda+3\lambda^2)^2} & 0.5049<\lambda\leqslant 1\end{cases}$$

$$\pi_4^{TOY}=\begin{cases}\dfrac{288-324\lambda+60\lambda^2+\lambda^3}{36(-6+\lambda)^2\lambda} & 0<\lambda\leqslant 0.5049\\[2ex] \dfrac{576-944\lambda+553\lambda^2-123\lambda^3+9\lambda^4}{36\lambda(64-32\lambda+3\lambda^2)} & 0.5049<\lambda\leqslant 1\end{cases}$$

由上式不难看出，与单位产出费许可方式不同的是，当企业 4 采取单位产出费加固定收费许可方式向企业 1 转让技术时，不管新技术革新程度如何，新技术传播发生后，企业 3 的利润始终增加，而企业 2 的利润却总在减少。

首先，解释为什么企业 2 利润会减少。当技术创新程度较低时，为了最大化企业 1 的新增利润，企业 4 对企业 1 进行单位补贴以降低企业 1 的边际成本，从而提升企业 1 的市场竞争力。这样新技术的使用一方面给企业 1 带来的质量优势，使得一部分消费低质量产品的消费者转而消费高质量的产品，这会减少消费者对低质量产品的需求；另一方面也给企业 1 带来了成本优势，这也导致企业 2 的市场份额下降。因此，企业 2 的利润下降也在所难免；当技术革新程度较高时，企业 2 被挤出市场，其利润降为零。

其次，解释企业 3 利润会增加的原因。如果创新企业的技术革新程度较低时，技术许可发生前消费者只能消费低质量产品，而技术许可发生后，消费者可以同时选择消费高质量产品和低质量产品，并且由于企业 4 会对生产高质量的企业 1 进行补贴，因而新技术使用后最终产品的产出增加，中间产品的需求也会因此增加，企业 3 的利润必然也增加；如果创新企业的技术革新程度较高，尽管企业 2 被挤出市场，由于企业 1 生产高质量产品会扩大市场需求，[①] 最终产品的产出也会增加，中间产品的需求增加，最终会带来企业 3 利润的上升。

相应的消费者剩余和社会福利分别为：

$$CS^{TOY}=\begin{cases}\dfrac{2}{\lambda(-6+\lambda)^2} & 0<\lambda\leqslant 0.5049\\[2ex] \dfrac{4096-9984\lambda+11712\lambda^2-7196\lambda^3+2297\lambda^4-379\lambda^5+31\lambda^6-\lambda^7}{8\lambda(-8+\lambda)^2(-8+3\lambda)^2} & 0.5049<\lambda\leqslant 1\end{cases}$$

$$W^{TOY}=\begin{cases}\dfrac{180-12\lambda^2+\lambda^3}{18\lambda(-6+\lambda)^2} & \\[2ex] \dfrac{110592-151808\lambda+99392\lambda^2-31556\lambda^3+2715\lambda^4+783\lambda^5-171\lambda^6+9\lambda^7}{72\lambda(-8+\lambda)^2(8-3\lambda)^2} & 0.5049<\lambda\leqslant 1\end{cases}$$

技术许可发生后，企业 1 会生产高质量的产品，这必然有益于购买高质量产品的消费群体；同时，假设企业 2 仍然会生产低质量产品企业 2 在企业 1 巨大的竞争优势下被迫降价，因而继续购买低质量产品的消费者也从中获益。因此，技术许可总会有益于消费者。值得说明的是，尽管技术许可损害了企业 2 的利益，但技术许可带来了产品质量的升级，致使整个产业总体受益。因此，新技术的商业化也提高了整个社会福利。

②政府不允许企业补贴。若政府不允许企业 4 对技术接受企业 1 进行补贴的话，这意味着单位产出费率和固定费用均为非负值，则求解企业 4 的利润最大化问题修正为：

① 当技术创新程度较大时，技术许可发生前后市场反需求函数分别为 $p=1-q$ 和 $p=\dfrac{1-q}{\lambda}$。由于 $\lambda\in(0,1)$，显然，技术许可会扩大市场的需求。

$$\max_{r^{TON}} \pi_4^{TON} = \frac{576 - 944\lambda + 553\lambda^2 - 122\lambda^3 + 9\lambda^4 + r^{TON}(-144\lambda^2 + 126\lambda^3 - 18\lambda^4) + (r^{TON})^2(-576\lambda^2 + 288\lambda^3 - 27\lambda^4)}{144(-4+\lambda)^2\lambda}$$

$$st \quad \frac{2 + r^{TON}\lambda(-6+\lambda) - 5\lambda + \lambda^2}{4(-4+\lambda)} > 0 \quad f^{TON} \geqslant 0; \quad r^{TON} \geqslant 0$$

不难求出，企业 4 实现利润最大化的单位产出费率为

$$r^{TON} = \begin{cases} \dfrac{-2+5\lambda-\lambda^2}{\lambda(-6+\lambda)} & 0 < \lambda \leqslant \dfrac{1}{2}(5-\sqrt{17}) \\ 0 & \dfrac{1}{2}(5-\sqrt{17}) < \lambda \leqslant 1 \end{cases}$$

当技术革新程度较低时，技术许可发生后技术受让企业 1 的质量优势提到不是很大，其新增利润较低。为了进一步提高企业 1 的市场竞争力，设置负的单位产出费率对技术拥有企业 4 而言是一个非常好的选择。但由于政府不允许企业 4 对企业 1 进行单位补贴，因而最优的单位产出费率 $r^{TON}=0$，此时的最优单位产出费率为边界解；当技术革新程度较高时，企业 2 被挤出市场，最优的单位产出费率也是边界解。

进一步，可以得到企业的均衡产出和利润分别为：

$$q_1^{TON} = \begin{cases} \dfrac{2}{6-\lambda} & 0 < \lambda \leqslant \dfrac{1}{2}(5-\sqrt{17}) \\ \dfrac{8-7\lambda+\lambda^2}{4(4-\lambda)} & \dfrac{1}{2}(5-\sqrt{17}) < \lambda \leqslant 1 \end{cases}$$

$$q_2^{TON} = \begin{cases} 0 & 0 < \lambda \leqslant \dfrac{1}{2}(5-\sqrt{17}) \\ \dfrac{2-5\lambda+\lambda^2}{4(-4+\lambda)} & \dfrac{1}{2}(5-\sqrt{17}) < \lambda \leqslant 1 \end{cases}$$

$$q_3^{TON} = \begin{cases} \dfrac{2}{6-\lambda} & 0 < \lambda \leqslant \dfrac{1}{2}(5-\sqrt{17}) \\ \dfrac{3-\lambda}{2(4-\lambda)} & \dfrac{1}{2}(5-\sqrt{17}) < \lambda \leqslant 1 \end{cases}$$

$$\pi_1^{TON} = \frac{1}{36}$$

$$\pi_2^{TON}=\begin{cases}0 & 0<\lambda\leqslant\frac{1}{2}(5-\sqrt{17})\\ \frac{(2-5\lambda+\lambda^2)^2}{16(4-\lambda)^2} & \frac{1}{2}(5-\sqrt{17})<\lambda\leqslant 1\end{cases}$$

$$\pi_3^{TON}=\begin{cases}\frac{2(4-\lambda)}{(-6+\lambda)^2} & 0<\lambda\leqslant\frac{1}{2}(5-\sqrt{17})\\ \frac{(-3+\lambda)^2}{8(4-\lambda)} & \frac{1}{2}(5-\sqrt{17})<\lambda\leqslant 1\end{cases}$$

$$\pi_4^{TON}=\begin{cases}\frac{288-324\lambda+60\lambda^2+\lambda^3}{36\lambda(-6+\lambda)^2} & 0<\lambda\leqslant\frac{1}{2}(5-\sqrt{17})\\ \frac{576-944\lambda+553\lambda^2-122\lambda^3+9\lambda^4}{144(-4+\lambda)^2\lambda} & \frac{1}{2}(5-\sqrt{17})<\lambda\leqslant 1\end{cases}$$

与固定收费许可方式相同的是，技术许可后企业 2 的利润减少，而企业 3 的利润在增加。当技术创新程度较低时，最优的单位产出费率 $r^{TON}=0$，此时，单位产出费加固定收费许可方式等同于固定收费许可方式。因此，这种条件下企业 2 利润减少以及企业 3 利润增加的解释（参见本章固定收费许可方式那种情形），在此不重复阐述。当企业的技术革新程度较高 $0<\lambda\leqslant\frac{(5-\sqrt{17})}{2}$ 时，此时关于企业 3 利润增加和企业 2 利润减少的经济学解释与本章政府允许企业补贴时的解释一致，在此也不做重复解释。

在单位产出费加固定收费技术许可方式下，企业 4 仅向企业 1 转让技术且政府不允许企业进行补贴时所对应的消费者剩余和社会福利分别为：

$$CS^{TON}=\begin{cases}\frac{2}{(-6+\lambda)^2\lambda} & 0<\lambda\leqslant\frac{1}{2}(5-\sqrt{17})\\ \frac{64-140\lambda+153\lambda^2-75\lambda^3+15\lambda^4-\lambda^5}{32(-4+\lambda)^2\lambda} & \frac{1}{2}(5-\sqrt{17})<\lambda\leqslant 1\end{cases}$$

$$W^{TOY}=\begin{cases}\frac{180-12\lambda^2+\lambda^3}{18(-6+\lambda)^2\lambda} & 0<\lambda\leqslant\frac{1}{2}(5-\sqrt{17})\\ \frac{1728-1652\lambda+871\lambda^2-29\lambda^3-63\lambda^4+9\lambda^5}{288(-4+\lambda)^2\lambda} & \frac{1}{2}(5-\sqrt{17})<\lambda\leqslant 1\end{cases}$$

与技术许可前的均衡状态相比，技术许可不仅提高了消费者剩余，而且提高了整个行业利润，进而必然提高了社会福利。[①]

（2）向企业 1 和企业 2 同时转让技术

倘若技术拥有企业 4 同时向企业 1 和企业 2 转让技术，则两个下游企业都生产高质量产品，即 $s_2 = \frac{1}{\lambda}$。并且，技术许可发生后最终产品市场的竞争程度不会发生任何变化。

容易求出企业 1 和企业 2 共同面临的市场反需求函数为：$p = \frac{1-q}{\lambda}$。显然，技术许可扩大了最终产品的市场需求。

因此，企业 1 和企业 2 的利润函数可以表示为：

$$\pi_1^{TB} = \left(\frac{1 - q_1^{TB} - q_2^{TB}}{\lambda} - w^{TB} - r^{TB}\right) \times q_1^{TB} - f$$

$$\pi_2^{TB} = \left(\frac{1 - q_1^{TB} - q_2^{TB}}{\lambda} - w^{TB} - r^{TB}\right) \times q_2^{TB} - f^{TB}$$

根据简单且严密的数学计算，可以得到各企业的产出和利润分别为：

$$q_1^{TB} = q_2^{TB} = \frac{1}{6}(1 - r^{TB}\lambda)$$

$$q_3^{TB} = \frac{1}{3}(1 - r^{TB}\lambda)$$

$$\pi_1^{TB} = \pi_2^{TB} = \frac{1}{36\lambda}(-1 + r^{TB}\lambda)^2 - f^{TB}$$

$$\pi_3^{TB} = \frac{1}{6\lambda}(1 - r^{TB}\lambda)^2$$

此时，企业 4 收取固定费用技术许可费等于技术受让企业 1 和企业 2 的全部新增利润，因此有：$f^{TB} = \frac{(-1 + r^{TB}\lambda)^2}{36\lambda} - \frac{1}{36}$

因此，技术拥有者的利润则可以表示为：

$$\pi_4^{TB} = r^{TB}(q_1^{TB} + q_2^{TB}) + 2f^{TB} = \frac{1 - \lambda + 4r^{TB}\lambda - 5(r^{TB})^2\lambda^2}{18\lambda}$$

---

① 当技术创新程度较低时，固定收费加单位产出费许可退化为固定收费许可，这个比较结果的理解与固定收费许可情形中对应的解释一致；当技术创新程度较高时，政府允许补贴与不允许补贴情形均衡结果相同，因而对这个比较结果的理解与政府允许补贴中对应的解释一致。所以，在此只给出比较结果，不重复解释。

为了与前面一种情形更好地进行比较，同样，本部分也分政府允许技术拥有企业对技术接收方方进行补贴和不允许补贴两种情况来进行探讨：

①政府允许企业补贴。此时，求解企业4的利润最大化问题为：

$$\max_{r^{TBY}}\pi_4^{TBY}=\frac{1-\lambda+4r^{TBY}\lambda-5(r^{TBY})^2\lambda^2}{18\lambda}$$

根据利润最大化的一阶条件，可以非常容易地求出企业4的最优单位产出费率为：$r^{TBY}=\dfrac{2}{5\lambda}$

将最优的单位产出费率代入相应的函数，可以求出企业的均衡产出和均衡利润、技术许可费中固定费用部分以及消费者剩余和社会福利分别为：

$$q_1^{TBY}=q_2^{TBY}=\frac{1}{10}$$

$$q_3^{TBY}=\frac{1}{5}$$

$$\pi_1^{TBY}=\pi_2^{TBY}=\frac{1}{36}$$

$$\pi_3^{TBY}=\frac{3}{50\lambda}$$

$$\pi_4^{TBY}=\frac{9-5\lambda}{90\lambda}$$

$$f^{TBY}=\frac{9-25\lambda}{900\lambda}$$

$$CS^{TBY}=\frac{1}{50\lambda}$$

$$W^{TBY}=\frac{9}{50\lambda}$$

显然，当技术革新程度较低（$9/25<\lambda<1$）时，固定费用部分为负值，即表明企业4会对企业1和企业2给予一次性的补贴，且这种情形下，上游企业3的利润也会下降。原因在于技术许可发生后，下游企业因产品质量的提升给下游产业带来质量优势，但与此同时单位产出费过高所带来

的成本劣势，且质量优势不足以弥补成本劣势，[①] 因而技术许可发生后下游市场的情况更糟，必然会对上游产业产生不利的影响，导致企业 3 的利润也在减少。当然，当技术革新程度较高，新技术的传播会给企业 3 带来正的外部效应。

并且，新技术的商业化传播可能会降低消费者剩余。这意味着，消费者不一定从新技术的商业化过程中受益，这与新技术革新程度密切相关。原因在于：在这种情形下，技术拥有企业 4 设定高于零的单位产出费率显然会带来下游企业的生产成本的上升，且新技术所带来成本劣势最终导致最终产品的价格上升。当技术革新程度较低，即产品质量提升幅度不大时，产品质量提高给消费者带来效用的增加不足以弥补产品价格上升给消费者带来的损失，[②] 故总体而言消费者剩余在技术许可发生后会降低。然而，技术革新程度较高时，则情况刚好相反，技术许可发生后消费者剩余增加。

不可思议的是，当技术革新程度（$18/25<\lambda<1$）时，技术商业化给企业 4 带来的利润不足以弥补其给企业 3 带来的利润损失，技术许可从总体上会导致整个行业利润在减少。当技术革新程度（$9/25<\lambda<18/25$）时，技术许可后企业 3 利润减少的幅度小于创新企业 4 利润增加的幅度，故技术许可提高了行业利润。当技术革新程度很高（$18/25<\lambda<9/1$）时，技术许可后企业 3 的利润增加，行业利润也必然增加。

这样，就不难分析技术商业化对社会福利的影响。当技术革新程度（$9/25<\lambda<81/125$）时，行业利润增加超过消费者剩余的减少幅度，导致社会福利增加；当技术革新程度（$81/125<\lambda<18/25$）时，行业利润的增加不足以弥补消费者剩余减少，社会福利整体在下降。

②政府不允许企业补贴。在这种规定下，企业 4 的利润最大化求解问题则调整为：

---

① 这是在没有考虑企业 4 对企业 1 的一次性补贴，因为一次性补贴不影响技术接受企业的生产行为。

② 因为效用函数 $U=\theta s_i-p_i$，净效用与产品质量 s 呈正向变化，与产品价格呈反向变化。

$$\max_{r^{TBN}} \pi_4^{TBN} = \frac{1-\lambda+4r^{TBN}\lambda-5(r^{TBN})^2\lambda^2}{18\lambda} \quad st \ \frac{(-1+r^{TBN}\lambda)^2}{36\lambda}-\frac{1}{36}\geqslant 0;$$

$r^{TBN}\geqslant 0$

上式中的第一约束条件则说明企业 4 不能够对技术接受企业进行一次性补贴，而第二个约束条件则要求企业 4 不能进行单位补贴。

可以得到，企业 4 的最优单位产出费率为：$r^{TBN}=\begin{cases}\dfrac{2}{5\lambda} & 0<\lambda\leqslant\dfrac{9}{25}\\ \dfrac{1-\sqrt{\lambda}}{\lambda} & \dfrac{9}{25}<\lambda<1\end{cases}$

当技术革新程度较高时，企业 4 可以设定相对较高的单位产出费率，此时的最优单位产出费率为内点解；而当技术创新程度较低时，企业 4 为了保证技术接受企业的利润不低于其初始状态，因而会设定一个相对较低的单位产出费率。

将最优的单位产出费率代入相应的函数，可以得到企业的产出和利润分别为：

$$q_1^{TBN}=q_2^{TBN}=\begin{cases}\dfrac{1}{10} & 0<\lambda\leqslant\dfrac{9}{25}\\ \dfrac{\sqrt{\lambda}}{6} & \dfrac{9}{25}<\lambda<1\end{cases}$$

$$q_3^{TBN}=\begin{cases}\dfrac{1}{5} & 0<\lambda\leqslant\dfrac{9}{25}\\ \dfrac{\sqrt{\lambda}}{3} & \dfrac{9}{25}<\lambda<1\end{cases}$$

$$\pi_1^{TBN}=\pi_2^{TBN}=\frac{1}{36}$$

$$\pi_3^{TBN}=\begin{cases}\dfrac{3}{50\lambda} & 0<\lambda\leqslant\dfrac{9}{25}\\ \dfrac{1}{6} & \dfrac{9}{25}<\lambda<1\end{cases}$$

$$\pi_4^{TBN}=\begin{cases}\dfrac{9-5\lambda}{90\lambda} & 0<\lambda\leqslant\dfrac{9}{25}\\ \dfrac{1}{3}\left(-1+\dfrac{1}{\sqrt{\lambda}}\right) & \dfrac{9}{25}<\lambda\leqslant 1\end{cases}$$

可以看出，与政府允许补贴不同的是，新技术的商业化不会给企业 3 带来负的外部效应。这不难理解，因为政府不允许补贴，所以企业 4 不能够设置相对较高的单位产出费率，故技术许可后下游企业的市场效率不会降低，技术许可不会给上游企业 3 带来不利的影响。

相对应的消费者剩余以及社会福利分别为：

$$CS^{TBN} = \begin{cases} \dfrac{1}{50\lambda} & 0 < \lambda \leqslant \dfrac{9}{25} \\ \dfrac{1}{18} & \dfrac{9}{25} < \lambda < 1 \end{cases}$$

$$W^{TBN} = \begin{cases} \dfrac{9}{50\lambda} & 0 < \lambda \leqslant \dfrac{9}{25} \\ \dfrac{1}{3\sqrt{\lambda}} - \dfrac{1}{18} & \dfrac{9}{25} < \lambda < 1 \end{cases}$$

分别比较企业 4 的利润 π_4^{TBN} 和 π_4^{TON} 以及 π_4^{TBY} 和 π_4^{TOY} 值的大小，可以得到以下结论：

命题 2 - 3：在单位产出费加固定收费许可方式下，不管政府是否允许技术拥有企业对被许可企业进行补贴，技术拥有企业的最优选择是只向一个企业转让新技术。①

命题 2 - 3 背后的经济含义是：在单位产出费加固定收费许可方式下，技术拥有企业的总利润包括单位产出费和固定费用两部分，并且单位产出费部分的高低取决于有效产出以及单位产出费率，固定费用部分则取决于技术接受企业的新增利润。如果技术拥有企业设定相对较低的单位产出费率，意味着会给其带来高的有效产出以及相对较低的单位产出费收入和相对较高的固定费用收入。

与企业 4 向两个企业许可技术相比，企业 4 只给企业 1 许可技术时，为了提高企业 1 的竞争优势，其设定一个相对较低的单位产出费率，以达到缩减企业 2 的市场份额（甚至将企业 2 挤出市场）的目的，进而增加企业 1 的利润。这意味着，当技术拥有企业向一个（两个）进行技术转让传

① 命题 2 - 3 的数学证明见附录 1 - 3。

播时，单位产出费率更低（高），单位产出费收入更低（高），固定费用收入更高（低）。并且，由于企业 4 的总利润的变动与固定部分技术许可收入变动一致。因此，创新企业 4 只向企业 1 进行技术许可时，其总利润更高。

当企业 4 只向一个企业进行技术转让时，把政府允许企业对受让企业补贴和政府不允许补贴时企业 4 的均衡利润、消费者剩余以及社会福利分别比较，可以得到：

引理 2 -1：与政府不允许企业进行补贴相比，政府允许企业对技术受让方进行补贴时技术拥有企业的利润、消费者剩余以及社会福利不会更低。[①]

根据命题 2 -3 的分析可知，技术拥有者只向企业 1 许可技术时其总利润更高。因此，只需要比较当企业 4 只向一个企业转让技术时，政府允许企业 4 对技术受让企业 1 给予补贴和政府不允许其补贴两种情形下的消费者剩余和社会福利。

根据分析可知，技术创新程度较高时，政府允许企业补贴和不允许企业补贴时企业 4 设定的单位产出费率会完全相同，[②] 市场均衡状态必然相同，因此，社会福利和消费者剩余也相同。

当技术创新程度较低时，政府允许企业 4 进行补贴时最优单位产出费率为负，而政府不允许企业 4 进行补贴时最优单位产出费率为零。显然，前一种情形下的技术许可后下游市场效率提高更大，最终产品的产量更高，而产品价格更低，故消费者剩余也更高。同时，由于前一种情形下下游市场的效率更高，因而整个行业利润也会更高。因此，政府允许企业补贴时的社会福利和消费者剩余更高。

至于政府允许企业补贴时，技术拥有企业的利润不会更低就很容易理解了。政府允许企业进行补贴，企业 4 可以选择进行补贴也可以选择不进行补贴；然而，如果政府不允许补贴则意味着企业 4 不可以进行补贴；显然，前一种情形下，企业 4 的利润不会更低。

---

① 引理 2 -1 的数学证明见附录 1 -4。

② 详细本节“固定收费加单位产出费许可”部分的第一种情形。

2.3　不同收费许可方式的比较

这一部分，从技术拥有企业的角度，比较三种收费许可方式哪一种最优，尤其重点分析技术拥有企业更偏好固定收费许可还是更偏好于单位产出费许可。

2.3.1　固定收费许可与单位产出费许可比较

由命题 2－2 可知，在单位产出费许可方式下，当技术革新程度（$0<\lambda\leqslant 0.26736$）时，企业 4 应该选择向企业 1 许可技术（排他性技术许可）；然而，如果技术革新程度（$0.26736<\lambda<1$）时，企业 4 应该向两个企业许可技术（非排他性技术许可）。这样，在单位产出费许可方式下，技术拥有企业 4 的利润函数可以表示为：

$$\pi_4^R=\begin{cases}\dfrac{(8-7\lambda+\lambda^2)^2}{16\lambda(-8+\lambda)(-4+\lambda)} & 0<\lambda\leqslant 0.26736\\[2ex] \dfrac{1}{3}\left(-1+\dfrac{1}{\sqrt{\lambda}}\right) & 0.26736<\lambda\leqslant 1\end{cases}$$

由命题 2－1 可知，在固定收费许可方式下，不管技术革新程度的大小，企业 4 应该只向企业 1 进行排他性技术许可。

因此，比较企业 4 的利润 π_4^R 与 π_4^F 值的大小，可以得到：

引理 2－2：就技术拥有企业而言，若技术创新程度较低，单位产出费许可优于固定收费许可；相反，若技术创新程度较高，固定收费许可优于单位产出费许可。[①]

引理 2－2 表明，固定收费许可和单位产出费许可孰优孰劣与新技术使用后所带来产品质量提高的程度（即技术革新程度）有关。

---

① 引理 2－2 的数学证明见附录 1－5。

如果技术革新程度较高（$\lambda \in (0, 0.26736]$）时，固定收费许可和单位产出费许可方式下，企业4均选择只向企业1转让技术，而且两种收费许可方式下企业1均将企业2挤出市场。因此，技术许可对下游市场结构产生重要的影响，此时仅有企业1垄断高质量产品的生产。在固定收费许可方式下，企业4仅向企业1转让提高产品质量的技术，企业1的需求会增加，并且其需求增加的幅度和新技术所带来产品质量提高的幅度呈正向变化；在单位产出费许可方式下，单位产出费构成技术接受企业的边际成本的一部分，与固定收费许可相比，下游市场企业的新增利润更小。因此，在这种情形下，对于技术拥有企业而言，固定收费许可优于单位产出费许可。①

如果技术革新程度 $\lambda \in (0.26736, 1]$，固定收费许可时，企业4偏好于只向企业1转让技术，而单位产出费许可时，其偏好于向企业1和企业2同时转让技术。此时，当技术革新程度较高［$0.26736 < \lambda \leqslant (5 - \sqrt{17})/2$］时，固定收费许可方式下，技术许可发生后，企业1因技术革新程度较高将企业2挤出市场。因此，这两种许可方式下，下游市场均只生产高质量的产品。不同的是，固定收费许可时只有企业1生产高质量产品，而单位产出费许可时企业1和企业2同时生产高质量产品并进行产量竞争。显然，固定收费许可下，下游市场的垄断程度高，下游企业的利润也就更高。因而。固定收费必然优于单位产出费。

然而，当技术革新程度较低［$(5 - \sqrt{17})/2 < \lambda \leqslant 1$］时，固定收费许可时，企业1和企业2同时存在于最终产品市场；单位产出费许可时，为了让企业1和企业2愿意接受新技术，企业4设定相对较低的单位产出费率，② 且最优的单位产出费率是 λ 的减函数（即技术革新程度越小，最优单位产出费率越低）。此时，当技术革新程度 $\lambda \in (0.8841, 1]$时，技术受

---

① 当技术革新程度较高时，单位产出费许可时，技术买卖双方共享新技术商业化的好处，而固定收费许可时，技术拥有企业独享新技术商业化的好处。这将进一步强化技术拥有企业偏好固定收费合同的选择。

② 意思是技术许可发生后，企业1和企业2的利润不低于它们的初始状态时的利润。因此，这种条件下，技术拥有企业获取技术许可的全部新增利润。

让企业产品质量提高幅度较小，因此固定收费许可时企业的新增利润较少，企业 4 的利润较低；但在单位产出费许可方式下，因最优单位产出费率很低，技术接收企业因边际成本上升所造成的扭曲较小，技术接受企业的产出非常高（即技术拥有企业的有效产出非常高），企业 4 的单位产出费收入较高。此时，相比较而言，企业 4 采取单位产出费许可其利润相对更高一点。当技术革新程度$[(5-\sqrt{17})/2<\lambda\leqslant 0.8841]$时，情况恰恰相反，则固定收费许可时技术拥有企业 4 的利润更高。

综合以上的分析，对于技术拥有企业 4 而言，当技术创新程度很低 $\lambda\in(0.8841,1)$时，固定收费许可更优；在其他情况下，单位产出费许可更优。而 Kamien 和 Tauman（1986）认为，当技术拥有企业为非生产性企业时，固定收费总优于单位产出费。当技术创新程度较低时，本节的研究结论与他们的结论截然相反。

2.3.2　最优的技术收费许可方式

通过综合比较企业 4 利润 π_4^F、π_4^B 以及 π_4^T值的大小，可以得出：

引理 2 - 3：不管技术拥有企业的技术革新程度如何，其总偏好于单位产出费加固定收费许可方式。①

引理 2 - 3 的经济学含义非常简单：企业 4 采取单位产出费加固定收费许可方式，一方面可以获取技术接受企业的全部新增利润；另一方面通过单位产出费率来影响技术接受企业的生产行为。

相比较而言，用固定收费许可方式时，企业 4 尽管其能获取技术受让企业的最高新增利润，但不能通过影响技术受让企业的边际成本来左右技术接受企业的生产行为，从而无法最大化技术受让企业的新增利润。

用单位产出费许可方式时，企业 4 能改变单位产出费率来左右技术受让企业的生产行为，但企业 4 却不一定能获取技术接受企业的全部新增利润。因此，企业 4 采取单位产出费加固定收费许可方式其利润一定不会更低。

---

① 引理 2 - 3 的数学证明见附录 1 - 6。

2.4 本章小结

本章借助一个非常简单的经济学模型，在纵向联系的上下游市场中，上游市场只有一个企业垄断中间产品的生产和销售，而两个下游企业在最终产品市场上进行产量竞争，从非生产性拥有创新技术的研发企业的角度，来探讨其选择何种技术许可收费方式，以及如何选择技术许可的对象来商业化其拥有的能提高最终产品生产质量的技术。

本章的研究表明：第一，固定收费许可和单位产出费加固定收费许可时，企业 4 应该只向企业 1 许可技术。这一点不难理解，在这两种收费许可方式下，技术受让企业 1 使用新技术后的新增利润都被拥有创新技术的研发企业获取。如果企业 4 只向一个企业许可技术，技术许可会带来下游市场产品的质量差异，因而技术许可这种活动弱化市场竞争，技术受让企业的新增利润空间会较大。

第二，在单位产出费许可方式下，技术拥有者的最优选择是既可能只向一个下游企业 1，又可能向企业 1 和企业 2 两个企业转让许可技术。在单位产出费许可方式下，企业 4 利润取决于单位产出费率和技术受让企业的有效产出乘积。综合进行比较可以发现，当技术革新较低时，企业 4 向两个企业许可技术时单位产出费率与有效产出的乘积更大，然而当技术革新程度较高时，情况则相反，单位产出费率与有效产出的乘积更小。

第三，从创新技术拥有者的角度看，单位产出费许可并非总是劣于固定收费许可，这与 Kamien 和 Tauman（1986）的观点相反。

第四，与政府不允许企业补贴相比，如果政府允许技术拥有企业对技术受让企业给予补贴时，均衡状态时的技术拥有企业利润、消费者剩余以及社会福利则相对更高，这一结论与人们直觉相反。人们普遍会认为技术拥有者将技术许可合同的费用设定为负值（f 或 r 为负值），目的是贿赂某些企业退出市场，破坏市场竞争，从而达到提高其自身利益的目的。因此，它们认为这种有利于技术拥有企业的做法会损害消费者利益以及降低社会整体福利。但研究结论恰恰相反，技术拥有企业的这一行为在增加自身利益的同时，能够实现自身利益与社会利益的完美一致。

同时，本章的研究结论的政策建议体现在两个方面：第一，研究结论可用来评价政府反补贴政策是否合理。基于企业补贴可能存在技术拥有者贿赂某些企业退出市场，进而有违背反垄断法的嫌疑，从而禁止企业补贴的政策，这不太合理。因为，本章的结论显示政府允许补贴的社会福利以及消费者剩余更高。因此，政府从最大化社会福利的角度，不能一味的坚持反补贴政策；第二，本章的结论可以用为一些大学院校以及一些科研机构等非生产性企业的技术成果商业化提供理论方面的指导。这些非生产的研发单位在进行技术许可选择时，应该充分考虑其创新技术所带来的技术革新程度来做不同的选择。例如，如果其选择按产量进行技术收费（即单位产出费许可）时，在技术创新程度较低，其应该向很少的企业甚至一个企业进行技术许可，而不应该向多个企业进行技术交易。

第 3 章

纵向控制条件下的技术许可研究

技术许可是研究所、高等院校等非生产性科研机构商业化其创新技术的一种常见模式，并且技术商业化所得为其进行进一步的技术创新提供了研发经费。近年来，高校等科研机构授权的高校科研专利数目以及出售的专利数目持续增加。例如，据国家统计局《2017 年高等学校科技统计资料汇编》显示，2017 年我国高校研发经费投入总量再创历史新高，已经高达 153.7 亿元，比上年增长 13.3%，取得鉴定的高校发明专利数目为 66074 项，出售的专利数目为 4803 项。显然，非生产性企业的技术转移活动越来越普遍。

在现实经济中，有的技术拥有企业将技术许只可给一个企业，即独家授权（排他性技术许可）；但有的企业将技术许可给多个不同的企业，如肯德基的加盟店有很多，意味着这些加盟店都能获得相关食品的生产诀窍等。对技术拥有企业而言，其究竟应该选择向一个企业还是向两个企业许可其创新技术更好？其自身的目标能否实现与社会目标的完美一致？

为了解决上述问题，本章假定在一个差异寡头市场中，下游市场有两个生产有差别的同种产品的企业进行产量竞争，探讨一个拥有降低最终产品生产成本技术的非生产性企业最优技术许可选择问题。

3.1　基本模型

3.1.1　假设前提与博弈顺序

延续第 2 章的做法，[①] 纵向联系的上下市场中有 3 个生产性企业和 1 个非生产性企业，其中企业 1 和企业 2 是下游市场生产最终产品的生产性企业，他们生产有水平差异的同种产品，进行 Cournot 竞争。同时，假设

① 这样假设的目的，也是为了对本书结论的稳健性进行检验。

企业 1 和企业 2 的生产成本相同，均包括购买中间产品的成本（且一单位中间产品生产一单位最终产出①）和边际转化成本 $c(0<c<1)$，c 的范围界定是为了保证本章的研究有意义，即技术许可发生前企业 1 和企业 2 均衡产出为非负数。

企业 3 在中间产品市场进行中间产品的垄断生产和销售。在此，为了简化本章的数理推导，假设中间品企业的生产成本为零；②

企业 4 是不从事产品生产的研发企业，它拥有一项可以降低下游企业生产最终产品边际转化成本的技术，新技术的使用可以将最终产品生产的边际转化成本由 c 降低为零，③（即获得了该项技术的下游企业，其边际转换成本降为零，没有获得该项技术的下游企业，其边际转化成本则仍然为 c），这意味着 c 是反映新技术的革新程度的一个指标，如果 c 值越大，则新技术的使用带来产品生产成本下降的幅度更大，即技术的革新程度愈大；反之，c 值越小，则技术革新程度愈小。

借鉴 Li 和 Ji（2010）的分析方法，进一步假设消费者对最终产品的反需求函数是：$p_i=1-q_i-dq_j$ $[i,j=1,2 \quad i\neq j\ ,\ d\in(0,1)]$

其中 d 表示产品差异程度，其值越大表示产品差异程度越小；反之，其值越小表示产品的差异程度愈大。

本章的博弈次序为：第一，非生产性企业 4 选择向企业 1 和（或）企业 2 转让其降低生产成本的技术；并进一步决定技术许可方式选择，④ 企业 1 和（或）企业 2 决定是否购买该项新技术；⑤ 第二，企业 3 决定其产品的价格和产量；第三，在市场需求既定时，企业 1 和企业 2 进行产量竞争，决定各自的产量和价格。当然，本章采用博弈论中逆推法进行均衡状况的求解。

---

① 借鉴 Arya 等（2008）中的做法。

② 容易验证，若是这个假设发生改变的话，不会改变本章的结论。

③ 这个假设纯粹为了简化计算，如果假设下游企业接受技术转让前其边际转化成本为 c_1，接受技术转让后其边际转化成本 c_2，则新技术的采用导致边际转化成本降低了 c_1-c_2，c_1-c_2 也就等同于本章假设的 c。

④ 即固定收费、单位产出费还是有单位产出费加固定收费许可方式。

⑤ 由于企业 4 是非生产性企业，技术转让发生前其利润为零，技术转让发生后，其可以获取相应的授权费用，因此，企业 4 肯定愿意转让其技术，因此不讨论企业 4 是否愿意转让技术。

3.1.2 技术许可前的均衡分析

在技术许可没有发生时，企业1和企业2生产最终产品的边际转化成本是 c。在给定中间产品的价格 w 条件下，他们各自的利润函数为：

$\pi_1=(1-q_1-dq_2)q_1-wq_1-cq_1$

$\pi_2=(1-q_2-dq_1)q_2-wq_2-cq_2$

将企业的利润对各自的产出求一阶导数后，联立方程组：

$$\begin{cases}\dfrac{\partial\pi_1}{\partial q_1}=1-w-2q_1-dq_2-c=0\\ \dfrac{\partial\pi_2}{\partial q_2}=1-w-2q_2-dq_1-c=0\end{cases}$$

容易求出，从事最终产品生产的企业1和企业2的均衡产出和均衡利润分别为 $q_1=q_2=\dfrac{1-w-c}{2+d}$、$\pi_1=\pi_2=\dfrac{(1-w-c)^2}{(2+d)^2}$。由于投入一单位中间产品可以生产一单位最终产品，而企业3是这两个企业的供货商，可以进一步求出企业3的需求函数为：$q_3=q_1+q_2=\dfrac{2(1-w-c)}{2+d}$。因此，其反需求函数为：$w=1-c-\dfrac{2+d}{2}q_3$

上游企业3求解其利润最大化问题即 $\max\limits_{q_3}\pi_3=(1-\dfrac{2+d}{2}q_3-c)q_3$，得到其均衡产量和均衡利润分别为：$q_3=\dfrac{1-c}{2+d}$ 和 $\pi_3=\dfrac{(1-c)^2}{2(2+d)}$

将上述均衡产出代入中间产品的反需求函数，则可以进一步求出中间产品的价格为 $w=\dfrac{1}{2}(1-c)$。同理，将中间产品的价格代入各函数，容易算出均衡产出和利润分别为 $q_1=q_2=\dfrac{1-c}{2(2+d)}$ 和 $\pi_1=\pi_2=\dfrac{(1-c)^2}{4(2+d)^2}$

进一步求得初始状态时的消费者剩余以及社会福利分别为：

$$CS=\frac{q_1^2+2dq_1q_2+q_2^2}{2}=\frac{(1+d)(1-c)^2}{4(2+d)^2}$$

$$W = \sum_{i=1}^{3} \pi_i + CS = \frac{(1-c)^2(7+3d)}{4(2+d)^2}$$

仔细观察上面的均衡结果就会发现，在技术许可发生前，企业 1 和企业 2 的产出和利润均相等，原因在于：尽管它们生产的产品有差异，但这种差异仅限于水平差异，故这两个企业在产品市场上的竞争势力相同。因此，它们的均衡状态也相同。

3.2 多种技术许可方式下的技术许可选择

在本节中，深入分析研发企业 4 如何选择不同的技术许可方式来转移其降低最终产品生产的创新技术，以最大化其技术许可利润。由于企业 1 和企业 2 的生产成本相同且生产有水平差异的同种产品，即它们是对称的，故在探讨企业 4 只给一个企业进行技术转让时，本书假设其许可给企业 1。

同样为了行文方便，这一章继续沿用第 2 章的描述方法，分别用 π_k^{ijh}、w^{ijh}、p_k^{ijh}、q_k^{ijh}、CS^{ijh}和 W^{ijh} 表示企业的利润、[1] 中间产品价格、最终产品的价格、企业的产量、消费者剩余和社会福利，其中，$i=F,R,T$ 分别代表固定收费许可、单位产出费许可、单位产出费加固定收费许可；$k=1,2,3,4$，则分别代表 4 个企业。$j=O,B$ 代表技术受让企业的数目；O 表示只有一个技术受让企业；B 表示两个技术受让企业；$h=Y,N$ 分别表示政府不允许企业给予技术受让企业补贴和政府不允许企业补贴。例如，π_1^{TON} 表示的是创新企业 4 采取单位产出费加固定收费许可方式只向企业 1 进行技术许可，在政府不允许企业进行补贴时企业 1 的生产利润。并且，为了表示表述方便，给参数的临界值赋值如下：

$$c_1 = \frac{2(16-6d-5d^2)}{44+8d-7d^2}$$

① 对于企业 4 而言，利润指的是技术许可费收入；对其他企业而言，利润为生产利润。

$$c_2 = \frac{2(2-d)}{6+d}$$

$$c_3 = \frac{2-d-2d^2}{14+7d-d^2}$$

$$c_4 = \frac{2(2-d)}{10-d}$$

$$c_5 = \frac{56-8d-10d^2}{68+12d-7d^2}$$

$$c_6 = \frac{16-48d+20d^2}{20-4d+13d^2}$$

$$d_1 = \frac{1}{4}(-1+\sqrt{17})$$

接下来，探讨固定收费许可、单位产出费许可以及单位产出费加固定收费许可形式企业 4 最优许可对象的选择问题。

3.2.1　固定收费许可

企业 4 也可以选择向两个企业进行技术许可，其可以选择向企业 1 进行技术许可。当然，企业 4 最终究竟如何选择，则取决于企业 4 在这两种选择下利润的大小。

（1）企业 4 向企业 1 许可技术

在这种技术许可方式下，技术受让企业 1 为了提高其生产产品的边际转化效率，即边际转化成本由 c 降为零，其必须由研发企业 4 向其支付数值确定的费用 f^{FO}，并且固定费用值的大小等于企业 1 技术许可后的新增利润。当然，由于本章不考虑技术溢出效应，企业 2 的边际转化成本仍然为 c。此时，他们的利润函数可以表示为：

$$\pi_1^{FO} = (1-q_1^{FO}-dq_2^{FO})q_1^{FO} - wq_1^{FO} - f^{FO}$$

$$\pi_2^{FO} = (1-q_2^{FO}-dq_1^{FO})q_2^{FO} - wq_2^{FO} - cq_2^{FO}$$

由企业 1 和企业 2 私营企业，其追求的目的是利润最大化，因此有：

$$q_1^{FO} = \frac{2-d+cd-2w+dw}{-4+d^2}$$

$$q_2^{FO}=\frac{2-2c-d-2w+dw}{-4+d^2}$$

企业 3 的引致需求函数和反需求函数分别可以表示为：

$$q_3^{FO}=\frac{-2+c+2w}{2+d}\text{和 }w=\frac{1}{2}(2-c-2q_3^{FO}-dq_3^{FO})$$

因此，企业 3 的利润函数为 $\pi_3^{FO}=\frac{1}{2}(2-c-2q_3^{FO}-dq_3^{FO})q_3^{FO}$

此时，求解 $\max\limits_{q_3^{FO}}\pi_3^{FO}=\frac{1}{2}(2-c-2q_3^{FO}-dq_3^{FO})q_3^{FO}\quad st\ \frac{c+(-2+d)q_3^{FO}}{2(-2+d)}\geqslant 0$

根据相关数学知识，容易得到企业 3 利润最大化的产出为：

$$q_3^{FO}=\begin{cases}\dfrac{2-c}{2(2+d)} & 0\leqslant c\leqslant c_2\\[2ex] \dfrac{c}{2-d} & c_2<c\leqslant 1\end{cases}$$

由上面的均衡结果可以看出：当技术创新程度较低时，即 $0<c<c_2$ 时，企业 3 的最优策略是确定一个相对低的价格而生产一个相对较高的产出，此时最优解为内点解；相反，当技术创新程度较高时，即 $c_2<c<1$ 时，企业 3 的最优策略是确定一个相对高的价格而生产一个相对较低的产出，并且此时的最优解的角解。

这样，不难求出各企业的利润为：

$$\pi_3^{FO}=\begin{cases}\dfrac{(-2+c)^2}{8(2+d)} & 0\leqslant c\leqslant c_2\\[2ex] \dfrac{c(2-2c-d)}{(-2+d)^2} & c_2\leqslant c\leqslant 1\end{cases}$$

$$\pi_1^{FO}=\begin{cases}\dfrac{[4-2d+c(2+3d)]^2}{16(-4+d^2)^2}-f^{FO} & 0\leqslant c\leqslant c_2\\[2ex] \dfrac{c^2}{(-2+d)^2}-f^{FO} & c_2\leqslant c\leqslant 1\end{cases}$$

$$\pi_2^{FO}=\begin{cases}\dfrac{[2(-2+d)+c(6+d)]^2}{16(-4+d^2)^2} & 0\leqslant c\leqslant c_2\\[2ex] 0 & c_2\leqslant c\leqslant 1\end{cases}$$

许可发生后，技术受让企业 1 生产效率得以提高，进而会给其带来更高的利润。假定市场信息完全，研发企业4可以获得其全部的新增利润。因此，此时企业4的最优固定收费为f^{FO}。

$$\pi_4^{FO}=f^{FO}=\begin{cases}\dfrac{c(6+d)[8-4d+c(-2+5d)]}{16(-4+d^2)^2} & 0\leqslant c\leqslant c_2\\[2ex] \dfrac{-(-2+d)^2+2(-2+d)c^2+c^2(6+d)(2+3d)}{4(-2+d)^2(2+d)^2} & c_2\leqslant c\leqslant 1\end{cases}$$

显然，技术拥有企业4的利润大于零，而技术许可发生前，企业4因不生产任何产品利润为零。因此，技术拥有企业4是有技术许可的动机。同时，企业1的利润与技术许可前的利润相等，企业1因而也愿意购买新技术。

因此，容易求出其他企业均衡利润为：

$$\pi_1^{FO}=\frac{(1-c)^2}{4(2+d)^2}\text{和}\ \pi_2^{FO}=\begin{cases}\dfrac{[2(-2+d)+c(6+d)]^2}{16(-4+d^2)^2} & 0<c\leqslant c_2\\[2ex] 0 & c_2<c\leqslant 1\end{cases}$$

经过简单分析可以发现，技术拥有企业4选择向下游企业1转让技术时，技术许可行为可能会改变最终产品的市场结构，即新技术的革新程度决定了技术许可后最终产品的市场结构。

新技术革新程度较低（$0<0\leqslant c_2$）时，技术许可发生后，接受技术转让的企业1在新技术的使用后竞争力的提高不足以将企业2挤出市场。因而，技术许可活动不会改变最终产品的市场结构。此时，生产中间产品的上游企业3的利润有所增加，且利润增量随着技术创新程度的提高而增大；但技术接受企业的竞争对手（生产最终产品的下游企业2）的利润在减少，且在产品差异程度较小时，利润的减少量随着技术创新程度的提高在增加。

关于这一点，不难理解，其背后的经济学解释是：因为在技术创新程度较低时，技术许可发生后最终产品的市场结构不变。但由于新技术的采用降低了最终产品市场的平均边际转化成本，从而提高了最终产品的市场效率，进而增加了最终产品的产出。这样，上游企业的需求也会随之增加，在其他条件不变的情况下，其利润必然增加。按照相同分析方法，可以分析出产品创新程度愈大，企业3的新增利润愈高；如果产品差异程度较小，意味着在技术许可前企业 1 和企业 2 的竞争激烈。但是随着新技术的使用，技术受让企业 1 在竞争中获得成本优势，这样未获取新技术的企业 2 在竞争中处于劣势因而导致其利润减少，且技术创新程度愈大这种竞争劣势更明显，技术许可后企业 2 的利润减少越多。当然，若下游企业产品差异程度较大，技术创新程度愈大给企业 2 带来的这种竞争劣势则更不明显，则技术许可后企业 2 的利润降低幅度越小。

如果技术创新程度高（$c_2 < c \leqslant 1$），技术受让企业 1 接受技术许可后凭借其强大的成本优势将未获得新技术许可的下游企业 2 挤出市场，此时技术许可活动改变了最终产品的市场结构。在这种情形下，生产中间产品的上游企业 3 的利润变化不确定；而生产最终产品的下游企业 2 因被挤出市场利润降为零。

原因在于技术许可发生后，最终产品市场由企业 1 进行垄断生产，这会促使最终产品的产量减少（称之为垄断效应）；同时，企业 1 因获得降低边际转化成本的新技术而提高了效率，这会促使最终产品产量增加（称之为效率提高效应）。因此，最终产品的产出水平取决于这两种正反效应的共同作用。当技术创新程度相对较低时，效率提高效应起主要作用，这意味着新技术的使用会提高最终产品的产出，下游市场对上游企业 3 的中间产品需求也会随之增加，企业 3 也因需求增加利润得以提高。然而，如果技术革新程度相对较高，则垄断效应起主要作用，因此，新技术的使用会最终减少最终产品的产出，导致上游企业 3 的中间产品需求减少，上游企业 3 的利润也就减少。

这种技术许可下的消费者剩余和社会福利为：

$$CS^{FO} = \begin{cases} \dfrac{16 - 12d^2 + 4d^3 + c(-16 + 12d^2 - 4d^3) + c^2(20 - 15d^2 - 3d^3)}{16(-4 + d^2)^2} & 0 \leqslant c \leqslant c_2 \\[2ex] \dfrac{c^2}{2(2 - d)^2} & c_2 < c \leqslant 1 \end{cases}$$

$$SW^{FO}=\begin{cases}\dfrac{112-64d-20d^2+12d^3+c(-16+12d^2-4d^3)+c^2(76+16d-9d^2-d^3)}{16(-4+d^2)^2} & 0\leqslant c\leqslant c_2\\ \dfrac{-c^2+c(4-2d)}{2(-2+d)^2} & c_2<c\leqslant 1\end{cases}$$

新技术的使用会导致最终产品生产的边际转换效率的提高，因而会降低最终产品的价格，这样消费者会从技术传播中受益。尽管技术许可发生后企业 2 的利润会减少，且企业 3 的利润也可能会减少，但因新技术的使用从总体上提高了市场效率，故产业利润仍然增加。因此，当非生产性的研发企业 4 选择只向下游企业 1 转让技术时，整个社会福利会得到提高。

（2）企业 4 向企业 1 和企业 2 许可技术

若企业 1 和企业 2 都获得企业 4 的创新技术，则他们的边际转化成本均降低到零。与此同时，企业 1 和企业 2 应该支付给技术拥有企业 4 大小为 f^{FB} 的技术许可费。经过严密的数理推导，可以得出各企业的均衡产出和均衡利润：

$$q_1^{FB}=q_2^{FB}=\frac{1}{2(2+d)}$$

$$q_3^{FB}=\frac{1}{2+d}$$

$$\pi_1^{FB}=\pi_2^{FB}=\frac{(1-c)^2}{4(2+d)^2}$$

$$\pi_3^{FB}=\frac{1}{2(2+d)}$$

$$\pi_4^{FB}=2f^{FB}=\frac{2c-c^2}{2(2+d)^2}$$

从上式可以看出，技术许可发生后，企业 4 的利润大于零，故企业 4 一定有技术许可的动机；同样，企业 1 和企业 2 的生产利润不低于技术许可发生前的利润，因而他们愿意接受新技术。

这种条件下的消费者剩余以及社会福利为：

$$CS^{FB}=\frac{1+d}{4(2+d)^2}\text{和 }SW^{FB}=\frac{7+3d}{4(2+d)^2}$$

显而易见，两个生产企业同时获得新技术时，新技术的使用不会改变最终产品的市场结构以及市场竞争程度，但却提高了整个市场效率，因而所有企业的状况都不会因为新技术的采用而恶化。因此，所有企业、消费者以及整个社会都会从新技术传播中获益。

比较创新企业的利润 π_4^{FO} 与 π_4^{FB} 值的大小，可以得到以下结论：

命题 3－1：在固定收费许可方式下，如果技术革新程度相对较高且企业之间产品差异化程度也较低或技术革新程度非常高时，则创新企业偏好向一个企业许可技术；然而在其他条件下，则创新企业偏好向两个企业许可技术。[①]

这种许可方式下，创新企业的利润等于获得技术受让企业的新增利润。因此，创新企业不同选择下技术受让企业新增利润会决定技术许可对象的选择。

首先，解释如果技术创新程度非常高，那么创新企业 4 应该只向企业 1 许可技术。与同时向两企业转让技术相比，若企业 4 只向企业 1 转让技术，此时由于技术创新程度很高，下游企业 1 因新技术所带来的相应成本优势较大，以至于企业 2 被挤出市场。一方面，由于企业 1 在最终产品市场进行垄断生产，这有利于企业 1 的新增利润的增加（为了方便于后文表述，称之垄断效应）；另一方面，因企业 1 垄断最终产品市场，导致企业 1 的产出水平降低，进而减少对上游企业 3 所生产的中间产品的需求。此时，企业 3 的最佳反应必然是提价。故技术许可后企业 1 的原材料成本会上升，这将有损于企业 1 的新增利润（成本效应）。值得一提的是，如果技术革新非常高，那么这两种效应中垄断效应起主导作用，企业 4 的最优选择是只向企业 1 转让技术。

其次，解释如果技术创新程度较高，但是产品差异化程度相对较低时，那么企业 4 也偏好于只向企业 1 许可技术。如果技术创新程度不是很高，此时企业 4 仅仅向企业 1 许可技术，企业 1 使用新技术后其市场竞争力的提升不明显，因而无法将未接受技术转让的竞争对手挤出市场。与同

---

① 命题 3－1 的数学证明见附录 2－1。

时向两企业转让技术相比，只有企业1接受新技术时：一方面技术传播给企业1所带来的成本优势会在一定程度上缓和最终产品市场竞争（由于技术许可前企业1和企业2生产的产品差异化程度较小且成本相同，同时接受新技术或都不采用新技术时最终产品市场竞争非常激烈），这种情形将有利于企业1新增利润的增加（市场竞争效应）；另一方面，由于新技术的使用缓和了最终产品的市场竞争，导致下游市场的总产出更高，进而带来更低的中间产品价格，故企业1因总成本变动所带来的新增利润更高（总成本效应）。此时，技术程度相对较高时，在这两种效应的共同作用下，技术接受企业的新增利润更高。因此，企业4肯定会选择只向企业1转让技术。[①]

3.2.2　单位产出费许可情形

创新企业转让其创新技术时，其向技术受让企业收取技术许可费为 $r^{RO}q_i^{RO}$。显然，此时技术受让企业的边际成本将由 c 变为单位产出费率 r^{RO}。

（1）只向企业1许可技术

如果研发企业4仅将技术许可给企业1，企业1的边际转化成本由 c 变为零，因此，企业1的总边际成本为 r^{RO}，企业2因为未获取创新技术边际成本 c，两个企业的利润函数调整为：

$$\pi_1^{RO}=(1-q_1^{RO}-dq_2^{RO}-w^{RO}-r^{RO})q_1^{RO}$$

$$\pi_2^{RO}=(1-q_2^{RO}-dq_1^{RO}-c-w^{RO})q_2^{RO}$$

按照本章前面相似的数理推导方法，可以非常容易地求出企业的产出和利润分别为：

$$q_1^{RO}=\frac{-4-c(2+3d)+6r^{RO}+d(2+r^{RO})}{4(-4+d^2)}$$

$$q_2^{RO}=\frac{c(6+d)+d(2-3r^{RO})-2(2+r^{RO})}{4(-4+d^2)}$$

---

① 至于技术创新程度很高且产品差异化程度较低这种情形时的经济学解释是这两个解释的综合，在此不赘述。

$$q_3^{RO} = \frac{2 - c - r^{RO}}{2(2 + d)}$$

$$\pi_1^{RO} = \frac{[4 + c(2 + 3d) - 6r^{RO} - d(2 + r^{RO})]^2}{16(-4 + d^2)^2}$$

$$\pi_2^{RO} = \frac{[c(6 + d) + d(2 - 3r^{RO}) - 2(2 + r^{RO})]^2}{16(-4 + d^2)^2}$$

$$\pi_3^{RO} = \frac{(-2 + c + r^{RO})^2}{8(2 + d)}$$

因此，创新技术的研发企业 4 的利润函数为：

$$\pi_4^{RO} = r^{RO} \times q_1^{RO} = \frac{-4 - c(2 + 3d) + 6r^{RO} + d(2 + r^{RO})}{4(-4 + d^2)} \times r^{RO}$$

$$= \frac{-4 + 2d - c(2 + 3d) + (6 + d)r^{RO}}{4(-4 + d^2)} r^{RO}$$

企业 4 通过选择 r^{RO} 来实现其利润最大化的目标，但必须满足两个条件：第一，企业 2 的均衡产量为非负数，即 $q_2^{RO} \geqslant 0$；第二，技术受让企业 1 的利润不低于技术许可前的初始利润。即：

$$\max_r \pi_4^{RO} = \frac{-4 + 2d - c(2 + 3d) + (6 + d)r^{RO}}{4(-4 + d^2)} r^{RO}$$

$$st \ \frac{-4 + 2d + c(6 + d) + (-2 - 3d)r^{RO}}{4(-4 + d^2)} \geqslant 0$$

$$\frac{[4 + c(2 + 3d) - 6r^{RO} + d(2 - r^{RO})]^2}{16(-4 + d^2)^2} \geqslant \frac{(1 - c)^2}{4(2 + d)^2}$$

可以求出，企业 4 的最优单位产出费率为：

$$r^{RO} = \begin{cases} c & 0 < c \leqslant c_4 \\ \dfrac{4 - 2d + c(2 + 3d)}{2(6 + d)} & c_4 < c \leqslant c_5 \\ \dfrac{-4 + 2d + c(6 + d)}{2 + 3d} & c_5 < c \leqslant 1 \end{cases}$$

如果新技术创新程度较低（$0 < c \leqslant c_4$），为了保证技术受让企业 1 的利润不低于技术许可前的初始利润，企业能够设定最高单位产出费率为 $r^{RO} = c$。当然，使用新技术的企业 1 因效率提高的全部新增利润被企业 4 掳走，并且最优的单位产出费率为角解。

如果技术革新程度较高（$c_4 < c \leqslant c_5$）时，企业4确定最优单位产出费率 $r^{R1} = \dfrac{4-2d+c(2+3d)}{2(6+d)}$ 是一个内解。显然，企业1因效率提高的全部新增利润的一部分以技术许可费的方式缴给企业4后，还有一部分剩余。也就是说，受让企业也能从新技术商业化的好处中分得一杯羹。

如果技术革新程度很高（$c_5 < c \leqslant 1$），此情况下新技术使得企业1的优势得到了大大地提高，从而将其竞争对手企业2挤出最终产品市场。此时，最优单位产出费为 $r^{RO} = \dfrac{-4+2d+c(6+d)}{2+3d}$，也是一个角解。同样，企业4无法通过单位产出费的技术许可方式获取企业1的全部新增利润。

将最优的单位产出费率代入相应的表达式，可以进一步求出各企业的均衡利润分别如下：

$$\pi_4^{RO} = \begin{cases} \dfrac{c(-1+c)}{2(2+d)} & 0 < c \leqslant c_4 \\ \dfrac{[4-2d+c(2+3d)]^2}{16(6+d)(-4+d^2)} & c_4 < c \leqslant c_5 \\ \dfrac{2(-1+c)[2(-2+d)+c(6+d)]}{(2+3d)^2} & c_5 < c \leqslant 1 \end{cases}$$

$$\pi_3^{RO} = \begin{cases} \dfrac{(1-c)^2}{2(2+d)} & 0 < c \leqslant c_4 \\ \dfrac{[20+6d-c(14+5d)]^2}{32(2+d)(6+d)^2} & c_4 < c \leqslant c_5 \\ \dfrac{2(1-c)^2(2+d)}{(2+3d)^2} & c_5 < c \leqslant 1 \end{cases}$$

$$\pi_2^{RO} = \begin{cases} \dfrac{(1-c)^2}{4(2+d)^2} & 0 < c \leqslant c_4 \\ \dfrac{[-56+8d+10d^2+c(68+12d-7d^2)]^2}{64(6+d)^2(-4+d^2)^2} & c_4 < c \leqslant c_5 \\ 0 & c_5 < c \leqslant 1 \end{cases}$$

$$\pi_1^{RO} = \begin{cases} \dfrac{(-1+c)^2}{4(2+d)^2} & 0 < c \leqslant c_4 \\ \dfrac{[4-2d^2+c(2+3d)]^2}{64(-4+d^2)^2} & c_4 < c \leqslant c_5 \\ \dfrac{4(-1+c)^2}{(2+3d)^2} & c_5 < c \leqslant 1 \end{cases}$$

需要进一步补充说明的是，与固定收费许可方式有差异的是，[①] 在单位产出费许可方式时，技术许可总能提高上游企业 3 的利润。原因在于：即便在技术创新程度很高，企业 1 接受技术许可后将企业 2 挤出市场而在最终产品市场形成垄断。由于单位产出费率构成了技术受让企业 1 的边际成本，其无法在下游市场形成完全的垄断势力。因此，技术许可发生后企业 1 购买中间品数量并没有下降。与此同时，企业 1 因获得降低边际转化成本的新技术而提高了效率，这导致最终产品的产量增加，其对中间产品的需求也增加。[②] 因此，中间品生产企业 3 总是能从新技术的传播中获得好处。

相对应的消费者剩余和社会福利分别为：

$$CS^{RO} = \begin{cases} \dfrac{(1+d)(1-c)^2}{4(2+d)^2} & 0 < c \leqslant c_4 \\ \dfrac{\begin{array}{c} 4(-2+d)^2(116+160d+57d^2+5d^3)+4(2-d) \\ (-440-308d+138d^2+105d^3+11d^4)c+c^2(2384+ \\ 240d-1672d^2-384d^3+133d^4+21d^5) \end{array}}{64(6+d)^2(4-d^2)^2} & c_4 \leqslant c < c_5 \\ \dfrac{2(1-c)^2}{(2+3d)^2} & c_5 < c \leqslant 1 \end{cases}$$

---

① 在固定收费方式下，当技术创新程度很高时，生产中间产品的企业 3 的利润在减少。

② 技术创新程度较低时企业的利润增加的经济学解释与固定收费情形时的一致，在此不再赘述。

$$W^{RO}=\begin{cases}\dfrac{(-1+c)[-7-3d+c(3+d)]^2}{4(2+d)^2} & 0<c\leqslant c_4\\ \dfrac{\begin{array}{c}4(-2+d)^2(844+768d+215d^2+19d^3)-4c(4496-\\48d-1848d^2-120d^3+189d^4+29d^5)+c^2(10672+\\4240d-2552d^2-960d^3+107d^4+35d^5)\end{array}}{64(6+d)^2(4-d^2)^2} & c_4<c\leqslant c_5\\ \dfrac{2(1+3d-3cd+c^2)}{(2+3d)^2} & c_5<c\leqslant 1\end{cases}$$

通过比较可以发现，在单位产出费许可方式下，当企业4只向企业1技术转让时，新技术的传播不会降低消费者剩余，并且新技术的传播一定会提高社会福利。

（2）同时向企业1和企业2转让技术

非生产性研发企业4对企业1和企业2进行技术许可后，则边际转化效率得以提高转化成本由 c 变为零。它们利用该创新技术生产每一单位产品时都必须向企业4缴纳数值为 r^{RB} 的单位产出费,① 此时，企业1和企业2利润函数分别为：

$$\pi_1^{RB}=(1-q_1^{RB}-dq_2^{RB}-w^{RB}-r^{RB})q_1^{RB}$$

$$\pi_2^{RB}=(1-q_2^{RB}-dq_1^{RB}-w^{RB}-r^{RB})q_2^{RB}$$

经过简单的计算，可以求出企业的产出和利润为：

$$q_1^{RB}=q_2^{RB}=\frac{(1-r^{RB})}{2(2+d)}$$

$$q_3^{RB}=\frac{1-r^{RB}}{2+d}$$

$$\pi_1^{RB}=\pi_2^{RB}=\frac{(1-r^{RB})^2}{4(2+d)^2}$$

$$\pi_3^{RB}=\frac{(1-r^{RB})^2}{2(2+d)}$$

这样，技术拥有企业4的利润函数可以表示为：$\pi_4^{RB}=r^{RB}(q_1^{RB}+q_2^{RB})$，

---

① 由于企业1和企业2生产有差别的同种产品，且技术许可前的成本相同，因此，企业4对企业1和企业2应该收取相同的单位产出费。

在保证企业 1 和企业 2 采用新技术后的利润不低于其初始利润的前提下，求解企业 4 的利润最大化问题。

$$\max_{r^{RB}} \pi_4^{RB} = r^{RB}(q_1^{RB} + q_2^{RB}) = \frac{1 - r^{RB}}{2 + d} \times r^{RB} \quad st\ r^{RB} \leqslant c$$

可以求出，企业 4 的最优单位产出费率为：$r^{RB} = \begin{cases} c & 0 < c \leqslant \frac{1}{2} \\ \frac{1}{2} & \frac{1}{2} < c \leqslant 1 \end{cases}$

如果技术革新程度较低（$0 < c < 1/2$），则企业 4 的利润的高低与单位产出费率的大小呈同向变化，也就是说，单位产出费率设定相对越高，创新企业的利润也就越大。但因为技术受让企业使用新技术的利润不低于其技术许可发生前的利润，所以，最优的单位产出费率 $r^{RB} = c$ 是一个角解。而当技术革新程度较高（$1/2 < c < 1$）时，单位产出费率 $r^{RB} = 1/2$ 为内解。

将 $r^{RB} = \frac{1}{2}$代入企业利润函数可以得到：

$$\pi_4^{RB} = \begin{cases} \frac{c - c^2}{2 + d} & 0 < c \leqslant \frac{1}{2} \\ \frac{1}{4(2 + d)} & \frac{1}{2} < c \leqslant 1 \end{cases}$$

$$\pi_3^{RB} = \begin{cases} \frac{(1 - c)^2}{2(2 + d)} & 0 < c \leqslant \frac{1}{2} \\ \frac{1}{8(2 + d)} & \frac{1}{2} < c \leqslant 1 \end{cases}$$

$$\pi_1^{RB} = \pi_2^{RB} = \begin{cases} \frac{(1 - c)^2}{4(2 + d)^2} & 0 < c \leqslant \frac{1}{2} \\ \frac{1}{16\ (2 + d)^2} & \frac{1}{2} < c \leqslant 1 \end{cases}$$

不难看出，在这种情形下，所有企业的利润都不低于技术许可前的初始状态时的利润。因此，技术传播对整个产业来说是一个帕累托改进，当然必然会提高整个产业利润。关于这一点不难理解，两个下游企业同时接受技术许可，新技术的使用不会改变市场结构以及市场的竞争程度，但会提高市场效率，同时，由于单位产出费率不会高于技术革新程度。因此，新技术的传播会带来帕累托改进，即任何一个企业都不会从技术许可中受损。

此时的消费者剩余以及社会福利为：

$$CS^{RB}=\begin{cases}\dfrac{(1+d)(1-c)^2}{4(2+d)^2} & 0<c\leqslant\dfrac{1}{2}\\[2ex]\dfrac{1+d}{16(2+d)^2} & \dfrac{1}{2}<c\leqslant 1\end{cases}$$

$$W^{RB}=\begin{cases}\dfrac{7+3d-2c(3+d)-c^2(1+d)}{4(2+d)^2} & 0<c\leqslant\dfrac{1}{2}\\[2ex]\dfrac{15+7d}{16(2+d)^2} & \dfrac{1}{2}<c\leqslant 1\end{cases}$$

显然，技术传播会提高消费者剩余和社会福利。同样的原因，由于新技术的使用提高了企业生产效率且不改变企业之间的竞争程度。因此，一方面最终产品的价格在技术许可后会下降；另一方面技术许可后最终产出会增加。因此，技术的商业化传播会有益于消费者。根据前面的分析，技术传播也会提高整个产业利润，最终必然一定会带来社会福利的提升。

比较创新企业 4 的利润 π_4^{RO} 与 π_4^{RB} 值的大小，可以得到以下结论：

命题 3 -2：在单位产出费许可方式下，技术拥有企业总是偏好向企业 1 和企业 2 许可技术。①

命题 3 -2 背后的经济学含义是：在单位产出费许可时，技术拥有者的利润等于单位产出费率乘以技术受让企业的有效产量。如果技术革新程度很低，与创新企业 4 将其技术出售给两个企业相比，企业 4 仅出售技术给企业 1 时的最优单位产出费率相同，但有效产出更低；② 如果技术革新程度较高，企业 4 仅出售技术给企业 1 时的最优单位产出费率更低，③ 有效

① 命题 3 -2 的数学证明见附录 2 -2。

② 为了保证接受技术转让的企业利润不低于其初始利润，两种情形下的单位产出费率均等于技术创新程度 c，故两种情形下的企业 1 和企业 2 的产出分别相等。显然，此时企业 1 的产出比企业 1 和企业 2 的产出之和更小。

③ 当企业 4 只向企业 1 转让技术时，若其制定较低（高）的单位产出费率的话，则采用新技术后企业 1 和企业 2 在竞争中的优势（不）大，进而企业 1 的市场需求份额增加（不）多；当企业 4 向两个企业同时转让技术时，则不存在去掠夺竞争对手的客户来提高自己市场份额的问题。因此，后面这种情形下的单位产出费率更高。

产出也更低或者略高;[①] 此时技术创新程度很高的话，企业 4 仅出售技术给企业 1 时的最优单位产出费率更高，但有效产量低很多。[②] 综合单位产出费中的单位产出费率与有效产出这两个因素，研究发现企业 4 向企业 1 和企业 2 同时转让技术时，单位产出费率与有效产出的乘积更高即企业 4 的总利润会更高。

3.2.3 单位产出费加固定收费许可情形

技术受让企业 i 必须向创新企业 4 支付数值大小为 $r^{TO}q_i^{TO}+f^{TO}$ 的技术许可费用，显然，其中单位产出费率 r^{TO} 成为技术受让企业 i 的边际成本，而 f^{TO} 则成为其获得新技术的一次性支付。

（1） 只向企业 1 许可技术

创新企业 4 只向企业 1 许可其自主创新的技术，他们的利润函数则为:

$$\pi_1^{TO}=(1-q_1^{TO}-dq_2^{TO}-w^{TO}-r^{TO})q_1^{TO}-f^{TO}$$

$$\pi_2^{TO}=(1-q_2^{TO}-dq_1^{TO}-w^{TO}-c)q_2^{TO}$$

根据严密的数理推导，容易得到企业的产出和利润为:[③]

$$q_1^{TO}=\frac{-4-c(2+3d)+6r^{TO}+d(2+r^{TO})}{4(-4+d^2)}$$

$$q_2^{TO}=\frac{c(6+d)+d(2-3r^{TO})-2(2+r^{TO})}{4(-4+d^2)}$$

$$q_3^{TO}=\frac{2-c-r^{TO}}{2(2+d)}$$

$$\pi_1^{TO}=\frac{[4+c(2+3d)-6r^{TO}-d(2+r^{TO})]^2}{16(-4+d^2)^2}-f^{TO}$$

---

① 有效产出相对较高或略低一方面取决于技术创新程度；另一方面取决于产品的差异化程度。

② 在这种情况下，当企业 4 只向企业 1 转让技术时，企业 2 被挤出市场，故企业 1 通过降低单位产出费来提高企业 1 的有效产出的空间有限，此时，企业 1 的最优做法是制定相对较高的单位产出费率。同时，企业 1 垄断最终产品市场，所以与两个对称的企业进行剧烈竞争时的总产出相比，其产量水平低很多。

③ 具体的推导方法，参见本章技术许可前的市场均衡状况的数理推导。

$$\pi_2^{TO}=\frac{[c(6+d)+d(2-3r^{TO})-2(2+r^{TO})]^2}{16(-4+d^2)^2}$$

$$\pi_3^{TO}=\frac{(-2+c+r^{TO})^2}{8(2+d)}$$

假定市场信息完全，同样企业 4 也会摄取企业 1 因边际成本减少而获得的全部新增利润。此时，技术许可费中固定费用部分 f^{TO} 可以表示为：

$$f^{TO}=\frac{[4+c(2+3d)-6r^{TO}-d(2+r^{TO})]^2}{16(-4+d^2)^2}-\frac{(1-c)^2}{4(2+d)^2}$$

这样，进一步求解技术拥有企业 4 的利润函数

$$\pi_4^{RO}=r^{RO}\times q_1^{RO}+f^{RO}=\frac{c(6+d)[8-4d+c(-2+5d)]-2(4+2c-2d+3cd)(-2+d+2d^2)r^{TO}+(6+d)(-10+d+4d^2)(r^{TO})^2}{16(-4+d^2)^2}$$

考虑到现实中，有的国家政府不干预企业之间所签订技术许可合同的收费问题，但也有政府认为技术许可合同的费用为负值（即 f 或 r 为负值）时，他们认为这样可能会存在创新企业贿赂某些企业退出市场的可能，这就有违背反垄断法的嫌疑，故政府会反对技术许可合同的费用为负值。

因此，这一部分继续分别探讨政府允许企业的技术合同收取费用值为负（允许企业补贴）和政府不允许企业的技术合同费用值为负值（不允许企业补贴）这两种情况。

①政府允许企业补贴。若政府允许企业 4 对被许可企业 1 进行补贴的话，这意味着单位产出费率或固定费用可以为负值，则求解企业 4 的利润最大问题：

$$\max_{r^{TOY}}\pi_4^{TOY}=\frac{c(6+d)[8-4d+c(-2+5d)]-2(4+2c-2d+3cd)(-2+d+2d^2)r^{TOY}+(6+d)(-10+d+4d^2)(r^{TOY})^2}{16(-4+d^2)^2}$$

$$st\quad r^{TOY}\geqslant\frac{-4+2d+c(6+d)}{2+3d}$$

其中，求利润最大化的约束条件是为了保证技术许可发生后企业 2 的实际产量为非负值。

不难求出，满足上述条件最优单位产出费率为：

$$r^{TOY}=\begin{cases}\dfrac{(4+2c-2d+3cd)(2-d-2d^2)}{(6+d)(10-d-4d^2)} & 0<c\leqslant c_1\\[2ex] \dfrac{-4+2d+c(6+d)}{2+3d} & c_1<c\leqslant 1\end{cases}$$

如果技术革新程度较低时（$0<c\leqslant c_1$），接受新技术后的企业1在最终产品市场与企业2进行竞争，此时，最优单位产出费率是一个内点解。很明显，若产品差异化程度很低时（d很大），为了使技术受让企业1在与其竞争对手进行市场竞争中更有优势，企业4对企业1进行单位补贴①；当技术创新程度较高（$c_1<c\leqslant 1$）时，接受新技术后的企业1将企业2挤出市场，最优单位产出费率是角解。

根据上式求得的最优的单位产出费率 r^{TOY}，不难得到固定费用部分和各企业的利润：

$$f^{TOY}=\begin{cases}\dfrac{-36+20d+47d^2-8d^3-12d^4+c^2(-84+84d+167d^2+40d^3-7d^4)+2c(132+44d-63d^2-8d^3+10d^4)}{4(2+d)^2(-10+d+4d^2)^2} & 0<c\leqslant c_1\\[2ex] \dfrac{(-1+c)^2(60+52d+7d^2)}{4(2+d)^2(2+3d)^2} & c_1<c\leqslant 1\end{cases}$$

$$\pi_4^{TOY}=\begin{cases}\dfrac{-[(-2+d+2d^2)^2-2c(-92-68d+9d^2+20d^3+6d^4)+c^2(-44+60d+113d^2+52d^3+9d^4)]}{4(2+d)^2(6+d)(-10+d+4d^2)^2} & 0<c\leqslant c_1\\[2ex] \dfrac{-68-12d+39d^2+16d^3+c(200+184d+34d^2-8d^3)-c^2(132+172d+73d^2+8d^3)}{4(2+d)^2(2+3d)^2} & c_1<c\leqslant 1\end{cases}$$

$$\pi_3^{TOY}=\begin{cases}\dfrac{(2+d)[28-10d-6d^2+c(16-6d-5d^2)]^2}{2(6+d)^2(-10+d+4d^2)^2} & 0<c\leqslant c_1\\[2ex] \dfrac{2(-1+c)^2(2+d)}{(2+3d)^2} & c_1<c\leqslant 1\end{cases}$$

$$\pi_1^{TOY}=\frac{(1-c)^2}{4(2+d)^2}$$

① 即将单位产出费率设定为负值。

$$\pi_2^{TOY}=\begin{cases}\dfrac{[c(44+8d-7d^2)+2(16-6d-5d^2)]^2}{4(6+d)^2(-10+d+4d^2)^2} & 0<c\leqslant c_1\\ 0 & c_1<c\leqslant 1\end{cases}$$

令人惊讶的是，如果产品差异化程度较高且技术创新程度较低，那么企业 1 利用新技术生产会改善其竞争对手企业 2 的竞争状况，进而提高企业 2 的利润。这一点可以这样理解：单位产出费加固定收费许可时，技术拥有企业 4 的总利润有两部分组成：固定费用和单位产出费。如果其设定的单位产出费率较高（低），必然一方面会减少（增加）企业 1 的有效产出；另一方面会减少（增加）技术许可费的固定费用部分。① 如果产品差异化程度较大，则技术许可发生前产品市场竞争较弱，此时如果技术革新程度不高，那么企业 1 使用新技术后的成本优势也就不高，因而企业 4 通过设定较低的单位产出费率来增加其有效产出的能力十分有限；同时，企业 1 接受技术转让后的成本优势不大，故企业 1 的新增利润也不高，因而企业 4 能向企业 1 收取的固定费用部分许可费很低。这意味着在这种情形下，单位产出费率与企业 4 的总利润呈正方向变化。此时，企业 4 的最优选择是设定一个高于技术创新程度的单位产出费率（$r^{TOY}>c$）。②

当最优单位产出费率 $r^{TOY}>c$ 时，新技术传播会导致企业 1 的边际成本不下降反而会上升③，故技术传播反而给未接受技术许可的企业 2 带来成本优势。因此，技术许可发生后，未接受新技术转让的企业 2 利润会增加。

相对应的消费者剩余与社会福利为：

---

① 原因在于，单位产出费率构成生产企业 1 的边际成本的一部分。单位产出费率越高，企业 1 的边际成本越高，产出越低；单位产出费率越高，企业 1 接受技术转让后的竞争优势会降低，企业 1 的新增利润会减少，进而企业 4 出售技术的固定收费部分减少；单位产出费率较低时，则情况恰恰相反。

② 当 $r^{RO}>c$，由于单位产出费率高于技术革新所带来成本减少的幅度，企业 1 的新增利润为负。此时，企业 4 会给企业 1 固定数量的补贴（即 $f^{TO}<0$），以保证接受技术许可企业 1 的利润不低于其初始利润。

③ 这个成本指的是边际成本，只有边际成本会影响企业产出水平。

$$CS^{TOY}=\begin{cases}\dfrac{\begin{array}{c}4(200+48d-202d^2-18d^3+39d^4+5d^5)-\\4c(280+4d-326d^2+3d^3+88d^4+11d^5)+\\c^2(1040+64d-1016d^2-204d^3+145d^4+21d^5)\end{array}}{4\ (6+d)^2\ (-10+d+4d^2)^2} & 0<c\leqslant c_1\\[2ex] \dfrac{2\ (1-c)^2}{(2+3d)^2} & c_1<c\leqslant 1\end{cases}$$

$$SW^{TOY}=\begin{cases}\dfrac{\begin{array}{c}4(1480-536d-898d^2+132d^3+151d^4+19d^5)-\\4c(1640-596d-1122d^2+129d^3+210d^4+29d^5)+\\c^2(4240+1248d-1960d^2-604d^3+141d^4+35d^5)\end{array}}{4\ (6+d)^2\ (-10+d+4d^2)^2} & 0<c\leqslant c_1\\[2ex] \dfrac{2(-1-3d+3cd+c^2)}{(2+3d)^2} & c_1<c\leqslant 1\end{cases}$$

不难看出，当产品差异化程度较高且技术创新程度较低时，技术传播伤害了消费者利益，并且有损于整个社会福利。根据前文分析可知，在这种产品差异化程度且技术创新程度较低的情况下，企业 4 对企业 1 所设定的单位产出费率高于技术革新程度。因此，新技术传播会降低整个最终产品的市场效率，进而导致最终产品的产量减少、产品价格上升，这样必然减少消费者剩余。

同时，尽管技术传播会给企业 4 带来利润，但此种情况下由于整个市场效率的降低，会带来整个生产企业利润的总和下降。如果技术创新程度很低时，非生产性企业 4 的利润增加低于生产企业利润总量的减少，技术传播会带来整个产业利润的下降；不过，如果技术革新程度相对较高，非生产性企业 4 的利润增加值多于生产性企业利润总量的减少值，技术传播提高了整个产业利润。但由于此时产业利润的增量小于消费者剩余的减少量。因此，技术传播从总体上仍然会降低社会福利。

②政府不允许企业补贴。若政府不允许企业 4 对被许可企业 1 进行补贴的话，这意味着企业 4 设定的单位产出费率和固定费用均不可以为负值，则求解企业 4 的利润最大化问题变为：

$$\max_{r^{TON}}\pi_4^{TON}=\frac{c(6+d)[8-4d+c(-2+5d)]-2(4+2c-2d+3cd)(-2+d+2d^2)r^{TON}+(6+d)(-10+d+4d^2)(r^{TON})^2}{16(-4+d^2)^2}$$

$$st\quad r^{TON}\geqslant\frac{-4+2d+c(6+d)}{2+3d}\quad r^{TON}\leqslant c,\quad r^{TON}\geqslant 0$$

上式中的第一个约束条件保证企业 2 的产出为非负值，第二个约束条件保证企业 4 不会对企业 1 进行一定固定数量的补贴（$f^{TON}\geqslant 0$）；第三个约束条件保证企业 4 对企业 1 不进行单位补贴。

容易求得，企业 4 所设定的最优单位产出费率为：

$$r^{TON}=\begin{cases} c & 0<d\leqslant d_1 \text{ 且 } 0<c\leqslant c_3 \\ \dfrac{(4+2c-2d+3cd)(2-d-2d^2)}{(6+d)(10-d-4d^2)} & 0<d\leqslant d_1 \text{ 且 } c_3<c\leqslant c_1 \\ \dfrac{-4+2d+c(6+d)}{2+3d} & 0<d\leqslant d_1 \text{ 且 } c_1<c\leqslant 1 \text{ 或 } d_1<d\leqslant 1 \text{ 且 } c_2<c\leqslant 1 \\ 0 & d_1<d\leqslant 1 \text{ 且 } 0<c\leqslant c_2 \end{cases}$$

如果产品差异化程度较大且技术革新程度很低时，新技术使用后技术受让企业的竞争优势不大，此时企业 4 最好设定一个相对较高的单位产出费率来增加其单位产出费那一部分的技术许可收入。但由于政府不允许企业进行一次性补贴，最优单位产出费率只能是边界解 $r^{TOY}=c$。因此，单位产出费加固定费用许可与单位产出费许可的均衡状态相同。①

如果产品差异程度较大且技术革新程度较高时，创新企业 4 设定相对较低的单位产出费率以提高技术受让企业的竞争优势，创新企业 4 设定的最优产出费率为内解 $r^{TO}=\dfrac{(4+2c-2d+3cd)(2-d-2d^2)}{(6+d)(10-d-4d^2)}$

如果技术革新程度非常高，技术受让企业 1 使用新技术后成本下降很大，以致于将竞争对手挤出最终产品市场。② 此时，技术拥有企业设定的最优单位产出费率为 $r^{TO}=\dfrac{-4+2d+c(6+d)}{2+3d}$

① 为了保证企业 1 的利润不低于其初始利润，$f=0$。

② 当 $0<d\leqslant d_1$ 时，$c_1>c_2$；当 $d_1<d\leqslant 1$ 时，$c_2<c_1$。

当产品差异程度很小且技术创新程度较低时，企业 4 的最优选择是设定一个相对很低的单位产出费率，但由于政府不允许企业 4 对技术被许可方企业 1 进行单位补贴，企业 1 设定的单位产出费率最低为 $r^{TON}=0$，同样最优单位产出费率也是一个边界解。在这种情况下，单位产出费加固定费用许可方式等同于固定收费许可方式。

将最优的单位产出费率代入，可以分别求出相应的技术许可费中的固定费用部分和各个企业的均衡利润分别为：

$$f^{TON}=\begin{cases} 0 & 0<d\leqslant d_1 \text{ 且 } 0<c\leqslant c_3 \\ \dfrac{\begin{array}{l}-(-2+d+2d^2)(-18+d+6d^2)+\\ 2c(132+44d-63d^2-8d^3+10d^4)-\\ c^2(-14-7d+d^2)(-6+9d+7d^2)\end{array}}{4(2+d)^2(-10+d+4d^2)^2} & 0<d\leqslant d_1 \text{ 且 } c_3<c\leqslant c_1 \\ \dfrac{(1-c)^2(60+52d+7d^2)}{4(2+d)^2(2+3d)^2} & \begin{array}{l}0<d\leqslant d_1 \text{ 且 } c_1<c\leqslant 1 \text{ 或}\\ d_1<d\leqslant 1 \text{ 且 } c_2<c\leqslant 1\end{array} \\ \dfrac{c(6+d)[8-4d+c(-2+5d)]}{16(-4+d)^2} & d_1<d\leqslant 1 \text{ 且 } 0<c\leqslant c_2 \end{cases}$$

$$\pi_3^{TON}=\begin{cases} \dfrac{(1-c)^2}{2(2+d)} & 0<d\leqslant d_1 \text{ 且 } 0<c\leqslant c_3 \\ \dfrac{(2+d)[28-10d-6d^2+c(-16+6d+5d^2)]^2}{4(2+d)^2(-10+d+4d^2)^2} & 0<d\leqslant d_1 \text{ 且 } c_3<c\leqslant c_1 \\ \dfrac{2(-1+c)^2(2+d)}{(2+3d)^2} & \begin{array}{l}0<d\leqslant d_1 \text{ 且 } c_1<c\leqslant 1 \text{ 或}\\ d_1<d\leqslant 1 \text{ 且 } c_2<c\leqslant 1\end{array} \\ \dfrac{(-2+c)^2}{8(2+d)^2} & d_1<d\leqslant 1 \text{ 且 } 0<c\leqslant c_2 \end{cases}$$

$$\pi_1^{TON}=\frac{(1-c)^2}{4(2+d)^2}$$

$$\pi_2^{TON}=\begin{cases}\dfrac{(1-c)^2}{4(2+d)^2} & 0<d\leqslant d_1 \text{ 且 } 0<c\leqslant c_3\\ \dfrac{[2(-16+6d+5d^2)+c(44+8d-7d^2)]^2}{4(6+d)^2(-10+d+4d^2)^2} & 0<d\leqslant d_1 \text{ 且 } c_3<c\leqslant c_1\\ 0 & 0<d\leqslant d_1 \text{ 且 } c_1<c\leqslant 1 \text{ 或 } d_1<d\leqslant 1 \text{ 且 } c_2<c\leqslant 1\\ \dfrac{[c(6+d)+2d-4]^2}{16(-4+d^2)^2} & d_1<d\leqslant 1 \text{ 且 } 0<c\leqslant c_2\end{cases}$$

$$\pi_4^{TON}=\begin{cases}\dfrac{c(1-c)}{2(2+d)} & 0<d\leqslant d_1 \text{ 且 } 0<c\leqslant c_3\\ -\dfrac{(-2+d+2d^2)^2-2c(-92-68d+9d^2+20d^3+6d^4)+c^2(-44-60d+113d^2+52d^3+9d^4)}{4(2+d)^2(6+d)(-10+d+4d^2)} & 0<d\leqslant d_1 \text{ 且 } c_3<c\leqslant c_1\\ \dfrac{-68-12d+39d^2+16d^3+c(200+184d+34d^2-8d^3)+c^2(132+172d+73d^2+8d^3)}{4(2+d)^2(2+3d)^2} & 0<d\leqslant d_1 \text{ 且 } c_1<c\leqslant 1 \text{ 或 } d_1<d\leqslant 1 \text{ 且 } c_2<c\leqslant 1\\ \dfrac{c(6+d)[(8-4d+c(-2+5d)]}{16(-4+d^2)^2} & d_1<d\leqslant 1 \text{ 且 } 0<c\leqslant c_2\end{cases}$$

与技术许可发生前的均衡状态进行比较，不难发现，技术传播对企业 3 仍然有正的外部效应，而对其竞争对手仍然是一个负的外部效应。这也不难理解，因为企业 4 不能对企业 1 进行单位补贴或固定费用补贴，为了技术许可收费总额最大化，企业 1 的最优单位产出费率必然为 $r^{TO}\in(0,c)$。① 这意味着技术传播带来最终产品市场效率的提高，下游企业总产出一定会增加。因而，中间产品生产企业 3 的需求也得到扩大，其利润也会所有增加；同时 $r^{TO}\in(0,c)$，技术许可提高技术受让企业 1 的效率，从而弱化了企业 2 的竞争力，企业 2 的利润必然下降。

不难得到消费者剩余以及社会福利：

① 之所以不考虑固定收费部分，是因为固定费用部分与产出无关，只构成技术接受企业的固定成本，对企业的生产决策没影响。

$$CS^{TON}=\begin{cases}\dfrac{(1+d)(1-c)^2}{4(2+d)^2} & 0<d\leqslant d_1 \text{ 且 } 0<c\leqslant c_3\\ \dfrac{\begin{array}{c}4(200+48d-202d^2-18d^3+39d^4+5d^5)\\-4c(2+d)(140-68d-129d^2+66d^3+11d^4)\\+c^2(1040+64d-1016d^2-204d^3+145d^4+21d^5)\end{array}}{4(6+d)^2(-10+d+4d^2)^2} & 0<d\leqslant d_1 \text{ 且 } c_3<c\leqslant c_1\\ \dfrac{2(1-c)^2}{(2+3d)^2} & \begin{array}{c}0<d\leqslant d_1 \text{ 且 } c_1<c\leqslant 1 \text{ 或}\\ d_1<d\leqslant 1 \text{ 且 } c_2<c\leqslant 1\end{array}\\ \dfrac{\begin{array}{c}4(-2+d)^2(1+d)-4c(-2+d)^2\\(1+d)+c^2(20-15d^2-3d^3)\end{array}}{16(-4+d^2)^2} & d_1<d\leqslant 1 \text{ 且 } 0<c\leqslant c_2\end{cases}$$

$$W^{TON}=\begin{cases}\dfrac{(1-c)[7+3d-c(3+d)]}{4(2+d)^2} & 0<d\leqslant d_1 \text{ 且 } 0<c\leqslant c_3\\ \dfrac{\begin{array}{c}4(1480-536d-898d^2+132d^3+151d^4+19d^5)-\\4c(1640-596d-1122d^2+129d^3+210d^4+29d^5)+\\c^2(4240+1248d-1960d^2-604d^3+141d^4+35d^5)\end{array}}{4(6+d)^2(-10+d+4d^2)^2} & 0<d\leqslant d_1 \text{ 且 } c_3<c\leqslant c_1\\ \dfrac{4(-1+c)^3(2c+3d)}{(2+3d)^4} & \begin{array}{c}0<d\leqslant d_1 \text{ 且 } c_1<c\leqslant 1 \text{ 或}\\ d_1<d\leqslant 1 \text{ 且 } c_2<c\leqslant 1\end{array}\\ \dfrac{\begin{array}{c}-4(-2+d)^2(7+3d)+4c(-2+d)^2\\(7+3d)+c^2(-76-16d+9d^2+d^3)\end{array}}{16(-4+d^2)^2} & d_1<d\leqslant 1 \text{ 且 } 0<c\leqslant c_2\end{cases}$$

同样的道理，由于技术拥有企业 4 不能对接受技术许可的企业 1 进行补贴，故最优单位产出费率 $r^{TON}\in(0,c)$，这意味着技术传播会导致最终市场效率的提高进而有益于消费者。同时，尽管技术传播会减少企业 2 的利润，但是在这种情况下由于市场效率的总体提高必然会增加整个生产企业的利润总和。因此，技术传播发生后，社会福利也会得到提高。

（2）同时向企业 1 和企业 2 转让技术

企业 1 和企业 2 获得可以降低生产成本的技术，他们的函数调整为：

$$\pi_1^{TB} = (1 - q_1^{TB} - dq_2^{TB} - w^{TB} - r^{TB}) q_1^{TB} - f^{TB}$$

$$\pi_2^{TB} = (1 - q_2^{TB} - dq_1^{TB} - w^{TB} - r^{TB}) q_2^{TB} - f^{TB}$$

根据相关知识容易求出企业的产出、利润函数等：

$$q_1^{TB} = q_2^{TB} = \frac{(1 - r^{TB})}{2(2 + d)}$$

$$q_3^{TB} = \frac{1 - r^{TB}}{2 + d}$$

$$\pi_1^{TB} = \pi_2^{TB} = \frac{(1 - r^{TB})^2}{4\,(2 + d)^2} - f^{TB}$$

和 $\pi_3^{TB} = \dfrac{(1 - r^{TB})^2}{2(2 + d)}$

$$f^{TB} = \frac{(1 - r^{TB})^2}{4\,(2 + d)^2} - \frac{(1 - c)^2}{4\,(2 + d)^2} = \frac{2c - c^2 - 2r^{TB} + (r^{TB})^2}{4\,(2 + d)^2}$$

这样，企业 4 的利润函数为：

$$\pi_4^{TB} = r^{TB}(q_1 + q_2) + 2f = \frac{1 - r^{TB}}{2 + d} \times r^{TB} + \frac{(1 - r^{TB})^2}{2\,(2 + d)^2} - \frac{(1 - c)^2}{2\,(2 + d)^2}$$

$$= \frac{2c - c^2 + 2(2 + 2d) r^{TB} + (-3 - 2d)(r^{TB})^2}{2\,(2 + d)^2}$$

同样，本部分政府允许企业 4 对企业 1 和企业 2 进行补贴和不允许其进行技术补贴两种情况进行分析。

①政府允许企业补贴。在这种情形下，求解企业 4 的利润最大化问题为 $\max\limits_{r^{TBY}} \pi_4^{TBY} = \dfrac{2c - c^2 + (2 + 2d) r^{TBY} + (-3 - 2d)(r^{TBY})^2}{2\,(2 + d)^2}$。根据利润最大化的条件容易得出最优的单位产出费率为 $r^{TBY} = \dfrac{1 + d}{3 + 2d}$

这样进一步可得企业的利润和消费者剩余以及社会福利分别为：

$$\pi_4^{TBY} = \frac{(1 + d)^2 - c^2(3 + 2d) + c(6 + 4d)}{2\,(2 + d)^2(3 + 2d)}$$

$$\pi_3^{TBY} = \frac{2 + d}{2(3 + 2d^2)}$$

$$\pi_1^{TBY} = \pi_2^{TBY} = \frac{(1 - c)^2}{4\,(2 + d)^2}$$

$$CS^{TBY}=\frac{1+d}{4\ (3+2d)^2}$$

$$W^{TBY}=\frac{11+7d}{4\ (3+2d)^2}$$

②政府不允许企业补贴。在这种情形下，求解企业 4 的利润最大化问题调整为:①

$$\max_{r^{TBN}}\pi_4^{TBN}=\frac{2c-c^2+(2+2d)r^{TBN}+(-3-2d)(r^{TBN})^2}{2\ (2+d)^2}$$

$$st\quad r^{TBN}\geqslant 0;\quad r^{TBN}\leqslant c$$

根据利润最大化的条件，可以出最优的单位产出费率为:

$$r^{TBN}=\begin{cases} c & 0<c\leqslant\dfrac{1+d}{3+2d} \\ \dfrac{1+d}{3+2d} & \dfrac{1+d}{3+2d}<c\leqslant 1 \end{cases}$$

因而，企业的利润也容易得到:

$$\pi_4^{TBN}=\begin{cases} \dfrac{(-1+c)c}{2+d} & 0<c\leqslant\dfrac{1+d}{3+2d} \\ \dfrac{(1+d)^2-c^2(3+2d)+c(6+4d)}{2(2+d)^2(3+2d)} & \dfrac{1+d}{3+2d}<c\leqslant 1 \end{cases}$$

$$\pi_3^{TBN}=\begin{cases} \dfrac{(1-c)^2}{2(2+d)} & 0<c\leqslant\dfrac{1+d}{3+2d} \\ \dfrac{2+d}{2\ (3+2d)^2} & \dfrac{1+d}{3+2d}<c\leqslant 1 \end{cases}$$

$$\pi_1^{TBN}=\pi_2^{TBN}=\frac{(1-c)^2}{4\ (2+d)^2}$$

进一步，可以求得消费者剩余和社会福利分别为:

$$CS^{TBN}=\begin{cases} \dfrac{(1+d)(1-c)^2}{4\ (2+d)^2} & 0<c\leqslant\dfrac{1+d}{3+2d} \\ \dfrac{1+d}{4\ (3+2d)^2} & \dfrac{1+d}{3+2d}<c\leqslant 1 \end{cases}$$

① 第一个约束条件保证限制企业 4 不对技术接收企业进行单位补贴；第二个约束条件保证限制企业 4 不对技术接收企业进行固定数量的补贴。

$$W^{TBN}=\begin{cases}\dfrac{(-1+c)(7+c+3d+cd)}{4(2+d)^2} & 0<c\leqslant\dfrac{1+d}{3+2d}\\ \dfrac{11+7d}{4(3+2d)^2} & \dfrac{1+d}{3+2d}<c\leqslant 1\end{cases}$$

将企业4只向企业1许可技术与其向企业1和企业2许可技术时的均衡利润 π_4^{TON} 和 π_4^{TBN} 以及 π_4^{TBY} 和 π_4^{TOY} 进行比较，可以得到以下结论：

命题3－3：在单位产出费加固定收费许可方式下，不管政府是否允许企业对技术受让企业给予补贴，如果技术创新程度较高且产品差异化程度较低，创新企业偏好向一个企业许可技术。①

命题3－3的直观经济学解释为：如果技术创新程度较高，则企业4只向企业1许可技术时，技术许可后企业1垄断最终产品市场。但如果其向企业1和企业2许可技术，则企业1和企业2同时在最终产品市场上进行产量竞争。众所周知，企业4若定一个高的单位产出费率，就意味着一个低的有效产出，低的中间产品价格以及接受技术许可的企业低的新增利润，② 即给企业4带来较低的固定部分许可收入。与只向企业1转让技术相比，如果企业4向两个下游企业传播技术，会设定更低的单位产出费率。③ 因而，企业4给一（两）个企业许可技术会设定一个更高（低）的单位产出费率，更高（低）的单位产出费收入，更低（高）的固定收费收入。如果企业产品差异化程度较小，且技术革新程度较大时，单位产出费率越高，固定费用收入就越高，企业4总技术许可费收入越高。而根据前面的分析可知，相比之下，企业4只向一个最终产品生产企业进行技术许可时的单位产出费率更高，因此其总技术许可费收入也会更高。

但是，如果技术创新程度较低，并且只有企业1接受技术许可时，新技术带来的成本优势非常小，企业2依然能够在最终产品市场生产产品。此时，企业4只能通过单位产出费率的调整来影响企业1的生产，进而影

---

① 命题3－3的数学证明见附录2－3。这个结论与李长英、王君美（2009）中的结论相似。

② 尽管中间品的价格与单位产出费率均构成技术接受企业的成本，但它们在这种密切的纵向关联中，单位产出费率起主导作用。

③ 在这种条件下，由于企业4只向企业1转让会造成垄断，根据微观经济学的相关知识，垄断市场结构下企业的利润对成本的变动比寡占市场结构情形下要更大。

响企业 1 的新增利润。如果企业 4 向企业 1 和企业 2 同时转让技术，其可以通过单位产出费率同时影响企业 1 和企业 2 的生产，甚至操纵最终产品市场，从而影响整个产品市场的新增利润，显然，这更有利于企业 4 实现更高的利润。因此，在技术创新程度较低时，企业 4 同时向两个企业传播其新技术其利润更高。

如果比较技术拥有企业 4 在政府允许补贴和政府不允许补贴时的利润，可以发现：

引理 3 -1：从技术拥有企业的角度看，政府允许补贴时其利润不会比不允许补贴时低。①

这个结论不难理解：如果技术创新程度较低，企业 4 提高单位产出费率会减少技术接受企业的有效产出，不过由于有效产出的变化速度慢于单位产出费率变化速度，因而提高单位产出费率最终会带来企业 4 单位产出费部分收入的增加；同时，单位产出费率的上升会降低技术受让企业的成本优势，② 从而减少技术受让企业的新增利润，进而带来企业 4 的固定费用部分收入的减少。此时，如果企业的技术创新程度非常低，单位产出费率的上升所带来的单位产出费的增加额要高于固定费用部分收入的减少额。这样，企业 4 要提高其总利润就可以通过提高单位产出费率来实现。因而，这个时候企业 4 最优做法是确定高于企业成本较低幅度的单位产出费率，然后对技术接受企业的固定费用部分进行补贴；但若此时政府不允许补贴，则企业 4 不能把单位产出费率定在 $r>c$，因而就不能实现更高的利润。然而，如果技术创新程度较高，就会出现两种情形下的单位产出费率完全相同或企业 4 的利润相等。③

当然，单从数理角度也很容易理解，与政府允许补贴相比，在政府不允许企业 4 进行补贴时，求解企业 4 的利润最大化问题的约束条件更多。显然，目标利润函数相同时，约束条件较多时的利润不会高于约束较少时

---

① 引理 3 -1 的数学证明见附录 2 -4。

② 当时 $r>c$，技术接受企业接受新技术不但没带来成本优势，反而带来成本劣势。

③ 根据命题 3 -3 可知，当且仅当技术创新程度较高且产品差异化程度较低时，技术拥有企业偏好于仅向一个企业转让技术。因此，引理 3 -1 主要探讨的是企业 4 同时向企业 1 和企业 2 传播技术这种情况。

的利润。因此，与政府不允许补贴相比，企业4在政府允许补贴时其利润不会更低。

3.3　不同许可方式的比较

在这个部分，先探讨到底是固定收费许可方式还是单位产出费许可方式能够给创新技术拥有企业带来更高的利润。而且，本部分将这一比较结果与已有的经典结论也进行对比。

引理3-2：当技术创新程度很高或技术创新程度较高且产品差异程度较小时，对技术拥有企业而言，固定收费许可优于单位产出费许可；在其他条件下，单位产出费许可优于固定收费许可。[①]

引理3-2背后的经济学解释为：根据命题3-1和命题3-2可知，如果技术创新程度 $c \in (c_6, 1]$ 且产品差异程度 $d \in (d_1, 1]$ 或 $c \in (c_3, 1]$ 且 $d \in (0, d_1]$[②]，固定收费许可方式下，企业4选择只向企业1转让技术，而单位产出费许可方式下，其选择向两个企业进行技术许可。固定收费许可方式下，企业4仅向企业1传播技术，会带来消费者对企业1所生产的高质量产品的需求增加，且技术创新程度越高，产品差异化程度越小，[③] 企业1所生产的产品的需求增加越多（可以称之为需求扩大效应），一方面需求扩大以及效率提高给企业1带来更多的新增利润，企业4的技术许可收入越高；另一方面，由于企业1所生产产品的需求扩大，会带来其对企业3

---

① 引理3-2的数学证明见附录2-5。

② $d_1 \approx 0.0745$

③ 产品差异化程度越小，意味着企业1与企业2所生产的产品替代性越强，接受技术许可后，企业1的需求增加越多。

生产的中间产品的引致需求增加，从而可能会造成中间产品价格的上升，① 进而会导致企业 1 的中间产品成本上升（称之为中间产品成本效应），最终会造成新增利润的减少；② 单位产出费许可方式下，当技术创新程度较高时，企业 4 设定的单位产出费率低于新技术的革新程度，因而技术传播会给企业 1 和企业 2 带来需求扩大效应，③ 同样，也可能会带来中间产品价格上升（称之为中间产品成本效应），且技术传播所带来的新增利润并未由企业 4 全部获得（称之为新增利润漏出效应）。当 $c \in (c_1, 1]$ 或 $c \in (c_2, c_1]$ 且 $d \in (d_2, 1]$ ④，对于企业 4 而言，固定收费许可方式的净效应（需求扩大效应和中间产品成本效应的综合结果）大于单位产出费许可方式下的净效应（需求扩大效应和中间产品成本效应以及新增利润漏出效应的综合结果）。因此，对于技术拥有企业而言，在这种条件下，固定收费许可优于单位产出费许可。

如果技术的创新程度 $c \in (c_6, 1]$，并且产品差异化程度 $d \in (d_1, 1]$ 时或技术创新程度 $c \in (0, c_3]$ 且产品差异化程度 $d \in (0, d_1]$ ⑤，不管企业采取固定收费许可方式下还是采取单位产出费许可方式下，企业 4 均选择向企业 1 和企业 2 许可技术。不同的是，在单位产出费许可方式下，企业 4 可以利用变动单位产出费率去调整技术受让企业的生产行为，进而影响技术受让企业的有效产出，继而最大化其自身技术许可费收入；而固定收费许可方式下，尽管企业 4 能够完全获取技术受让企业的新增利润，但是由于技术创新程度较低，技术许可后技术受让企业的效率提升不大，因而效率提升所带来的新增利润也较少。然而，在单位产出费许可方式下，技术受让

① 值得说明的是，需求增加，中间产品价格可能上升的结论是与技术许可发生前比较的结果。技术革新程度越大，产品差异化程度越小，技术许可发生后企业 1 垄断的势力越强，中间产品的价格就越低。当技术程度 $c \in [\frac{3(2-d)}{8}, 1]$，与技术许可发生前，中间产品价格不但不上升，反而下降，对于技术拥有企业而言，固定收费许可更会优于单位产出费许可。

② 需求扩大效应和中间产品成本效应共同作用后的综合效应，最终与需求扩大效应变动方向一致。

③ 具体分析见本章单位产出费部分。

④ $d_2 \approx 0.4913$

⑤ 之所以有两个区间，是因为不同的 d 区间时 c_3 与 $\frac{16-48d+20d^2}{20-4d+13d^2}$ 值的大小不一。

企业的有效产出很高，技术许可时单位产出费收入就会很高。因此，在这种条件下，单位产出费许可优于固定收费许可。

综上所述，如果技术创新程度很高 $c \in (c_1, 1]$ 或技术创新程度较高 $c \in (c_2, c_1]$ 且产品差异化程度较低 $d \in (d_2, 1]$，固定收费许可方式更优，这与 Kamien 和 Tauman（1986）一致；在其他条件下，单位产出费收费方式更优，这与 Kamien 和 Tauman（1986）中的结论完全相反，但与 Wang（1998）、Kamien 和 Tauman（2002）等结论一致，但他们的假设前提是技术拥有企业为生产性企业，与本章的研究假设不一致。

通过比较三种收费许可方式下企业 4 的利润，可以得出以下结论：

引理 3－3：不管技术拥有企业的技术革新程度如何，其总偏好于单位产出费加固定收费许可方式。

这个引理的经济学含义非常简单：技术拥有企业 4 采取单位产出费加固定收费许可方式，其既可以通过固定收费完全获取技术受让企业的新增利润，还可以通过改变单位产出费率来影响，甚至控制技术受让企业的生产。故企业 4 采取固定收费加单位产出费许可方式其利润最高。当然，从数学角度也容易理解，固定费用部分为零，则这种收费许可方式退化为单位产出费许可方式；当单位产出费率为零，则这种收费许可方式退化为固定费用许可方式。

因此，固定费用许可方式和单位产出费许可方式可以看成是固定收费加单位产出费许可方式的两种特殊情况。

3.4　本章小结

本章建立下游市场生产同种产品的水平差异的寡头模型，而上游市场只有一个企业生产中间产品，探讨非生产性的研发企业的最优技术许可问题。

研究表明：第一，固定收费许可和单位产出费加固定收费许可两种技术许可方式下，技术创新程度和产品的差异化程度决定技术拥有企业的技术许可对象的选择。这不难理解，原因在于两种许可方式下，新技术所带来的利益全部被技术拥有企业所占有。相比之下，如果其选择只向一个企业许可其创新技术，技术许可活动会弱化市场竞争，进而会提高技术接受企业的新增利润空间（称为竞争弱化效应）；但另一方面可能也会提高下游企业的生产成本，这不利于技术接受企业利润的增加（称为中间产品成本效应）。

综合可知，如果技术创新程度较高且产品差异化程度较低时，技术受让企业的新增利润中竞争弱化效应起主要作用，企业 4 向一个企业许可技术时总利润更高；相反，在其他情形下，技术受让企业的新增利润中中间产品成本效应起主要作用，企业 4 向两个企业许可技术时利润可能更高。

第二，单位产出费许可时，技术拥有者的最优选择是同时向两下游企业转让技术。在这种收费许可方式下，技术拥有企业的利润取决于单位产出费率和技术接受企业的有效产出之积。综合可以发现，企业 4 向企业 1 和企业 2 同时转让技术时，单位产出费率与有效产出的乘积更高。因此，企业 4 的总技术许可利润会更高。

第三，从非生产性创新企业角度看，Kamien 和 Tauman（1986）所得出的固定收费许可优于单位产出费许可的结论未必总正确。

第四，与政府不允许企业补贴相比，如果政府允许技术拥有企业对技术接受企业进行补贴，其总利润更高。

由此可见，本章与第 2 章所得结论有很大的不同，主要体现在技术许可的排他性方面。为什么出现不同结论？原因主要是产品差异程度和技术革新程度在弱化市场方面作用会抵消而不是互相加强。同时，这一章与蔡桂云（2012）研究中的结论有很大不同，尽管都是在上下游框架下讨论降低成本的技术许可问题，但由于本章分析的技术拥有企业为非生产性企业，而蔡桂云（2012）研究的是技术拥有企业为生产性企业，并且生产性企业生产的产品同质。

同样，本章的研究结论可以为一些大学院校、以及一些科研机构等非生产性企业的技术成果技术许可方式的选择提供理论方面的指导。

第 4 章

创新企业技术许可方式选择的实证研究

当今，科学技术是第一生产力已成为共识，技术创新已成为经济增长最关键的要素。科学技术的发展水平，从某种意义上已经成为衡量一个国家发达与否的重要标志，并从根本上决定着国家的经济实力。技术创新的扩散与经济增长、生产率、就业、竞争力之间存在很强的正相关关系。这意味着，加快技术创新成果的商业化转换会有利于促进国家的经济增长。

尽管与发达国家，如美国科研成果转化率高达 80% 相比，中国目前的专利科研成果转化率仍然非常低，据相关数据显示不到 10%。[①] 事实上，中国在科技创新体制方面的改革已经极大的活跃了技术交易市场，并且在很大程度上提升了我国科技创新成果的转化效率。根据国家统计局《科技进步日新月异 创新驱动成效突出——改革开放 40 年经济社会发展成就系列报告之十五》中的相关数据显示，在 2017 年，中国技术市场成交合同竟高达 36.8 万项，这些交易合同涉面广包括技术开发、技术转让等方面，技术合同成交总金额达 13424 亿元，与 1991 年相比，成交总金额增加 141 倍；同时，每份技术合同成交的平均金额高达 365 万元，同样与 1991 年相比增加大约 79 倍。这意味着专利技术成果的商业化传播活动越来普遍，因此，研究企业技术的商业化传播有着非常重要的现实意义。

在实际技术许可相关活动中，企业技术许可收费方式可能采取单位产出费收费许可方式，如 2006 年，美国 MPEG 专利技术管理公司与中国电子音响工业协会及中国机电进出口商会签署了 MPEG-2 专利联合许可合同，即中国电子音响工业协会成员每销售一台 DVD 播放机需再向 MPEGIA 交纳 2.5 美元的专利费。[②] 另外，也有采取固定收费许可方式，如江西农业大学食品学院某位教师将其“一种从葛根中同时分离纯化葛根素和大豆苷元的方法”发明专利以 1 万元的一次性转让费转让给厦门肃正资产管理有限公司。[③]

可能大家会想，同样是自主创新企业进行技术许可，为什么有的创新企业选择固定收费许可方式，而有的创新企业则选择单位产出费许可方式

---

① 当然，有的学者认为是因为计算转化率的标准不同导致中美两国转化率差异如此之大。

② 案例来源：http://www.xdz.gov.cn/info/21944/184181.htm.

③ 资料来源：http://keyan.jxau.edu.cn/f8/f9/c681a63737/page.htm.

进行转移技术？企业的技术许可方式的选择受哪些影响？为了回答这些问题，本章通过建立多元回归模型来深入分析影响创新企业技术许可方式选择的影响因素。

本章的研究从实证角度探讨企业自主创新技术许可方式问题，与以下几篇研究密切相关。Rostoker（1983）通过邮寄问卷的方式对企业技术许可方式进行调查，其一共回收37份有效问卷，通过数据分析发现：双重收费许可所占比例更高，固定收费许可所占比例最低；[①] Caves 等（1983）、Taylor 和 Silberston（1973）也得到类似的结论；Macho - Stadler 等（1996）和 Bousquet 等（1998）的研究单位产出费许可所占比例最高，并且其远高于固定收费许可。Vishwasrao（2007）则认为企业技术许可方式的选择受产品销售量波动等影响。

本章试图利用调研所得的中国企业数据来对企业之间技术许可收费方式进行实证分析，以找出影响企业技术许可方式选择的因素。

4.1 样本数据的描述

4.1.1 样本数据来源

考虑到调查主体数据的可得性，课题组将调查地区选定为江西省九江市的都昌县、湖口县、彭泽县、武宁县、庐山区和高安市以及吉安等江西省有代表性的县市，并且课题中对以上选定的县市中105个企业展开实地调研，希望尽可能使得样本企业范围涉及多个行业。

鉴于所需调查内容和调查对象的特殊性，课题组选择自填式问卷调查的方式进行，即本次调查调研组成员直接将调查问卷发放到受访企业负责

---

① 课题负责人曾经学习 Rostoker（1983）中的做法，试图通过邮寄的方式进行调研，但被邮寄单位没有回应或者婉拒。

人手中，由受访的企业的负责人认真阅读问卷，并根据他们对所在企业的基本情况的了解来如实填答，再由调研组成员回收问卷。通过这种调查方式，一方面，受访企业的负责人可以不受其他因素的影响，从而能够如实根据企业真实的基本情况填答问卷；另一方面，不存在调研组成员对问卷的主观随意解释和诱导，避免调研组成员的主观偏见，以期调查所得的数据真实、有效、准确。

4.1.2　问卷调查的主要内容及问卷指标体系建设

在拟定调查问卷的过程中，通过查阅大量国内外文献、咨询相关专家等方法，针对已确定的调查地区和调查对象的情况，设定问卷的调查内容主要包括以下四个部分：

第一，技术交易企业的基本信息调查；第二专利技术的创新程度调查；第三企业之间的技术许可方式调查；第四专利技术其他特征，如排他性、转让程度以及类型。具体的问卷体系见表 4.1。

表 4.1　调查问卷指标体系表

<table>
<tr><th>一级指标</th><th>二级指标</th><th>三级指标</th></tr>
<tr><td rowspan="14">创新企业技术商业化模式的实证分析</td><td rowspan="7">交易双方企业的基本信息</td><td>受访企业的角色</td></tr>
<tr><td>企业所有制形式</td></tr>
<tr><td>企业的年营业额</td></tr>
<tr><td>技术交易企业之间的关系</td></tr>
<tr><td>企业签订技术合同期限</td></tr>
<tr><td>企业的资产规模</td></tr>
<tr><td>企业的利润率</td></tr>
<tr><td>专利技术的创新程度</td><td>提高产品质量的幅度水平</td></tr>
<tr><td rowspan="3">技术许可方式</td><td>固定收费许可</td></tr>
<tr><td>单位产出费许可</td></tr>
<tr><td>单位产出费加固定收费许可</td></tr>
<tr><td rowspan="3">专利技术的基本信息</td><td>类型</td></tr>
<tr><td>排他性情况</td></tr>
<tr><td>技术转移程度</td></tr>
</table>

4.1.3 问卷质量控制

在真正调研进行之前，课题组进行了问卷的预调研，并通过这次预调研来完善调查问卷，以期将调查误差降到最低。在正式调研中，课题组调研团队相互协调分好行动小组和区域，保证人员配合的协调；当受访企业负责人存在疑问，应及时进行解释，以监督其正确填写问卷，将少填、错填的问卷数量降到最低，并及时做好记录。在问卷回收之后，组织调研小组成员进行数据输入，并在输入的过程中进一步对问卷的有效性进行审核；在数据输入完成后，再对输入好的数据进一步复核，确保问卷数据有效、准确、不遗漏。

4.1.4 样本数据的描述性统计分析

本章基于获取有效的调研数据，课题组实证部分负责人利用 SPSS. 24 专业统计软件，对问卷调研所得数据进行描述统计分析，首先，可以得到被解释变量企业技术许可方式分布图，如图 4.1 所示。

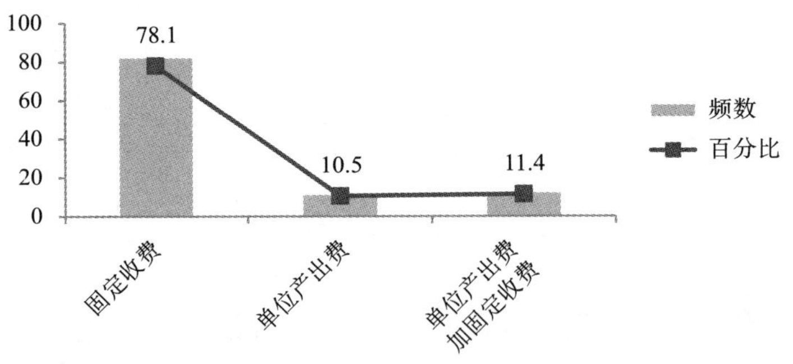

图 4.1 许可方式频率分布图

从回收的 105 份有效数据进行频数统计分析，可以得到交易收费方式的分布情况。从图 4.1 可知，大部分企业最倾向于选择固定收费的方式进行交易，其被选中频数最多，频率为 78.1%，比单位产出收费高出

67.6%。基于调研实际与经济理论可知，单位产出费许可易出现信息不对称等情况，单位产出收费加固定收费许可过于繁杂，因此，实际市场中大部分企业更倾向于选择固定收费的技术许可方式。

其次，可以得到有关解释变量的相关统计指标值，如表 4.2 所示。

表 4.2　　基本数据表

项目	选项	绝对数	相对数（%）
交易角色	买方	96	91.429
	卖方	9	8.571
企业的所有制形式	国营企业	16	58.095
	高校或科研机构等事业单位	21	28.571
	私营企业	68	11.429
企业年营业额	500 万元以下	8	7.60
	500 万—2000 万元	22	21.00
	2000 万—5000 万元	34	32.40
	5000 万元以上	41	39.00
质量提高程度	较小	19	22.60
	中等	40	47.60
	较高	21	25.00
	很高	4	4.80
技术许可方式	固定收费许可	82	78.10
	单位产出费许可	10	10.50
	单位产出费加固定收费许可	11	11.40
成本波动	15%以内	66	66.00
	15%—40%	22	22.00
	40%以上	12	12.00
销售额波动	15%以内	56	56.00
	15%—40%	29	29.00
	40%以上	15	15.00
交易专利类型	商业权	13	12.40
	发明专利	48	45.70
	外观设计专利	57	54.30

续表

项目	选项	绝对数	相对数（%）
合同期限	1—5 年	25	23.80
	5—10 年	27	25.70
	10—15 年	13	12.40
	15—20 年	40	38.10
企业之间关系	关联企业	22	21.00
	供应商	36	34.30
	竞争	47	44.80

从中可知，进行交易的专利技术对技术接受企业产品质量提高程度有着不同的影响，其中绝大多数的企业认为，新技术使用带来产品质量提高程度为中低等；47.6%的企业进行专利许可买卖后对产品质量提高程度为中等；22.6%专利许可买卖后对产品质量提高程度为低等；仅有4.8%的企业认为专利许可发生后，技术接受企业的产品质量提高程度非常高。

此外，从专利技术交易双方角色的统计分析可知，被调查企业中专利技术的购买方企业所占比例91.429%，仅有8.571%的企业为专利技术的卖方。由此可以看出，企业引进专利技术成为主流，只有少数高新技术企业才会卖出自主研发的技术，这与当今社会发展状况是相一致的，这说明企业除了自主研发获取高新技术以外，其通过技术引进获得新技术也是一个非常重要的来源。

4.2 实证分析

4.2.1 单个变量相关性检验

因为本章研究的主要目的是探讨企业自主创新技术许可方式选择的影响因素，因此，以企业交易专利技术许可方式为被解释变量，具体被解释变量分为：Y_1表示固定收费方式；Y_2表示单位产出收费方式。[①] 根据已有的相关研究可知，企业之间进行专利技术许可方式可能会与企业的所有制形式、技术接受企业的营业额、创新技术转让程度、技术交易的类型、技术转让的排他性、产品质量创新程度以及企业销售额的波动、合同期限、企业成本波动、利润率等因素存在着相关性。因此，本章探讨企业技术许可方式，即固定收费方式、单位产出收费方式的影响因素同时考虑多个变量。

为避免虚假回归，增加不相关变量以及遗漏重要变量，首先对各个解释变量与被解释变量分别作显著性回归分析。

（1）单变量模型建立

根据单个因素显著性分析，以及各个变量之间的相关性结果对本书技术许可方式选择的影响因素分析，可以建立的一元线性回归模型，模型可以表示为如下数学表达式：

$$Y_i = \alpha_i + \beta_{1i} x_{1i} \quad (i = 1, 2, 3, \cdots, n)$$

其中，β_{ki}为自变量；x_{1i}对被解释变量；Y_i的回归系数，即影响系数；u为随机干扰项；α_i为截距项，对α_i和β_{ki}的参数估计值可采用 OLS 法和 ML 法进行估计。

（2）变量定义与描述统计

基于计量经济学的相关理论，对调查所得数据进行如下编码定义：①被解释变量：技术许可方式被定义为被解释变量，用 Y 表示，通过固定收费许可方式时，令 Y 为 0，单位产出费许可方式时，令 Y 为 0；②解释变量：对于不相关多分类变量，采用问卷选项被选中的频率来进行编码；对于有序（程度）变量，我们采用层次编序法进行有序变量编码；对于“布尔型”的二分类变量，采用虚拟变量 0—1 进行编码等。具体变量解释如下：[②]

---

① 这两种许可方式所占比例最高，并且单位产出费加固定收费许可在现实中很难操作。因而，本书主要分析这两种技术许可方式的影响因素。

② 被解释变量的选择是参考了 Macho - Stadler 等．（1996）、Bousquet 等．（1996）以及 Vishwasrao（2007）中变量的选择。

• 卖方企业的所有制形式。企业的所有制形式包括国有企业、国有控股企业、私营企业以及高校或科研机构等事业单位，并根据某选项被选择的频率进行编码。

• 企业的年营业额。企业的年营业额是反映企业规模的一个重要指标，企业规模对企业技术许可方式有影响。根据企业营业额处于五个不同的区间分别进行 1—5 编码；营业额处于在 500 万元以下编码为 1；营业额处于 500 万—2000 万元之间编码为 2；营业额处于 2000 万—5000 万元则编码为 3；而营业额处于 5000 万元以上编码为 4。

• 成本波动。根据技术接收企业的成本波动幅度统计结果进行有序程度变量的编码，成本波动幅度在 0—15% 编码为 1；成本波动幅度在 15%—40% 编码为 2；但成本波动幅度在 40% 以上则编码为 3。编码数字越高，代表企业的成本波动也越大。

• 销售额波动。根据技术接收企业的销售额波动幅度统计结果进行有序程度变量的编码，销售额波动幅度在 0—15% 编码为 1，销售额波动幅度在 15%—40% 编码为 2，但销售额波动幅度在 40% 以上则编码为 3。编码数字越高，代表企业的销售额波动也越大。

• 技术创新程度。根据专利技术使用后会带来质量提高的幅度大小进行有序变量的编码，质量提高幅度较小编码为 1；质量提高幅度为中等编码为 2；质量提高幅度较高编码为 3；质量提高幅度很高则编码为 4。

• 排他性。根据专利技术是否只向一个企业进行技术转移来表示企业技术转移的排他性。依据被调查企业对排他性选择进行虚拟变量 0—1 编码，排他性编码为 1；非排他性编码为 0。

• 技术转让程度。将所交易的专利转让技术程度划分为所有权、使用权和商业权这三种转让程度，并用调查企业中每种转让程度被选择的频率来赋值进行编码。

• 专利交易类型。将进行交易专利的类型划分为“发明专利”“实用新型专利”和“外观设计专利”三种类型，并用每一种类型被选择的频率来赋值进行编码。

• 合同期限。根据专利技术签订合同期限的长短进行有序变量的编码，合同期限编码为 1—5 年为 1；合同期限为 5—10 年编码为 2；合同期限 10—15 年编码为 3；合同期限为 15—20 年则编码为 4。

- 企业之间的关系。把专利技术交易双方企业之间的关系分为关联企业、供应商、竞争、其他关系四种关系类型，并把每种关系被选中频率进行赋值编码。
- 技术被模仿的难易程度：这项专利技术是否容易被其他竞争者所模仿，并用虚拟变量 0—1 编码，容易模仿编码为 1；不容易模仿编码为 0。
- 利润率（lrl）：本书将企业所填的真实的利润率这一连续变量来分析，企业的利润率对交易专利收费方式的影响。

经过定义后的解释变量的具体描述性统计分析如表 4. 3 所示。

表 4. 3　　描述性统计表

指标	平均值	众数	标准差	最小值	最大值
卖方企业的所有制形式	0. 432	0. 581	0. 180	0. 152	0. 581
企业年营业额	3. 029	4. 000	0. 955	1. 000	4. 000
成本波动	1. 460	1. 000	0. 702	1. 000	3. 000
销售额波动	1. 590	1. 000	0. 740	1. 000	3. 000
技术创新程度	2. 119	2. 000	0. 813	1. 000	4. 000
排他性	1. 295	1. 000	0. 458	1. 000	2. 000
技术转让程度	0. 414	0. 524	0. 135	0. 124	0. 524
被模仿的难易程度	1. 514	2. 000	0. 502	1. 000	2. 000
交易专利的类型	1. 543	2. 000	0. 501	1. 000	2. 000
合同期限	2. 648	4. 000	1. 217	1. 000	4. 000
企业之间的关系	0. 362	0. 448	0. 091	0. 210	0. 448
利润率	0. 148	0. 100	0. 084	0. 050	0. 500

据单个变量计量模型，得到对各个解释变量与被解释变量分别作显著性分析，得到了解释变量与被解释变量之间的相关系数如表 4. 4 和表 4. 5 所示。

表 4.4　固定收费的相关系数表

指标	相关系数	显著性	指标	相关系数	显著性
技术转让程度	-0.280	0.004**	难易程度	0.165	0.092*
销售额波动	-0.231	0.021**	成本波动	-0.162	0.107
利润率	-0.204	0.037**	卖方企业所有制形式	-0.121	0.218
企业之间的关系	0.191	0.051*	排他性	-0.119	0.225
交易专利类型	0.185	0.058*	合同期限	0.080	0.416
技术创新程度	0.204	0.062*	年营业额	-0.022	0.820

据表 4.4 可知，通过单个变量检验的解释变量有：技术转让程度、销售额波动、利润率、企业之间的关系、交易专利类型、技术创新程度、技术被模仿的难易程度。

表 4.5　单位产出费的相关系数表

指标	相关系数	显著性	指标	相关系数	显著性
技术转让程度	0.208	0.033**	卖方营业额	0.092	0.404
质量创新程度	-0.221	0.044**	合同期限	-0.074	0.453
利润率	0.176	0.0738*	交易专利类型	-0.069	0.486
卖方企业性质	0.169	0.085*	交易关系	-0.068	0.493
排他性	0.162	0.099*	难易程度	0.054	0.585
销售额波动	0.166	0.099*	年营业额	0.033	0.742
卖方企业类型	-0.111	0.259	成本波动	0.009	0.925
企业类型	-0.109	0.267			

据表 4.5 可知，通过单个变量检验的解释变量有：技术转让程度、技术创新程度、利润率、卖方企业所有制形式、技术的排他性、技术接受企业的销售额波动。

4.2.2　计量经济学模型的建立

本书运用 SPSS 24.0 专业计量统计分析软件对建立变量的 105 个有效样本数据进行多元线性回归分析处理，采取逐步向后回归的方法，最初将所有可能对被解释变量有影响的解释变量引入模型回归分析，建立的多元

线性回归模型为：①

$$Y_i = \alpha_i + \beta_{1i}x_{1i} + \beta_{2i}x_{2i} + \cdots + \beta_{ki}x_{ki} + u_i$$

β_{ki}为第 k 个自变量对第 i 个被解释变量的影响回归系数；u_i为随机干扰项；α_i为截距项；α_i和β_{ki}参数估计值采用 OLS 和 ML 估计。

（1）计量结果

根据调整后的回归模型，把调查后经过处理的统计所得的各解释变量的相关数据与被解释变量带入上述计量模型，采用普通最小二乘估计等方法对模型的参数进行估计，回归结果如表 4.6 和表 4.7 所示。

表 4.6　　固定收费许可回归结果

固定收费模型	未标准化系数		标准化系数	t	显著性	共线性统计	
	B	标准误差	Beta			容差	VIF
（常量）	1.039	0.237		4.387	0.000		
技术转让程度	-0.401	0.206	-0.216	-1.944	0.056*	0.871	1.149
销售额波动	-0.112	0.037	-0.318	-3.040	0.003***	0.977	1.024
利润率	-0.269	0.353	-0.084	-0.761	0.449	0.880	1.137
交易企业之间的关系	0.181	0.323	0.064	0.561	0.576	0.826	1.211
交易专利类型	0.035	0.057	0.066	0.617	0.539	0.939	1.065
质量创新程度	0.065	0.037	0.196	1.762	0.082*	0.863	1.159
难易程度	0.010	0.058	0.019	0.168	0.867	0.876	1.142

注：***表示 0.01 的置信水平；**表示 0.05 的置信水平；* 表示 0.1 的置信水平。

表 4.7　　单位产出费许可回归结果

单位产出模型	未标准化系数		标准化系数	t	显著性	共线性统计	
	B	标准误差	Beta			容差	VIF
（常量）	-0.100	0.274		-0.366	0.715		
技术转让程度	0.196	0.288	0.073	0.681	0.498	0.974	1.026
技术创新程度	-0.120	0.053	-0.253	-2.255	0.027**	0.892	1.121
利润率	0.507	0.522	0.110	0.971	0.335	0.881	1.136

① 参考 Macho - Stadler 等（1996）、Bousquet 等（1996）以及 Vishwasrao（2007）中的做法。

续表

单位产出模型	未标准化系数		标准化系数	t	显著性	共线性统计	
	B	标准误差	Beta			容差	VIF
企业所有制形式	0.240	0.246	0.113	0.977	0.332	0.842	1.188
排他性	0.057	0.090	0.069	0.636	0.527	0.956	1.046
销售额波动	0.120	0.055	0.237	2.182	0.032**	0.954	1.048

注：***表示 0.01 的置信水平；**表示 0.05 的置信水平；* 表示 0.1 的置信水平。

还可以得到回归模型的相关检验数值如表 4.8 和表 4.9 所示。

表 4.8　　模型检验

模型	R	R 方	调整后 R^2	标准误差	D-W
固定收费许可	0.478	0.228	0.153	0.244	1.998
单位产出费许可	0.422	0.178	0.110	0.361	1.935

表 4.9　　方差分析

模型		平方和	自由度	均方	F	显著性
固定收费许可	回归	1.267	7	0.181	3.042	0.007
	残差	4.283	72	0.059		
	总计	5.550	79			
单位产出费许可	回归	2.056	6	0.343	2.634	0.023
	残差	9.494	73	0.130		
	总计	11.550	79			

（2）模型的检验

①多重共线性检验。课题组成员先进行解释变量的多重共线性。根据表 4.6 和表 4.7 所示，所有方差膨胀因子 VIF 均小于 2，又由于各个解释变量之间的相关系数矩阵可知，① 该解释变量之间不存在多重共线性。纵观多重共线性产生的原因多为经济变量在时间上的共同变化趋势，解释变量与其滞后变量同时作为解释变量等可知，本章的解释变量也都不满足他们之间共线性的条件。因此，这里的共线性检验结果与实际经济情况相符合。

① 见附录 7.1 和附录 7.2。

②自相关检验。课题组成员也对模型进行自相关检验。根据表 4. 8 所示，杜宾—沃森自相关检验的 D. W 值为 1. 998 与 1. 935，D. W 值趋向于 2，由 $D.W \approx 2(1-\rho)$ 可知，所求得的自相关系数趋向于零，故可以认为不存在自相关性。

③异方差检验。样本回归模型的残差在一定程度上反应了随机干扰项的某些分布特征，所以可以通过残差的图形对异方差做检验。如果残差分布呈扩大或缩小的趋势，则可认为存在递增或递减型异方差；但是如果残差分布于边界线之内，则可认为不存在异方差，根据下面回归残差的散点图可以看到，除了少数个别点之外，绝大多数样本数据的残差落在分界线之间。显然，回归模型显然通过了异方差检验，残差数据如图 4. 2 和图 4. 3 所示。

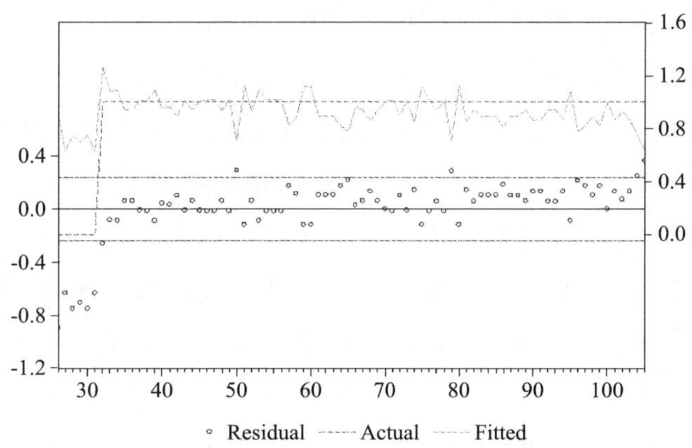

图 4. 2　固定收费 RESID 分布图

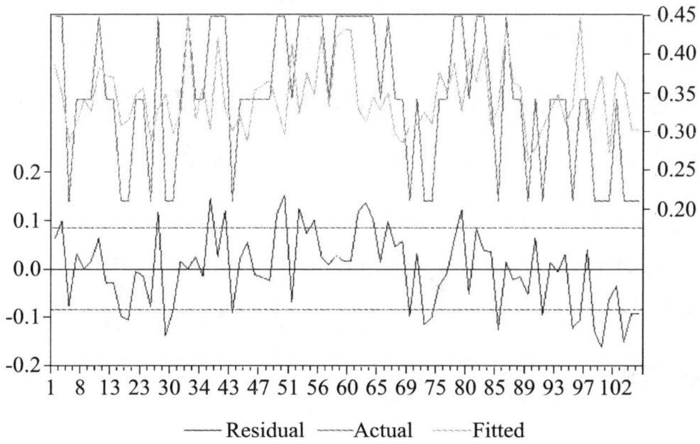

图 4. 3　单位产出费 RESID 分布图

④拟合度检验。根据表 4. 6 和表 4. 7 可知，采用多元线性回归法所得到的回归系数均通过 t 检验，即说明相关系数通过了显著性检验。同时，由表 4. 8 和表 4. 9 可知，模型总体检验拟合优度 R^2 值为 0. 228、0. 178。F 检验的 P 值为 0. 007、0. 023，说明样本数据对模型的拟合度较好。

（3）回归结果的分析

①企业技术的创新程度对企业技术许可方式选择有着非常重要的影响。从表 4. 6 和表 4. 7 的回归结果来看，技术创新程度对企业技术许可方式选择的影响系数通过了显著性检验，其中固定收费许可方式下的影响系数为正值，而单位产出费许可方式下的影响系数为负值。这意味着，在其他影响因素不变的情况下，技术创新程度对固定收费技术许可方式具有正向影响，但对单位产出费技术许可方式具有负面影响，即技术创新程度越高，企业之间更愿意选择固定许可方式来进行技术转移；相反，技术创新程度越低，企业之间更愿意选择单位产出费许可方式来进行技术转移。

这个结论背后的原因可以解释为：根据前面理论部分章节的分析可知，企业之间选择单位产出费许可方式来进行技术转移，技术接受企业的边际成本中将包含单位产出费率。并且，技术创新程度越高，企业设定的单位产出费率可能就会越高。这样，技术接受企业的边际成本越高、企业的产出越低，创新企业的技术许可费收入可能反而越低。此时，企业之间的交易越可能采取固定收费的许可方式。这个实证结果与本课题理论部分研究的结论一致，这与李长英和王君美（2010）的研究结果一致。

②企业销售额的波动对技术转移的方式选择有着重要的影响。从回归结果来看，企业销售额波动对企业技术许可方式的影响系数过了显著性影响检验，具有统计学意义。在其他影响因素不变的条件下，企业销售额的波动对创新技术固定收费许可方式的选择具有负向影响关系，对创新技术单位产出费许可方式的选择具有正向影响关系。这意味着企业销售额的波动越大，即企业直接的技术交易越可能采取单位产出费许可方式进行技术转让，而企业销售额波动越小，技术交易越易于采取固定收费技术许可的方式进行技术转让。

关于这一点，可以这样进行理解。在单位产出费许可方式下，技术拥有企业的利润与技术接受企业的销售额有着正向的关系。此时，接受技术转让的企业的销售额如果波动越大，技术许可时技术被许可方企业之间的技术许可费支付波动就越大，技术拥有企业的风险就较高，但技术拥有企业的利润可能会更大。并且，此时可能技术拥有企业在其技术转让方面时考虑利润因素会更多一点，故在企业销售额波动越大，技术持有企业可能愿意选择风险相对较高，收益也可能更高的单位产出费许可方式。

③企业之间技术转移程度也是影响企业固定收费许可方式的显著性因素[①]。从表4.6中的回归结果来看，技术转让程度也是技术转移方式的显著性影响因素之一。在其他条件不变情况下，技术转让程度对固定收费许可方式具有负向影响，即技术转移程度越高，企业之间越不可能采用固定收费许可的方式进行技术转让。

这个实证结果可以这样理解：与其他许可方式相比，技术转移程度越大，固定收费许可时，因技术许可后不会进行监督而导致技术溢出的可能性较大，技术拥有企业的损失可能越大；[②] 但是，固定收费技术许可时因为技术拥有企业能够一次性获得收益，因而其许可方面的收益风险较小。相比而言，当技术转移程度很低时，技术拥有企业在技术许可时所考虑收益风险因素占主导，故为了减少其收益风险，其越愿意选择固定收费这种技术转移方式；当技术转移程度很高时，技术拥有企业在技术许可时所考虑技术溢出风险因素占主导，因此为了减少其技术溢出风险，其越不愿意选择固定收费这种技术转移的方式。

---

① 由于在问卷设计的时候，课题组分三种技术许可方式，但由于我们手机的数据中只分析了单位产出费和固定收费许可方式。因此，在实证结果中可能就会出现，技术转移程度对固定收费许可方式有显著性影响，但对单位产出费许可方式影响不显著这种情况。

② 固定收费许可方式时技术许可费是一次性支付，与技术受让企业的产出无关，故技术拥有企业很少对技术受让企业进行监督。

4.3 结论及启示

4.3.1 大部分企业更偏向于选择固定收费的交易方式

由描述性统计分析结果可知，本书的105个有效数据中，企业倾向于选择固定收费方式占比78.1%，由样本估计总体可知，当今社会大部分企业更偏向于选择固定收费的交易方式。

根据本课题的理论和实证结果都可以得到，在其他影响因素不变的条件下，企业技术的创新程度对固定收费许可方式具有正向影响，然而对单位产出收费许可方式具有负向影响。

因此，自主创新技术的拥有者可以依据课题所得的结论来选择技术许可方式。如果其技术创新程度较高时，可采用固定收费方式来向接受技术转让的对方企业收费；然而当其质量创新程度较低时，其可采用单位产出费许可方式进行技术转移。

4.3.2 影响技术许可方式选择的因素有多个

本书通过建立技术许可方式多元线性回归模型，采取逐步向后和OLS的方法，最终可以得出技术创新程度、技术转移程度以及销售额波动等因素会影响技术许可方式的选择优先顺序。

因此，本章的实证结论启示：如果企业之间技术转移程度较低，如转移技术的使用权，则企业可以考虑采取固定收费许可方式；相反，企业之间技术转移程度较高，如转移技术的所有权等，则企业应该考虑采取含有单位产出费部分的技术许可方式，以加大对技术被许可方的监督等。同时，如果技术接受企业的销售额波动较大，则企业之间的技术许可采取单位产出费许可方式更好；若销售额波动较小，企业之间的技术许可采取固定收费许可方式。

第 5 章

顺序进入市场条件下的技术许可与企业兼并分析

技术对于一个企业在其发展中的作用不言而喻，从某种意义讲高新技术关乎企业的命运。对整个国家而言，技术创新的扩散与经济增长、生产率、就业、竞争力之间存在很强的正相关关系。① 加快技术创新成果的商业化转换有利于促进国家经济的增长。众所周知，对于一些科研能力较弱的企业，甚至是科研能力强的企业而言，通过技术引进获得新技术不失一个好的选择，且这种做法也可行。原因在于：一些国家重点实验室、高校以及科学研究院等主要从事一些技术研发的单位，它们并不从事与研发技术相关产品的生产，而是通过技术许可等方式实现其创新技术的商业化目的。

尽管在现实经济中，企业兼并和技术许可是企业进行技术商业化传播的两种常用模式，但在实际经济中，政府对这两种技术传播模式的态度不尽相同。政府通过企业并购方式转让技术，但却实施相关限制政策，如各国政府进行并购交易要进行严格的审查，而并购可能获得的效率往往是他们所必须考虑的主要内容之一。例如，美国《非横向并购指南》指出，在决定是否禁止并购交易的政府要考虑并购所获得的预期效率，且这种“并购特定的”效率不能通过其他方式如技术许可等来获得。②显然，上述美国的并购政策可以表明，政府更偏向于企业通过技术许可的方式转让技术。更有甚者，有的国家对企业通过技术许可所得明确给出优惠政策，如中国政府实施企业技术转让所得减免企业所得税优惠政策。③

当然，与企业兼并相比，如果技术许可确实能在更大程度上提高社会福利或者说能更小程度地降低社会福利，那么一些现行限制企业之间进行并购的政策制定与实施很合理，但如果情况出现相反，如企业兼并能在更大程度上提高社会福利，这类限制并购政策可能就不太合理，甚至在一定程度上具有误导性。

为了从理论上论证政府这类政策的合理性，本书建立一个 Stackelberg

① 参见《经济合作与发展组织》(1997) 和《美国现代商业概览》(1998)。

② http：//www. justice. gov/atr/public/guidelines/2614. htm.

③ 《国家税务总局关于技术转让所得减免企业所得税有关问题的通知》(国税函〔2009〕212 号)。

竞争模型，分析一个拥有提高产品质量技术的非生产性企业，通过企业兼并和技术许可两种方式进行技术转移，并比较企业兼并和技术许可两种方式对社会的影响，以期更好地来评价政府的相关政策，如竞争政策等。

5.1 基本模型

5.1.1 假设前提和博弈顺序

假设在一个纵向关联的市场中存在 3 个生产性企业和 1 个非生产性企业，其中企业 1 和企业 2 是下游市场生产最终产品的生产性企业，他们都生产低质量的产品（产品质量均为 s_1），并在产品市场上进行 Stackelberg 竞争，企业 1 为先进入市场，即为领导企业；企业 2 为后进入市场，即为跟随企业；同样，企业 3 是上游市场生产中间产品的唯一垄断生产性企业，并假设其边际成本为 0；企业 4 为一个从事专利技术研发的非生产性企业。

假设生产性企业 1 和企业 2 的生产成本相同，他们的成本都是从企业 3 那里购买中间产品的花费，[①] 为了分析更简单，进一步假定其生产一单位最终产品只需要投入一单位中间产品。[②]

非生产性企业 4 拥有一项可以提高最终产品质量的生产技术，其可以采用技术许可或企业兼并向最终产品市场的企业转移技术，即技术受让企业使用该项新技术能够将最终产品的质量由 s_1 提高到 s_2，且 $s_1 = \lambda s_2$，$(\lambda \in (0,1))$。按照产业组织文献中一贯的做法，质量 s_1 可以标准化为 1，[③] 那么 s_2 应该等于 $1/\lambda$。技术接受企业如果获得了该项技术，则其产品产量将

① 这里暗含产品的边际转化成本为 0。如果改变这个假定，本章的结论不会发生变化。

② 这为了简化分析，现实中可以理解为批发和零售之间的关系，蔡桂云（2012）也做了同样的假设。

③ s_1 取值的大小不影响本书的任何结论。

由 1 提高到 $1/\lambda$。这意味着 λ 值的大小反应着企业产品质量差异化程度，因而这个值也是衡量新技术创新程度的指标。①

同样，还是借鉴 Tirole（1988）的分析方法，假设代表性消费者的效用函数为：

$$U=\begin{cases}\theta s_i-p_i & \text{购买质量为 } s_i \text{ 价格为 } p_i \text{ 的商品}\\ 0 & \text{不购买商品}\end{cases},i\in(1,2)$$

上面的表达式中：U 为消费者的效用；θ 为刻画消费者的偏好，且参数 θ 在区间$[0,1]$上均匀分布。s_i 代表所消费产品的质量；p_i 代表产品的价格，并且假定消费者总数为 $N=1$，且每个消费者最多购买一单位产品。

本章的博弈顺序为：首先，政府反垄断组织是否允许非生产性企业 4 进行企业兼并活动；其次，企业 4 决定通过技术许可还是企业兼并②向领导企业 1 以及追随企业 2 转移其提高产品质量的技术；③ 再次，上游企业 3 决定中间产品的价格或产量；最后，企业 1 和企业 1 在下游产品市场上进行 Stackelberg 竞争。同样延续前面的做法，本章采用倒推法进行均衡状态的求解。

5.1.2　技术转移发生前的市场均衡状态

技术商业化传播之前，企业 1 和企业 2 都生产产品质量为 s_i 的低质量产品，此时，消费者只能消费低质量产品，根据消费者的效用函数，很容易得到低质量产品的需求函数为：$p=1-q$（$q=q_1+q_2$，q_1、q_2 分别表示企业 1 和企业 2 的产量）。这样企业 2 的利润函数可以表示为 $\pi_2=(1-q_1-q_2-w)\times q_2$，由利润最大化的条件得到企业 2 的反应函数 $q_2=(1-w-q_1)/2$。

---

① 这说明 λ 值越大，产品质量差异化程度越小、新技术创新程度越低；反之，λ 值越小，产品质量差异程度越大、新技术创新程度越大。李长英、宋娟（2007）李长英、王君美（2009）等文献中都做过类似的假定。

② 当然，前提是政府允许企业兼并活动。

③ 假设技术许可收费形式是固定收费加单位产出费(r,f)，其中 r 表示单位产出费率；f 表示固定费用，$r=0$，固定收费加单位产出费许可退化为固定收费许可，$f=0$，则其退化为单位产出费许可。

将企业 2 的产出代入企业 1 的利润函数 $\pi_1 = (1 - q_2 - q_1 - w) \times q_1$ 中，根据利润最大化的一阶条件，可以求出企业 1 的产出 $q_1 = (1 - w)/2$。此时，将企业 1 的产出代入企业 2 的反应函数，得到企业 2 的产出 $q_1 = (1 - w)/4$。

因此，企业 3 的引致需求函数 $q_3 = \frac{3(1 - w)}{4}$，不难求出，企业 3 利润最大化的产出和利润分别为：$q_3 = \frac{3}{8}$，$\pi_3 = \frac{3}{16}$。

进一步，求出企业 1 和企业 2 的均衡产出和利润以及消费者剩余和社会福利分别为：

$$q_1 = \frac{1}{4}，q_2 = \frac{1}{8}，\pi_1 = \frac{1}{32}，\pi_2 = \frac{1}{64}，CS = \frac{9}{128} \text{和} W = \frac{39}{128}$$

为了便于行文，本章分别用 π_k^{hjlm}、w^{hjlm}、p_k^{hjlm}、q_k^{hjlm}、CS^{hjlm}和 W^{hjlm}表示企业的利润、[①] 中间产品价格、最终产品价格、企业的产量、消费者剩余和社会福利，其中 $j = 1, 2, B$ 表示技术受让企业以及企业的数目，1 表示技术受让企业是先进入企业 1；2 表示技术受让企业是跟随企业 2；B 表示两个企业都接受技术转移；$h = L, I$ 分别表示技术许可的转移方式和兼并转移方式；$k = I, 1, 2, 3, 4$ 分别代表并购后的企业、先进入企业 1、跟随企业 2、中间品生产企业 3 和非生产性企业 4；$l = Y, N$ 则分别代表并购后的企业向竞争对手进行技术许可；$m = Y, N$ 则分别代表政府允许企业补贴和政府不允许企业补贴这两种情形。

5.2 企业通过兼并方式转移技术

如果政府允许创新企业通过企业兼并的方式来转移现金技术，那么企业 4 可以有三种选择：第一种是只兼并领导企业；第二种是只兼并追随企业；第三种是同时兼并领导企业和追随企业。

① 对于企业 4 而言，利润指的是技术许可费收入；对其他企业而言，利润为生产利润。

5.2.1　只并购领导企业

当企业 4 决定通过兼并的方式向先进入市场的领导企业 1 转让技术时，它还可以进一步选择或者向跟随企业 2 通过技术许可的方式转让技术或者不向跟随企业 2 转让技术。

（1）不向跟随企业 2 进行技术许可

如果并购后的企业 I 不向跟随企业 2 进行技术许可，那么企业 I 将生产高质量产品，而跟随企业 2 继续生产低质量产品。根据代表性消费者的效用函数等相关信息，可以求得跟随企业 2 和并购后的企业 I 的反需求函数分别为：

$p_2^{I1N}=1-q_1^{I1N}-q_2^{I1N}$ 以及 $p_I^{I1N}=\dfrac{1-q_1^{I1N}-\lambda q_2^{I1N}}{\lambda}$

这样跟随企业 2 的利润函数为 $\pi_2^{I1N}=(1-q_1^{I1N}-q_2^{I1N}-w^{I1N})\times q_2^{I1N}$，容易求得后进入市场的跟随企业 2 的反应函数 $q_2^{I1N}=\dfrac{1-q_1^{I1N}-w^{I1N}}{2}$；此时，将 $q_2^{I1N}=\dfrac{1-q_1^{I1N}-w^{I1N}}{2}$代入并购后的企业 I 利润函数 $\pi_I^{I1N}=(\dfrac{1-q_I^{I1N}-\lambda q_2^{I1N}}{\lambda}-w^{I1N})q_1^{I1N}$ 后，根据利润最大化的一阶条件，可以求出并购企业 I 的产出为：$q_1^{I1N}=\dfrac{-2+\lambda+w^{I1N}\lambda}{2(-2+\lambda)}$。这样可以求出跟随企业 2 的产出为：$q_2^{I1N}=\dfrac{-2+w^{I1N}(4-3\lambda)+\lambda}{4(-2+\lambda)}$，下游市场对中间产品的需求函数 $q_3^{I1N}=\dfrac{-6+4w^{I1N}-w^{I1N}\lambda}{4(-2+\lambda)}$

这样，中间产品生产企业 3 利润函数可以表示为 $\pi_3^{I1N}=\dfrac{(2-\lambda)(3-4q_3)}{4-\lambda}\times q_3^{I1N}$，容易求得企业 3 利润最大化的产出和价格以及利润分别为：

$$q_3^{I1N}=\begin{cases}\dfrac{2(1-\lambda)}{4-3\lambda} & 0<\lambda\leqslant\dfrac{4}{7}\\[2ex] \dfrac{3}{8} & \dfrac{4}{7}<\lambda\leqslant 1\end{cases}$$

$$w^{I1N}=\begin{cases}\dfrac{-2+\lambda}{-4+3\lambda} & 0<\lambda\leqslant\dfrac{4}{7}\\ \dfrac{3(-2+\lambda)}{2(-4+\lambda)} & \dfrac{4}{7}<\lambda\leqslant 1\end{cases}$$

$$\pi_3^{I1N}=\begin{cases}\dfrac{2(1-\lambda)(2-\lambda)}{(4-3\lambda)^2} & 0<\lambda\leqslant\dfrac{4}{7}\\ \dfrac{9(-2+\lambda)}{16(-4+\lambda)} & \dfrac{4}{7}<\lambda\leqslant 1\end{cases}$$

当技术革新程度较低时，企业3最好是设定一个较低的中间产品价格，此时，企业3同时向并购企业I与跟随企业2供给中间产品；然而当技术革新程度较高时，企业3会设定一个较高的中间产品价格，尽管此时跟随企业2因原材料成本的提高被挤出市场，这会相对减少其企业3中间产品的需求，但由于中间产品价格的提升给企业3所带的利润增加的幅度更大，故企业3只向企业I供给中间产品其利润更高。同样，技术拥有企业4通过企业兼并的方式转移技术时，此时消费者可以同时消费高低质量产品，对最终产品的总需求会增加。这意味着上游企业3的需求会增加，上游企业3的利润也会增加。因此，技术拥有企业4兼并领导企业1总会给上游企业3带来正的外部效应。

将均衡的中间产品价格代入相应的函数可以得到各企业利润最大化的产出、利润和消费者剩余以及社会福利分别为：

$$q_I^{I1N}=\begin{cases}\dfrac{2(1-\lambda)}{4-3\lambda} & 0<\lambda\leqslant\dfrac{4}{7}\\ \dfrac{8-5\lambda}{16-4\lambda} & \dfrac{4}{7}<\lambda\leqslant 1\end{cases}$$

$$q_2^{I1N}=\begin{cases}0 & 0<\lambda\leqslant\dfrac{4}{7}\\ \dfrac{4-7\lambda}{8(-4+\lambda)} & \dfrac{4}{7}<\lambda\leqslant 1\end{cases}$$

$$\pi_2^{I1N}=\begin{cases}0 & 0<\lambda\leqslant\dfrac{4}{7}\\ \dfrac{(4-7\lambda)^2}{64(-4+\lambda)^2} & \dfrac{4}{7}<\lambda\leqslant 1\end{cases}$$

$$\pi_I^{I1N}=\begin{cases}\dfrac{2(-2+\lambda)(-1+\lambda)^2}{(4-3\lambda)^2\lambda} & 0<\lambda\leqslant\dfrac{4}{7}\\ \dfrac{(8-5\lambda)^2(-2+\lambda)}{32(-4+\lambda)^2\lambda} & \dfrac{4}{7}<\lambda\leqslant 1\end{cases}$$

$$CS^{I1N}=\begin{cases}\dfrac{2(-1+\lambda)^2}{\lambda(4-3\lambda)^2} & 0<\lambda\leqslant\dfrac{4}{7}\\ \dfrac{256-432\lambda+348\lambda^2-91\lambda^3}{128\lambda(-4+\lambda)^2} & \dfrac{4}{7}<\lambda\leqslant 1\end{cases}$$ 和

$$W^{I1N}=\begin{cases}\dfrac{2(-1+\lambda)(-3+2\lambda)}{\lambda(4-3\lambda)^2} & 0<\lambda\leqslant\dfrac{4}{7}\\ \dfrac{3(256-240\lambda+108\lambda^2-7\lambda^3)}{128\lambda(-4+\lambda)^2} & \dfrac{4}{7}<\lambda\leqslant 1\end{cases}$$

从上面均衡表达式可以不难发现：并购企业 I 的利润明显高于被并购前初始状态时的利润。同时，并购活动实施前，因为不从事生产技术的创新企业 4 的利润为零，因此先进入企业 1 的并购活动可行。

此时的兼并活动给竞争对手跟随企业 2 带来负的外部效应。这容易理解：并购活动提高了领导企业生产产品的质量，这必然进一步弱化跟随企业 2 的市场竞争力。因此，并购后跟随企业 2 的利润一定会减少。并且，当并购企业产品提高幅度较高时，上游企业 3 会设定一个较高的中间产品价格，此时企业 2 因自身生产成本的上升被挤出最终产品市场，其利润则降为零。

但是，技术许可却提高了消费者剩余、产业利润和社会福利。技术拥有企业通过并购来转移其提高产品质量的技术，对消费者剩余产生正负两方面的影响：一方面并购活动会提高最终产品的市场价格，这不利于消费者福利的提高；另一方面并购会提升最终产品的质量，这有利于高质量产品消费者福利的大幅度提高，并且这种正面影响超过负面影响。因此，兼并活动会从整体上提高消费者福利。在并购活动发生后，尽管跟随企业 2 的利润会下降，但是由于其他企业利润增加的幅度高于跟随企业 2 利润下降的幅度，即兼并活动会提高整个产业利润。因此，兼并活动必然会提高整个社会福利。

（2）向跟随企业 2 进行技术许可

在这种情形下，并购后的企业 I 和跟随企业 2 同时生产高质量产品，并且企业 2 向技术拥有企业 I 支付一定的技术许可，作为获取新技术的代价。此时，企业 I 和跟随企业 2 共同面临的需求函数为：$q=1-\lambda p$。因此，跟随企业 2 利润函数则调整为：

$\pi_2^{I1Y}=(\dfrac{1-q_1^{I1Y}-q_2^{I1Y}}{\lambda}-w^{I1Y}-t^{I1Y})\times q_2^{I1Y}-f^{I1Y}$。① 这样不难得到跟随企业 2 的反应函数为：$q_2^{I1Y}=\dfrac{1}{2}(1+t^{I1N}\lambda-w^{I1Y}\lambda-q_1^{I1Y})$，将跟随企业 2 的反应函数代入并购企业 I 的利润函数 $\pi_I^{I1Y}=(\dfrac{1-q_1^{I1Y}-q_2^{I1Y}}{\lambda}-w^{I1Y})\times q_1^{I1Y}+tq_2^{I1Y}+f^{I1Y}$ 中，可以计算出并购企业 I 利润最大化的产出为：$q_1^{I1Y}=\dfrac{1}{2}(1-\lambda w^{I1Y})$

进一步根据严密的数理推导以及上下游之间的纵向密切联系，可以求出各企业的利润函数分别为：

$$\pi_I^{I1Y}=\frac{9+84t^{I1Y}\lambda+92(t^{I1Y})^2\lambda^2}{288\lambda}+f^{I1Y}$$

$$\pi_2^{I1Y}=\frac{(3-10t^{I1Y}\lambda)^2}{576\lambda}+f^{I1Y}$$

$$\pi_3^{I1Y}=\frac{(3-2t^{I1Y}\lambda)^2}{48\lambda}$$

同样，在市场信息完全的条件下，兼并后的企业 I 也会通过 f^{I1Y} 的设置来获取跟随企业 2 全部新增利润。由于跟随企业 2 接受技术许可前的利润为：$\pi_2^{I1Y}=\begin{cases}0 & 0<\lambda\leqslant\dfrac{4}{7}\\ \dfrac{(2-5\lambda+\lambda^2)^2}{16(4-\lambda)^2} & \dfrac{4}{7}<\lambda\leqslant 1\end{cases}$，② 并购企业 1 固定技术许可费为：

① 上标 Y 表示兼并后的企业对竞争对手许可技术。

② 企业 2 的初始状态的利润不能用技术转移发生前的利润，原因是技术拥有企业 4 先选择并购，后再决定是否向企业 2 进行技术许可。因此，企业 2 的初始状态的利润应该用兼并发生后企业 2 的利润。

$$f^{I1Y}=\begin{cases}\dfrac{(3-10t^{I1Y}\lambda)^2}{576\lambda} & 0<\lambda\leqslant\dfrac{4}{7}\\ \dfrac{(3-10t^{I1Y}\lambda)^2}{576\lambda}-\dfrac{(4-7\lambda)^2}{64(-4+\lambda)^2} & \dfrac{4}{7}<\lambda\leqslant 1\end{cases}$$

这样并购企业 I 的总利润函数为：

$$\pi_I^{I1Y}=\begin{cases}\dfrac{9+36t^{I1Y}\lambda-28(t^{I1Y}\lambda)^2}{192\lambda} & 0<\lambda\leqslant\dfrac{4}{7}\\ \dfrac{9+36t^{I1Y}\lambda-28(t^{I1Y}\lambda)^2}{192\lambda}-\dfrac{(4-7\lambda)^2}{64(-4+\lambda)^2} & \dfrac{4}{7}<\lambda\leqslant 1\end{cases}$$

同样，延续前面的分析方法，本部分也探讨政府允许技术拥有企业对技术接受企业进行补贴和不能进行补贴这两种情况。

第一，政府允许企业补贴。

在跟随企业 2 的产出为非负数条件下，①不难得到能最大化并购企业 I 利润的单位产出费率为 $r^{I1YY}=3/10\lambda$

将最优的单位产出费率代入相应的函数不难求出企业的均衡利润、消费者剩余以及社会福利为：

$$\pi_3^{I1YY}=\frac{3}{25\lambda}$$

$$CS^{I1YY}=\frac{9}{200\lambda}$$

$$W^{I1YY}=\frac{51}{200\lambda}$$

$$\pi_2^{I1YY}=\begin{cases}0 & 0<\lambda\leqslant\dfrac{4}{7}\\ \dfrac{(4-7\lambda)^2}{64(-4+\lambda)^2} & \dfrac{4}{7}<\lambda\leqslant 1\end{cases}$$

$$\pi_I^{I1YY}=\begin{cases}\dfrac{9}{100\lambda} & 0<\lambda\leqslant\dfrac{4}{7}\\ \dfrac{9}{100\lambda}-\dfrac{(4-7\lambda)^2}{64(-4+\lambda)^2} & \dfrac{4}{7}<\lambda\leqslant 1\end{cases}$$

① 如果没有这个限定条件，则企业的最优产出为负，即企业 2 不但不生产产品反而在市场上购买产品以提高，这样兼并确有操纵整个市场的嫌疑。

跟随企业 2 接受技术许可后，因需要向并购企业 I 支付正的单位产出费率造成其边际成本上升，其最终因为边际成本大幅度上升被挤出产品市场。显然，如果技术革新程度较低时，技术拥有企业会给予企业 2 一次性补贴并让其退出市场，故技术转移活动会改变下游市场结构。

与并购企业 I 不向跟随企业 2 许可技术不同的是：技术传播活动可能会给中间产品生产企业 3 带来负的外部效应。而且，技术转移活动还可能会给消费者剩余以及整个社会带来不利影响。原因是中间产品生产企业 3 的利润等于其产品的销售数量乘以销售价格。[①] 技术转移发生后，跟随企业 2 被挤出市场，并购企业 I 垄断下游市场的生产，此时下游市场的总产出减少。因此，上游企业 3 的总产量必然减少。如果新技术所带来产品质量提高幅度较大，并购企业 I 提价空间就较大，此时中间品生产企业 3 也可以提高中间产品的价格从中分取部分好处；然而当技术革新程度较低，则情况相反，上游企业 3 为了避免其销量大幅度减少而降价，此时，上游企业 3 的利润也必然会减少。

技术传播活动可能会降低消费者的福利。技术转移发生后消费者所消费产品的质量得以提升，这有益于消费者的利益；但是与此同时，高质量最终产品的价格也会提高且总产出也在减少，这有损于消费者利益。如果产品质量提高程度较小时，新技术的传播给消费者带来的益处不足以弥补其带来的损害，则技术传播从总体上损害消费者利益。

尽管技术转移会因弱化下游市场竞争，从而会提高下游产业的利润，但当技术革新程度较低时，技术转移会减少上游企业 3 的利润；当技术革新程度很低时，下游产业利润增加额不足以弥补上游产业利润减少额，则技术转移从总体上减少整个产业利润。根据前面的分析可知，当技术创新程度很低时，技术转移活动也降低消费者剩余。因此，如果技术革新程度很低，那么这种技术转移活动也必然会减少整个社会福利。[②]

第二，政府不允许企业补贴。

---

① 由于本章假设企业的成本为零，因此企业 3 的利润只取决于产品的销售收入。

② 为了分析简单，没有详细列明各指标减少时的技术革新程度区间，只是简要分析各指标减少的可能性。

与政府允许企业补贴相比，除了保证跟随企业 2 的产出为非负数，同时还要保证并购企业 I 设定的单位产出费率和固定费用均为非负值的前提下来最大化并购企业 I 的利润。容易求得企业 I 利润最大化的单位产出费率为 $r^{I1YN}=\begin{cases}\dfrac{3}{10\lambda} & 0<\lambda\leqslant\dfrac{4}{7}\\[2ex] \dfrac{3(4+4\sqrt{\lambda}-\lambda-7\lambda^{3/2})}{10(4-\lambda)\lambda} & \dfrac{4}{7}<\lambda\leqslant1\end{cases}$，同样将其代入相应的函数，不难求出各个企业的均衡产出、利润、消费者剩余以及社会福利为：

$$q_I^{I1YN}=\begin{cases}\dfrac{3}{10} & 0<\lambda\leqslant\dfrac{4}{7}\\[2ex] \dfrac{24+4\sqrt{\lambda}-6\lambda-7\lambda^{3/2}}{80-20\lambda} & \dfrac{4}{7}<\lambda\leqslant1\end{cases}$$

$$q_2^{I1YN}=\begin{cases}0 & 0<\lambda\leqslant\dfrac{4}{7}\\[2ex] \dfrac{(4-7\lambda)\sqrt{\lambda}}{8(-4+\lambda)} & \dfrac{4}{7}<\lambda\leqslant1\end{cases}$$

$$q_3^{I1YN}=\begin{cases}\dfrac{3}{10} & 0<\lambda\leqslant\dfrac{4}{7}\\[2ex] \dfrac{3(16-4\sqrt{\lambda}-4\lambda+7\lambda^{3/2})}{40(4-\lambda)} & \dfrac{4}{7}<\lambda\leqslant1\end{cases}$$

$$\pi_3^{I1YN}=\begin{cases}\dfrac{3}{25\lambda} & 0<\lambda\leqslant\dfrac{4}{7}\\[2ex] \dfrac{3(16-4\sqrt{\lambda}-4\lambda+7\lambda^{3/2})^2}{400\lambda(-4+\lambda)^2} & \dfrac{4}{7}<\lambda\leqslant1\end{cases}$$

$$\pi_I^{I1YN}=\begin{cases}\dfrac{9}{100\lambda} & 0<\lambda\leqslant\dfrac{4}{7}\\[2ex] \dfrac{1152+384\sqrt{\lambda}-944\lambda-768\lambda^{3/2}+1360\lambda^2+168\lambda^{5/2}-1127\lambda^3}{800\lambda(-4+\lambda)^2} & \dfrac{4}{7}<\lambda\leqslant1\end{cases}$$

$$\pi_2^{I1YN}=\begin{cases}0 & 0<\lambda\leqslant\dfrac{4}{7}\\[2ex] \dfrac{(4-7\lambda)^2}{64(-4+\lambda)^2} & \dfrac{4}{7}<\lambda\leqslant1\end{cases}$$

$$CS^{I1YN}=\begin{cases}\dfrac{9}{200\lambda} & 0<\lambda\leqslant\dfrac{4}{7}\\[2ex] \dfrac{9\left(16-4\sqrt{\lambda}-4\lambda+7\lambda^{3/2}\right)^2}{3200\left(-4+\lambda\right)^2} & \dfrac{4}{7}<\lambda\leqslant 1\end{cases}$$

$$W^{I1YN}=\begin{cases}\dfrac{51}{200\lambda} & 0<\lambda\leqslant\dfrac{4}{7}\\[2ex] \dfrac{3(4352-896\sqrt{\lambda}-2224\lambda+1792\lambda^{3/2}+440\lambda^2-392\lambda^{5/2}-147\lambda^3)}{3200\left(-4+\lambda\right)^2} & \dfrac{4}{7}<\lambda\leqslant 1\end{cases}$$

与政府允许企业补贴相同，此时的技术转移活动也可能会给中间产品供应企业 3 带来负的外部效应，且技术转移活动可能会降低消费者剩余以及社会福利。为什么出现这种情况，原因与前面所述的政府允许企业补贴的情况非常相似，故在此不重复进行解释。

综合比较政府允许和不允许并购企业 *I* 对技术接受企业进行补贴时的利润 π_I^{I1YN} 和 π_I^{I1YY}，可以发现：

引理 5－1：当技术革新程度较低时，与政府不允许企业补贴相比时，政府允许并购企业 *I* 对技术接受企业进行补贴时，技术拥有企业的利润更高，但消费者剩余和社会福利却更低。①

引理 5－1 背后的经济学解释是：兼并后的企业 *I* 向企业 2 进行技术许可时，其总利润包括两块：生产最终产品的销售利润和许可费收入。当技术革新程度较低时，若兼并后的企业 *I* 设定一个相对较高的单位产出费率，则可以进一步弱化跟随企业 2 的竞争优势，从而提高兼并后企业 *I* 的销售利润；同时设定高的单位产出费率的这种作法同时会降低跟随企业 2 的新增利润，进而减少兼并后企业 *I* 的许可费收入；但是由于高的单位产出费率所带来并购企业 *I* 利润中许可费收入的减少幅度低于其销售利润增加的幅度，因此，兼并后的企业 *I* 的最优做法是设定一个高的单位产出费率直至将企业 2 挤出市场，然后给予跟随企业 2 一次性的补贴，以保证跟随企业 2 的利润不低于技术许可前的利润。然而，如果政府不允许补贴，则兼并后的企业 *I* 只能设置相对较低的单位产出费率，进而导致兼并企业 *I* 的

① 引理 5－1 的数学证明见附录 3－1。

总利润更低。

如果政府不允许企业补贴，跟随企业 2 和兼并后企业 I 将同时存在于市场，下游市场竞争更激烈，并且总产出更高，最终产品价格更低，消费者剩余也会更高。

尽管与政府允许企业补贴相比，政府不允许企业补贴时下游市场竞争更加激烈，产业利润更低，但由于两种情形下消费者剩余的差额超过了产业利润的差额。因此，政府不允许补贴时的社会福利更高。

当技术革新程度较高时，两种情形下的市场均衡状况相同，即消费者剩余和社会福利相同。

由上面的分析可以看出，当技术革新程度较低时，政府允许企业补贴时技术拥有企业的目标不能与社会目标实现完美一致。因此，从社会福利的角度，政府应该不允许企业补贴行为的发生。

当技术拥有企业 4 选择并购先进入市场的领导企业 1 时，通过比较并购后的企业 I 对其竞争对手跟随企业 2 进行技术许可时和不对其进行技术许可时的利润值为 π_I^{I1YY} 和 π_I^{I1NY} 以及 π_I^{I1NN} 和 π_I^{I1NN}，可以得到：

命题 5 -1：若技术拥有企业兼并先行进入市场的领导企业，不管政府是否允许企业补贴，当技术革新程度较低（高）时，并购后的企业 I 对竞争对手进行技术许可时，其总利润更高（低）。[①][②]

命题 5 -1 背后的直观经济学含义是：并购后的企业 I 如果向竞争对手跟随企业 2 进行技术许可，其总利润中会同时包括技术许可费收入和销售利润；如果其不向竞争对手进行技术许可，其总利润只包括销售利润。如果并购后的企业 I 向跟随企业 2 进行技术许可时，其可以通过单位产出费率的调整来控制跟随企业 2 的生产行为，如果其不向跟随企业进行技术许可时，则只能通过增加自身产出、降低产品价格来吸引跟随企业 2 的客户。[③] 故并购企业 I 进行技术许可时下游市场的总产出更低，而产品价格

---

① 政府允许补贴和不允许补贴这两种情形下，兼并后的企业 I 对企业 2 进行技术许可其利润高于不进行技术许可的利润所要求技术革新程度区间不同。

② 命题 5 -1 的数学证明见附录 3 -2。

③ 根据引理 1 的分析可知，并购后的企业 I 设定高的单位产出费率以尽可能减少企业 2 的产出来最大化其总利润。

则更高。此时，由于下游市场购买中间产品数量更少，中间产品的售价也会更高，即技术许可会给并购企业 I 带来成本劣势。

因此，并购企业 I 向跟随企业 2 进行技术许可对其利润产生会出现正负两方面的效应：一方面其可以获得相应的技术许可费收入，这有助于其总利润的增加；另一方面技术许可不仅给其带来成本劣势，还可能会使其丧失产品的质量优势，这会促使其销售利润的减少。当技术革新程度 $\lambda \in (4/7, 0.6238)$ 时，技术许可对并购企业 I 总利润的影响中负面效应起主要作用，并购企业 I 不对跟随企业进行技术许可其总利润更高；相反的是，当技术革新程度 $\lambda \in (0.6238, 1)$ 时，技术许可对并购企业 I 总利润的影响中正面效应起主要作用，并购企业 I 对竞争对手进行技术许可时其总利润更高。这与田晓利（2016）中的“技术许可与否，并购后的企业 I 的利润相同”结论完全不同。原因在于，她的文章只是分析最终产品市场结构，即其不存在购买中间产品的问题，也不考虑最终产品的产出会对中间产品价格的影响因素。然而，本书考虑下游产出水平对上游产出价格的影响，进而会影响下游市场生产成本的作用。

如果政府不允许企业补贴，而这种情形的经济学解释与上述阐述非常类似，就不再对这种情形进行重复解释。

5.2.2 只并购跟随企业

当技术拥有企业 4 通过兼并的方式向跟随企业 2 转移技术时，它还可以选择或者向领导企业 1 通过技术许可的方式转让技术或者根本不向其转让技术。①

（1）不向领导企业进行技术许可

此时，并购后的企业 I 生产质量为 s_2 的高质量产品，先进入市场的领导企业 1 因未获取技术继续生产质量为 s_1 的低质量产品。根据代表性消费者的效用函数等以及相关的数理知识，不难求出各企业的均衡利润分

① 假设兼并活动不改变博弈次序，即企业 1 仍为先进入企业，并购后的企业则后进入市场企业，即跟随企业。

别为：

$$\pi_1^{I2N}=\begin{cases}0 & 0<\lambda\leqslant\dfrac{2}{5}\\ \dfrac{(2-5\lambda)^2}{32(-2+\lambda)(2+\lambda)^2} & \dfrac{2}{5}<\lambda\leqslant1\end{cases}$$

$$\pi_I^{I2N}=\begin{cases}\dfrac{(-1+\lambda)^2}{(-2+\lambda)^2\lambda} & 0<\lambda\leqslant\dfrac{2}{5}\\ \dfrac{(-16+10\lambda+3\lambda^2)^2}{64\lambda(-4+\lambda^2)^2} & \dfrac{2}{5}<\lambda\leqslant1\end{cases}$$

$$\pi_3^{I2N}=\begin{cases}\dfrac{1-\lambda}{(-2+\lambda)^2} & 0<\lambda\leqslant\dfrac{2}{5}\\ \dfrac{9}{16(2+\lambda)} & \dfrac{2}{5}<\lambda\leqslant1\end{cases}$$

尽管创新企业 4 的并购活动不会影响领导企业 1 的先行者优势，但并购会提高跟随企业的产品质量，这样领导企业在竞争中就存在质量方面的劣势。如果技术革新程度较高，先进入市场的领导企业 1 甚至被挤出最终产品市场。企业技术转移活动一定减少领导企业的利润，这也可以为现实中一些案例提供理论上的解释。例如，手机领域昔日全球老大诺基亚的市场价值曾居于全球上市公司之首，由于缺乏技术创新，诺基亚公司 2013 年不得不以区区 72 亿美元出售了其最核心的手机业务，手机业务不断萎缩。①

因此，相应的消费者剩余和社会福利分别为：

$$CS^{I2N}=\begin{cases}\dfrac{(-1+\lambda)^2}{2(-2+\lambda)^2\lambda} & 0<\lambda\leqslant\dfrac{2}{5}\\ \dfrac{256-432\lambda+324\lambda^2-16\lambda^3-51\lambda^4}{128\lambda(-4+\lambda^2)^2} & \dfrac{2}{5}<\lambda\leqslant1\end{cases}$$

$$W^{I2N}=\begin{cases}\dfrac{(-3+\lambda)(-1+\lambda)}{2(-2+\lambda)^2\lambda} & 0<\lambda\leqslant\dfrac{2}{5}\\ \dfrac{768-464\lambda-132\lambda^2+240\lambda^3-61\lambda^4}{128\lambda(-4+\lambda^2)^2} & \dfrac{2}{5}<\lambda\leqslant1\end{cases}$$

① http：//media. people. com. cn/n/2013/1014/c40606 －23189131. html.

与兼并领导企业相同的是：技术拥有企业兼并跟随企业 2 也总能提高消费者剩余和社会福利。并且它们背后的经济学原因也相似，因此就不再重复做经济学说明。

（2）向领导企业 1 进行技术许可

这意味着并购后的企业 I 与领导企业 1 同时生产高质量产品，并且由于兼并活动仍然不会改变市场进入次序，即接受技术许可的企业 1 继续为先进入市场的领导企业，而兼并后的企业 I 仍然是跟随企业。

根据严密的数理推导，可以得到并购企业 I 的利润为：

$$\pi_I^{I2Y}=\begin{cases}\dfrac{9+36\lambda t^{I2Y}-28(\lambda^2 t^{I2Y2})}{192\lambda} & 0<\lambda\leqslant\dfrac{2}{5}\\[2ex] \dfrac{9+36\lambda t^{I2Y}-28(t^{I2Y2}\lambda^2)}{192\lambda}-\dfrac{(2-5\lambda)^2}{32(2-\lambda)(2+\lambda)^2} & \dfrac{2}{5}<\lambda\leqslant 1\end{cases}$$

在本小节仍然分别探讨政府允许技术拥有企业对技术受让企业进行补贴和不允许企业补贴这两种情况。

第一，政府允许企业补贴。

在保证领导企业 1 的产出为非负数条件下，并购企业 I 利润最大化的单位产出费率为 $r^{I2YY}=3/10\lambda$，此时的最优单位产出费率为角解。

这样可以进一步求出，各企业的均衡利润和消费者剩余以及社会福利为：

$$\pi_1^{I2YY}=\begin{cases}0 & 0<\lambda\leqslant\dfrac{2}{5}\\[2ex] \dfrac{(2-5\lambda)^2}{32(2-\lambda)(2+\lambda)^2} & \dfrac{2}{5}<\lambda\leqslant 1\end{cases}$$

$$\pi_I^{I2YY}=\begin{cases}\dfrac{9}{100\lambda} & 0<\lambda\leqslant\dfrac{2}{5}\\[2ex] \dfrac{9}{100\lambda}-\dfrac{(2-5\lambda)^2}{32(2-\lambda)(2+\lambda)^2} & \dfrac{2}{5}<\lambda\leqslant 1\end{cases}$$

$$\pi_3^{I2YY}=\frac{3}{25\lambda}$$

$$CS^{I2YY}=\frac{9}{200\lambda}$$

$$W^{I2YY}=\frac{51}{200\lambda}$$

有趣的是，与企业 4 兼并领导企业 1 并同时向跟随企业 2 进行技术许可相同的是：并购后的企业 I 通过设定较高的单位产出费率将领导企业 1 挤出市场，然后给予其一次性补贴，以保证技术许可后领导企业的利润不低于其初始利润。

并且，这两种情形下均衡状态非常相似，并且均衡时消费者剩余与社会福利完全相同。关于这一点容易理解，因为两种情况下，兼并后企业 I 的利润都是包括两块：技术许可费收入和企业 I 的销售利润。此时，如果兼并后的企业设定高的单位产出费率可以提高其在最终产品市场上的竞争力从而提高销售利润；但高的单位产出率会弱化技术受让企业的竞争力，从而会减少并购后企业 I 的技术许可费收入。并且，由于提高单位产出费率所带来销售利润的增加额远高于技术许可费收入的减少额，兼并后的企业 I 会提高单位产出费率，直到将竞争对手即先进入市场的领导企业 1 挤出市场。因此，这两种情况结果都是只有兼并后的企业 I 存在于下游市场，故均衡时市场状况极度相似。

当然，与新技术拥有企业 4 兼并领导企业 1 并同时向跟随企业 2 进行技术许可相同的是，技术转移活动对企业 3 的利润影响也不确定；并且同样的是，技术转移活动也可能导致消费者剩余和社会福利下降，在此不重复解释。

第二，政府不允许企业补贴。

与政府允许企业补贴相比，同样除了保证企业 2 的产出为非负数，还要保证产出费率和固定费用均为非负值的前提下来最大化并购企业 I 的利润。容易求得企业 I 利润最大化的单位产出费率为：

$$r^{I2YN}=\begin{cases}\dfrac{3}{10\lambda} & 0<\lambda\leqslant\dfrac{2}{5}\\[2ex] \dfrac{3(2\sqrt{2-\lambda}+2\sqrt{\lambda}+\lambda\sqrt{2-\lambda}-5\lambda^{3/2})}{10\lambda\sqrt{2-\lambda}(2+\lambda)} & \dfrac{2}{5}<\lambda\leqslant 1\end{cases}$$

当技术革新程度较高时，技术许可发生前，领导企业 1 因兼并后跟随企业 I 的质量优势得到很大的提高被挤出市场，故此时领导企业的初始利润为零，技术许可发生后企业 1 不生产其状况并没有比技术许可发生前变差。因此，兼并后的企业 I 可以设定一个较高的单位产出费率，直到接受技术许可的领导企业被挤出市场，并且此时最优的单位产出费率与政府允许企业补贴时的均衡值相等。

然而，当技术革新程度较低时，技术许可发生前，先进入市场的领导企业 1 在最终产品市场上生产并有一个正的利润。技术许可发生后，在领导企业不能接受一次性补贴的前提下，为了保证领导企业获得不低于其初始状态的利润，兼并后的企业 I 只能设定一个较低的单位产出费率，这样技术许可后领导企业不会被挤出最终产品市场。

进一步，可以得到企业的利润、消费者剩余以及社会福利为：

$$CS^{I2YN}=\begin{cases}\dfrac{9}{200\lambda} & 0<\lambda\leqslant\dfrac{2}{5}\\ \dfrac{9(8\sqrt{2-\lambda}-2\sqrt{\lambda}+4\lambda\sqrt{2-\lambda}+5\lambda^{3/2})}{3200(2-\lambda)\lambda(2+\lambda)^2} & \dfrac{2}{5}<\lambda\leqslant1\end{cases}$$

$$\pi_1^{I2YN}=\begin{cases}0 & 0<\lambda\leqslant\dfrac{2}{5}\\ \dfrac{(2-5\lambda)^2}{32(2-\lambda)(2+\lambda)^2} & \dfrac{2}{5}<\lambda\leqslant1\end{cases}$$

$$\pi_3^{I2YN}=\begin{cases}\dfrac{3}{25\lambda} & 0<\lambda\leqslant\dfrac{2}{5}\\ \dfrac{3(8\sqrt{2-\lambda}-2\sqrt{\lambda}+4\lambda\sqrt{2-\lambda}+5\lambda^{3/2})^2}{400\lambda(2-\lambda)(2+\lambda)^2} & \dfrac{2}{5}<\lambda\leqslant1\end{cases}$$

$$\pi_I^{I2YN}=\begin{cases}\dfrac{9}{100\lambda} & 0<\lambda\leqslant\dfrac{2}{5}\\ \dfrac{-1152\sqrt{2-\lambda}-384\sqrt{\lambda}-292\lambda\sqrt{2-\lambda}+960\lambda^{3/2}-1132\lambda^2\sqrt{2-\lambda}+96\lambda^{5/2}+1919\lambda^3\sqrt{2-\lambda}-240\lambda^{7/2}}{1600\lambda\sqrt{2-\lambda}(-2+\lambda)(2+\lambda)^2} & \dfrac{2}{5}<\lambda\leqslant1\end{cases}$$

$$W^{I2YN}=\begin{cases}\dfrac{51}{200\lambda} & 0<\lambda\leqslant\dfrac{2}{5}\\ \dfrac{3(-2176\sqrt{2-\lambda}+448\sqrt{\lambda}-1076\lambda\sqrt{2-\lambda}-1120\lambda^{3/2}+484\lambda^2\sqrt{2-\lambda}-112\lambda^{5/2}+347\lambda^3\sqrt{2-\lambda})+280\lambda^{7/2})}{3200\sqrt{2-\lambda}(-2+\lambda)\lambda(2+\lambda)^2} & \dfrac{2}{5}<\lambda\leqslant1\end{cases}$$

不过需要说明的是，与政府允许企业补贴这种情形不同的是，如果技术革新程度较低，上述的均衡结果与拥有企业 4 兼并领导企业 1 并同时向跟随企业 2 进行技术许可的均衡状况不同，[①] 此时的技术传播活动一定会提高上游企业 3 的利润，并且消费者剩余和社会福利也会得以提高。

因此，通过比较企业 4 并购跟随企业 2 后，并购后的企业 I 对其竞争对手企业 1 进行技术许可时和不对其进行技术许可时的利润，可以得到：

命题 5 -2：若技术拥有企业兼并跟随企业，不管政府是否允许其对技术被许可方进行补贴，当技术革新程度较低（高）时，并购后的企业 I 对竞争对手进行技术许可时，其总利润更高（低）。[②③]

命题 5 -2 表明：当产品质量提高幅度较小时，并购后的企业 I 向领导企业 1 进行技术许可时其总利润更高，而当产品质量提高幅度较大，则情况恰恰相反，并购后的企业 I 不进行技术许可时其总利润更高。

该命题背后的直观经济学含义是：[④] 与不向领导企业进行技术许可相比，如果并购企业 I 向领导企业 1 转让技术，技术许可发生后一方面最终产品质量会普遍得以提高，消费者对最终产品的需求增加，因而会促使下游企业总产出增加；另一方面，技术许可发生后，并购企业 I 的质量优势丧失，且其竞争对手领导企业 1 还有先行优势。此时为了增强并购企业 I 自身市场竞争力，会向领导企业收取一个正的单位产出费来获取成本上的优势。这意味着技术许可会带来下游企业的成本（或潜在成本）[⑤] 上升，进而会促使下游企业的总产出减少。综合起来，影响下游企业产出的两个因素中成本因素起决定性作用。因此，并购企业 I 不向企业 1 进行技术许

---

① 这一点容易理解，当技术革新程度较低，尽管并购后下游市场都存在两个企业，但由于并购前领导企业 1 和跟随企业 2 在市场中的地位不一样，即相比于跟随企业 2，领导企业 1 有先行优势。因此，企业 4 并购领导企业 1 和并购跟随企业 2 的市场均衡状况必然不同。

② 政府允许企业补贴与政府不允许企业补贴，兼并后的企业技术许可利润更高所要求的技术革新区间不同。

③ 命题 5 -2 的数学证明见附录 3 -3。

④ 同样，篇幅有限，只分析政府不允许企业补贴这种情形。并且，政府允许企业补贴时相关结论的阐述与政府不允许企业补贴时类似，就不再重复阐述。

⑤ 当技术革新程度较高时，为了将先进入企业 1 被挤出市场，兼并后的企业仍然设定了较高的单位产出费率。此时，尽管企业 1 被挤出市场，但还是兼并后企业的潜在竞争对手，因而企业 1 的成本称为潜在成本。

可时，下游企业的总产量更高，此时下游市场购买中间产品数量更多，故上游企业 3 可以以更低的价格出售中间产品。

当技术革新程度 $\lambda \in (0, 0.4]$ 时，不管并购企业 I 是否向竞争对手领导企业 1 进行技术许可，领导企业 1 均不生产。但由于并购企业 I 不进行技术许可时中间产品价格更低，即生产的原材料成本更低，进而会带来更高的利润。

当技术革新程度 $\lambda \in (0.4, 1]$，不管并购企业 I 是否向竞争对手企业 1 进行技术许可，领导企业 1 均会生产。如果并购企业 I 向企业 1 进行技术许可会对其利润产生两方面的影响：一方面技术许可会导致其丧失质量优势，因而兼并后企业 I 的生产利润会更低；另一方面技术许可时其可以获得许可费收入。如果技术革新程度较高，并购企业 I 进行技术许可时丧失的质量优势非常大，其生产利润损失也就很大，并且其获得的技术许可费无法弥补这份损失。因此，对并购企业 I 而言，此时其不向竞争对手许可技术时总利润反而会更高；相反的是，如果技术革新程度较低时，并购企业 I 进行技术许可时损失的生产利润较低，其技术许可费收入弥补这份损失还有剩余，此时，并购企业 I 向竞争对手进行技术许可时其总利润更高。这与田晓利（2016）中结论不同，她认为并购企业 I 一定会向竞争对手许可技术。然而，本章认为当且仅当技术革新程度较低时，并购企业 I 许可技术才能提高其利润水平。原因同样在于，她没有讨论中间品价格的问题，即她假定中间产品的价格为零，而本书考虑下游产出对上游产出价格的影响这种双向作用。

5.2.3 并购两个企业

创新企业 4 并购企业 1、企业 2 形成一体化企业，一体化的企业在最终产品市场具有生产高质量产品的完全垄断的势力。因此，兼并后均衡状态时企业的利润、消费者剩余和社会福利分别为：

$$\pi_I^{IB} = \frac{1}{16\lambda}$$

$$\pi_3^{IB}=\frac{1}{8\lambda}$$

$$CS^{IB}=\frac{1}{32\lambda}$$

$$W^{IB}=\frac{7}{32\lambda}$$

通过综合比较企业 4 并购先进入企业 1、跟随企业 2 和同时并购两个企业时的利润，即分别比较 $\pi_I^{I1Y}-\frac{1}{32}$、$\pi_I^{I2Y}-\frac{1}{64}$和 $\pi_I^{IB}-\frac{3}{64}$以及 $\pi_I^{I1N}-\frac{1}{32}$、$\pi_I^{I2N}-\frac{1}{64}$和 $\pi_I^{IB}-\frac{3}{64}$的值,① 可以发现：

命题 5－3：如果政府允许企业进行补贴，当技术革新程度较高时，技术拥有企业偏好于兼并跟随企业；当技术革新程度较低时，技术拥有企业偏好于兼并领导企业；如果政府不允许企业补贴，当技术创新程度很低时，技术拥有企业偏好于兼并两个企业，但当技术创新程度很高时，技术拥有企业偏好于兼并跟随企业；然而当技术创新程度适中，技术拥有企业偏好于兼并领导企业。②

命题 5－3 表明，技术拥有企业的最优兼并对象的选择主要取决于其创新技术的革新程度。本部分只对政府不允许企业补贴这种情形进行直观经济学解释。

首先，比较技术拥有企业 4 兼并领导企业 1 和兼并跟随企业 2 这两种情形下的利润。根据命题 5－1 和命题 5－2 可知，当技术革新程度 $\lambda\in(0, 0.6643]$时，不管企业 4 是兼并领导企业 1 还是跟随企业 2，最终的均衡结果都是兼并后的企业 I 不向竞争对手许可其新技术，其竞争对手或者被挤

① 兼并发生领导企业 1 的初始利润为 1/32，跟随企业 2 的初始利润为 1/64，企业 1 和企业 2 的初始利润之和为 3/64，因此，技术拥有企业兼并不同企业时，并购后被兼并企业获得的补偿也不同。同时，这里也暗含着并购企业的全部新增利润为技术拥有企业所占有。

② 命题 5－3 的数学证明见附录 3－4。

出最终产品市场或者继续生产低质量产品。[①] 不同的是：与企业 4 并购跟随企业 2 相比，企业 4 并购领导企业 1 会拥有先进入优势或者潜在的先进入优势，[②] 因而并购后企业 I 的产出更高，[③] 企业利润也更高。但由于兼并活动发生前，企业 1 是先行企业而企业 2 是跟随企业，并且它们的生产成本相同，因而企业 1 比企业 2 的初始状态利润更高。而技术企业 4 的净利润为兼并后的企业利润减去被兼并企业的利润。但是，由于企业 4 兼并跟随企业 2 与兼并领导企业 1 这两种情形下，兼并后企业 I 的利润的差额低于被兼并企业它们初始状态的利润差额。因此，企业 4 兼并跟随企业 2 其净利润更高。

当技术革新程度 $\lambda \in (0.6643, 0.7151]$，如果创新企业 4 兼并领导企业 1，则并购后的企业 I 会向跟随企业 2 进行技术许可，故兼并企业 I 利润包括也两块：生产利润和技术许可费收入；而如果企业 4 兼并跟随企业 2，则并购后的企业不会向先进入企业 1 进行技术许可。相比较企业 4 兼并跟随企业 2 而言，企业 4 兼并领导企业 1 时，尽管其会获得先进入优势，但由于兼并后的企业 I 会向跟随企业 2 进行技术许可，这导致其在竞争中丧失了产品质量优势，并且这种产品质量优势的损失最终导致兼并后企业的生产利润更低；据前面的分析可知，技术兼并发生前，领导企业 1 的利润高于跟随企业 2 的利润。当技术革新程度相对较低 $\lambda \in (0.6643, 0.7109]$，企业 4 兼并先进入企业 1 后向企业 2 进行技术许可，兼并企业 I 获取的技

---

① 根据命题 5 - 1 和命题 5 - 2 可知：技术拥有企业 4 兼并领导企业 1 时，当技术革新程度 $\lambda \in (0, 4/7)$，跟随企业 2 被挤出市场；当技术革新程度 $\lambda \in (4/7, 0.6643)$，跟随企业 2 在最终产品市场上生产低质量产品；而技术拥有企业 4 兼并跟随企业 2 时，当技术革新程度较高 $\lambda \in (0, 0.4)$，先进入市场的领导企业 1 被挤出市场；当技术革新程度 $\lambda \in (0.4, 0.7109)$ 时，先进入企业 1 在最终产品市场上生产低质量产品。容易比较出技术拥有企业 4 兼并跟随企业 2，领导企业 1 被挤出市场时所要求的技术革新程度更高，原因在于领导企业 1 是先进入企业，有先行优势，故并购后的企业 I 将其挤出市场难度更高，因此，并购后的企业 I 将领导企业挤出市场时最低革新程度也更高。

② 之所以称之为潜在的先进入优势，因为两种情形下并购后企业的竞争对手被挤出市场，但他们还存在重回市场与兼并后的企业进行竞争的可能。

③ 根据弹性理论可知，当下游产品需求量较大，此时如果并购后的企业购买中间产品的数量更多，中间产品生产厂商也会给予一个更加优惠的价格，中间产品价格更低。即需求弹性较大时，中间产品生产企业 3 降价更有利。

术许可费不足以弥补生产利润差额和被并购企业利润补偿差额之和，此时，企业4兼并跟随企业其利润更高。当技术革新程度较低 $\lambda \in (0.7109, 0.7151]$，则情况恰恰相反，企业4兼并领导企业其利润更高。

当技术革新程度 $\lambda \in (0.7151, 1]$ 时，两种兼并方式下，兼并后的企业 I 会向竞争对手许可其新技术，并且竞争对手在最终产品市场上与其进行竞争。由于技术拥有企业4的净利润等于兼并后的企业生产利润，兼并企业 I 加上技术许可费再减去被兼并企业的初始利润。与兼并跟随企业2相比，创新企业4兼并领导企业1时，因兼并企业 I 有先进入优势，企业 I 的生产利润更高；但由于其技术许可的对象是跟随企业2，相比较而言跟随企业接受技术许可时的新增利润更小，故技术拥有企业4的技术许可费收入更低；并且兼并发生前，领导企业1的初始利润也更高。庆幸的是，创新企业4的利润构成中并购后企业 I 的生产利润起主导作用，因此，技术拥有企业4兼并领导企业1时其净利润更高。

接着，比较企业4兼并领导企业1与同时兼并两个企业这两种情形下的利润。当技术革新程度 $\lambda \in (0, 0.6443]$ 时，企业4兼并领导企业1时，跟随企业2或者被挤出最终产品市场或者生产低质量产品，而兼并后企业 I 生产高质量产品；而企业4同时兼并两个企业时，并购后的企业能够完全控制最终产品的生产和销售，并能够实施垄断定价。相比较而言，企业4同时兼并两个企业时其垄断势力更高，① 故并购后的企业产出更低，产品价格更高。而中间产品生产企业3深知这一点，为了窃取下游市场因完全垄断带来的部分收益，其设定一个较高的中间产品价格。所以，与企业4兼并先进入企业1相比，企业4兼并两个企业时并购后的企业一方面生产成本更高，其有成本劣势；另一方面，垄断势力更大，故其更具有垄断优势。但由于实际中并购企业 I 的成本劣势超过其垄断优势。因此，企业4兼并领导企业1时，并购后的企业 I 的生产利润更高，技术拥有企业4的

① 尽管当技术革新程度 $\lambda \in (0, 4/7)$ 时，企业4兼并企业1时，企业2被挤出市场，兼并后的企业在最终产品市场上销售高质量产品，但企业2还存在重返市场的生产低质量产品的可能，即存在潜在市场竞争，因此，比较而言，企业4兼并两个企业时并购后的企业垄断势力更强。当技术革新程度 $\lambda \in (4/7, 0.6443)$ 时，企业4兼并企业1时，并购后的企业与跟随企业同时在市场竞争，显然市场竞争会更激烈。

净利润必然更高。

当技术革新程度 $\lambda \in (4/7, 1]$，企业 4 兼并先领导企业 1 时，并购后的企业 I 会进一步向跟随企业 2 进行技术许可。此时，技术拥有企业 4 的净利润等于下游产业利润减去企业 1 和企业 2 初始利润之和①。同理，如果企业 4 同时兼并两个企业时，企业 4 的利润也等于下游市场的产业利润减去企业 1 和企业 2 初始利润。② 显然相比较而言，前一种情形下最终产品市场的竞争更激烈，最终产品的产出更高，下游市场对中间产品需求更多，中间产品生产厂商可以以更低的价格出售中间产品，此时下游企业生产原材料成本也更低。所以，相比较而言，与只兼并领导企业相比，企业 4 同时兼并两个企业时下游市场竞争更弱，但下游企业生产成本更高。

当技术革新程度较高 $\lambda \in (0.6443, 0.8563]$时，下游产业利润中成本因素仍然起主要作用，故企业 4 兼并企业 1 时下游产业利润更高；当技术革新程度 $\lambda \in (0.8563, 1]$时，下游产业利润中竞争因素起主要作用，故企业 4 兼并两个企业时下游产业利润更高。

最后，比较企业 4 兼并跟随企业 1 与同时兼并两个企业这两种情形下的利润。根据前面的分析可得，当技术革新程度 $\lambda \in (0, 0.9285]$时，企业 4 兼并跟随企业时其利润更高；而当技术革新程度 $\lambda \in (0.9285, 1]$时，企业 4 兼并两个企业时其利润更高。关于结论背后的解释与企业 4 兼并先进入企业和同时兼并两个企业之间比较时的经济学解释相同，在此不重复阐述。

综合上面的比较结果，可以得出：当技术革新程度很高 $\lambda \in (0, 0.7109]$时，企业 4 兼并跟随企业其利润更高；当技术革新程度适中 $\lambda \in (0.7109, 0.9325]$时，企业 4 兼并领导企业 1 其利润更高；然而当技术革新程度较低 $\lambda \in (0.9325, 1]$时，企业 4 同时兼并企业 1 和企业 2 利润更高。

---

① 因为技术许可后，兼并后的企业能获取跟随企业 2 因新技术提高而获得的全部新增利润。企业 1 的初始利润为兼并发生前企业 1 的利润；企业 2 的初始利润为兼并发生后但技术许可发生前的利润。原因时，企业 4 先选择是否兼并，接着再选择是否对竞争对手进行技术许可。

② 企业 1 和企业 2 的初始利润均等于兼并活动出现之前的利润。显然，此时的企业 2 的初始利润高于前一种情形下企业 2 的初始利润。

5.3　企业通过技术许可方式转移技术

创新企业4采用技术许可的方式传播其新技术，企业4也有三种选择：第一种是向领导企业1进行技术许可；第二种是向跟随企业2进行技术许可；第三种是同时向领导企业1和跟随企业2进行技术许可。

5.3.1　只向先进入企业转让技术

当企业4选择只向先进入市场的企业1转让技术，这意味着先进入市场的企业1生产高质量产品，而跟随企业仍然生产低质量产品。当然，先进入市场的企业1必须以向企业4支付技术许可费作为获取新技术的代价。

根据严密的数理推导，计算出领导企业1的产出和利润函数分别为：①

$$q_1^{L1}=\frac{16-2\lambda(9+8r^{L1})+\lambda^2(5+6r^{L1})}{4(4-\lambda)(2-\lambda)}$$

$$\pi_1^{L1}=\frac{[16-2\lambda(9+8r^{L1})+\lambda^2(5+6r^{L1})]^2}{32\lambda(4-\lambda)^2(2-\lambda)^2}-f^{L1}$$

由于被技术许可企业1的初始状态利润为 $\pi_1=\frac{1}{32}$，因此企业4能够收取的最大固定费用部分为 $f^{L1}=\frac{[16-2\lambda(9+8r^{L1})+\lambda^2(5+6r^{L1})]^2}{32\lambda(4-\lambda)^2(2-\lambda)^2}-\frac{1}{32}$。因此，技术拥有企业4的利润可以表示为：

$$\pi_4^{L1}=r^{L1}\times q_1^{L1}+f^{L1}=\frac{-128+304\lambda-258\lambda^2+95\lambda^3-13\lambda^4-2\lambda^2(16-18\lambda+5\lambda^2)r^{L1}+2(64-32\lambda+3\lambda^2)(\lambda r^{L1})^2}{16\lambda(-4+\lambda)^2(-2+\lambda)}$$

为了更好地与企业4通过兼并的方式转移技术形成对比，这一部分也分别探讨政府允许企业补贴和政府不允许企业补贴这两种情况。

① 具体推导详见本章技术拥有企业4只兼并先进入企业情形时的推导。

（1）政府允许企业补贴

如果政府允许企业补贴，则求解技术拥有企业 4 利润最大化问题为：

$$\underset{r^{L1Y}}{\mathrm{Max}}\pi_4^{L1Y}=\frac{-128+304\lambda-258\lambda^2+95\lambda^3-13\lambda^4-2r^{L1Y}\lambda^2(16-18\lambda+5\lambda^2)+2\lambda^2(r^{L1Y})^2(64-32\lambda+3\lambda^2)}{16\lambda(-4+\lambda)^2(-2+\lambda)}$$

$$st\ \frac{8-6\lambda(3+4r^{L1Y})+(7+10r^{L1Y})\lambda^2}{8(-4+\lambda)(-2+\lambda)}\geqslant 0$$

上述的约束条件是为了保证企业 2 的产出为非负数，根据相关的数学知识，容易求出企业 4 的最优单位产出费率为：

$$r^{L1Y}=\begin{cases}\dfrac{-8+18\lambda-7\lambda^2}{2\lambda(-12+5\lambda)} & 0<\lambda\leqslant 0.4953\\[2ex]\dfrac{16-18\lambda+5\lambda^2}{2(64-32\lambda+3\lambda^2)} & 0.4953<\lambda\leqslant 1\end{cases}$$

当技术革新程度较高时，技术拥有企业 4 设定一个相对较低的单位产出费率，以便能够将企业 2 挤出市场时其技术许可费收入更高，此时的最优单位产出费率为角解；而当技术革新程度较低时，技术许可后企业 1 和企业 2 仍然共同存在于最终产品市场并进行 Stackelberg 竞争，而此时最优单位产出费率为一个内点解。

很明显的可以看出，本书的最优单位产出费率始终为一个非负数，与李长英和王君美（2009）的研究截然相反。他们认为，当技术拥有企业只向先进入市场的企业进行技术许可时，为了避免双重加价导致产品市场的扭曲进而对企业 1 新增利润产生影响，其最优的单位产出费率应设为零。之所以出现不同，是因为他们假设下游企业的边际生产成本为常数，而本书引入上下游，这样下游企业的边际生产成本跟下游企业的产出水平密切相关。如果企业 4 设定一个正的单位产出费率，一方面带来单位产出费收入；另一方面会迫使中间产品生产企业 3 降价。[①] 通过这种方式技术拥有

① 根据严密的推导可以得到 $w^{L1}=\frac{6-3\lambda-2t\lambda}{8-2\lambda}$，因而有 $\frac{dw^{L1}}{dt^{L1}}=\frac{-2\lambda}{8-2\lambda}<0$，故与负的单位产出费率相比，正的单位产出费率会降低中间产品的价格即会降低企业 1 的边际生产成本。但是，与技术许可发生之前相比，中间产品的价格可能上升也可能下降，这取决于企业 4 技术革新程度。

企业能赚取中间品生产企业 3 的部分新增利润，进而可以进一步增加企业 4 的固定技术许可费收入。

将最优的单位产出费率代入相应的利润函数，可以求得各企业的均衡利润分别为：

$$q_1^{L1Y}=\begin{cases}\dfrac{-4+\lambda}{-12+5\lambda} & 0<\lambda\leqslant 0.4953\\ \dfrac{8-5\lambda}{16-2\lambda} & 0.4953<\lambda\leqslant 1\end{cases}$$

$$q_2^{L1Y}=\begin{cases}0 & 0<\lambda\leqslant 0.4953\\ \dfrac{-32+76\lambda-23\lambda^2}{4(64-32\lambda+3\lambda^2)} & 0.4953<\lambda\leqslant 1\end{cases}$$

$$q_3^{L1Y}=\begin{cases}\dfrac{-4+\lambda}{-12+5\lambda} & 0<\lambda\leqslant 0.4953\\ \dfrac{96-52\lambda+7\lambda^2}{256-128\lambda+12\lambda^2} & 0.4953<\lambda\leqslant 1\end{cases}$$

$$\pi_1^{L1Y}=\frac{1}{32}$$

$$\pi_2^{L1Y}=\begin{cases}0 & 0<\lambda\leqslant 0.4953\\ \dfrac{(32-76\lambda+23\lambda^2)^2}{16(64-32\lambda+3\lambda^2)^2} & 0.4953<\lambda\leqslant 1\end{cases}$$

$$\pi_3^{L1Y}=\begin{cases}\dfrac{2(-4+\lambda)^2}{(12-5\lambda)^2} & 0<\lambda\leqslant 0.4953\\ \dfrac{(96-52\lambda+7\lambda^2)^2}{8(64-32\lambda+3\lambda^2)^2} & 0.4953<\lambda\leqslant 1\end{cases}$$

$$\pi_4^{L1Y}=\begin{cases}\dfrac{1024-1936\lambda+1016\lambda^2-153\lambda^3}{32\lambda(12-5\lambda)^2} & 0<\lambda\leqslant 0.4953\\ \dfrac{512-960\lambda+552\lambda^2-103\lambda^3}{32\lambda(64-32\lambda+3\lambda^2)} & 0.4953<\lambda\leqslant 1\end{cases}$$

有趣的是，技术许可活动可能会对未接受技术转让的竞争对手产生正的外部效应。这一点不难理解：技术许可发生后，一方面由于领导企业 1 同时具有先进入市场的优势和质量优势，这会削弱企业 2 的市场竞争力，进而会促使企业 2 利润的降低；另一方面，由于领导企业 1 退出高质量产品的生产，从而弱化了企业 2 在低质量产品生产方面的竞争。同时，由于技术拥有企业 4 对领导企业 1 会设定一个正的单位产出费率，这样会提高企业 2 的成本优势，这有利于企业 2 的生产利润的提高。因此，技术许可发生后企业 2 的最终生产利润增加与否取决于这正反两方面的作用，当技术革新程度较高，技术许可对企业 2 的生产利润影响的反面影响超过正面影响，企业 2 的生产利润下降；相反的是，如果技术革新程度较低，技术许可对企业 2 的生产利润影响的正面作用超过反面作用，企业 2 的生产利润增加。这与李长英和王君美（2009）、田晓利（2016）的结论不同，他们认为跟随企业的利润在技术许可前后不发生任何变化。造成这种差异的主要原因在于，他们认为单位产出费率为零，而本书分析最优的单位产出费率为一个正数，而会使得跟随企业与先进入企业竞争时有成本优势，从而会促使跟随企业 2 的利润提高。

相应的消费者剩余和社会福利分别为：

$$CS^{L1Y}=\begin{cases}\dfrac{(-4+\lambda)^2}{2\lambda(12-5\lambda)^2} & 0<\lambda\leqslant 0.4953\\[2ex] \dfrac{16384-39936\lambda+46848\lambda^2-27696\lambda^3+7852\lambda^4-851\lambda^5}{32\lambda(-8+\lambda)^2(-8+3\lambda)^2} & 0.4953<\lambda\leqslant 1\end{cases}$$

$$W^{L1Y}=\begin{cases}\dfrac{80-56\lambda+9\lambda^2}{2\lambda(-12+5\lambda)^2} & 0<\lambda\leqslant 0.4953\\[2ex] \dfrac{49152-74752\lambda+51456\lambda^2-15056\lambda^3+580\lambda^4+299\lambda^5}{32\lambda(-8+\lambda)^2(-8+3\lambda)^2} & 0.4953<\lambda\leqslant 1\end{cases}$$

不难看出，技术许可可能会降低消费者福利和整个社会福利。技术许可发生后，技术许可一方面提高了最终产品的质量，这有益于高质量产品消费者的消费者剩余增加；另一方面提高了最终产品的价格并降低最终产品的产出，这有损于消费者福利。如果产品质量提高程度较高，消费者因消费高质量产品带来的好处要高于最终产品价格上涨以及总产出减少给消费者带来的损失，技术许可从总体上提高了消费者剩余；如果产品质量提高程度较低，则情况刚好相反，技术许可从总体上会降低消费者剩余。

当然，由于技术许可一方面可以提高产品质量，进而带来下游市场产品需求扩大，这会提高产业利润；另一方面由于正的单位产出费率和更高的中间产品价格所带来更高的双重加价效应，从而造成更大的市场扭曲，这会降低产业利润；当技术革新程度较高时，产品需求扩大对产业利润的影响更大，故技术许可会增加产业利润；当技术革新程度较低时，双重加价对产业利润造成的不利影响更大，技术许可会减少产业利润。根据上文分析可知，当技术革新程度较低时，技术许可也会减少消费者剩余。因此，技术革新程度较低时，技术许可必然会降低社会福利。

（2）政府不允许企业补贴

如果政府不允许企业补贴，则求解技术拥有企业 4 利润最大化问题会调整为：

$$\underset{r^{L1N}}{\mathrm{Max}}\pi_4^{L1N}=\frac{-128+304\lambda-258\lambda^2+95\lambda^3-13\lambda^4-2r^{L1N}\lambda^2(16-18\lambda+5\lambda^2)+2\lambda^2(r^{L1N})^2(64-32\lambda+3\lambda^2)}{16\lambda(-4+\lambda)^2(-2+\lambda)}$$

$$st\ \frac{8-6\lambda(3+4r^{L1N})+(7+10r^{L1N})\lambda^2}{8(-4+\lambda)(-2+\lambda)}\geqslant 0$$

$$r^{L1N}\geqslant 0$$

$$\frac{[16-2(9+8r^{L1N})\lambda+(5+6r^{L1N})\lambda^2]^2}{32\lambda(4-\lambda)^2(2-\lambda)^2}-\frac{1}{32}\geqslant 0$$

值得说明的是，上式第一约束条件是为了保证跟随企业 2 的产出为非负数；第二个约束条件是指技术拥有企业不能对被许可企业进行单位补贴；第三个条件是指技术拥有企业不能对被许可企业进行一次性补贴。同样，根据相关的数学知识，不难得到技术拥有企业 4 的最优单位产出费率为：

$$r^{L1N}=\begin{cases}\dfrac{-8+18\lambda-7\lambda^2}{2\lambda(-12+5\lambda)} & 0<\lambda\leqslant 0.4953\\[2ex] \dfrac{16-18\lambda+5\lambda^2}{2(64-32\lambda+3\lambda^2)} & 0.4953<\lambda\leqslant 0.9369\\[2ex] \dfrac{(2-\lambda)(8-4\sqrt{\lambda}-5\lambda+\lambda^{3/2})}{2\lambda(8-3\lambda)} & 0.9369<\lambda\leqslant 1\end{cases}$$

与政府不允许企业补贴不同的是，当技术革新程度很低（$\lambda\in(0.9369,1)$）时，在技术拥有企业 4 不能对领导企业 1 进行一次性补贴的条件下，为了保证领导企业 1 的利润不低于其初始状态的利润，其只能设定相对较低的单位产出费率，并且最优的单位产出费率是角解。

将最优的单位产出费率代入相应的函数，得到企业的产出和利润以及消费者剩余和社会福利分别为：

$$\pi_1^{L1N}=\frac{1}{32},\ \pi_2^{L1N}=\begin{cases}0 & 0<\lambda\leqslant 0.4953\\ \dfrac{(32-76\lambda+23\lambda^2)^2}{16(64-32\lambda+3\lambda^2)^2} & 0.4953<\lambda\leqslant 0.9369\\ \dfrac{(16-12\sqrt{\lambda}-4\lambda+5\lambda^{3/2})^2}{64(8-3\lambda)^2} & 0.9369<\lambda\leqslant 1\end{cases}$$

$$\pi_3^{L1N}=\begin{cases}\dfrac{4(-4+\lambda)(-2+\lambda)}{(12-5\lambda)^2} & 0<\lambda\leqslant 0.4953\\ \dfrac{(24-7\lambda)^2(-4+\lambda)(-2+\lambda)}{4(64-32\lambda+3\lambda^2)^2} & 0.4953<\lambda\leqslant 0.9369\\ \dfrac{(4+\sqrt{\lambda})^2(-4+\lambda)(-2+\lambda)}{16(8-3\lambda)^2} & 0.9369<\lambda\leqslant 1\end{cases}$$

$$\pi_4^{L1N}=\begin{cases}\dfrac{1024-1936\lambda+1016\lambda^2-153\lambda^3}{32(12-5\lambda)^2\lambda} & 0<\lambda\leqslant 0.4953\\ \dfrac{512-960\lambda+552\lambda^2-103\lambda^3}{32\lambda(64-32\lambda+3\lambda^2)} & 0.4953<\lambda\leqslant 0.9369\\ \dfrac{-64+24\sqrt{\lambda}+72\lambda-13\lambda^{3/2}-20\lambda^2+\lambda^{5/2}}{32\sqrt{\lambda}(-8+3\lambda)^2} & 0.9369<\lambda\leqslant 1\end{cases}$$

$$CS^{L1N}=\begin{cases}\dfrac{(-4+\lambda)^2}{2(12-5\lambda)^2\lambda} & 0<\lambda\leqslant 0.4953\\ \dfrac{16384-39936\lambda+46848\lambda^2-27696\lambda^3+7852\lambda^4-851\lambda^5}{32(-8+\lambda)^2\lambda(-8+3\lambda)^2} & 0.4953<\lambda\leqslant 0.9369\\ \dfrac{512+128\sqrt{\lambda}-560\lambda-64\lambda^{3/2}+236\lambda^2+8\lambda^{5/2}-35\lambda^3}{128(-8+3\lambda)^2} & 0.9369<\lambda\leqslant 1\end{cases}$$

$$W^{L1N}=\begin{cases}\dfrac{80-56\lambda+9\lambda^2}{2\lambda(-12+5\lambda)^2} & 0<\lambda\leqslant 0.4953\\ \dfrac{49152-74752\lambda+51456\lambda^2-15056\lambda^3+580\lambda^4+299\lambda^5}{32(-8+\lambda)^2\lambda(-8+3\lambda)^2} & 0.4953<\lambda\leqslant 0.9369\\ \dfrac{2048+1536\sqrt{\lambda}-3200\lambda-720\lambda^{3/2}+1568\lambda^2-44\lambda^{5/2}-248\lambda^3+35\lambda^{7/2}}{128\sqrt{\lambda}(-8+3\lambda)^2} & 0.9369<\lambda\leqslant 1\end{cases}$$

通过比较发现，与政府允许企业补贴不同的是：第一，当技术革新程度很低（$\lambda \in (0.9369, 1]$）时，技术发生许可后，跟随企业 2 的利润在下降，这容易理解。由于企业 4 不能对跟随企业 2 给予一次性补贴，并且跟随企业 1 的利润也不能低于其初始状态的利润，企业 4 只能设定相对较低的单位产出费率。因此，技术许可发生后企业 2 获得的成本优势较小，因而这种成本优势无法弥补其与领导企业 1 竞争时的质量劣势，最终导致企业 2 的利润下降。第二，技术许可发生后，整个社会福利总体提高。同样是因为政府不允许企业 4 对企业 1 进行一次性补贴，企业 4 只能设定相对较低的单位产出费率，而较低的单位产出费率造成较低的市场扭曲程度，其对产业利润的负面影响不仅完全能被技术许可所带来的产品质量提高对产业利润的正面影响所抵消，即技术许可可以提高产业利润，并且产业利润的增加幅度高于消费者剩余减少的幅度。因此，技术许可必然从总体上提高整个社会福利。①

5.3.2　只向跟随企业进行技术许可

由于技术拥有企业 4 只向跟随企业 2 转让其创新技术，跟随企业 2 因获取先进技术而生产高质量产品，但先进入市场的企业 1 仍然生产低质量产品。同样，跟随企业 2 获取新技术的条件是其必须向技术拥有企业 4 支付数量为(f,r)技术许可费。

根据利润最大化的条件以及上下游之间的纵向联系等，并进行相应的数理推导，得到跟随企业 2 的产出和利润分别为：

$$q_2^{L2} = \frac{16 - 2\lambda(5 + 8r^{L2}) - \lambda^2(3 + 2r^{L2}) + \lambda^3 r^{L2}}{8(4 - \lambda^2)}$$

$$\pi_2^{L2} = \frac{[16 - 2\lambda(5 + 8r^{L2}) - \lambda^2(3 + 2r^{L2}) + \lambda^3 r^{L2}]^2}{64\lambda(4 - \lambda^2)^2} - f^{L2}$$

由于跟随企业 2 初始状态的利润为 $\pi_2 = \frac{1}{64}$，技术拥有企业 4 所能够攫取的最大固定部分技术许可费收入为 $f^{L2} = \frac{[16 - 2\lambda(5 + 8r^{L2}) - \lambda^2(3 + 2r^{L2}) + \lambda^3 r^{L2}]^2}{64\lambda(4 - \lambda^2)^2}$

① 其他的结论与政府允许企业补贴的结论相似，在此不重复说明。

$-\frac{1}{64}$。因此，企业 4 的利润可以表示为：

$$\pi_4^{L2}=r^{L2}\times q_2^{L2}+f^{L2}=\frac{256-336\lambda+4\lambda^2+68\lambda^3+9\lambda^4-\lambda^5-2\lambda^2r^{L2}(32+28\lambda-36\lambda^2-9\lambda^3)-\lambda^2(r^{L2})^2(256-132\lambda^2-12\lambda^3+7\lambda^4)}{64\lambda(4-\lambda^2)^2}$$

为了使得企业 4 采取不同的技术转移方式时的均衡状态具有可比性，本部分同样分别考虑政府允许企业补贴和政府不允许企业补贴。

（1）政府允许企业补贴

在保证领导企业 1 和跟随企业 2 的产出均为非负值的前提下，企业 4 的利润最大化问题可以表示为：

$$\mathop{\mathrm{Max}}_{r^{L2Y}}\pi_4^{L2Y}=\frac{256-336\lambda+4\lambda^2+68\lambda^3+9\lambda^4-\lambda^5-2\lambda^2r^{L2Y}(32+28\lambda-36\lambda^2-9\lambda^3)-\lambda^2(r^{L2Y})^2(256-132\lambda^2-12\lambda^3+7\lambda^4)}{64\lambda(4-\lambda^2)^2}$$

$$st\ \frac{16-2\lambda(5+8r^{L2Y})-\lambda^2(3+2r^{L2Y})+r^{L2Y}\lambda^3}{8(4-\lambda^2)}\geqslant 0$$

$$\frac{2-\lambda(5+r^{L2Y})+r^{L2Y}\lambda^2}{4(4-\lambda^2)}\geqslant 0$$

不难求出，企业 4 利润最大化的单位产出费率和利润分别为：

$$r^{L2Y}=\begin{cases}\dfrac{2-5\lambda}{\lambda(6+\lambda)} & 0<\lambda\leqslant 0.5067\\[2ex] \dfrac{-32-28\lambda+36\lambda^2+9\lambda^3}{256-132\lambda^2-12\lambda^3+7\lambda^4} & 0.5067<\lambda\leqslant 1\end{cases}$$

$$\pi_4^{L2Y}=\begin{cases}\dfrac{-512+292\lambda+268\lambda^2+\lambda^3}{64\lambda(6+\lambda)^2} & 0<\lambda\leqslant 0.5067\\[2ex] \dfrac{4096-5376\lambda+64\lambda^2+1092\lambda^3+156\lambda^4-7\lambda^5}{64\lambda(256-132\lambda^2-12\lambda^3+7\lambda^4)} & 0.5067<\lambda\leqslant 1\end{cases}$$

当技术革新程度较低时，技术转移发生后，企业 1 和企业 2 仍然共同在最终产品市场上进行竞争，此时的最优单位产出费率为内点解，并且最优的单位产出费率为负值；当技术革新程度较高时，企业 4 的最优选择是设定一个较低的单位产出费率，以将领导企业 1 挤出最终产品市场，因而此时的最优的单位产出费率为角解。

显然，根据上式可以看出最优单位产出费率既可能为正值，也可能为负值。① 这与李长英和王君美（2009）中的结论不同。他们认为，当技术拥有企业只向跟随企业进行技术许可时，由于跟随企业为后进入市场企业，因而在竞争中存在劣势，为了提高跟随企业2的市场竞争优势以提高企业2的新增利润，企业4设定的最优单位产出费率始终为负值。而本书认为当技术革新程度较高时，企业4的最优单位产出费率为正值。

经过深入分析可以得到，出现结论不同的原因仍然是他们只分析最终产品市场，而本书同时考虑中间产品市场和最终产品市场，故中间产品的价格与最终产品市场的产出紧密相关。② 与负的单位产出费率相比，正的单位产出费率对技术拥有企业4的利润有三方面影响：第一，正的单位产出费率会提高企业4技术许可费中单位产出费收入，这有利于企业4的利润增加；第二，正的单位产出费率会提高技术接受企业的成本，从而不利于企业2的新增利润提高，故不利于企业4的技术许可费收入中固定收费部分，这不利于企业4的利润的增加；第三，正的单位产出费率也会迫使上游企业3降低中间产品的价格，进而会降低企业2的原材料生产成本，这有利于企业2的新增利润提高，进而有利于企业4利润的提高。③ 当技术革新程度较高时，正的单位产出费率给企业4的利润所带来的正面影响超过负面影响，因而企业4会设定正的单位产出费率；相反，技术革新程度较低时，正的单位产出费率给企业4的利润负面影响超过正面影响，企业4会设定负的单位产出费率。

因此，可以进一步求出各企业的利润分别为：

$$\pi_1^{L2Y} = \begin{cases} 0 & 0 < \lambda \leqslant 0.5067 \\ \dfrac{(-2+\lambda)^3(-16+26\lambda+11\lambda^2)^2}{2(256-132\lambda^2-12\lambda^3+7\lambda^4)^2} & 0.5067 < \lambda \leqslant 1 \end{cases}$$

---

① 当 $\lambda \in (0, 0.4)$ 时，单位产出费率为正值；当 $\lambda \in (0.4, 0.5067)$ 时，单位产出费率为负值，即为了提高企业2的竞争优势，企业4给企业2进行单位补贴。

② $w = \dfrac{3-t\lambda}{4+2\lambda}$，因而有 $\dfrac{dw}{dt} = \dfrac{-\lambda}{4+2\lambda} < 0$，正的单位产出费率会降低中间产品的价格，即会降低企业2的边际生产成本。

③ 李长英和王君美（2009）研究结论中正的单位产出费对企业4利润不存在第三个影响。

$$\pi_2^{L2Y} = \frac{1}{64}$$

$$\pi_3^{L2Y} = \begin{cases} \dfrac{4(2+\lambda)}{(6+\lambda)^2} & 0 < \lambda \leqslant 0.5067 \\ \dfrac{(2+\lambda)(96-44\lambda-24\lambda^2+3\lambda^3)^2}{(256-132\lambda^2-12\lambda^3+7\lambda^4)^2} & 0.5067 < \lambda \leqslant 1 \end{cases}$$

与只向领导企业1进行技术许可不同的是，此时的技术许可会损害竞争对手的利益，即技术许可发生后，未接收技术许可的领导企业的利润在减少。原因在于：技术许可发生后，一方面企业2退出低质量产品的生产，从而弱化了企业1在低质量产品生产方面的市场竞争，这有利于企业1的利润增加；另一方面，由于企业2生产高质量产品因而具有质量优势，这会削弱企业1的市场竞争力；同时，由于企业4对企业2收取一个负的单位产出费，① 从而会提高跟随企业2的成本优势，这都将会大大降低先进入企业1的利润。综合这两个方面的影响，技术许可从总体上会减少领导企业1的利润。

并且，技术许可一定会提高中间产品生产企业3的利润。这一点也容易理解：技术许可发生前后，先进入市场的企业1有先行优势。当技术革新程度较低时，一方面由于技术许可时企业4设定负的单位产出费率，这会提高技术接受企业2的成本优势；另一方面企业2接受新技术后生产高质量产品，从而提高企业2的质量优势。故从某种意义上讲，技术许可会提高下游市场的竞争程度，进而下游市场所生产总产出会增加。因此，上游企业3所面临的市场需求增加，企业3的利润也会增加。

当技术革新程度较高时，根据前面的分析可知，即便企业4设定正的单位产出费率，跟随企业2仍然能够将先进入市场的企业1挤出市场。此时，企业2在最终产品市场上的垄断势力很大，下游市场的总产出减少。与此同时，尽管上游企业3的产出随着下游产出的减少而减少，但由于企业3为了攫取部分最终产品因市场竞争弱化而获取的高利润，企业3会提

① 根据前面的分析，当且仅当技术革新程度较高时，企业4才会设定正的单位产出费率，而此时企业1被挤出市场。因此，如果企业1要存在于最终产品市场中时企业4设定的单位产出费率均为正值。

高中间产品价格，并且中间产品价格上升幅度远高于其产出减少的幅度，故总体上看企业 3 的利润仍然有所提高。

相应的消费者剩余和社会福利分别为：

$$CS^{L2Y}=\begin{cases}\dfrac{(2+\lambda)^2}{2\lambda(6+\lambda)^2} & 0<\lambda\leqslant 0.5067\\ \dfrac{65536-94208\lambda+41984\lambda^2+14912\lambda^3-24368\lambda^4+320\lambda^5+4312\lambda^6+284\lambda^7-123\lambda^8}{8\lambda(-16-2\lambda+\lambda^2)^2(-16+2\lambda+7\lambda^2)^2} & 0.5067<\lambda\leqslant 1\end{cases}$$

$$W^{L2Y}=\begin{cases}\dfrac{(2+\lambda)(10+\lambda)}{2\lambda(6+\lambda)^2} & 0<\lambda\leqslant 0.5067\\ \dfrac{3145728-1898496\lambda-1369600\lambda^2+367392\lambda^3+201008\lambda^4+57264\lambda^5+7224\lambda^6+1962\lambda^7+1415\lambda^8-98\lambda^9}{128\lambda(-16-2\lambda+\lambda^2)^2(-16+2\lambda+7\lambda^2)^2} & 0.5067<\lambda\leqslant 1\end{cases}$$

通过与初始状态的比较可以看出，技术许可一定会提高消费者剩余。因为技术许可发生后，先进入企业 1 为了尽可能将自己的市场份额减少幅度降到最低，只能降低其生产的低质量产品的价格，即技术许可压低了领导企业 1 产品的市场价格，故购买低质量产品的消费者能从中受益；同时，技术许可提高了最终产品的质量，这有益于高质量产品的消费者。因此，低质量产品和高质量产品的消费者都能从技术许可中获益，故技术许可必然提高了整个消费者福利。

值得补充说明的是，根据前文可知，技术许可会提高中间产品的价格，而高的中间产品价格造成更大的市场扭曲，这会降低产业利润；同时技术许可提高产品质量，这会有利于产业利润的提高。当技术革新程度较低时，市场扭曲对产业利润造成的不利影响更大，因而技术许可会减少产业利润，并且当技术革新程度很低时，技术许可所带来消费者剩余的增加不足以弥补其带来产业利润的损失，因而，技术许可可能会降低整个社会福利。

（2）政府不允许企业补贴

在保证领导企业 1 和跟随企业 2 的产出均为非负值，以及企业技术许可合同中的单位产出费率和固定费用部分均为非负值的前提下，容易求得

技术拥有企业 4 利润最大化的单位产出费率和利润分别为：①

$$r^{L2N}=\begin{cases}\dfrac{2-5\lambda}{\lambda(6+\lambda)} & 0<\lambda\leqslant 0.4\\ 0 & 0.4<\lambda\leqslant 1\end{cases}$$

$$\pi_4^{L2N}=\begin{cases}\dfrac{-512+292\lambda+268\lambda^2+\lambda^3}{64\lambda\ (6+\lambda)^2} & 0<\lambda\leqslant 0.4\\ \dfrac{256-336\lambda+4\lambda^2+68\lambda^3+9\lambda^4-\lambda^5}{64\lambda\ (-4+\lambda^2)^2} & 0.4<\lambda\leqslant 1\end{cases}$$

这样，可以进一步求得各企业的利润以及消费者剩余和社会福利分别为：

$$\pi_1^{L2N}=\begin{cases}0 & 0<\lambda\leqslant 0.4\\ \dfrac{(-2+5\lambda)^2}{32(2-\lambda)(2+\lambda)^2} & 0.4<\lambda\leqslant 1\end{cases}$$

$$\pi_3^{L2N}=\begin{cases}\dfrac{4(2+\lambda)}{(6+\lambda)^2} & 0<\lambda\leqslant 0.4\\ \dfrac{9}{16(2+\lambda)} & 0.4<\lambda\leqslant 1\end{cases}$$

$$CS^{L2N}=\begin{cases}\dfrac{(2+\lambda)^2}{2\lambda\ (6+\lambda)^2} & 0<\lambda\leqslant 0.4\\ \dfrac{256-432\lambda+324\lambda^2-16\lambda^3-51\lambda^4}{128\lambda\ (-4+\lambda^2)^2} & 0.4<\lambda\leqslant 1\end{cases}$$

$$\pi_2^{L2N}=\frac{1}{64}$$

$$W^{L2N}=\begin{cases}\dfrac{(2+\lambda)(10+\lambda)}{2\lambda\ (6+\lambda)^2} & 0<\lambda\leqslant 0.4\\ \dfrac{768-464\lambda-132\lambda^2+240\lambda^3-61\lambda^4}{128\lambda(-2+\lambda)^2(2+\lambda)^2} & 0.4<\lambda\leqslant 1\end{cases}$$

通过比较可以发现，技术许可前后领导企业 1 的利润下降，而中间产品生产企业 3 的利润会增加，消费者剩余增加，产业利润、社会福利均增加。

---

① 根据本小节的第一部分内容可知，只有当技术革新程度较低时最优的单位产出费率为负值的内点解，但在这一部分由于政府不允许企业进行单位补贴，因而最优的单位产出费率为零。

这种情形下的均衡结果与政府允许企业补贴时的均衡结果大多相同，例如，技术许可后未获取技术的先进入企业 1 的利润减少，而生产中间产品的上游企业利润在增加等均相同。由于出现这种结果的背后经济学原因相似，在此不再阐述。

不过，在这里需要指出与政府允许企业补贴情形不相同的有两点：第一个不同点是领导企业 1 被挤出市场所要求的技术革新程度更高。原因在于如果政府允许企业 4 对企业 2 进行单位补贴，技术许可发生后，企业 2 因接受新技术在竞争中具有质量优势和接受企业 4 的单位补贴而具有成本优势，故更容易将领导企业 1 挤出市场；而政府若不允许补贴，则接受技术许可后企业 2 并不具有成本优势，因而技术许可后跟随企业想要将领导企业 1 挤出市场更难，故挤出时所要求的技术革新程度更高。第二个不同点是技术许可一定会提高社会福利。由于技术拥有企业 4 无法对技术接受企业 2 进行补贴，相比较而言，政府不允许企业补贴时的单位产出费率更高，因而中间产品的价格相对更低[①]，中间产品价格小幅度的上升所造成的市场扭曲就相对更小，故此时技术许可对产业利润造成的负面作用较小，并远远低于提高产品质量的新技术使用对产业利润的正面作用。因而，技术许可必然提高整个产业利润，进而会带来整个社会福利的上升。

5.3.3 向跟随企业和先进入企业同时进行技术许可

如果技术拥有企业 4 同时向先进入市场的企业 1 和跟随企业 2 进行技术许可，则两个企业将同时生产高质量产品。此时，企业 1 和企业 2 都必须以向企业 4 支付技术许可费作为获取新技术的条件。[②]

同样，根据相关的数理推导，不难求解出，接受技术转让后领导企业 1 和跟随企业 2 的产出和利润函数分别为：

---

① $w=\frac{3-r\lambda}{4+2\lambda}$，因而有$\frac{dw}{dr}=\frac{-\lambda}{4+2\lambda}<0$

② 借鉴李长英和王君美（2009）研究中的做法，同时考虑到技术转让合同的隐秘性，企业 4 同时向两个企业进行技术许可时，这里假设技术拥有企业 4 对企业 1 和企业 2 设定的许可合同可以不完全相同。

$$q_1^{LB}=\frac{3-10\lambda r_1^{LB}+7\lambda r_2^{LB}}{12}$$

$$\pi_1^{LB}=\frac{3-10\lambda r_1^{LB}+7\lambda r_2^{LB}}{288\lambda}-f_1^{LB}$$

$$q_2^{LB}=\frac{3+14\lambda r_1^{LB}-17\lambda r_2^{LB}}{24}$$

$$\pi_2^{LB}=\frac{(3+14\lambda t_1^{LB}-17\lambda t_2^{LB})^2}{576\lambda}-f_2^{LB}$$

由于被技术许可企业 1 的初始状态利润为 $\pi_1=\frac{1}{32}$，技术拥有企业 4 能够对其收取的绝大部分固定技术许可费为 $f_1{}^{LB}=\frac{(3-10\lambda r_1^{LB}+7\lambda r_2^{LB})^2}{288\lambda}-\frac{1}{32}$；又被技术许可企业 2 的初始状态利润为 $\pi_2=\frac{1}{64}$，企业 4 能够对其收取的固定部分技术许可费为 $f_2^{LB}=\frac{(3+14\lambda r_1^{LB}-17\lambda r_2^{LB})}{576\lambda}-\frac{1}{64}$。因此，技术拥有企业 4 的利润可以表示为：

$$\pi_4^{LB}=r_1^{LB}\times q_1^{LB}+r_2^{LB}\times q_2^{LB}+f_1^{LB}+f_2^{LB}=\frac{9+18\lambda(2r_1^{LB}+r_2^{LB})-7\lambda^2\ (2r_1^{LB}+r_2^{LB})^2}{192\lambda}-\frac{3}{64}$$

从上面的表达式可以看出，技术拥有企业 4 的利润为变量 $2r_1^{LB}+r_2^{LB}$ 的函数。因此，企业 4 对企业 1 和企业 2 收取的最优单位产出费率没有唯一解，但变量 $2r_1^{LB}+r_2^{LB}$ 有均衡解。

（1）政府允许企业补贴

如果政府允许企业补贴，则只要保证企业 1 和企业 2 的产出为负值的前提下，求解技术拥有企业 4 利润最大化问题：

$$\underset{2r_1^{LBY}+r_2^{LBY}}{Max}\ \pi_4^{LBY}=\frac{9+18\lambda(2r_1^{LBY}+r_2^{LBY})-7\lambda^2\ (2r_1^{LBY}+r_2^{LBY})^2}{192\lambda}-\frac{3}{64}$$

$$st\ \frac{3-10\lambda r_1^{LBY}+7\lambda r_2^{LBY}}{12}\geqslant 0\quad \frac{3+14\lambda r_1^{LBY}-17\lambda r_2^{LBY}}{24}\geqslant 0$$

不难得到企业 4 收取的最优单位产出费率应该满足 $2r_1^{LBY}+r_2^{LBY}=\frac{9}{7\lambda}$，① 进一步可以求得各企业的均衡利润、消费者剩余和社会福利分别为：

$$\pi_1^{LBY}=\frac{1}{32}$$

$$\pi_2^{LBY}=\frac{1}{64}$$

$$\pi_3^{LBY}=\frac{3}{49\lambda}$$

$$\pi_4^{LBY}=\frac{3}{28\lambda}-\frac{3}{64}$$

$$CS^{LBY}=\frac{9}{392\lambda}$$

$$W^{LBY}=\frac{75}{392\lambda}$$

如果将最优单位产出费率代入相关式子中，不难得到企业 1 和企业 2 没有确定的均衡产出。即均衡产出随着技术拥有企业 4 设定的单位产出费率变化而变化，但是它们的产出总和是唯一确定的值。

技术许可对上游企业 3 利润的影响不确定。关于这一点不难理解，由于企业 4 同时采用单位产出费加固定收费许可方式向企业 1 和企业 2 同时进行技术许可，其可以通过单位产出费率的调整来完全控制下游市场企业的产出，使得下游的实际产出等于完全垄断市场结构时的产出，因而技术许可发生后下游企业的总产出减少，企业 3 的产出也必然减少。当技术革新程度较低时，由于下游企业所生产的产品质量提高幅度较低，且技术接

① 在满足上述等式的条件下，只要 $r_1\in(11/28\lambda, 1/2\lambda)$，企业 1 和企业 2 的产出为非负值，这显然非常容易实现。当然，企业 4 设定的单位产出费率可能会较高，以至于为保证技术接受企业的利润不低于其初始状态的利润，企业 4 可能给予技术接受企业进行一次性补贴。如果最优单位产出费率满足 $2r_1^{LBY}+r_2^{LBY}=\frac{9}{7\lambda}$，当技术革新程度较低 $\lambda\in(0.3265, 1)$ 时，则企业 4 至少对一个企业进行一次性补贴；而当技术革新程度较低 $\lambda\in(0, 0.3265)$ 时，企业 4 可以通过调整其对企业 1 和企业 2 的单位产出费率实现其不对任何企业进行一次性补贴的要求。

受企业还需向技术拥有企业 4 支付一个正的单位产出费率,[①] 这必然提高了下游企业的生产成本，故下游企业的产品价格上升幅度较小，此时技术许可后企业新增利润较低。因此，上游企业 3 提高中间产品价格的能力有限，甚至为了避免下游企业的产出减少而不得不调低中间产品的价格，此时，技术许可必然会降低企业 3 的利润。

当技术革新程度较高时，下游企业接受技术许可后产品的价格以及新增利润上升幅度较大，中间产品生产企业 3 提高中间产品价格能力大大提升，且中间产品价格上升幅度超过了其产出下降幅度，技术许可从整体上将会提高企业 3 的利润。

由于技术许可一方面提升了最终产品的质量；但另一方面也带来最终产品价格的上升，故消费者能否从技术的商业化中获益，取决于产品质量提升程度与价格上涨幅度的孰高孰低。当技术创新程度较低时，产品质量提升给消费者带来的益处低于产品价格上涨对消费者剩余的损害程度，技术许可降低消费者剩余；当技术创新程度较高时，情况则相反，技术许可提高了消费者剩余。

值得补充的是，对于企业而言，技术许可唯一可能损害上游企业 3 的利益,[②] 当技术革新程度较低时，技术许可对企业 3 利润的伤害大于其他企业带来的利润增加，此时整个产业总体上会从技术许可中受损。因此，技术许可也必然会降低社会福利。

(2) 政府不允许企业补贴

如果政府不允许企业补贴，则必须同时保证企业 1 和企业 2 的产出、单位产出费率以及固定部分技术许可收入均为非负值的前提下，来求解技术拥有企业 4 利润最大化问题：

---

① 根据前面分析可知，企业 4 设定的最优单位产出费率满足 $2r_1^{LBY}+r_2^{LBY}=\dfrac{9}{7\lambda}$，为了保证技术许可发生后企业 1 和企业的产出为非负值，r_1 必须满足 $r_1\in(11/28\lambda,1/2\lambda)$，因此，可以得到 r_2 必须满足 $r_2\in(2/7\lambda,1/2\lambda)$。

② 下游企业 1 和企业 2 在技术许可前后利润不变，而企业 4 因获取正的技术许可费而收入增加。

$$\underset{2r_1^{LBN}+r_2^{LBN}}{Max}\ \pi_4^{LBN}=\frac{9+18\lambda(2r_1^{LBN}+r_2^{LBN})-7\lambda^2(2r_1^{LBN}+r_2^{LBN})^2}{192\lambda}-\frac{3}{64}$$

$$st\ \frac{3-10\lambda r_1^{LBN}+7\lambda r_2^{LBN}}{12}\geqslant 0\quad \frac{3+14\lambda r_1^{LBN}-17\lambda r_2^{LBN}}{24}\geqslant 0$$

$$r_1^{LBN}\geqslant 0\quad r_2^{LBN}\geqslant 0\quad \frac{(3-10\lambda r_1^{LBN}+7\lambda r_2^{LBN})^2}{288\lambda}-\frac{1}{32}\geqslant 0$$

$$\frac{(3+14\lambda r_1^{LBN}-17\lambda r_2^{LBN})^2}{576\lambda}-\frac{1}{64}\geqslant 0$$

可以求得最优单位产出费率应该满足：

$$2r_1^{LBN}+r_2^{LBN}=\begin{cases}\dfrac{9}{7\lambda} & 0<\lambda\leqslant 0.3265\\ \dfrac{3(1-\sqrt{\lambda})}{\lambda} & 0.3265<\lambda\leqslant 1\end{cases}$$

显然，由于企业 4 不能对企业 1 和企业 2 进行一次性补贴，当技术革新程度较低时，为了保证他们的利润不低于初始利润，企业 4 只能设定相对较低的单位产出费率，此时最优的单位产出费率为角解。将最优的单位产出费率代入相关函数，则可以求得各企业的均衡利润：

$$\pi_1^{LBN}=\frac{1}{32}$$

$$\pi_2^{LBN}=\frac{1}{64}$$

$$\pi_3^{LBN}=\begin{cases}\dfrac{3}{49\lambda} & 0<\lambda\leqslant 0.3265\\ \dfrac{3}{16} & 0.3265<\lambda\leqslant 1\end{cases}$$

$$\pi_4^{LBN}=\begin{cases}\dfrac{3}{28\lambda}-\dfrac{3}{64} & 0<\lambda\leqslant 0.3265\\ \dfrac{3(-8+7\sqrt{\lambda})}{64\sqrt{\lambda}}-\dfrac{3}{64} & 0.3265<\lambda\leqslant 1\end{cases}$$

与政府不允许企业补贴不同的是：第一，技术许可一定会提高上游企业 3 的利润。由于政府不允许企业进行一次性补贴，企业 4 只能设定较低的单位产出费率以保证技术接受企业的利润不低于它们的初始状态利润，这会促使企业 3 可以设定相对较高的价格,[①] 并且这个相对较高的价格可以弥补上游企业 3 因产出下降给其利润所带来的不利影响，故技术许可一定会提高企业 3 的利润。第二，技术拥有企业 4 的利润更低。显然，不允许企业进行补贴时，技术拥有企业 4 利润最大化的约束条件更多，因而利润不会更高。

进一步，可以得到均衡状态时消费者剩余和社会福利分别为：

$$CS^{LBN}=\begin{cases}\dfrac{9}{392\lambda} & 0<\lambda\leqslant 0.3265\\ \dfrac{9}{128} & 0.3265<\lambda\leqslant 1\end{cases}$$

$$W^{LBN}=\begin{cases}\dfrac{75}{392\lambda} & 0<\lambda\leqslant 0.3265\\ \dfrac{3(-16+3\sqrt{\lambda})}{128\sqrt{\lambda}} & 0.3265<\lambda\leqslant 1\end{cases}$$

令人惊讶的是，当技术创新程度较低时，技术许可不会改变消费者的福利。关于这一点可以这样理解：尽管技术许可提高了产品质量，这有利于消费者剩余的提高，但技术许可也带来产品价格的上升，这不利于消费者剩余的提高。因此在这正负两方面的作用下，消费者福利正好不变。[②] 并且，由于上游企业 3 也能够从技术许可中获益，这意味着所有企业均不会因技术许可而受损，因此，技术许可必然提高整个产业利润。进而，技术许可一定会提高整个社会福利。

通过综合比较，技术拥有企业 4 只向先进入企业 1、只向跟随企业 2 和同时向两个企业进行技术许可时的利润，即分别比较 π_4^{L1Y}、π_4^{L2Y} 和 π_4^{LBY} 以及 π_4^{L1N}、π_4^{L2N} 和 π_4^{LBN} 的值，可以得到：

---

① $w=\dfrac{3-\lambda\ (2r_1^{LBY}+r_2^{LBY})}{6\lambda}$,故有$\dfrac{dw}{d\ (2\lambda_1^{LBY}+\lambda_2^{LBY})}=-\dfrac{1}{6}<0$

② 根据前面的分析可知，如果政府允许企业补贴，则最优的单位产出费率更高，下游企业的生产成本更高，最终产品价格也更高，而更高的价格对消费者剩余的不利影响更大，这样技术许可最终可能会损害消费者利益。

命题 5 -4：不管政府是否允许企业进行补贴，当技术革新程度较高时，技术拥有企业偏好于向跟随企业进行技术许可；而技术革新程度较低时，技术拥有企业偏好于同时向两个企业进行技术许可。[①②]

命题 5 -4 表明，技术拥有企业的技术许可对象或者只是跟随企业 2 或者领导企业 1 和跟随企业 2，即企业 4 不会选择只向领导企业 1 进行技术许可，而其最终的选择取决于企业的技术创新程度。

首先，比较技术拥有企业 4 向领导企业 1 进行技术许可和向跟随企业 2 进行技术许可这两种情形。在单位产出费加固定收费这种技术许可收费方式下，企业 4 的利润应该等于技术接受企业的生产利润与其初始状态利润的差额，[③] 即等于技术接受企业的生产利润的增量。与企业 4 只向跟随企业 2 进行技术许可相比，如果企业 4 只向企业 1 进行技术许可，技术许可后企业 1 不仅拥有先进入优势，而且具有产品质量方面的优势，其生产利润更高（不考虑其支付的单位产出费）。[④] 但是，由于技术许可发生之前，先进入企业 1 的利润是跟随企业利润的两倍，即企业 1 的初始利润远高于跟随企业 2 的初始利润。因此，企业 4 向先进入企业 1 进行技术许可时，企业 1 的生产利润增量反而小于企业 4 向跟随企业 2 进行技术许可时企业 2 生产利润的增量，故企业 4 的最优选择是向跟随企业 2 进行技术许可。这与田晓利（2016）中的研究结论一致。

其次，比较技术拥有企业 4 同时向两个进行技术许可与只向跟随企业 2 进行技术许可这两种情况。相比较而言，如果企业 4 只向跟随企业进行技术许可，当技术创新程度较高 $\lambda \in (0, 0.5067]$，领导企业 1 因其生产产

---

① 需要说明的是，当政府允许企业补贴时，企业 4 偏好于同时向两个企业进行技术许可，当且仅当技术创新程度 $\lambda \in (0.6426, 1)$；然而当政府不允许企业补贴时，企业 4 偏好于同时向两个企业进行技术许可，当且仅当技术创新程度 $\lambda \in (0.8877, 1)$，即所要求的技术创新程度区间不同。而且，由于命题 4 中政府允许企业补贴和政府不允许补贴这两种情形的经济学解释相似，因此，本部分只解释政府允许企业补贴这种情形。

② 命题 5 -4 的数学证明见附录 3 -5。

③ 即技术拥有企业可以获取技术接受企业因使用新技术而获得的全部新增利润。

④ 需要指出的是，尽管与企业 4 向跟随企业 2 进行技术许可相比，企业 4 向企业 1 进行技术许可时因垄断势力更大而带来总产出更低，因而在这种情况下中间产品的价格也会更高，但其生产利润的增加中垄断因素起主要作用。因此，先进入企业的生产利润更高。

品的质量劣势被挤出市场，企业2垄断最终产品市场，此时企业2的生产利润更高（同样不考虑单位产出费的支付），且跟随企业2的初始利润低于企业1和企业2初始利润之和，故企业4只向跟随企业进行技术许可时，技术接受企业的生产利润增量会更大。此时，企业4的最优选择是向企业2许可技术。

当技术革新程度较低 $\lambda \in (0.5067, 1]$ 时，企业2生产高质量产品，企业1继续生产低质量产品，此时企业2的生产利润略高或者低于企业4，同时向企业1和企业2进行技术许可时，企业1和企业2生产利润之和。只有当技术革新程度很低 $\lambda \in (0.6426, 1]$ 时，企业4只向跟随企业2许可技术时，企业2的生产利润增量才会更低，此时，企业4的最优选择是同时向企业1和企业2进行技术许可。

本节的研究结论与李长英和王君美（2009）以及田晓利（2016）研究结论不同，他们都认为同时向两个企业进行技术许可总是企业4的最优选择。本书的结论与他们的结论之所以会出现不同，因为考虑了上下游的问题。相比较而言，如果企业4只向企业2进行技术许可，企业1和企业2分别生产高低质量产品，技术许可弱化了市场竞争，下游企业的总产出更高，进而对中间产品需求会更高，这导致中间产品价格也更高，更高的中间产品价格会促使企业2的生产利润下降，① 且技术革新程度很低时，更高的中间产品价格不仅给技术接受企业带来更低的生产利润，甚至带来更低的生产利润增量。

5.4 技术许可与企业兼并两种技术商业化转移方式的比较

根据本章命题5-1、命题5-2和命题5-3可以得到：

如果政府允许企业进行补贴时，那么技术拥有企业兼并时的利润、消

① 这里所说生产利润的下降是相对于中间产品价格没有变化时，技术接受企业的总生产利润还是在增加。

费者剩余以及社会福利分别为：

$$\pi_4^{IY}=\begin{cases}\dfrac{(-1+\lambda)^2}{\lambda(-2+\lambda)^2}-\dfrac{1}{64} & 0<\lambda\leqslant\dfrac{2}{5}\\ \dfrac{(-16+10\lambda+3\lambda^2)^2}{64\lambda(-4+\lambda^2)^2}-\dfrac{1}{64} & \dfrac{2}{5}<\lambda\leqslant 0.6295\\ \dfrac{9}{100\lambda}-\dfrac{(4-7\lambda)^2}{64(-4+\lambda)^2}-\dfrac{1}{32} & 0.6295<\lambda\leqslant 1\end{cases}$$

$$CS^{IY}=\begin{cases}\dfrac{(-1+\lambda)^2}{2(-2+\lambda)^2\lambda} & 0<\lambda\leqslant\dfrac{2}{5}\\ \dfrac{256-432\lambda+324\lambda^2-16\lambda^3-51\lambda^4}{128\lambda(-4+\lambda^2)^2} & \dfrac{2}{5}<\lambda\leqslant 0.6295\\ \dfrac{9}{200\lambda} & 0.6295<\lambda\leqslant 1\end{cases}$$

$$W^{IY}=\begin{cases}\dfrac{(-3+\lambda)(-1+\lambda)}{2(-2+\lambda)^2\lambda} & 0<\lambda\leqslant\dfrac{2}{5}\\ \dfrac{768-464\lambda-132\lambda^2+240\lambda^3-61\lambda^4}{128\lambda(-4+\lambda^2)^2} & \dfrac{2}{5}<\lambda\leqslant 0.6295\\ \dfrac{51}{200\lambda} & 0.6295<\lambda\leqslant 1\end{cases}$$

当技术革新程度 $\lambda\in(0,0.6295]$ 时，技术拥有企业 4 选择兼并跟随企业 2，此时并购后的企业不会对先进入企业 1 进行技术许可其利润更高；当技术革新程度 $\lambda\in(0.6295,1]$ 时，企业 4 兼并先进入企业 1，但并购后的企业会对跟随企业 2 进行技术许可其利润更高①。

如果政府不允许企业进行补贴时，那么技术拥有企业兼并时的利润、消费者剩余以及社会福利调整为：

① 详细的解释见命题 5 - 1、命题 5 - 2 以及命题 5 - 3 相关内容的阐述。

$$\pi_4^{IN}=\begin{cases}\dfrac{(-1+\lambda)^2}{\lambda(-2+\lambda)^2}-\dfrac{1}{64} & 0<\lambda\leqslant\dfrac{2}{5}\\ \dfrac{(-16+10\lambda+3\lambda^2)^2}{64\lambda(-4+\lambda^2)^2}-\dfrac{1}{64} & \dfrac{2}{5}<\lambda\leqslant 0.7109\\ \dfrac{1152+384\sqrt{\lambda}-944\lambda-768\lambda^{3/2}+1360\lambda^2+168\lambda^{5/2}-1127\lambda^3}{800(-4+\lambda)^2\lambda}-\dfrac{1}{32} & 0.7109<\lambda\leqslant 0.9325\\ \dfrac{1}{16\lambda}-\dfrac{3}{64} & 0.9325<\lambda\leqslant 1\end{cases}$$

$$CS^{IN}=\begin{cases}\dfrac{(-1+\lambda)^2}{2\lambda(-2+\lambda)^2} & 0<\lambda\leqslant\dfrac{2}{5}\\ \dfrac{256-432\lambda+324\lambda^2-16\lambda^3-51\lambda^4}{128\lambda(-4+\lambda^2)^2} & \dfrac{2}{5}<\lambda\leqslant 0.7109\\ \dfrac{9(16-4\sqrt{\lambda}-4\lambda+7\lambda^{3/2})^2}{3200\lambda(-4+\lambda)^2} & 0.7109<\lambda\leqslant 0.9325\\ \dfrac{1}{32\lambda} & 0.9325<\lambda\leqslant 1\end{cases}$$

$$W^{IN}=\begin{cases}\dfrac{(-3+\lambda)(-1+\lambda)}{2(-2+\lambda)^2\lambda} & 0<\lambda\leqslant\dfrac{2}{5}\\ \dfrac{784-464\lambda-132\lambda^2+240\lambda^3-61\lambda^4}{128\lambda(-4+\lambda^2)^2} & \dfrac{2}{5}<\lambda\leqslant 0.7109\\ \dfrac{3(-4352+896\sqrt{\lambda}+2224\lambda-1792\lambda^{3/2}-440\lambda^2+392\lambda^{5/2}+147\lambda^3)}{3200\lambda(-4+\lambda)^2} & 0.7109<\lambda\leqslant 0.9325\\ \dfrac{7}{32\lambda} & 0.9325<\lambda\leqslant 1\end{cases}$$

当技术革新程度较高 $\lambda\in(0,0.7109]$ 时，技术拥有企业 4 的最优选择是兼并跟随企业 2，且并购后的企业 I 不会对领导企业 1 进行技术许可；当技术革新程度较低 $\lambda\in(0.7109,0.9325]$ 时，企业 4 的最优选择是兼并领导企业 1，但并购后的企业会对跟随企业 2 进行技术许可，当技术革新程度很低 $\lambda\in(0.9325,1]$ 时，企业 4 的最优选择是同时兼并两个企业。①

命题 5－4 表明，不论政府是否允许企业进行补贴，当技术革新程度较

① 详细的解释见命题 5－1、命题 5－2 以及命题 5－3 相关内容的阐述。

高时，技术拥有企业偏好于向跟随企业进行技术许可；而技术革新程度较低时，技术拥有企业偏好于同时向两个企业进行技术许可。因此，根据本章命题 5 - 4 可以得到：

当政府允许企业进行补贴时，技术拥有企业技术许可时的利润、消费者剩余以及社会福利分别为：

$$\pi_4^{LY}=\begin{cases}\dfrac{-512+292\lambda+268\lambda^2+\lambda^3}{64\lambda\ (6+\lambda)^2} & 0<\lambda\leqslant 0.5067\\ \dfrac{4096-5376\lambda+64\lambda^2+1092\lambda^3+156\lambda^4-7\lambda^5}{64\lambda(256-132\lambda^2-12\lambda^3+7\lambda^4)} & 0.5067<\lambda\leqslant 0.6426\\ \dfrac{3}{28\lambda}-\dfrac{3}{64} & 0.6426<\lambda\leqslant 1\end{cases}$$

$$CS^{LY}=\begin{cases}\dfrac{(2+\lambda)^2}{2\lambda\ (6+\lambda)^2} & 0<\lambda\leqslant 0.5067\\ \dfrac{\begin{array}{c}65536-94208\lambda+41984\lambda^2+14912\lambda^3-\\24368\lambda^4+320\lambda^5+4312\lambda^6+284\lambda^7-123\lambda^8\end{array}}{8\lambda\ (-16-2\lambda+\lambda^2)^2\ (-16+2\lambda+7\lambda^2)^2} & 0.5067<\lambda\leqslant 0.6426\\ \dfrac{9}{392\lambda} & 0.6426<\lambda\leqslant 1\end{cases}$$

$$W^{LY}=\begin{cases}\dfrac{(2+\lambda)(10+\lambda)}{2\lambda\ (6+\lambda)^2} & 0<\lambda\leqslant 0.5067\\ \dfrac{\begin{array}{c}3145728-1898496\lambda-1369600\lambda^2+367392\lambda^3+\\201008\lambda^4+57264\lambda^5+7224\lambda^6+1962\lambda^7+1415\lambda^8-98\lambda^9\end{array}}{128\lambda\ (-16-2\lambda+\lambda^2)^2\ (-16+2\lambda+7\lambda^2)^2} & 0.5067<\lambda\leqslant 0.6426\\ \dfrac{75}{392\lambda} & 0.6426<\lambda\leqslant 1\end{cases}$$

当技术革新程度很高 $\lambda\in(0,0.6426]$ 时，企业 4 仅向跟随企业 2 进行技术许可时其利润更高；当技术革新程度 $\lambda\in(0.6426,1]$ 时，企业 4 同时向先进入企业 1 和跟随企业 2 进行技术许可时其利润更高。[1]

当政府不允许企业进行补贴时，技术拥有企业技术许可时的利润、消

① 详细的解释见命题 4 - 4 相关内容的阐述。

费者剩余以及社会福利分别为：

$$\pi_4^{LN}=\begin{cases}\dfrac{-512+292\lambda+286\lambda^2+\lambda^3}{64\lambda(6+\lambda)^2} & 0<\lambda\leqslant 0.4\\ \dfrac{256-336\lambda+4\lambda^2+68\lambda^3+9\lambda^4-\lambda^5}{64\lambda(-4+\lambda^2)^2} & 0.4<\lambda\leqslant 0.8877\\ \dfrac{3(-8+7\sqrt{\lambda})}{64\sqrt{\lambda}}-\dfrac{3}{64} & 0.8877<\lambda\leqslant 1\end{cases}$$

$$CS^{LN}=\begin{cases}\dfrac{(2+\lambda)^2}{2\lambda(6+\lambda)^2} & 0<\lambda\leqslant 0.4\\ \dfrac{256-432\lambda+324\lambda^2-16\lambda^3-51\lambda^4}{128\lambda(-4+\lambda^2)^2} & 0.4<\lambda\leqslant 0.8877\\ \dfrac{9}{128} & 0.8877<\lambda\leqslant 1\end{cases}$$

$$W^{LN}=\begin{cases}\dfrac{(2+\lambda)(10+\lambda)}{2\lambda(6+\lambda)^2} & 0<\lambda\leqslant 0.4\\ \dfrac{768-464\lambda-132\lambda^2+240\lambda^3-61\lambda^4}{128\lambda(-2+\lambda)^2(2+\lambda)^2} & 0.4<\lambda\leqslant 0.8877\\ \dfrac{3(-16+3\sqrt{\lambda})}{128\sqrt{\lambda}} & 0.8877<\lambda\leqslant 1\end{cases}$$

与政府允许企业补贴相同的是，当技术革新程度较高 $\lambda\in(0,0.8877]$ 时，企业 4 仅向跟随企业 2 进行技术许可时其利润更高；当技术革新程度较低 $\lambda\in(0.8877,1]$ 时，企业 4 同时向先进入企业 1 和跟随企业 2 进行技术许可时其利润更高。①

分别比较技术许可和企业兼并时，技术拥有企业的利润 π_4^{LN} 和 π_4^{IN} 的值以及 π_4^{LY} 和 π_4^{IY} 的值、CS^{LN} 和 CS^{IN} 的值以及 CS^{LY} 和 CS^{IY}、W^{LN} 和 W^{IN} 的值以及 W^{LY} 和 W^{IY} 可以得到：

命题 5-5：如果政府允许企业补贴，当技术革新程度较高时，技术拥有企业偏好于通过企业兼并的方式转移技术，且兼并时的消费者剩余和社会福利也更高，而当技术革新程度较低时，技术拥有企业偏好于通过技术

① 详细的解释见命题 5-4 相关内容的阐述。

许可的方式转移技术；如果政府不允许企业补贴，技术拥有企业弱偏好于通过企业兼并的方式转移技术，且当技术革新程度较高时，兼并时的消费者剩余和社会福利更高①②。

命题 5 - 5 表明，不论政府是否允许技术拥有企业对技术接受企业进行补贴这种行为，对技术拥有企业而言，最优的技术转移方式取决于企业技术创新的程度。其背后的经济学原因可以这样理解：为了解释更清楚，作者根据技术创新程度的不同区间段来分别做相应的解释。

当技术革新程度很高 $\lambda \in (0,0.4]$，在企业兼并和技术许可两种技术转移方式下，技术转移发生后领导企业 1 被挤出最终产品市场。相比较而言，技术许可时由于企业 4 会设定正的单位产出费率，这必然提高了下游企业的生产成本，从而削减了下游企业的新增利润。因此，技术许可时技术拥有企业 4 的利润更低。

同时，由于技术许可时下游企业的生产成本更高，因而最终产品的产量更低、产品价格更高，这样消费者剩余必然更低。并且，由于技术许可时下游企业的成本更高造成更大的市场扭曲，进而带来更低的产业利润。此时，技术许可时的社会福利也必然更低。

当技术革新程度 $\lambda \in (0.4,0.5067]$，与第一种情况不同的是：技术许可时技术拥有企业 4 为了提高技术接受企业 2 的市场竞争力，其对企业 2 设定负的单位产出费率。与企业兼并相比，技术许可时负的单位产出费率会降低企业 2 的边际成本，故企业 2 的产出更高、产品价格更低、生产利润更高。因而，与企业兼并相比，技术许可时企业 2 的新增生产利润更高，技术拥有企业 4 的利润必然更高。

与企业兼并相比，技术许可时企业 2 提供的高质量产品价格更低且产出更高，高质量产品消费者的消费者剩余高很多，并且超过兼并时高低质量产品消费者的消费者剩余之和，故技术许可时的消费者剩余更高。同

① 由于命题 5 - 5 中政府允许技术拥有企业进行补贴与政府允许技术拥有企业进行补贴这两种情形的经济学解释很相似，因此本命题只对政府允许企业进行补贴这种情形进行解释。

② 命题 5 - 5 的数学证明见附录 3 - 6。

时，技术许可时下游企业的成本更低[①]造成市场扭曲相对较小，进而带来更高的产业利润，技术许可时的社会福利也必然更高。

当技术革新程度 $\lambda \in (0.5067, 0.6295]$，与企业兼并相比，技术许可时企业 4 的利润更高，经济学解释与技术革新程度 $\lambda \in (0.4, 0.5067]$ 相同，就不再重复阐述。

与企业兼并相比，技术许可时企业 4 为了提高企业 2 的市场竞争力，其对企业 2 设定负的单位产出费率，企业 2 的产出更高、产品价格更低；此时企业 1 的市场竞争力也更弱、产出更低、价格也更高。因此，技术许可时低（高）质量产品消费者的消费者剩余也更低（高）。但由于整个社会中高质量消费者的消费者剩余起主导作用，总体上讲，因此技术许可时消费者剩余更高。

并且，与企业兼并相比，技术许可时尽管企业 1 的产出相对更低，但企业 2 的产出则高很多，故下游市场企业的总产出更高，这种情形下下游市场对中间产品的需求更高，中间产品的价格也就更高。这意味着，与企业兼并相比，尽管高质量产品生产企业接受单位补贴而成本更低，双重加价所造成市场扭曲更小，这有利于产业利润的增加；但由于技术许可时下游市场中低质量产品生产企业的成本更高，双重加价所造成市场更大的扭曲，其对产业利润增加的不利影响也就更大，总体上看技术许可时的产业利润反而更低。当然，由于此时社会福利中消费者剩余起主要作用，故技术许可时社会福利更高。

当技术革新程度 $\lambda \in (0.6295, 0.6426]$ 时，企业兼并时，并购后的企业 I 对企业 2 设定一个正的单位产出费率，导致领导企业 1 因成本劣势被挤出最终产品市场；[②] 技术许可时，企业 4 对跟随企业 2 仍然设定负的单位产出费率，且企业 1 在市场上生产低质量产品。然而，兼并时并购后的企业 I 在最终产品市场上垄断生产高质量产品，因而并购企业 I 的产出更低、

① 与企业兼并相比，尽管技术许可时企业 2 垄断了最终产品市场，企业 3 为了从其高利润掠取部分利润而设定相对较高的中间产品价格，但由于技术许可发生后企业 2 接受单位补贴更高。因而总体来看，技术许可时，下游企业的成本更低，市场扭曲更小。

② 技术许可后尽管企业 1 被挤出市场，但兼并后的企业对企业 1 进行一次性补偿，使其利润等于技术许可前的利润水平。

产品价格更高、生产利润也就更高。但由于企业1和企业2的初始利润之和远大于企业2的初始利润，故兼并时技术拥有企业4的净利润反而更低。因此，与企业兼并相比，技术许可时拥有创新技术企业4的利润更高。

与此同时，由于技术许可时高质量产品的产出更高、产品价格更低，故高质量产品消费者的消费者剩余更高。同时，技术许可时还有低质量产品消费者的消费者剩余，技术许可时的消费者剩余必然更高。同理，由于兼并时并购企业I垄断最终产品市场而获取高收益，但上游企业3必然会通过提高中间产品的价格来分得一杯羹，故兼并时中间产品的价格更高。因此，相比较而言技术许可时下游企业的成本更低①造成市场扭曲相对较小，进而带来更高的产业利润。显然，技术许可时的社会福利也会更高。

当技术革新程度很高$\lambda \in (0.6426, 1]$，与上面情况不同的是：技术许可时企业4同时向两个企业许可技术，并设定一个正的单位产出费率，以此来完全控制下游企业的产出，使他们的总产出水平等于下游市场完全垄断时的产出水平。此时，下游企业的总产出更低、产品价格更高、生产利润也就更高（不考虑技术许可费的支付），② 故技术许可时下游市场企业的新增利润更高，创新企业4的利润相应也就更高。

由于与企业兼并相比，技术许可时产品价格更高，产出水平更低，消费者剩余一定会更低。同时，与企业兼并相比，技术许可时由于企业4设定正的单位产出费率会造成更大的市场扭曲，进而带来更低的产业利润。这样，技术许可时的社会福利也更低。

综上所述，当技术革新程度很高时，企业兼并时技术拥有企业的利润、消费者剩余和社会福利更高，然而当技术革新程度较高时，技术许可时技术拥有企业的利润、消费者剩余和社会福利更高；当技术创新程度很低时，技术许可时技术拥有企业的利润更高，而消费者剩余和社会福利却

---

① 与企业兼并相比，技术许可时中间产品价格更低，且企业4还给企业2进行单位补贴，故技术许可时下游企业成本更低。

② 兼并时，如果兼并后的企业I要实现下游完全垄断的市场均衡状况，其做法是设定更高的单位产出费率，这样企业2接受技术转让产量为负，即企业2不但不生产高质量产品反而从市场上购买高质量产品，这确有完全操控市场之嫌。因此，本章在分析时假设企业2的产出为非负数，这样企业I无法实现完全垄断时均衡状况。

更低。显然，当技术创新程度很低时，技术转移方式的选择则无法实现技术拥有企业目标和社会目标的完美一致。本书的结论与田晓利（2016）研究结论不同，她认为技术拥有企业的最优技术转移方式或者兼并跟随企业后向先进入企业进行技术许可或者同时向两个企业进行技术许可。而本书认为，最优技术转移方式或者只兼并跟随企业或者向跟随企业进行技术许可或者同时向两个企业进行技术许可。

5.5 本章小结

兼并也是一种技术扩散途径，其可以通过较弱甚至消除双重加价带来市场效率的提高。并且，从技术转移的角度看，兼并和技术许可存在替代关系，但已有的相关理论文献关于这一点的研究不多。为了深入研究这个问题，本章借助 Stackelberg 竞争模型，深入分析技术拥有企业最优技术转移方式。本章的研究表明，创新企业的技术转移策略取决于技术革新程度以及政府的反并购政策。具体而言，如果政府不允许企业通过纵向并购的方式转移技术，那么当技术革新程度较高时，技术拥有企业偏好于向跟随企业进行技术许可；技术革新程度较低时，技术拥有企业偏好于同时向两个企业进行技术许可；如果政府允许企业通过纵向并购的方式转移技术，当技术革新程度很高时，技术拥有企业选择兼并跟随企业，且兼并后的企业不向先进入企业进行技术许可，且兼并时的消费者剩余和社会福利也更高，而当技术革新程度较高时，技术拥有企业偏好于向跟随企业进行技术许可；技术革新程度较低时，技术拥有企业偏好于向两个企业同时进行技术许可。

从社会福利的角度看，技术许可并非总优于通过纵向联系进行的企业兼并。当技术革新程度很高或者很低时，技术许可时消费者剩余和社会福利更低。主要源于技术许可收费合同中正的单位产出费率会造成市场扭曲所致。

同时，本章的研究政策启示主要有两点：第一，本章的研究结论可用来评价政府并购政策是否合理。政府基于企业提高效率可以通过技术许可方式实现，从而反对企业并购的政策，这种禁止并购的政策不太合理。因为本章的研究表明，当技术革新程度很高时，如果政府允许企业兼并的方式转移技术，与技术许可相比，兼并时技术拥有企业的利润、消费者剩余和社会福利也更高，这实现了个人目标和社会目标的完美一致。因此，政府的反并购政策不能一概而论。

第二，本章的结论也可以为一些高等院校，以及一些科研机构等非生产性企事业单位的技术成果商业化（技术许可转让还是企业兼并进行转移）提供理论方面的指导。本章研究表明，非生产性企业如研究机构对技术商业化转移方式不能一味地只采取技术许可的方式，即技术买卖而应该多样化，并且技术转移的对象选择也应该灵活处理，至于怎么选择与新技术的创新程度以及政府的并购和补贴政策等密切相关。

第 6 章

同时进入市场条件下的技术许可与企业兼并研究

经济合作与发展组织（1997）和美国现代商业概览（1998）的研究表明，技术创新的扩散与经济增长、生产率、就业、竞争力之间存在很强的正相关关系。

在现实经济中，企业通过技术引进来获取专利技术的情况越来越普遍。中国国家统计局公布的研发机构以及高等学校的科技活动报表显示，规模以上的工业企业购买境内专利技术的经费支出由2011年的2205219.2万元增加到2015年的2299445.4万元，增幅也达42.8%。当然，在现实经济中，企业通过兼并获取其创新技术也不乏先例。例如，2016年，湖北泰特机电有限公司全资收购研发企业荷兰e－Traction公司获得新能源汽车生产的核心技术—轮毂电机技术，从而实现汽车轮毂电机产业化。

根据上述案例可知，企业兼并与技术许可都是常见的技术商业化传播方式，但这两种技术传播商业化方式对社会产生不同的影响。为了深入分析企业兼并和技术许可这两种技术商业化模式，本章同样在上下游的框架中，探讨一个拥有提高产品质量创新技术的非生产性企业，其向下游生产性企业的技术转移方式最优选择问题，并在此基础上进一步分析技术转移的社会福利效应。

6.1 基本模型

6.1.1 前提假设和博弈次序

继续沿用前面章节的相关假定，假设在一个纵向联系的市场中存在3个生产性企业和1个非生产性企业，其中企业1和企业2是下游市场生产最终产品的生产性企业，他们生产产品质量均为 s_1 的低质量产品并进行Cournot竞争或者Bertrand竞争；企业3是生产中间产品的上游企业，并在中间产品市场上进行垄断生产和销售，其边际成本假设为零；企业4为非生产性企业，其专门从事专利技术研发。

假定企业 1 和企业 2 的生产成本相同，他们生产一单位最终产品需要投入一单位中间产品。

假定非生产性企业 4 拥有一项可以提高产品质量的技术，其可以利用技术许可或企业兼并向最终产品的生产企业转移该项技术。该项技术的使用能够将最终产品的质量由 s_1 提升为 s_2，假定 $s_1 = \lambda s_2$，必然 $\lambda \in (0,1)$。按照通常情况下尽可能减少变量的做法，s_1 可以标准化等于 1，这样 $s_2 = 1/\lambda$（技术受让企业如果使用该项技术可以将产品产量将由 1 提高到 $1/\lambda$）。因而，λ 是描述产品质量差异程度的指标，λ 越小，产品质量差异程度越大，新技术创新程度越高；反之，λ 越大，产品质量差异程度越小，新技术创新程度越低。

与前面的相关章节一样，仍然借鉴 Tirole（1988）的分析方法，假设代表性消费者的效用函数为：

$$U = \begin{cases} \theta \mathrm{s}_i - p_i & \text{购买质量为 } \mathrm{s}_i \text{ 价格为 } p_i \text{ 的商品} \\ 0 & \text{不购买商品} \end{cases}, i \in (1,2)$$

其中，U 为消费者的效用；参数 θ 表示消费者的偏好，且 θ 均匀地分布在区间$[0,1]$上。s_i 代表所消费产品的质量；p_i 代表产品的价格，假设消费者总数为 $N=1$，且每个消费者最多购买一单位产品。

本章的博弈次序为：首先，政府反垄断组织是否允许非生产性企业 4 实施企业兼并活动；其次，企业 4 决定通过技术许可还是企业兼并①转移技术；② 再次，上游企业 3 决定中间产品的价格或产量；最后，技术商业化模式等既定时，企业 1 和企业 2 进行 Cournot 竞争或者 Bertrand 竞争。延续前面的做法，本章依旧采用倒推法进行均衡状态的求解。

---

① 当然，前提是政府允许企业兼并活动。

② 假设技术许可收费形式是固定收费加单位产出费(r,f)，其中 r 表示单位产出费率；f 表示固定费用。之所以本章做此假设，原因是对于技术拥有企业而言，技术许可的三种收费方式中固定收费加单位产出费许可能给其带来更高的利润。

6.1.2 技术转移发生前的市场均衡状态

技术商业化转移前企业 1 和企业 2 都生产产品的质量为 s_1 的低质量产品，故消费者只能消费低质量产品。根据相关的数理推导，不难得到他们对低质量产品的需求函数为：$p=1-q$，$q=q_1+q_2$（企业 1 的产量为 q_1；企业 2 的产量为 q_2）。

（1）企业之间进行 Cournot 竞争

若企业 1 和企业 2 进行 Cournot 竞争，则各企业均衡产出和利润以及消费者剩余和社会福利分别为：[①]

$$q_1=q_2=\frac{1}{6}$$

$$q_3=\frac{1}{3}$$

$$\pi_1=\pi_2=\frac{1}{36}$$

$$\pi_3=\frac{1}{6}$$

$$CS=\frac{1}{18}$$

$$SW=\frac{5}{18}$$

（2）企业之间进行 Bertrand 竞争

由于在新技术商业化之前，企业 1 和企业 2 都生产低质量产品，且它们的生产成本相同。当它们进行价格竞争时，最终产品的价格必然等于它们的边际成本，[②] 两个企业利润均为零。

记 w 为中间产品的价格，则最终产品的价格 $p_1=p_2=w$。由下游企业

---

① 详细推导过程见本书第 2 章，在此不进行重复推导。

② 如果一个企业的定价高于边际成本，则竞争对手存在削价的动机，直到双方都定价等于边际成本为止。

的产品需求函数 $p = 1 - q$ 可以求出：企业 1 和企业 2 的产出为 $q_1 = q_2 = \frac{1-w}{2}$。[①] 这样可以进一步求出，下游厂商对上游企业 3 所生产产品的引致需求函数为：$q_3 = 1 - w$

中间品生产企业 3 的利润函数 $\pi_3 = (1 - q_3) \times q_3$，容易求出其利润最大化的产出 $q_3 = 1/2$。因此，均衡时中间产品的价格为 $w = 1/2$。进一步可以求得企业 3 的利润为 $\pi_3 = 1/4$。将中间产品的均衡价格代入相应的函数，可以求出企业 1 和企业 2 的均衡产出和利润分别为：$q_1 = q_2 = 1/4$ 和 $\pi_1 = \pi_2 = 0$

进一步，可以得到相应的消费者和社会福利分别为：

$$CS = \frac{1}{8} \text{和} W = \sum_{i=1}^{4} \pi_i^B + CS^B = \frac{3}{8}$$

为了便于表述，与第五章相似的是，本章分别用 π_k^{fhjlm}、w^{hjlm}、p_k^{hjlm}、q_k^{hjlm}、CS^{hjlm} 和 W^{hjlm} 表示企业的利润、[②] 中间产品价格、最终产品价格、企业的产量、消费者剩余和社会福利，其中，$f = C, B$ 分别表示古诺竞争和伯川竞争，$h = L, I$ 分别代表技术许可的技术转移方式和企业兼并的技术转移方式；$j = 1, B$ 代表接受技术转移的企业数，I 表示一个企业接受技术转移；B 表示两个企业都接受技术转移；$k = I, 1, 2, 3, 4$，则分别代表并购企业 I、生产性企业 1、企业 2 和企业 3 以及非生产性企业 4；$l = Y, N$;，则分别代表并购后的企业向竞争对手进行技术许可和不向竞争对手许可技术；$m = Y, N$ 则分别代表政府允许企业补贴和政府不允许企业补贴这两种情况。

---

① 由于企业 1 与企业 2 是对称的，因此假设他们各占一半的市场份额。

② 对于企业 4 而言，利润指的是技术许可费收入；对其他企业而言，利润为生产利润。

6.2　Cournot 竞争条件下的企业兼并与技术许可分析

6.2.1　企业兼并

如果政府允许企业通过企业兼并的方式来转移技术，则技术拥有企业 4 可以有两种选择：一种是并购一个企业；另一种是并购两个企业。

（1）并购一个企业

当技术拥有企业 4 通过兼并的方式向企业 1 转移技术时，并购企业 I 同样可以选择向企业 2 通过技术许可的方式转让技术或者根本不向企业 2 转让技术。

①不向企业 2 许可技术。并购后的企业 I 使用新技术生产为质量为 s_2 的高质量产品，而企业 2 生产质量为 s_1 的低质量产品。这意味着最终产品市场上的企业生产不同质量的产品，兼并有弱化市场竞争的作用。

根据 $\theta s_2 - p_1^{CI1N} = \theta s_1 - p_2^{CI1N}$ 和 $s_1 = \lambda s_2 = 1$，可以求出并购企业 I 边际消费者的偏好 $\theta_1 = \dfrac{\lambda(p_1^{CI1N} - p_2^{CI1N})}{1-\lambda}$，同时，根据 $\theta s_1 - p_2^{CI1N} = 0$ 和 $s_1 = 1$，求出企业 2 边际消费者的偏好 $\theta_2 = p_2^{CI1N}$

并购企业 I 和企业 2 的需求函数分别表示为：

$$q_1^{CI1N} = 1 - \frac{\lambda(p_1^{CI1N} - p_2^{CI1N})}{1-\lambda}$$

$$q_2^{CI1N} = \frac{\lambda(p_1^{CI1N} - p_2^{CI1N})}{1-\lambda} - p_2^{CI1N}$$

因此，并购企业 I 和企业 2 的利润函数分别为：

$$\pi_I^{CI1N} = \left(\frac{1 - q_I^{CI1N} - \lambda q_2^{CI1N}}{\lambda} - w^{CI1N}\right) \times q_I^{CI1N}$$

$$\pi_2^{CI1N} = (1 - q_2^{CI1N} - q_I^{CI1N} - w^{CI1N}) \times q_2^{CI1N}$$

由两个企业的反应函数，容易求出两个企业的产出为：$q_I^{CI1N}=\frac{2-\lambda-\lambda w^{CI1N}}{4-\lambda}$，$q_2^{CI1N}=\frac{1-2w^{CI1N}+\lambda w^{CI1N}}{4-\lambda}$。进而可以得到企业3的引致需求函数 $q_3^{CI1N}=\frac{-3+2w^{CI1N}+\lambda}{-4+\lambda}$。中间品生产企业3的利润函数可以表示为：$\pi_3^{CI1N}=\frac{1}{2}(3-\lambda-4q_3^{CI1N}+\lambda q_3^{CI1N})\times q_3^{CI1N}$。

根据相关的数学知识，企业3的均衡价格和利润分别为：

$$w^{CI1N}=\begin{cases}\frac{1}{2-\lambda} & 0<\lambda\leqslant\frac{1}{2}(5-\sqrt{17})\\ \frac{3-\lambda}{4} & \frac{1}{2}(5-\sqrt{17})<\lambda\leqslant1\end{cases}$$

$$\pi_3^{CI1N}=\begin{cases}\frac{1-\lambda}{(-2+\lambda)^2} & 0<\lambda\leqslant\frac{1}{2}(5-\sqrt{17})\\ \frac{(-3+\lambda)^2}{8(4-\lambda)} & \frac{1}{2}(5-\sqrt{17})<\lambda\leqslant1\end{cases}$$

当技术革新程度较低时，上游企业3会确定一个相对较低的中间产品价格，其同时向企业I和企业2供给中间产品时总利润更高；当技术革新程度较高时，企业3会确定相对较高的中间产品，此时低质量产品生产企业2被挤出最终产品市场，故企业3只给高质量产品生产企业I供给中间产品。通过比较容易发现，企业兼并发生后，中间产品生产企业3利润总在增加。关于这点容易理解，企业兼并发生后，下游市场产品质量得到了提高，消费者对产品需求增加，进而对中间产品的需求上升，企业3的利润会增加。

将上述均衡价格代入相应的函数可以得到企业I和企业2的均衡产出和利润分别为：

$$q_I^{CI1N}=\begin{cases}\frac{-1+\lambda}{-2+\lambda} & 0<\lambda\leqslant\frac{1}{2}(5-\sqrt{17})\\ \frac{8-7\lambda+\lambda^2}{16-4\lambda} & \frac{1}{2}(5-\sqrt{17})<\lambda\leqslant1\end{cases}$$

$$q_2^{CI\cap N}=\begin{cases}0 & 0<\lambda\leqslant\frac{1}{2}(5-\sqrt{17})\\ \frac{2-5\lambda+\lambda^2}{4(-4+\lambda)} & \frac{1}{2}(5-\sqrt{17})<\lambda\leqslant 1\end{cases}$$

$$\pi_I^{CI\cap N}=\begin{cases}\frac{(-1+\lambda)^2}{\lambda(-2+\lambda)^2} & 0<\lambda\leqslant\frac{1}{2}(5-\sqrt{17})\\ \frac{(8-7\lambda+\lambda^2)^2}{16\lambda(-4+\lambda)^2} & \frac{1}{2}(5-\sqrt{17})<\lambda\leqslant 1\end{cases}$$

$$\pi_2^{CI\cap N}=\begin{cases}0 & 0<\lambda\leqslant\frac{1}{2}(5-\sqrt{17})\\ \frac{(2-5\lambda+\lambda^2)^2}{16(-4+\lambda)^2} & \frac{1}{2}(5-\sqrt{17})<\lambda\leqslant 1\end{cases}$$

容易发现，兼并活动给并购企业 I 的竞争对手企业 2 带来负的外部效应。原因是并购企业 I 的产品质量提高而产品生产成本并没有增加，必然减弱了企业 2 的市场竞争力，从而导致其利润下降，并且企业 2 利润的下降幅度随着技术创新所带来的产品质量提高程度的上升而扩大。①

均衡时的消费者剩余与社会福利分别为：

$$CS^{CI\cap N}=\begin{cases}\frac{(-1+\lambda)^2}{2\lambda(-2+\lambda)^2} & 0<\lambda\leqslant\frac{1}{2}(5-\sqrt{17})\\ \frac{-64+140\lambda-153\lambda^2+75\lambda^3-15\lambda^4+\lambda^5}{32\lambda(-4+\lambda)^2} & \frac{1}{2}(5-\sqrt{17})<\lambda\leqslant 1\end{cases}$$

$$W^{CI\cap N}=\begin{cases}\frac{(-3+\lambda)(-1+\lambda)}{2(-2+\lambda)^2\lambda} & 0<\lambda\leqslant\frac{1}{2}(5-\sqrt{17})\\ \frac{192-212\lambda+111\lambda^2-5\lambda^3-7\lambda^4+\lambda^5}{32\lambda(-4+\lambda)^2} & \frac{1}{2}(5-\sqrt{17})<\lambda\leqslant 1\end{cases}$$

显然，并购活动发生后，消费者可以体验高质量产品的消费，这有益于消费者剩余。并且，兼并活动没有提高技术接受企业的生产成本，故兼并活动必然会提高整个产业利润。因此，兼并活动从总体上也会提高整个社会福利。

---

① $\frac{d\pi_2}{d\lambda}=\frac{(18-8\lambda+\lambda^2)(2-5\lambda+\lambda^2)}{8(-4+\lambda)^3}<0$

②向企业 2 许可技术。技术转移活动发生后，并购后的企业 I 和企业 2 生产产品质量为 s_2 的高质量产品，并购企业 I 会向企业 2 收取技术许可费用，数额等于企业 2 全部新增利润。根据相关的效用函数不难得到，企业 I 和企业 2 共同面临的需求函数为：$q=1-\lambda_p$。因此，企业 1 和企业 2 利润函数调整为：

$$\pi_I^{CIIY}=(\frac{1-q_I^{CIIY}-q_2^{CIIY}}{\lambda}-w^{CIIY})\times q_I^{CIIY}+r^{CIIY}\times q_2^{CIIY}+f^{CIIY}$$

$$\pi_2^{CIIY}=(\frac{1-q_I^{CIIY}-q_2^{CIIY}}{\lambda}-w^{CIIY}-r^{CIIY})\times q_2^{CIIY}-f^{CIIY}$$

根据相关的数理知识，求得并购企业 I 和企业 2 的均衡产出和利润为：

$$q_I^{CIIY}=\frac{2+5\lambda r^{CIIY}}{12}$$

$$q_2^{CIIY}=\frac{2-7\lambda r^{CIIY}}{12}$$

$$\pi_I^{CIIY}=\frac{4+44\lambda r^{CIIY}-59\ (\lambda r^{CIIY})^2}{144\lambda}+f^{CIIY}$$

$$\pi_2^{CIIY}=\frac{(2-7\lambda r^{CIIY})^2}{144\lambda}-f^{CIIY}$$

假定市场信息完全，兼并后的企业 I 将 f^{CIIY} 设定等于企业 2 因产品品质量提高而获得的全部新增利润值。由于技术许可前企业 2 的利润是：①

$$\pi_2^{CIIY}=\begin{cases}0 & 0<\lambda\leqslant\frac{1}{2}(5-\sqrt{17})\\ \frac{(2-5\lambda+\lambda^2)^2}{16\ (-4+\lambda)^2} & \frac{1}{2}(5-\sqrt{17})<\lambda\leqslant 1\end{cases}$$

因此，固定费用部分为：

$$f^{CIIY}=\begin{cases}\frac{(2-7\lambda r^{CIIY})^2}{144\lambda} & 0<\lambda\leqslant\frac{(5-\sqrt{17})}{2}\\ \frac{(2-7\lambda r^{CIIY})^2}{144\lambda}-\frac{(2-5\lambda+\lambda^2)^2}{16\ (4-\lambda)^2} & \frac{(5-\sqrt{17})}{2}<\lambda\leqslant 1\end{cases}$$

---

① 企业 2 的初始状态的利润不能用技术转移发生前的利润，原因是技术拥有企业 4 先选择通过企业并购的方式转移技术后，再决定是否向企业 2 进行技术许可。因此，企业 2 的初始状态的利润应该用兼并发生后企业 2 的利润。

相应的并购后企业 I 的利润函数为：

$$\pi_I^{C\Pi Y}=\begin{cases}\dfrac{4+8\lambda r^{C\Pi Y}-5(\lambda r^{C\Pi Y})^2}{72\lambda} & 0<\lambda\leqslant\dfrac{(5-\sqrt{17})}{2}\\ \dfrac{4+8\lambda r^{C\Pi Y}-5(\lambda r^{C\Pi Y})^2}{72\lambda}-\dfrac{(2-5\lambda+\lambda^2)^2}{16(4-\lambda)^2} & \dfrac{(5-\sqrt{17})}{2}<\lambda\leqslant1\end{cases}$$

同样，为了便于与技术许可时进行比较，本小节也分政府允许创新企业对技术受让企业进行补贴和不能进行补贴两种情况来进行讨论。

第一，政府允许企业补贴。

并购后的企业 I 选择 r 来最大化其利润，不难得到最优的单位产出费率为 $r^{C\Pi YY}=2/7\lambda$。将最优的单位产出费率代入相应的函数可以得到企业的均衡利润以及相应的消费者剩余和社会福利为：

$$\pi_I^{C\Pi YY}=\begin{cases}\dfrac{4}{49\lambda} & 0<\lambda\leqslant\dfrac{(5-\sqrt{17})}{2}\\ \dfrac{1024-708\lambda+1044\lambda^2-1421\lambda^3+490\lambda^4-49\lambda^5}{784\lambda(-4+\lambda)^2} & \dfrac{(5-\sqrt{17})}{2}<\lambda\leqslant1\end{cases}$$

$$\pi_3^{C\Pi YY}=\frac{6}{49\lambda}$$

$$\pi_2^{C\Pi YY}=\begin{cases}0 & 0<\lambda\leqslant\dfrac{(5-\sqrt{17})}{2}\\ \dfrac{(2-5\lambda+\lambda^2)^2}{16(-4+\lambda)^2} & \dfrac{(5-\sqrt{17})}{2}<\lambda\leqslant1\end{cases}$$

$$CS^{C\Pi YY}=\frac{2}{49\lambda}$$

$$W^{C\Pi YY}=\frac{12}{49\lambda}$$

根据上面的表达式可以比较出：如果技术拥有企业 4 选择并购企业 1，并且政府允许企业 4 对技术受让方企业 2 进行补贴时，如果技术革新程度较低，企业 4 的最好选择是给企业 2 一定数量的一次性补贴，以使企业 2 退出产品的生产。此时，并购企业 I 垄断生产和销售的高质量产品，这样做能更大程度地提高其最终产品的利润，并且如果技术革新程度较高，技术许可发生之前企业 2 的利润为零，在这种情形下，并购企业 I 不需要对企业2进行补贴。

第二，政府不允许企业补贴。

这种情况下意味着单位产出费率和固定费用部分均为非负值，则求解并购企业 I 的利润最大化问题修正为：

$$\underset{r^{CI1YN}}{\mathrm{Max}}\pi_I^{CI1YN}=\frac{4+44\lambda r^{CI1YN}-59\left(\lambda r^{CI1YN}\right)^2}{144\lambda}+f^{CI1YN}$$

$$st\ \frac{2-7\lambda r^{CI1YN}}{12}\geqslant 0\qquad f^{CI1YN}\geqslant 0\qquad r^{CI1YN}\geqslant 0$$

容易求出，并购企业 I 实现利润最大化的单位产出费率为：

$$r^{CI1YN}=\begin{cases}\dfrac{2}{2\lambda} & 0<\lambda\leqslant\dfrac{(5-\sqrt{17})}{2}\\ \dfrac{8-2\lambda+3\sqrt{\lambda}(2-5\lambda+\lambda^2)}{7\lambda(4-\lambda)} & \dfrac{(5-\sqrt{17})}{2}<\lambda\leqslant 1\end{cases}$$

如果技术革新程度较高，并购后的企业应该设定一个相对较高的单位费率来增加其竞争对手企业2的边际成本，以至于将企业2挤出市场；如果技术革新程度较低时，技术许可前并购后的企业 I 与企业2的产品差异程度很小，竞争较激烈。此时，企业 I 设定较高的单位产出费率来弱化市场竞争可以提高下游产业的利润。根据前面的分析可知，其最优选择是设置高的单位产出费率，将企业2挤出市场从而达到垄断下游市场以最大化最终产品生产利润，然后给予企业2一次性的补贴以保证企业2的利润不低于其初始利润。此时政府不允许企业 I 给予企业2一次性补贴，为了保证技术许可后企业2的利润不低于其初始利润，企业 I 定单位产出费率 $r^{CI1YN}=\dfrac{8-2\lambda+3\sqrt{\lambda}(2-5\lambda+\lambda^2)}{7\lambda(4-\lambda)}$，此时的最优单位产出费率是一个角解。

将上式均衡的 r^{CI1YN} 代入相应的函数可以得到各企业的均衡利润分别为：

$$\pi_2^{CI1YN}=\begin{cases}0 & 0<\lambda\leqslant\dfrac{1}{2}(5-\sqrt{17})\\ \dfrac{(2-5\lambda+\lambda^2)^2}{16(-4+\lambda)^2} & \dfrac{1}{2}(5-\sqrt{17})<\lambda\leqslant 1\end{cases}$$

$$\pi_3^{CI1YN}=\begin{cases}\dfrac{6}{49\lambda} & 0<\lambda\leqslant\dfrac{1}{2}(5-\sqrt{17})\\ \dfrac{3\left(-16+2\sqrt{\lambda}+4\lambda-5\lambda^{3/2}+\lambda^{5/2}\right)^2}{392\lambda\left(-4+\lambda\right)^2} & \dfrac{1}{2}(5-\sqrt{17})<\lambda\leqslant 1\end{cases}$$

$$\pi_I^{CI1YN}=\begin{cases}\dfrac{4}{49\lambda} & 0<\lambda\leqslant\dfrac{1}{2}(5-\sqrt{17})\\ \dfrac{1024-708\lambda+1044\lambda^2-1421\lambda^3+490\lambda^4-49\lambda^5}{784\lambda\left(-4+\lambda\right)^2} & \dfrac{1}{2}(5-\sqrt{17})<\lambda\leqslant 1\end{cases}$$

不难发现，当技术革新程度较低时，技术发生转移后上游企业 3 的利润在减少，即技术转移对上游企业有一个负的外部效应。原因是：技术转移活动发生后，一方面，最终产品质量得以提高会引起该产品需求增加，这有利于最终产品的产出增加（需求扩大效应）；但另一方面由于并购企业 I 会对企业 2 设定一个正的单位产出费率，从而带来下游市场生产成本上升，这会促使最终产品的产量减少（成本效应）；并且技术转移活动的成本效应超过需求扩大效应，故最终产品生产企业的总产出减少，企业 3 的购买需求减少，企业 3 的利润必然下降。

相应的消费者剩余和社会福利分别为：

$$CS^{CI1YN}=\begin{cases}\dfrac{2}{49\lambda} & 0<\lambda\leqslant\dfrac{1}{2}(5-\sqrt{17})\\ \dfrac{\left(-16+2\sqrt{\lambda}+4\lambda-5\lambda^{3/2}+\lambda^{5/2}\right)^2}{392\lambda\left(-4+\lambda\right)^2} & \dfrac{1}{2}(5-\sqrt{17})<\lambda\leqslant 1\end{cases}$$

$$W^{CI1YN}=\begin{cases}\dfrac{12}{49\lambda} & 0<\lambda\leqslant\dfrac{1}{2}(5-\sqrt{17})\\ \dfrac{\left(-16+2\sqrt{\lambda}+4\lambda-5\lambda^{3/2}+\lambda^{5/2}\right)^2}{392\left(-4+\lambda\right)^2\lambda} & \dfrac{1}{2}(5-\sqrt{17})<\lambda\leqslant 1\end{cases}$$

综合比较政府允许和不允许企业 I 对技术受让方进行补贴时的利润 π_I^{CI1YN} 和 π_I^{CI1YY} 的值、CS^{CI1YN} 和 CS^{CI1YY}、W^{CI1YN} 和 W^{CI1YY}，[①] 可以发现：

引理 6－1：与政府不允许企业补贴相比时，政府允许企业对技术受让

---

① 因为这两种情形下都是探讨技术拥有企业 4 兼并企业 1，而企业 4 的利润等于并购后企业 I 的利润减去并购前企业 1 的初始利润。因此，比较兼并后企业 I 的利润与比较技术拥有企业 4 的利润结果完全一致。

企业补贴时，技术拥有企业的利润不会更低，但消费者剩余与社会福利却会更低。[①]

引理 6－1 背后的直观经济学含义是：并购企业 I 采用单位产出费加固定收费收费许可方式转移其创新技术给竞争对手，其可以获取竞争对手因产品质量提高的全部新增利润。

如果技术革新程度较低，并购企业 I 调高单位产出费率给其利润带来正负两方面的作用：一方面提高单位产出费率会增加单位产出费收入，但会降低固定费用的部分收入，并且单位产出费率的上升所带来的单位产出费的增加要低于固定费用部分收入减少的幅度，因而提高单位产出费率会从总体减少其技术许可费利润；另一方面提高单位产出费率会提高并购企业 I 的竞争力，从而会带来其生产利润的增加。并且，由于企业 I 生产利润的增加额弥补技术许可费损失还剩余，故并购企业 I 提高单位产出费率会增加其总利润。因此，并购企业 I 的最优做法是设定高的单位产出费率，直到将其企业 2 挤出市场，然后固定费用部分给企业 2 一次性的补贴，这样做并购企业 I 的总利润更高。但此时，如果政府不允许企业 I 对企业 2 进行一次性的补贴，企业 I 只能设定相对较低的单位产出费率，企业 I 的利润也相对较低；如果技术创新程度较高的话，那么政府允许企业补贴与否企业 I 的利润相同。

接着，进一步比较消费者剩余以及社会福利效应。根据上面的分析可知，当技术革新程度较低时，与政府不允许企业补贴相比，政府允许补贴时因并购企业 I 设定较高的单位产出费率将企业 2 挤出最终产品市场，故此时下游市场上并购企业 I 进行垄断生产，下游市场最终产品的产量更低、价格更高，这必然会带来更低的消费者剩余；同时，由于政府允许企业补贴时最终产品的产量更低，企业 3 的产品需求更少、利润也更低，而且企业 3 和企业 I 的总利润也更低，这意味着政府允许企业补贴时的产业利润会更低。因此，政府允许企业进行补贴时社会福利整体也会更低。当然，如果技术革新程度较高，政府允许补贴与政府不允许企业补贴时的市场均

---

① 引理 6－1 的数学证明见附录 4－1。

衡状态相同，消费者剩余和社会福利也必然相同。

当技术拥有企业4选择并购一个企业时，通过比较并购后的企业 I 对其竞争对手进行技术许可时和不进行技术许可时的利润，可以得到：

命题6-1：不管政府是否对企业进行补贴，如果技术革新程度较低，企业 I 应该向竞争对手许可技术；如果技术革新程度较高，企业 I 不应该向竞争对手许可技术。[①]

命题6-1背后的经济学解释是：[②] 本部分只分析政府不允许企业补贴这一种情形。相比较而言，当技术创新程度很高 $\lambda \in (0, 0.6597)$，并购企业 I 不进行技术许可时，为了将生产低质量产品企业2的顾客更多地吸引过来，企业 I 将产品的价格设定更低、产出更高。同时，由于不进行技术许可时下游市场购买中间产品数量更多，中间产品生产企业也会给出相对更低的优惠价，这必然会带来企业 I 生产成本的下降、利润的上升，故并购企业 I 不进行技术许可时其利润更高。

当技术创新程度 $\lambda \in (0.6597, 1)$ 时，并购企业 I 为了吸引低质量产品消费者转而消费高质量的产品，其选择以更低的价格销售产品。同时，由于技术革新程度较低，并购企业 I 与企业2竞争时市场优势不大，此时若并购企业 I 对企业2进行技术许可时，可以通过设定正的单位产出费率来提高其市场竞争优势。因而，相比较而言并购企业 I 不对企业2进行技术许可时的产出更低，生产利润也更低。必须注意的一点是，企业2在技术许可发生前有一个正的利润，进行技术许可时并购企业 I 要对企业2给予一定的数量补贴。因而，并购企业 I 净利润的差额与两种情形下并购企业生产利润的差额与补贴数额有关。如果技术革新程度（$0.6597 < \lambda < 0.6767$）时，补贴数额比利润的差额更高，故并购企业 I 不对企业2进行技术许可时利润更高；如果技术革新程度（$0.6767 < \lambda < 1$）时，则情况相反，企业 I 对企业2进行技术许可时利润更高。

（2）并购两个企业

① 命题6-1的数学证明见附录4-2。

② 这里只分析政府不允许企业补贴这一种情形，因为政府允许补贴的经济学解释很类似，只不过结论以及解释时所对应技术革新程度的区间存在不同。

这种情况下，并购后的企业 I 在最终产品市场上垄断生产和销售高质量的产品，消费者的产品需求函数为：$q = 1 - \lambda p$

根据严密的数理推导，可以得到均衡时并购企业 I 的产出、利润、消费者剩余以及社会福利分别为：$q_I^{CIB} = \frac{1}{4}$，$\pi_I^{CIB} = \frac{1}{16\lambda}$，$CS^{CIB} = \frac{1}{32\lambda}$，$W^{CIB} = \frac{7}{32\lambda}$

综合比较技术拥有企业 4 并购一个企业和同时并购两个企业时的利润，即比较 $\pi_I^{CI1} - \frac{1}{36}$与 $\pi_I^{CIB} - \frac{1}{18}$的值，可以发现：[①]

命题 6－2：政府允许企业补贴时，技术拥有企业偏好于兼并一个企业；政府不允许企业补贴时，如果技术创新程度较高（低）时，那么技术拥有企业偏好于兼并一个（两个）企业[②]。

命题 6－2 表明，如果政府允许技术拥有企业对技术接受企业进行补贴，则兼并一个企业是技术拥有企业的最好选择。这一点不难理解：如果技术拥有企业并购两个下游企业，则并购后的企业能够真正垄断最终产品市场，因而最终产品的产量更低。但相比较而言，如果技术拥有企业只并购一个企业时，为了从企业 2 吸引更多的顾客甚至全部顾客，使他们从低质量产品消费转向购买企业 I 生产的高质量产品，企业 I 必然会以更低的价格销售更多的产品。当然，中间产品生产企业 3 在决定其自身产品的价格时深知这一点，故当技术拥有企业选择并购一个企业时，上游企业 3 会设定更低的中间产品价格。[③] 因此，与同时并购两个企业相比，企业 4 并购一个企业时，并购企业 I 的总收益更低，原材料成本也更低，并且需要对被并购企业的总补偿也更低。综合考虑影响技术拥有企业净利润这三个方面的因素，如果政府允许企业补贴，相比较而言，企业 4 并购一个企业

---

① 因为只兼并一个企业时，只需对企业 1 进行补偿，被兼并之前企业 1 的利润为 1/36；而兼并两个企业需要对企业 1 和企业 2 同时进行补偿，它们的并购前利润之和为 1/18。同时，这里也暗含着并购企业的全部新增利润为技术拥有企业所占有。

② 命题 6－2 的数学证明见附录 4－3。

③ 这意味着当下游企业真正被完全垄断时，上游企业通过设定较高的中间产品价格来分得一杯羹。

时的利润更高（需补充说明的是：如果技术革新程度很高，两种并购选择下并购企业的总成本差额超过了总收益的差额，进而并购一个企业时并购后企业的总利润反而会更高）。[①]

命题6－2同时表明，如果政府不允许企业补贴时，且新技术所带来的产品质量提高程度较低（高）时，企业4并购两或一个企业其利润更高。这背后的经济学含义与命题6－2的前半部分解释类似，在此不再重复进行阐述。

因此，根据命题6－1和命题6－2可以得到：

当政府允许企业进行补贴时，技术拥有企业兼并时的净利润、消费者剩余以及社会福利分别为：[②]

$$\pi_I^{CIY}=\begin{cases}\dfrac{(-1+\lambda)^2}{\lambda(-2+\lambda)^2}-\dfrac{1}{36} & 0<\lambda\leqslant\dfrac{1}{2}(5-\sqrt{17})\\[2ex] \dfrac{(8-7\lambda+\lambda^2)^2}{16\lambda(-4+\lambda)^2}-\dfrac{1}{36} & \dfrac{1}{2}(5-\sqrt{17})<\lambda\leqslant 0.6767\\[2ex] \dfrac{1024-708\lambda+1044\lambda^2-1421\lambda^3+490\lambda^4-49\lambda^5}{784\lambda(-4+\lambda)^2}-\dfrac{1}{36} & 0.6767<\lambda\leqslant 1\end{cases}$$

$$CS^{CIY}=\begin{cases}\dfrac{(-1+\lambda)^2}{2\lambda(-2+\lambda)^2} & 0<\lambda\leqslant\dfrac{1}{2}(5-\sqrt{17})\\[2ex] \dfrac{-64+140\lambda-153\lambda^2+75\lambda^3-15\lambda^4+\lambda^5}{32\lambda(-4+\lambda)^2} & \dfrac{1}{2}(5-\sqrt{17})<\lambda\leqslant 0.6767\\[2ex] \dfrac{2}{49\lambda} & 0.6767<\lambda\leqslant 1\end{cases}$$

$$W^{CIY}=\begin{cases}\dfrac{(-1+\lambda)(-3+\lambda)}{2\lambda(-2+\lambda)^2} & 0<\lambda\leqslant\dfrac{1}{2}(5-\sqrt{17})\\[2ex] \dfrac{192-212\lambda+111\lambda^2-5\lambda^3-7\lambda^4+\lambda^5}{32\lambda(-4+\lambda)^2} & \dfrac{1}{2}(5-\sqrt{17})<\lambda\leqslant 0.6767\\[2ex] \dfrac{8}{49\lambda} & 0.6767<\lambda\leqslant 1\end{cases}$$

---

① 考虑到并购一个企业，企业 I 只需要对一个企业进行补偿的话，因而并购一个企业时技术拥有企业的总利润会更高。

② 企业利润、消费者剩余等上标 N 和 Y 表示政府不允许企业补贴和政府允许企业补贴这两种情形。

当政府不允许企业进行补贴时，技术拥有企业兼并时的净利润、消费者剩余以及社会福利分别为：

$$\pi_4^{CIN}=\begin{cases}\dfrac{(-1+\lambda)^2}{2\lambda(-2+\lambda)^2}-\dfrac{1}{36} & 0<\lambda\leqslant\dfrac{1}{2}(5-\sqrt{17})\\ \dfrac{(8-7\lambda+\lambda^2)^2}{16\lambda(-4+\lambda)^2}-\dfrac{1}{36} & \dfrac{1}{2}(5-\sqrt{17})<\lambda\leqslant 0.7567\\ \begin{array}{l}9126+1728\sqrt{\lambda}-9868\lambda-4752\lambda^{3/2}+12764\lambda^2+\\ \dfrac{1944\lambda^{5/2}-15595\lambda^3-216\lambda^{7/2}+5310\lambda^4-531\lambda^5}{7056\lambda(-4+\lambda)^2}-\dfrac{1}{32}\end{array} & 0.7567<\lambda\leqslant 0.95796\\ \dfrac{1}{16\lambda}-\dfrac{1}{18} & 0.95796<\lambda\leqslant 1\end{cases}$$

$$CS^{CIN}=\begin{cases}\dfrac{(-1+\lambda)^2}{2\lambda(-2+\lambda)^2} & 0<\lambda\leqslant\dfrac{1}{2}(5-\sqrt{17})\\ \dfrac{-64+140\lambda-153\lambda^2+75\lambda^3-15\lambda^4+\lambda^5}{32\lambda(-4+\lambda)^2} & \dfrac{1}{2}(5-\sqrt{17})<\lambda\leqslant 0.7567\\ \dfrac{(-16+2\sqrt{\lambda}+4\lambda-5\lambda^{3/2}+\lambda^{5/2})^2}{392\lambda(-4+\lambda)^2} & 0.7567<\lambda\leqslant 0.95796\\ \dfrac{1}{32\lambda} & 0.95796<\lambda\leqslant 1\end{cases}$$

$$W^{CIN}=\begin{cases}\dfrac{(-3+\lambda)(1+\lambda)}{2(-2+\lambda^2)\lambda} & 0<\lambda\leqslant\dfrac{1}{2}(5-\sqrt{17})\\ \dfrac{192-212\lambda+111\lambda^2-5\lambda^3-7\lambda^4+\lambda^5}{32\lambda(-4+\lambda)^2} & \dfrac{1}{2}(5-\sqrt{17})<\lambda\leqslant 0.7576\\ \begin{array}{l}-1536+160\sqrt{\lambda}+772\lambda-440\lambda^{3/2}-116\lambda^2+\\ -\dfrac{180\lambda^{5/2}+29\lambda^3-20\lambda^{7/2}-10\lambda^4+\lambda^5}{392\lambda(-4+\lambda)^2}\end{array} & 0.7567<\lambda\leqslant 0.95796\\ \dfrac{7}{32\lambda} & 0.95796<\lambda\leqslant 1\end{cases}$$

6.2.2 技术许可

这种技术转移模式下，企业 4 同样有两种选择：一种选择是只对一个企业进行技术许可；另一种是对两个企业进行技术许可。

根据命题 2 - 3 可知：在单位产出费加固定收费许可方式下，不管政府是否允许企业进行补贴，创新技术拥有企业应该只向一个企业许可新技术。由此可以得到：

如果政府允许企业补贴，那么技术许可时的企业利润、消费者剩余和社会福利分别为：①

$$\pi_4^{CLY}=\begin{cases}\dfrac{288-324\lambda+60\lambda^2+\lambda^3}{36\lambda(-6+\lambda)^2} & 0<\lambda\leqslant 0.5049\\[2ex] \dfrac{576-944\lambda+553\lambda^2-123\lambda^3+9\lambda^4}{36\lambda(64-32\lambda+3\lambda^2)} & 0.5049<\lambda\leqslant 1\end{cases}$$

$$CS^{CLY}=\begin{cases}\dfrac{2}{\lambda(-6+\lambda)^2} & 0<\lambda\leqslant 0.5049\\[2ex] \begin{array}{l}4096-9984\lambda+11712\lambda^2-7196\lambda^3+\\ \hline \dfrac{2297\lambda^4-379\lambda^5+31\lambda^6-\lambda^7}{8\lambda(-8+\lambda)^2(-8+3\lambda)^2}\end{array} & 0.5049<\lambda\leqslant 1\end{cases}$$

$$W^{CLY}=\begin{cases}\dfrac{180-12\lambda^2+\lambda^3}{18\lambda(-6+\lambda)^2} & 0<\lambda\leqslant 0.5049\\[2ex] \begin{array}{l}110592-151808\lambda+99392\lambda^2-31556\lambda^3+\\ \hline \dfrac{2715\lambda^4+783\lambda^5-171\lambda^6+9\lambda^7}{72\lambda(-8+\lambda)^2(8-3\lambda)^2}\end{array} & 0.5049<\lambda\leqslant 1\end{cases}$$

如果政府不允许企业补贴，那么技术许可时的企业利润、消费者剩余和社会福利分别为：②

$$\pi_4^{CLN}=\begin{cases}\dfrac{288-324\lambda+60\lambda^2+\lambda^3}{36\lambda(-6+\lambda)^2} & 0<\lambda\leqslant\dfrac{1}{2}(5-\sqrt{17})\\[2ex] \dfrac{576-944\lambda+553\lambda^2-122\lambda^3+9\lambda^4}{144\lambda(-4+\lambda)^2} & \dfrac{1}{2}(5-\sqrt{17})<\lambda\leqslant 1\end{cases}$$

---

① 详细的数理推导以及相应的经济学解释见第 2 章。

② 详细的推导以及相应的经济学解释参见第 2 章，在此不重复论述。

$$CS^{CLN}=\begin{cases}\dfrac{2}{\lambda(-6+\lambda)^2} & 0<\lambda\leqslant\dfrac{1}{2}(5-\sqrt{17})\\ \dfrac{64-140\lambda+153\lambda^2-75\lambda^3+15\lambda^4-\lambda^5}{32\lambda(-4+\lambda)^2} & \dfrac{1}{2}(5-\sqrt{17})<\lambda\leqslant 1\end{cases}$$

$$W^{CLN}=\begin{cases}\dfrac{180-12\lambda^2+\lambda^3}{18\lambda(-6+\lambda)^2} & 0<\lambda\leqslant\dfrac{1}{2}(5-\sqrt{17})\\ \dfrac{1728-1652\lambda+871\lambda^2-29\lambda^3-63\lambda^4+9\lambda^5}{288\lambda(-4+\lambda)^2} & \dfrac{1}{2}(5-\sqrt{17})<\lambda\leqslant 1\end{cases}$$

6.2.3 技术许可与企业兼并的比较

分别比较技术拥有企业 4 通过技术许可转移技术时的利润 π_4^{CLY}（π_4^{CLN}）、消费者剩余 CS^{CLY}（CS^{CLN}）和社会福利 W^{CLY}（W^{CLN}）与企业 4 通过企业兼并转移技术时的利润 π_4^{CIY}（π_4^{CIN}）、消费者剩余 CS^{CIY}（CS^{CIN}）和社会福利 W^{CIY}（W^{CIN}），可以得到：

命题 6－3：不管政府是否允许企业补贴，如果技术革新程度很高，则企业兼并时技术拥有企业的利润更高，并且消费者剩余和社会福利也更高；但如果技术革新程度较低，则技术许可时技术拥有企业的利润更高。①②

命题 6－3 表明：如果政府不允许技术拥有企业对技术被许可企业进行补贴的话，且在新技术革新程度较高时，技术拥有企业 4 更偏好通过企业兼并的方式转移其创新技术，而当技术革新程度较低，其偏好通过技术许可的方式来进行新技术的传播。

其背后的直观经济学解释为：利用企业兼并转移技术时，企业 4 的净利润等于兼并企业 *I* 的利润与被兼并企业初始状态时的利润差；如果利用技术许可的方式转移技术，企业 4 的净利润为技术受让企业新增利润（之和）。③

---

① 这里只解释政府不允许企业补贴的情形。

② 命题 6－3 的数学证明见附录 4－4。

③ 这种说法意味着计算技术受让企业的新增利润时不考虑其技术许可费支付的成本。

当技术革新程度（$\lambda \in (0, (5-\sqrt{17}/2]$）时，技术许可以及企业兼并这两种技术转移方式下，企业2都没有获取创新技术，并且在技术传播活动发生后都退出产品的生产。[①] 与企业兼并相比，如果企业4采取技术许可转移其创新技术，企业4会收取一个正的单位产出费来最大化其利润，而正的单位产出费的收取会造成下游市场的扭曲，进而导致下游企业产出更低、产品价格更高，且产出与产品价格的乘积，即总销售收益也更低。并且，在这种情形下上游企业3收取的中间产品价格也更高，[②] 故技术许可时技术接受企业的新增利润会更低。但是，技术许可时，企业4的利润除技术接收企业的新增利润之外，[③] 还有单位产出费部分。因此，两种技术转移方式下企业4的利润的大小取决于新增利润的差额与单位产出费这两个值，但是由于两种情形下新增利润的差额高于单位产出费部分，故企业兼并时技术拥有企业的利润更高。

由上文的分析可知，与企业兼并相比，技术许可时最终产品的产出更低、价格更高，消费者剩余必然更低；且技术许可时下游企业总销售收益更低，技术许可时的产业利润更低；[④] 因此，当技术革新程度（$\lambda \in (0, 5-\sqrt{17}/2]$）时，技术许可时的社会福利也必然会更低。

当技术革新程度（$\lambda \in (5-\sqrt{17}/2, 0.7567]$）时，两种技术转移方式下企业2都存在于最终产品市场，其生产低质量产品与生产高质量的竞争对手进行竞争。如果政府规定企业4不能对技术受让企业给予补贴，故技术许可时企业4设定的最优单位产出费率为零。此时，两种技术转移方式下的市场均衡状况相同，即技术拥有企业的利润、社会福利以及消费者剩余都相等。

---

① 详细的解释见前面的相关章节。

② 中间产品企业知道技术许可条件下，技术拥有企业有一个正的单位产出费，会带来下游企业的更低产出，因此，为了获得更高的利润，企业3在决定中间产品价格时，会制定一个相对高的价格。

③ 这种说法意味着计算技术受让企业的新增利润只是考虑其支付的单位产出费成本。

④ 由于上游企业3的生产成本假定为零，因而企业兼并和企业技术许可时的产业利润都应该等于下游企业销售的总收益。而中间产品的价格和单位产出费的高低，只涉及相关企业的利润分配问题。

当技术革新程度 $\lambda \in (0.7567, 0.9579]$ 时，如果技术拥有企业 4 进行技术许可时，尽管企业 4 为了提高技术接受企业 1 的竞争力设定的单位产出费率为零，企业 2 仍然能继续生产低质量产品；而企业 4 通过企业兼并转移技术时，兼并企业 I 会向其竞争对手企业 2 转让技术，即兼并发生后企业 2 也生产高质量产品（兼并企业 I 向企业 2 收取正的单位产出费）[①]。因而，与企业兼并时相比，技术许可时，下游企业可以同时满足偏好高质量产品和低质量产品两类消费者的需求，故下游企业的总产出更高。此时，上游企业 3 从最大化其自身利益的角度也会设定更低的中间品价格，故相比较而言，技术许可时中间产品的价格更低（成本因素）；同时，技术许可时企业生产高低质量不同的产品，竞争相对更弱（竞争因素），这两种因素共同作用下，技术许可时技术受让企业的新增利润必然高于兼并时下游市场的新增利润。因而，企业兼并时技术拥有的企业净利润更低。

同样，根据前面的分析可知，技术许可时中间产品价格更低，高质量产品生产成本更低、产出更高、产品价格更低。这意味着技术许可时消费高质量产品的消费者福利更高；同时，技术许可时，一部分偏好低质量产品消费者的需求也得以满足，这也有利于总消费者剩余的提高；当然，技术许可时因中间价格更低，并且单位产出费率又为零，故双重加价造成的扭曲更小，市场上整个产业利润更高。因此，技术革新程度 $\lambda \in (0.7567, 0.9579]$ 下，技术许可时的消费者剩余更高，社会福利也就更高。

当技术革新程度 $\lambda \in (0.9579, 1]$ 时，技术许可时，技术拥有企业只向企业 1 进行技术许可；兼并时技术拥有企业会选择同时兼并两个企业，即第二种企业技术转移方式时，下游市场上两个企业同时生产高质量产品。此时，尽管兼并后的企业 I 为了弱化下游市场的竞争，从而更大程度地增加其在下游市场的生产利润，向其竞争对手企业 2 设定更高的单位产出费率，但是企业 I 获得高质量产品技术的边际成本为零。因此，总体上看，与技术许可相比，兼并时下游企业的成本更低，产出更高，产品价格更

---

① 详细解释见命题 6－1。

低，下游企业的总利润更高（不考虑技术许可费时）。[①] 但是，两种技术转移方式相比较，技术拥有企业在实施兼并时要对被并购的两个企业同时进行补偿，这远高于技术许可时只对一个企业补偿的数额，故技术许可时其总利润更高。

同样，根据前面的分析可知，技术许可时下游企业的成本更高，产出更低，产品价格更高，故技术许可时的消费者剩余肯定更低；同时，技术许可时下游企业成本较高会造成更大的扭曲，进而导致整个产业利润也更低。必然，技术许可时社会福利也更低。当然，社会福利的比较也可以这样理解。兼并时，技术拥有企业会选择兼并两个企业，从而形成一个真正垄断最终产品生产的一体化企业，下游市场的产业利润更高，[②] 技术拥有企业的利润也更高。此时，由于一体化企业完全垄断最终产品市场时企业产出更低，产品价格更高，[③] 故兼并时消费者剩余更低，社会福利也更低。

需要补充的是，如果政府允许技术拥有企业向技术接受企业进行补贴，技术革新程度很高或很低时，技术拥有企业选择兼并来转移技术，技术革新程度适中时，技术拥有企业会选择技术许可来转移技术。其背后的经济学解释与上述解释类似，在此不赘述。

6.3　Bertrand 竞争条件下的技术许可与企业兼并分析

6.3.1　企业兼并

若政府允许企业进行纵向兼并活动，则技术拥有企业 4 可以选择或者

① 尽管由于兼并后的企业 I 对企业 2 进行技术许可，其初始利润为兼并发生后企业 2 的利润，故兼并时企业 4 的利润为下游企业的总利润减去企业 2 的初始利润。但两种情形下，下游企业的利润差远大于企业 2 的初始利润。

② 李长英和珺美（2009）研究结论中正的单位产出费对企业 4 利润不存在第三个影响。

③ 与 Cournt 竞争相比，垄断时的产量更低，价格更高，社会福利更低。

只并购一个企业或者同时并购两个企业。当然，其最终选择并购一个还是并购两个企业取决不同选择之下的利润。

（1）并购一个企业

与 Cournot 竞争条件下不同的是，在 Bertrand 竞争条件下，当企业 4 通过兼并的方式向企业 1 转让技术时，它根本不会选择通过技术许可的方式向企业 2 转让技术。因为这样做的话，下游两个企业生产同质的高质量产品并进行价格竞争，下游企业的新增利润会很低，进而技术拥有企业的利润也就更低。①

此时，并购后的企业 I 生产高质量产品，其竞争对手仍然生产低质量产品。根据代表性消费者的效用函数，可以得到并购后的企业 I 和企业 2 的需求函数分别为：

$$q_I^{BI1}=1-\frac{\lambda(p_I^{BI1}-p_2^{BI1})}{1-\lambda}$$

$$q_2^{BI1}=\frac{\lambda(p_I^{BI1}-p_2^{BI1})}{1-\lambda}-p_2^{BI1}$$

进一步，可以求出企业 I 和企业 2 的利润函数分别为：

$$\pi_I^{BI1}=(p_I^{BI1}-w^{BI1})\left[1-\frac{\lambda(p_I^{BI1}-p_2^{BI1})}{1-\lambda}\right]$$

$$\pi_2^{BI1}=(p_2^{BI1}-w^{BI1})\left[\frac{\lambda(p_I^{BI1}-p_2^{BI1})}{1-\lambda}-p_2^{BI1}\right]$$

由于企业 I 和企业 2 进行 Bertrand 竞争，它们的利润对各自的价格求偏导，能够得到两个下游企业的反应函数分别为 $p_I^{BI1}=\frac{1-\lambda+\lambda w^{BI1}+\lambda p_2^{BI1})}{2\lambda}$ 和 $p_2^{BI1}=\frac{w+\lambda p_I^{BI1}}{2}$。② 联立两个反应函数方程，容易求得企业的价格为：

$$p_I^{BI1}=\frac{2-2\lambda+3\lambda w^{BI1}}{(-4+\lambda)\lambda}$$

① 如果兼并后的企业 I 向企业 2 收取正的单位费，则企业 2 被挤出市场，此时与兼并一个企业的均衡结果相同；如果企业 I 设定单位产出费为零，则企业 I 和企业 2 的利润均为零。

② 与 Cournot 竞争不同的是，它们的反应曲线向右上方倾斜。

$$p_2^{BI1} = \frac{1 + 2w^{BI1} - \lambda + \lambda w^{BI1}}{-4 + \lambda}$$

将上述企业产品的价格代入各自的需求函数，可以得到它们的产出为：$q_I^{BI1} = \frac{2 - \lambda w^{BI1}}{4 - \lambda}$以 $q_2^{BI1} = \frac{-1 + 2w^{BI1}}{-4 + \lambda}$及。因而，可以进一步求出上游企业 3 的需求函数为：$q_3^{BI1} = q_I^{BI1} + q_2^{BI1} = \frac{3 - (2 + \lambda) w^{BI1}}{4 - \lambda}$。这样，企业 3 的利润函数可以表示为：$\pi_3^{BI1} = \frac{3 - (2 + \lambda) w^{BI1}}{4 - \lambda} \times w^{BI1}$

求解企业 3 利润最大化问题即：

$$\max_{w^{BI1}} \pi_3^{BI1} = \frac{3 - (2 + \lambda) w^{BI1}}{4 - \lambda} \times w^{BI1}$$

$$st \ \frac{-1 + 2w^{BI1}}{-4 + \lambda} \geqslant 0$$

该表达式中的约束条件是为了保证企业 2 的产出为非负值，可以求得中间产品的均衡价格为 $w^{B/1} = 1/2$，且此时的均衡解是一个角解。原因在于，如果企业 3 降低中间产品价格可以增加其销售量，当中间产品价格较低时，中间产品价格降低的幅度高于销量增加的幅度，因此，企业 3 的最优做法是设定一个相对较高的价格，在此价格水平下企业 2 因中间产品价格较高被挤出最终产品市场。

将中间产品的价格代入相应的函数不难求出各企业的产出、价格、利润，以及消费者剩余和社会福利分别为：

$$q_I^{BI1} = \frac{1}{2},\ q_2^{BI1} = 0,\ q_3^{BI1} = \frac{1}{2},\ p_I^{BI1} = \frac{1}{2\lambda},\ p_2^{BI1} = \frac{1}{2},\ \pi_I^{BI1} = \frac{1}{4}(-1 + \frac{1}{\lambda}),$$

$$\pi_2^{BI1} = 0,\ \pi_3^{BI1} = \frac{1}{4},\ CS^{BI1} = \int_{\frac{1}{2}}^{1} (\frac{\theta}{\lambda} - \frac{1}{2\lambda}) d\theta = \frac{1}{8\lambda} \text{ 和 } W^{BI1} = \frac{3}{8\lambda}$$

显然，上游企业 3 在兼并前后利润没发生任何变化。这不难理解，与企业兼并之前相比，兼并后新技术的使用一方面提高了下游企业产品的市场需求，促使下游企业产出增加，但是另一方面也弱化市场竞争，促使下游企业产出减少。在正反两方面的作用下，下游企业的总产出不变。因此，下游企业对中间产品的需求不变，中间产品价格不变，上游企业 3 的利润不变。

也不难看出，通过兼并来转移技术活动有益于消费者剩余和社会福利的提高。企业兼并发生后，消费者由兼并之前消费价格更低的低质量产品转为消费价格更高的高质量产品。尽管产品价格的价格上升有损于消费者利益，但是产品质量的提高给消费者带来更大的利益，故企业兼并会提高消费者剩余。根据前面分析可知，下游企业的总产出及生产成本在兼并前后不发生变化，但产品的销售价格上升，故兼并后下游企业的总利润在增加，整个产业利润也会增加。因此，兼并活动也从整体上提高了社会福利。

（2）并购两个企业

由于技术拥有企业4并购企业1和企业2，故并购企业I在最终产品市场上垄断生产和销售高质量的产品。同样，根据代表性消费者的效用函数，可以求出并购后的企业I所面临的需求函数为：$q=1-\lambda p$。因此，并购企业I的利润函数调整为：$\pi_I^{BIB}=(\frac{1-q_I^{BIB}}{\lambda}-w^{BIB})\times q_I^{BIB}$

由利润最大化的一阶条件，可以求出企业I的产出为：$q_I^{BIB}=\frac{1}{2}(1-\lambda w^{BIB})$，这样企业3的引致需求函数也调整为：$q_3^{BIB}=\frac{1}{2}(1-\lambda w^{BIB})$，进一步可以得到企业3的利润函数为：$\pi_3^{BIB}=\frac{1}{\lambda}(1-2q_3^{BIB})\times q_3^{BIB}$。根据简单的数学知识，可以得到企业利润最大化的产出为：$q_3^{BIB}=\frac{1}{4}$。将企业3的均衡产出代入相应的函数，可以求出各企业的产出、产品价格、消费者剩余和社会福利分别为：

$$q_I^{BIB}=q_3^{BIB}=\frac{1}{4}$$

$$q_I^{BIB}=\frac{3}{4\lambda}$$

$$w^{BIB}=\frac{1}{2\lambda}$$

$$\pi_I^{BIB}=\frac{1}{16\lambda}$$

$$\pi_3^{BIB} = \frac{1}{8\lambda}$$

$$CS^{BIB} = \frac{1}{32\lambda}$$

$$W^{BIB} = \frac{7}{32\lambda}$$

通过比较，可以发现一个有趣的问题：兼并发生后，下游企业的总产出在减少。这也不难理解，尽管兼并后因为新技术的采用提高了最终产品的质量，导致产品市场需求扩大，这会促使下游企业的产出增加（称之需求扩大效应）；但由于并购后企业 I 完全垄断最终产品的生产（称之垄断效应），此时中间产品生产企业 3 也会通过提高其产品的价格来掠取下游企业的部分垄断利润，即提高了下游企业的生产成本（称之成本效应①），这都会促使下游企业的产出减少。而且，成本效应和垄断效应之和远超需求扩大效应。因此，企业兼并发生后，下游企业产出水平下降。

同时，还可以发现，兼并活动对上游企业 3 的利润影响不确定。当技术革新程度较高（λ 值较低），兼并给企业 3 带来正的外部效应；然而，当技术革新程度较低时（λ 值较高），兼并给企业 3 带来负的外部效应。这背后的经济学原因是：尽管兼并后下游市场因垄断导致最终产出下降，对企业 3 生产的中间产品需求量减少，但兼并后中间产品价格会上升。当技术革新程度越高，较并购前下游企业提高产品价格的幅度更高，则中间产品生产商提价的幅度也会更高。当技术革新程度较低时，中间产品的价格上升的幅度低于其产出下降的幅度，并购发生后企业 3 的利润下降；当技术革新程度较高时，情况则刚好相反，并购发生后企业 3 的利润增加。

不难发现，通过兼并来转移技术活动可能会降低消费者剩余和社会福利。企业兼并发生后，消费者消费产品的质量得以提高，这有益于消费者福利的提高；但兼并后下游企业的总产出减少，且由于垄断等原因导致产品价格上升，这有损于消费者福利。当产品质量提高程度较高［$\lambda \in (0,1/4)$］时，消费者从消费高质量产品中获得的好处要高于产品价格上涨等带

---

① 为了便于后面的行文表述。

来的损失，此时，兼并活动从总体上会提高消费者剩余；反之，当产品质量提高程度［$\lambda \in (1/4,1)$］时，兼并活动从总体上会减少消费者剩余。并且，根据前面的分析可知，当技术革新程度较低时，兼并发生后中间品生产企业 3 的利润下降；当技术革新程度很低时，上游企业 3 利润下降的幅度高于下游企业利润增加的幅度,[①] 故兼并会导致整个产业利润下降。因而，也必然会导致社会福利的下降。

比较技术拥有企业兼并一个企业时的利润 π_I^{BI1} 与同时兼并两个企业其利润和 π_I^{BIB} 的值,[②] 可以得到：

命题 6 -4：当技术革新程度较高时，技术拥有企业偏好于兼并一个企业；当技术革新程度较低时，技术拥有企业偏好于兼并两个企业，并且此时企业兼并会降低消费者剩余和社会福利。[③④]

命题 6 -4 表明：当新技术提高产品质量的程度较高时，技术拥有企业 4 兼并一个企业其总利润更高；当新技术提高产品质量的程度较低时，则情况刚好相反，企业 4 同时兼并两个企业其总利润更高。

其背后的直观经济学解释是：在市场需求等其他条件既定时，企业利润与其生产成本呈反向变化，与市场竞争程度也呈负相关，即市场竞争程度越高，企业成本越高，企业的利润越低；市场垄断程度越高，企业成本越低，企业利润越高。与兼并一个下游企业相比，兼并两个下游企业时会造成最终产品市场的完全垄断，即市场垄断程度更高；同时根据前面的分析可知，企业 4 兼并两个下游企业比其兼并一个下游企业时中间产品的价格更高，并购两个企业时企业生产成本也更高。当技术革新程度较低［$\lambda \in (3/4,1)$］，并购企业 I 利润影响因素中市场竞争程度起主导作用，故企业 4 同时兼并两个企业其总利润更高；然而当技术革新程度较高［$\lambda \in$

---

① 兼并活动发生前，下游企业都生产低质量产品并且成本相同，因而价格竞争时它们的利润为零。

② 因为企业 1 和企业 2 在兼并之前的利润都为零，因此，技术拥有企业的利润与并购后企业的利润相同。

③ 尽管并购前企业 1 和企业 2 的利润为零，而技术拥有企业的最优选择却并非总是同时兼并两个企业。原因在于本书中引入的上下游，即中间产品的价格不是一个定值。

④ 命题 6 -4 的数学证明见附录 4 -5。

(0,3/4)] 时，并购后的企业 I 利润的影响因素中，企业生产成本高低起主导作用，故企业4只兼并一个企业其总利润更高。

并且根据前面的分析可知，如果技术革新程度较高，企业4兼并一个企业；而如果技术革新程度较低，企业4并购两个企业，并且技术革新程度很低时，企业4并购两个企业会降低消费者剩余和社会福利。[①] 因此，技术革新程度较低时的并购活动会降低消费者剩余和社会福利。

因此，根据命题6-4可以得到，企业4通过兼并的方式转移技术时，技术拥有企业的利润、消费者剩余以及社会福利分别为：

$$\pi_4^{BI} = \begin{cases} \frac{1}{4}\left(-1+\frac{1}{\lambda}\right) & 0<\lambda\leqslant\frac{3}{4} \\ \frac{1}{16\lambda} & \frac{3}{4}<\lambda\leqslant 1 \end{cases}$$

$$CS^{BI} = \begin{cases} \frac{1}{8\lambda} & 0<\lambda\leqslant\frac{3}{4} \\ \frac{1}{32\lambda} & \frac{3}{4}<\lambda\leqslant 1 \end{cases}$$

$$W^{BI} = \begin{cases} \frac{3}{8\lambda} & 0<\lambda\leqslant\frac{3}{4} \\ \frac{7}{32\lambda} & \frac{3}{4}<\lambda\leqslant 1 \end{cases}$$

6.3.2　技术许可

如果技术拥有企业通过技术许可方式来传播其技术，则企业4同样有两个选择：第一种是向一个企业许可技术；第二种是向两个企业许可技术。

（1）向一个企业许可技术

此时，技术受让企业1生产高质量产品，而企业2仍然生产低质量产品。与技术拥有企业兼并一个企业相同的是，企业1和企业2的需求函数

① 详细解释分别见并购一个企业和同时并购两个企业时的社会福利分析。

分别为：

$$q_1^{BL1}=1-\frac{\lambda(p_1^{BL1}-p_2^{BL1})}{1-\lambda}$$

$$q_2^{BL1}=\frac{\lambda(p_1^{BL1}-p_2^{BL1})}{1-\lambda}-p_2^{BL1}$$

与兼并不同的是，技术接受企业 1 需要向企业 4 支付技术许可费，因而企业 1 和企业 2 的利润函数修正为：

$$\pi_1^{BL1}=(p_1^{BL1}-w^{BL1}-r^{BL1})\left[1-\frac{\lambda(p_1^{BL1}-p_2^{BL1})}{1-\lambda}\right]-f^{BL1}$$

$$\pi_2^{BL1}=(p_2^{BL1}-w^{BL1})\left[\frac{\lambda(p_1^{BL1}-p_2^{BL1})}{1-\lambda}-p_2^{BL1}\right]$$

根据企业利润最大化的条件以及上下游市场的纵向相互关系，容易得到企业的产出和利润分别为：

$$q_1^{BL1}=\frac{8-(7+8r^{BL1})\lambda+(r^{BL1}-1)\lambda^2+r^{BL1}\lambda^3}{2(4-\lambda)(1-\lambda)(2+\lambda)}$$

$$q_2^{BL1}=\frac{1-(2+3r^{BL1})\lambda+\lambda^2}{(4-\lambda)(1-\lambda)(2+\lambda)}$$

$$q_3^{BL1}=\frac{3-r^{BL1}\lambda}{8-\lambda^2}$$

$$\pi_1^{BL1}=\frac{[8-(7+8r^{BL1})\lambda+(r^{BL1}-1)\lambda^2+r^{BL1}\lambda^3]^2}{4\lambda(4-\lambda)^2(1-\lambda)(2+\lambda)^2}-f^{BL1}$$

$$\pi_2^{BL1}=\frac{[1-(2+3r^{BL1})\lambda+\lambda^2]^2}{(4-\lambda)^2(1-\lambda)(2+\lambda)^2}$$

$$\pi_3^{BL1}=\frac{(-3+r^{BL1}\lambda)^2}{(4-\lambda)(2+\lambda)}$$

又因为企业 1 接受技术许可之前的利润为了零，因而企业 4 也会把 f^{BLI}设置等于技术许可后企业 1 的全部新增利润。

因此，固定费用部分 $f^{BL1}=\frac{[8-(7+8r^{BL1})\lambda+(r^{BL1}-1)\lambda^2+r^{BL1}\lambda^3]^2}{4\lambda(4-\lambda)^2(1-\lambda)(2+\lambda)^2}$。显然，固定费用部分总是一个非负值。

这样，可以得到技术拥有企业4通过技术许可获得的利润为：[①]

$$\pi_4^{BL1}=r^{BL1}\times q_1^{BL1}+f^{BL1}=\frac{-64+112\lambda-33\lambda^2-14\lambda^3-\lambda^4-6\lambda^2r^{BL1}(8-7\lambda+\lambda^2)+(r^{BL1}\lambda)^2(64+32\lambda-21\lambda^2-4\lambda^3+\lambda^4)}{4\lambda(4-\lambda)^2(-1+\lambda)(2+\lambda)}$$

不难求出，在保证企业2的产出为非负数的条件下，企业4利润最大化的单位产出费率为：$r^{BL1}=\begin{cases}\dfrac{3(8-7\lambda-\lambda^2)}{64+32\lambda-21\lambda^2-4\lambda^3+\lambda^4} & 0<\lambda\leqslant 0.4927\\[2ex] \dfrac{(1-\lambda)^2}{3\lambda} & 0.4927<\lambda\leqslant 1\end{cases}$

需要说明的是，当新技术所带来的产品质量提高幅度较低时，最优的单位产出费率是一个内点解；而当新技术所带来的产品质量提高幅度较高，接受技术许可发生后，技术接受企业1将企业2挤出最终产品市场，最优单位产出费率是一个为正值的边界解。

将技术拥有企业4设定的r^{BL1}代入相应函数，可以得到各企业的均衡利润分别为：

$$\pi_1^{BL1}=0$$

$$\pi_2^{BL1}=\begin{cases}\dfrac{(1-\lambda)(8-15\lambda-3\lambda^2+\lambda^3)^2}{(64+32\lambda-21\lambda^2-4\lambda^3+\lambda^4)^2} & 0.4927<\lambda\leqslant 1\\[2ex] 0 & 0<\lambda\leqslant 0.4927\end{cases}$$

$$\pi_3^{BL1}=\begin{cases}\dfrac{9(4-\lambda)(2+\lambda)(8+\lambda-\lambda^2)^2}{4(64+32\lambda-21\lambda^2-4\lambda^3+\lambda^4)^2} & 0.4927<\lambda\leqslant 1\\[2ex] \dfrac{1}{36}(4-\lambda)(2+\lambda) & 0<\lambda\leqslant 0.4927\end{cases}$$

$$\pi_4^{BL1}=\begin{cases}\dfrac{(1-\lambda)(8+\lambda)^2}{4\lambda(64+32\lambda-21\lambda^2-4\lambda^3+\lambda^4)} & 0.4927<\lambda\leqslant 1\\[2ex] \dfrac{(-4+\lambda)(2+\lambda)(-1+\lambda)}{36\lambda} & 0<\lambda\leqslant 0.4927\end{cases}$$

与企业兼并情形不同的是，技术许可发生后上游企业3的利润在减少。

---

① 在Bertrand竞争条件下技术许可，不管政府是否允许企业补贴最优的单位产出费率和固定费用部分均为正值，因而政府允许企业补贴和政府不允许企业补贴时的均衡状况相同。

原因是：技术许可发生后一方面下游市场竞争弱化；[①] 另一方面下游企业的边际成本上升。[②] 在两方面的共同作用下，下游企业的总产出减少，进而导致上游企业所生产的中间产品需求减少，企业 3 的利润就相对减少。

与初始状态进行比较可以得到：技术革新程度较低时技术许可给企业 2 带来正的外部效应。这一点也容易理解，技术许可后由于企业 1 转向生产高质量的产品，这强化了企业 2 生产低质量产品的垄断实力，且技术拥有企业 4 会对企业 1 收取一个正的单位产出费，进一步提高了企业 2 在与企业 1 竞争时的成本优势，技术许可会提高企业 2 的利润。

而相应的消费者剩余以及社会福利为：

$$CS^{BL1}=\begin{cases}\dfrac{(2+\lambda)^2}{72\lambda} & 0.4927<\lambda\leqslant 1\\ \dfrac{4096-1792\lambda+1728\lambda^2+1636\lambda^3-259\lambda^4-234\lambda^5+\lambda^6+8\lambda^7}{8\lambda(-8-5\lambda+\lambda^2)^2(-8+\lambda+\lambda^2)^2} & 0<\lambda\leqslant 0.4927\end{cases}$$

$$W^{BL1}=\begin{cases}\dfrac{20+8\lambda-\lambda^2}{72\lambda} & 0.4927<\lambda\leqslant 1\\ \dfrac{12288+5888\lambda-3776\lambda^2+2652\lambda^3-865\lambda^4-842\lambda^5+171\lambda^6+44\lambda^7-8\lambda^8}{8\lambda(-8-5\lambda+\lambda^2)^2(-8+\lambda+\lambda^2)^2} & 0<\lambda\leqslant 0.4927\end{cases}$$

令人惊讶的是，技术许可可能会降低消费者剩余。因为技术许可一方面弱化市场竞争，导致下游企业的总产出减少、产品价格上升，这显然有损于消费者尤其是低质量产品消费者（称之为间接效应）；另一方面，技术许可发生后，消费者能消费到高质量产品，这有利于高质量产品消费者福利的增加（称之为直接效应）。综合来讲，如果技术革新程度很低，技术许可给消费者剩余带来的间接效应超过直接效应，故技术许可后消费者剩余减少；如果技术革新程度较高，则情况相反，技术许可后消费者剩余

① 技术革新程度较低时，企业 1 生产高质量产品，企业 2 生产低质量产品；技术革新程度较高时，下游市场只有企业 1 生产高质量产品。相比与企业 1 和企业 2 均生产低质量产品，技术许可发生后的这两种情况，下游市场竞争弱化。

② 因为技术许可时，企业 4 会对技术受让企业 1 设定一个正的单位产出费率。

增加。

当然，由于技术许可弱化下游市场竞争，最终会带来整个产业利润的增加。值得一提的是，如果技术革新程度很低，尽管技术许可后消费者剩余减少，但产业利润会增加，并且产业利润的增加幅度超过消费者剩余减少的幅度，因而技术许可提高了整个社会福利。如果技术革新程度较高，则技术许可后消费者剩余和产业利润都增加，技术许可必然提高了社会福利。

（2）向两个企业转让技术

技术许可发生后，企业 1 和企业 2 同时生产高质量产品。此时，技术传播发生后最终产品市场的竞争程度不会发生任何变化。与同时兼并两个企业时相同，技术许可后企业 1 和企业 2 共同面临的市场需求函数为：$q=1-\lambda p$

因为企业 1 和企业 2 生产同质产品且成本相同，所以价格竞争时企业产品的价格 $p_1^{BLB}=p_2^{BLB}=w^{BLB}+r^{BLB}$，其中 w 和 r 分别表示中间产品的价格和单位产出费率，这样可以得到企业 1 和企业 2 的产出为 $q_1^{BLB}=q_2^{BLB}=\frac{1-\lambda(w^{BLB}+r^{BLB})}{2}$,① $\pi_1^{BLB}=\pi_2^{BLB}=-f^{BLB}$。根据上下游企业之间纵向内在关系以及上游企业 3 利润最大化的条件等，可以得到各企业的产出分别为：$q_1^{BLB}=q_2^{BLB}=\frac{1-\lambda r^{BLB}}{4}$，$q_3^{BLB}=\frac{1-\lambda r^{BLB}}{2}$

同时，由于技术许可发生前企业 1 和企业 2 的利润为零，因此，技术许可费的固定部分 $f^{BLB}=0$。

这样，技术拥有企业的利润函数可以表示为：$\pi_4^{BLB}=r^{BLB}(q_1^{BLB}+q_2^{BLB})+2f^{BLB}=\frac{1-\lambda r^{BLB}}{2}\times r^{BLB}$

根据利润最大化的条件可以求得最优的单位产出费率为 $r^{BLB}=\frac{1}{2\lambda}$。将

---

① 企业 1 和企业 2 的产量之和为 $1-\lambda(w+t)$ 即可，但由于这两个企业对称，一般认为总产出由企业 1 和企业 2 平分总产出，即各自产出均为$\frac{1-\lambda(w+t)}{2}$。

最优单位产出费率代入相关函数，可以求出各企业的利润消费者剩余和社会福利分别为：

$$\pi_1^{BLB} = \pi_2^{BLB} = 0$$

$$\pi_4^{BLB} = \frac{1}{8\lambda}$$

$$\pi_3^{BLB} = \frac{1}{16\lambda}$$

$$CS^{BLB} = \frac{1}{32\lambda}$$

$$W^{BLB} = \frac{7}{32\lambda}$$

不难发现，上述均衡结果与技术拥有企业 4 同时兼并两个企业时的均衡结果很相似。第一，新技术传播对企业 3 利润影响不确定，如果技术革新程度较低（高），那么技术传播发生后企业 3 的利润减少（增加）；第二，技术许可还可能降低消费者剩余和社会福利。这背后的经济学解释也与企业 4 同时兼并两个企业时的情形类似，在此不再重复阐述。

比较技术许可时技术拥有企业的利润 π_4^{BLI} 和 π_4^{BLB} 的值，可以得到：

命题 6－5：如果技术革新程度较高，则技术拥有企业偏好向一个企业许可技术，相反的是，如果技术革新程度较低，则其偏好向两个企业许可技术。①②

命题 6－5 背后的经济学含义比较直观：如果企业 4 向企业 1 和企业 2 转让技术（两个企业生产产品的质量以及生产成本都相同且进行价格竞争，技术接受企业因产品质量提高的新增利润为零，企业 4 固定收费部分为零），则企业 4 的技术许可费收入只包含单位产出费；若企业 4 只向企业 1 许可技术，企业 4 的技术许可费收入由单位产出费和固定费用两部分组成。

---

① 与企业通过并购转移技术一样，尽管技术许可前企业 1 和企业 2 的利润为零，而技术拥有企业的最优选择并非一定是同时向两个企业转让技术。原因在于本书引入的上下游，即中间产品的价格会随着下游市场产出的变动而调整。如果不引入上下游，企业 4 同时向两个企业进行技术许可时总利润更高。

② 命题 6－5 的数学证明见附录 4－6。

与同时向两个企业许可技术相比，企业4只向企业1许可技术时，一方面为了提高企业1的竞争优势进而提高企业1的新增利润，企业4设定的最优单位产出费率更低，故企业4的单位产出费收入就更低；另一方面此时技术许可弱化了市场竞争，企业4有正的固定费用收入。如果技术革新程度较低时，两种许可方式下单位产出费的差额高于固定费用部分的差额，企业4应该向两个企业转让技术；如果技术革新程度较低，单位产出费的差额低于固定费用部分的差额，此时企业4应该只向一个企业许可技术。

同样，根据前面的分析可知，[①] 如果技术革新程度较低，则企业4向两个企业进行技术许可会降低消费者剩余和社会福利。而根据上文分析，技术革新程度较低时企业4应该向两个企业许可技术。因此，当技术革新程度较低时，新技术的许可会降低消费者剩余和社会福利。

因此，根据命题6－5可以得到，技术许可时企业4其利润和消费者剩余以及社会福利分别为：

$$\pi_4^{BL}=\begin{cases}\dfrac{1}{8\lambda} & 0.4927<\lambda\leqslant 1\\[2ex] \dfrac{(-4+\lambda)(-1+\lambda)(2+\lambda)}{36\lambda} & 0<\lambda\leqslant 0.4927\end{cases}$$

$$CS^{BL}=\begin{cases}\dfrac{(2+\lambda)^2}{72\lambda} & 0<\lambda\leqslant 0.4927\\[2ex] \dfrac{1}{32\lambda} & 0.4927<\lambda\leqslant 1\end{cases}$$

$$W^{BL}=\begin{cases}\dfrac{20+8\lambda-\lambda^2}{72\lambda} & 0<\lambda\leqslant 0.4927\\[2ex] \dfrac{7}{32\lambda} & 0.4927<\lambda\leqslant 1\end{cases}$$

---

① 详细解释参见企业4只向一个企业转让技术时的社会福利分析，以及企业4同时并购两个企业时的社会福利分析。

6.3.3 企业兼并与技术许可之间比较

综合比较技术拥有企业通过技术许可转移技术时的利润 π_4^{BL} 和其通过兼并进行转移技术时的利润 π_4^{BI}，可以得到：

命题6－6：如果技术革新程度较低，技术拥有企业偏好技术许可的方式转移技术，如果技术革新程度较高时，其偏好通过兼并的方式转移技术；并且，与技术许可相比，兼并时的消费者剩余和社会福利不会更低。①

命题6－6背后的直观经济学解释为：根据前文的分析可知，当技术革新程度 $\lambda \in (0, 0.4927)$ 时，两种技术转移方式下技术拥有企业4都选择向企业1转移技术。相比较而言，技术许可时技术受让企业1的生产成本包含有一个正的单位产出费，这样企业1的产出更低、产品价格更高，企业1的新增利润也更低。② 此时，尽管技术许可时企业4的总利润中除了企业1的新增利润之外还有技术许可费收入，但是由于技术许可费收入的大小少于两种情形下企业1新增利润的差额。因此，相比较而言技术许可时技术拥有企业的总利润更低。同时，与企业兼并相比，技术许可时由于正的单位产出费率造成更大的双重加价扭曲，整个产业利润更低，产品价格更高，产出水平更低，这样会带来更低的消费者剩余。

当技术革新程度 $\lambda \in (0.4927, 0.75)$ 时，技术许可时企业4选择向企业1和企业2许可技术，并设定的最优单位产出费率为 r^{BLB}，下游产业在该单位产出费率下能实现完全垄断时的产出水平和产品价格；而兼并时企业4只会选择兼并企业1，但由于低质量产品企业2的潜在威胁，并购后的企业 I 并不能完全实施垄断定价。显然，下游市场完全垄断时的企业利润更高，产出水平更低、产品价格更高，消费者剩余更低。因此，技术许可

---

① 命题6－6的数学证明见附录4－7。

② 企业3知道技术许可时企业1的产出更低，为了最大化其利润，企业3会设定一个相对高的中间产品价格，这进一步会提高企业1的生产成本。

时，技术拥有企业 4 的利润更高，[①] 而消费者剩余和社会福利更低。

当技术革新程度 $\lambda \in (0.75, 1)$ 时，两种技术转移方式下企业 4 都选择向两个企业转移技术。不同的是，技术许可时接受技术许可的两个企业同时在最终产品市场上生产高质量产品并进行价格竞争；而兼并时，兼并后的企业 I 垄断生产高质量产品。并且由前文分析可知，技术许可时企业 4 同样可以调整单位产出费率，使得下游产业实现垄断时的均衡状态。因此，这两种技术转移方式下，下游市场的产品价格、产出水平均相同，消费者剩余和社会福利也相同。

与企业兼并不同的是，技术许可时技术拥有企业 4 的利润更高，而上游企业 3 的利润更低，但它们利润之和相等。这一点不难理解，尽管两种技术转移方式下，下游市场都实现了完全垄断的均衡状态。但在技术许可时，技术拥有企业 4 先设定单位产出费率，其会利用它的先行优势设定一个正的单位产出费率，从而迫使上游企业 3 在设定一个较低的中间产品价格，从而转移了企业 3 的部分利润。在兼并时，兼并后的企业则没有这种先行优势。因此，技术许可时企业 4 的利润更高而企业 3 的利润更低。

6.4　不同竞争方式下的技术转移社会福利比较

这一个部分，主要是将本章 6.2 与 6.3 的研究结论做一个比较研究，并将比较结果与已有 Singh 和 Vives（1984）中的经典结论进行对比分析。

6.4.1　纵向兼并时的比较

根据命题 6 - 1 和命题 6 - 2 可知，在下游企业之间进行 Cournot 竞争的条件下，技术拥有企业 4 的最优选择是并购一个企业，且当技术革新程度

---

① 技术转移发生前，接受技术转移企业的利润为零，因此，两种技术转移方式下，技术拥有企业的利润与下游产业利润相等。

较高 $\lambda \in (0, 0.6767)$ 时，并购后的企业 I 不对另一个企业进行技术许可。因而，可以得到 Cournot 竞争的条件的产业利润、消费者剩余以及社会福利分别为：[①]

$$\Pi^{CI} = \begin{cases} \dfrac{1-\lambda}{(-2+\lambda)^2\lambda} & 0 < \lambda \leqslant \dfrac{1}{2}(5-\sqrt{17}) \\ \dfrac{64-36\lambda-21\lambda^2+35\lambda^3-11\lambda^4+\lambda^5}{16(-4+\lambda)^2\lambda} & \dfrac{1}{2}(5-\sqrt{17}) < \lambda \leqslant 0.6767 \\ \dfrac{10}{49\lambda} & 0.6767 < \lambda \leqslant 1 \end{cases}$$

$$CS^{CI} = \begin{cases} \dfrac{(-1+\lambda)^2}{2(-2+\lambda)^2\lambda} & 0 < \lambda \leqslant \dfrac{1}{2}(5-\sqrt{17}) \\ \dfrac{64-140\lambda+153\lambda^2-75\lambda^3+15\lambda^4-\lambda^5}{32(-4+\lambda)^2\lambda} & \dfrac{1}{2}(5-\sqrt{17}) < \lambda \leqslant 0.6767 \\ \dfrac{2}{49\lambda} & 0.6767 < \lambda \leqslant 1 \end{cases}$$

$$W^{CI} = \begin{cases} \dfrac{(-3+\lambda)(-1+\lambda)}{2(-2+\lambda)^2\lambda} & 0 < \lambda \leqslant \dfrac{1}{2}(5-\sqrt{17}) \\ -\dfrac{192-212\lambda+111\lambda^2-5\lambda^3-7\lambda^4+\lambda^5}{32(-4+\lambda)^2\lambda} & \dfrac{1}{2}(5-\sqrt{17}) < \lambda \leqslant 0.6767 \\ \dfrac{12}{49\lambda} & 0.6767 < \lambda \leqslant 1 \end{cases}$$

同样，根据命题 6－4 可以得到，在下游企业之间进行 Bertrand 竞争的条件下，如果技术革新程度较低（高），技术拥有企业选择并购两（一）个企业。因而，可以得到 Bertrand 竞争的条件的产业利润、消费者剩余以及社会福利分别为：

$$\Pi^{BI} = \begin{cases} \dfrac{1}{4\lambda} & 0 < \lambda \leqslant \dfrac{3}{4} \\ \dfrac{3}{16\lambda} & \dfrac{3}{4} < \lambda \leqslant 1 \end{cases}$$

---

① 在这里主要分析政府允许技术拥有企业对技术接受企业进行补贴这一种情形，因为在这种情形下，技术拥有企业的利润更高，故技术拥有企业更愿意这样做。

$$CS^{BI}=\begin{cases}\dfrac{1}{8\lambda} & 0<\lambda\leqslant\dfrac{3}{4}\\[2mm] \dfrac{1}{32\lambda} & \dfrac{3}{4}<\lambda\leqslant 1\end{cases}$$

$$W^{BI}=\begin{cases}\dfrac{3}{8\lambda} & 0<\lambda\leqslant\dfrac{3}{4}\\[2mm] \dfrac{7}{32\lambda} & \dfrac{3}{4}<\lambda\leqslant 1\end{cases}$$

综合比较 Cournot 竞争条件下和 Bertrand 竞争条件下的产业利润、消费者剩余以及社会福利，可以得到：

命题 6－7：技术拥有企业通过兼并的方式转移技术时，与 Cournot 竞争相比，Bertrand 竞争的产业利润可能更高，消费者剩余以及社会福利可能更低。[①]

命题 6－7 的直观经济学解释为：如果技术革新程度 $\lambda\in(0,0.75]$ 时，两种竞争方式下企业 4 的最优选择都是并购一个企业。与 Cournot 竞争相比，Bertrand 竞争的市场竞争更激烈，下游的总产出更高、产品价格更低，因而消费者剩余越大。不过，令人惊讶的是，与 Cournot 竞争相比，Bertrand 竞争条件的产业利润却更高。原因在于：与 Cournot 竞争相比，下游市场进行 Bertrand 竞争时下游企业的产出更高，上游企业 3 为了最大化其自身的利润会设定更低的中间产品价格，这样中间产品价格造成市场扭曲更小，[②] 这会导致价格竞争时产业利润更高；同时，由于 Bertrand 竞争条件下市场竞争更剧烈，这会导致其产业利润更低。相比较而言，产业利润中前面的作用在产业利润的决定中起主导地位。因此，Bertrand 竞争时的产业利润比 Cournot 竞争时的产业利润更高。而这一点与 Bertrand 竞争时的产业利润比 Cournot 竞争时的产业利润更低（Singh 和 Vives，1984）的观点相反，他们认为，Bcrtrand 竞争与 Cournot 竞争相比，当企业之间生产的产品为替代品时，Cournot 竞争时的产业利润更高；而当企业之间生产的产品

---

① 命题 6－7 的数学证明见附录 4－8。

② 当技术革新程度 $\lambda\in(0.6767,0.75)$ 时，Cournot 竞争并购后的企业会选择向另一个企业收取正的单位产出费，这将进一步提高市场扭曲程度。

为互补品时，Bertrand 竞争时的产业利润更高；本章所探讨的企业间所生产的产品恰恰是替代品。之所以不同，主要是本书引入上下游，而上下游企业之间存在紧密的内在联系，这种内在联系导致不同竞争条件下中间产品的价格不同，即中间产品价格并非为定值。

如果技术革新程度较高 $\lambda \in (0.75, 1]$ 时，Cournot 竞争条件下企业 4 的最优选择是并购一个下游企业；但在 Bertrand 竞争条件下企业 4 的最优选择是同时并购两个下游企业。显然，同时并购两个下游企业会造成下游市场的完全垄断。因此，与 Cournot 竞争相比，Bertrand 竞争时下游企业的产出更低，产品价格更高，消费者剩余和社会福利更低。而这一点与 Singh 和 Vives（1984）中的观点相反，它们认为：Cournot 竞争相比，Bertrand 竞争时的消费者剩余和社会福利更高。本书的观点与他们的观点不同的原因在于：不同市场竞争条件下，兼并活动对市场结构的影响不同。

6.4.2 技术许可时的比较

如果技术拥有企业通过技术许可的方式转移其创新时，根据命题 3 - 1 和命题 3 - 2 可知，在下游企业之间进行 Cournot 竞争的条件下，技术拥有企业只向一个企业转让新技术其总利润更高。①

因而，可以得到 Cournot 竞争时的产业利润、消费者剩余以及社会福利分别为：②

$$\Pi^{CL}=\begin{cases}\dfrac{2(4-\lambda)}{(6-\lambda)^2\lambda} & 0<\lambda\leqslant 0.5049\\[2ex] \dfrac{4096-4352\lambda+576\lambda^2+1532\lambda^3-955\lambda^4+231\lambda^5-25\lambda^6+\lambda^7}{4\lambda\,(64-32\lambda+3\lambda^2)^2} & 0.5049<\lambda\leqslant 1\end{cases}$$

① 同样，延续前面的做法。在这里主要分析政府允许技术拥有企业对技术接受企业进行补贴这一种情形，因为这种情形下，技术拥有企业利润更高，故技术拥有企业更愿意这样做。

② 详细的推导以及相应的经济学解释见第 3 章。

$$CS^{CL}=\begin{cases}\dfrac{2}{(-6+\lambda)^2\lambda} & 0<\lambda\leqslant 0.5049\\ \dfrac{4096-9984\lambda+11712\lambda^2-7196\lambda^3+2297\lambda^4-379\lambda^5+31\lambda^6-\lambda^7}{8(-8+\lambda)^2\lambda(-8+3\lambda)^2} & 0.5049<\lambda\leqslant 1\end{cases}$$

$$W^{CL}=\begin{cases}\dfrac{180-12\lambda^2+\lambda^3}{18(-6+\lambda)^2\lambda} & 0<\lambda\leqslant 0.5049\\ \dfrac{110592-151808\lambda+99392\lambda^2-31556\lambda^3+2715\lambda^4+783\lambda^5-171\lambda^6+9\lambda^7}{72(8-3\lambda)^2(-8+\lambda)^2\lambda} & 0.5049<\lambda\leqslant 1\end{cases}$$

同样，如果其通过技术许可的方式转移其创新时，根据命题6－5可以得到，在下游企业之间进行Bertrand竞争时，如果技术革新程度较高$\lambda\in(0,0.4927)$时，技术拥有企业向一个企业许可技术；如果技术革新程度较低$\lambda\in(0.4927,1)$时，其向两个企业许可技术。因而，可以得到Bertrand竞争条件下的产业利润、消费者剩余以及社会福利分别为：①

$$\Pi^{BL}=\begin{cases}\dfrac{3}{16\lambda} & 0.4927<\lambda\leqslant 1\\ \dfrac{8+2\lambda-\lambda^2}{36\lambda} & 0<\lambda\leqslant 0.4927\end{cases}$$

$$CS^{BL}=\begin{cases}\dfrac{1}{32\lambda} & 0.4927<\lambda\leqslant 1\\ \dfrac{(2+\lambda)^2}{72\lambda} & 0<\lambda\leqslant 0.4927\end{cases}$$

$$W^{BL}=\begin{cases}\dfrac{7}{32\lambda} & 0.4927<\lambda\leqslant 1\\ \dfrac{20+8\lambda-\lambda^2}{72\lambda} & 0<\lambda\leqslant 0.4927\end{cases}$$

通过比较Cournot竞争条件下和Bertrand竞争条件下的产业利润、消费者剩余以及社会福利，可以得到：

命题6－8：技术拥有企业通过技术许可的方式转移技术时，与Cournot竞争相比，Bertrand竞争时的产业利润可能更高，消费者剩余和社会福

---

① 详细的推导以及相应的经济学解释见本章6.2。

利可能会更低。①

命题 6－8 的直观经济学解释为：当技术革新程度 $\lambda \in (0,0.4927]$ 时，两种竞争方式下企业 4 的最优选择是只向企业 1 转让技术，且企业 2 被挤出最终产品市场；而当 $\lambda \in (0.5049,1]$ 时，Bertrand 竞争方式下企业 4 的最优选择是同时向企业 1 和企业 2 转让技术，但在 Cournot 竞争条件下企业 4 的最优选择是向企业 1 转让技术，并且企业 2 没有被挤出市场。因而，两种竞争方式下，技术许可都没有改变市场结构，Bertrand 竞争方式下技术拥有企业都可以获取下游市场因新技术投入使用而获得的全部新增利润。

根据前面的分析可知，在 Bertrand 竞争和 Cournot 竞争条件下，企业 4 对技术接受企业收取的单位产出费率为正，且 Bertrand 竞争条件下的单位产出费率更高。由于与 Bertrand 竞争相比，Cournot 竞争条件下市场竞争（或潜在市场竞争）② 更弱，因而下游的总产出更低、产品价格更高、消费者剩余越低、社会福利更低，这一点与 Singh 和 Vives（1984）中的经典结论一致。不过，也有与 Singh 和 Vives（1984）截然相反的结论是：与 Bertrand 竞争相比，Cournot 竞争条件的产业利润却更低。这一点容易理解，原因是：与 Bertrand 竞争相比，尽管 Cournot 竞争条件下游企业的利润之和更高，但由于 Cournot 竞争条件下下游企业的产出更低，故下游企业对企业 3 生产中间产品的需求更少，企业 3 的利润更低，且两种竞争方式下企业 3 的利润差额高于下游产业利润的差额。因此，Cournot 竞争条件下的总产业利润比 Bertrand 竞争条件下的值更低。当然，本书与他们结论不同的最根本原因是：本书引入上下游，因而总的产业利润包括上游产业利润和下游产业利润之和，而上下游产业之间利润也有密切的内在联系，而他们只研究下游市场。

当技术革新程度 $\lambda \in (0.4927,0.5049]$ 时，Bertrand 竞争条件下企业 4 的最优选择是向企业 1 和企业 2 同时转让技术；在 Cournot 竞争条件下企业

---

① 命题 6－8 的数学证明见附录 4－9。蔡桂云（2012）研究中也得出类似的结论，在纯粹寡头竞争条件下，比较的是上游市场企业进行价格竞争和产量竞争，并且探讨的是生产性企业的技术许可问题，与本章的假设完全不同。

② 当企业 4 只向企业 1 转让技术时，企业 2 被挤出市场，但企业 1 存在企业 2 重新进入市场的威胁，称之为潜在市场竞争。

4的最优选择是向企业1转让技术，但企业2被挤出最终产品市场。显然，Bertrand竞争时企业4在向两个企业转让技术时，企业4通过单位产出费率的设定来实现下游市场完全垄断的结果。因此，与Cournot竞争相比，Bertrand竞争时下游企业的产出更低，产品价格更高，消费者剩余和社会福利更低，这个结论与Singh和Vives（1984）中的观点截然相反。[①] 本书的观点与他们的观点不同原因在于：本书引入技术许可，技术许可时技术拥有企业可以通过单位产出费率的调整影响企业的产出等生产行为。

综上所述，不管技术拥有企业通过企业兼并的方式还是技术许可的方式转让其创新技术时，与Bertrand竞争相比，Cournot竞争时的社会福利可能更高，产业利润可能更低，即弱的市场竞争可能更有利于社会福利的提高；强的市场竞争可能更有利于整个产业利润的提高。

6.5 本章小结

本章建立下游市场生产同种产品的纵向差异的寡头模型，而上游市场只有一个企业进行中间产品的垄断生产和销售，分析一个拥有提高最终产品质量技术的非生产性的研发企业如何选择技术商业化转移方式以及技术转移对象问题，并比较不同商业化转移时的社会福利效应。

本章的研究表明，技术拥有企业的最优技术转移策略（技术商业化转移方式和转移对象）取决于下游市场企业之间的竞争方式（价格竞争还是产量竞争）、技术创新程度以及政府的反并购政策、反补贴政策等。对于技术拥有者而言（1）如果政府不允许企业通过并购的方式进行技术转移，并且下游企业之间进行价格竞争时，技术拥有企业的最优转移对象取决于技术创新程度，当技术革新程度较高（低）时，技术拥有企业应该向一个（两个）企业许可技术。然而，下游企业之间进行产量竞争时，技术拥有

① 他们认为：与Cournot竞争相比，Bertrand竞争时的消费者剩余和社会福利更高。

企业的最优转移对象是一个企业。(2) 如果政府允许企业通过并购的方式进行技术转移，技术拥有企业的最优技术转移方式与技术创新程度以及企业之间的竞争方式（即下游企业之间进行产量竞争还是价格竞争）等密切相关，当技术革新程度很高时，技术拥有企业通过兼并转移技术时其利润更高。否则的话，技术拥有企业通过技术许可的方式进行转移技术时其利润更高；下游企业之间进行价格竞争时，当技术革新程度较低（高）时，技术拥有企业通过技术许可的方式（企业兼并的方式）转让技术时其利润更高。

从社会的角度来看，与技术许可相比，兼并时的消费者剩余和社会福利可能会更高；与企业之间进行价格竞争相比，企业之间进行产量竞争时的消费者剩余和社会福利也可能更高。与政府不允许企业补贴相比，政府允许技术拥有企业对技术受让企业进行补贴时的消费者剩余和社会福利可能会更高。

本章的研究政策启示主要有三点：一是本章的研究结论也可用于评价政府并购政策是否合理。本章的研究表明与技术许可相比，兼并时技术拥有企业的利润、消费者剩余和社会福利也可能更高。因此，政府的反并购政策并不总是合理的；二是本章的结论也可以评价政府的反补贴政策的合理性。与政府不允许企业补贴相比，如果政府允许技术拥有企业对技术受让企业进行补贴时的消费者剩余以及社会福利会更高。因此，禁止企业补贴的政策也并不总合理，应该结合实际情况具体来实施。三是本章同样可以为一些非生产性企事业单位的技术成果商业化（技术许可转让还是企业兼并进行转移）提供理论方面的指导。这些非生产性的企事业单位也可以试着采用并购的方式进行技术转移，而不能单一的选择技术许可的方式转移，并且技术转移对象的选择也同样得具体情况具体分析。

第 7 章

企业自主创新技术商业化模式的实证研究

习近平总书记2016年5月在全国科技创新大会上提出建设世界科技强国三步走的目标。随后，习近平总书记又在党的十九大报告中指出“加快建设创新型国家，创新是引领发展的第一动力，是建设现代化经济体系的战略支撑……促进科技成果转化，倡导创新文化，强化知识产权创造、保护、运用”。[①] 因此，在加速我国建设成为创新型国家和世界科技强国的道路上，我国的创新技术拥有企业扮演着至关重要、不可或缺的角色。

在2018年国家科学技术奖励大会上，国务院总理李克强也指出“企业应成为技术创新的主体，要落实和完善支持企业创新投入的政策措施”，引导各类技术创新要素向企业集聚。而在现阶段，尤其是在当今市场竞争尤为激烈的时代，企业在进行技术创新的同时又离不开对其所拥有的创新技术进行商业化传播来进一步加速国家经济发展。

目前，技术许可和企业兼并是当今技术拥有企业普遍愿意选择并采用的两种技术商业化转移方式。技术商业化传播一旦取得成功，这将会提高技术接受企业的生产力水平和市场竞争力，并推动自主创新企业的技术创新和技术市场化的快速发展，从而进一步加速我国成为世界科技强国的步伐。

譬如，技术许可成功的案例有：近几年快速发展的中国福昕软件开发有限公司，其通过将PDF（便携式文档格式）技术许可给微软、英特尔、Facebook等这些全球知名企业，进而迅速成为全球第二大PDF技术解决方案开发商和供应商，极大地提高了该企业在全球的市场竞争力，从而加速了中国企业全球市场化的发展；同时，该企业也通过企业兼并的方式转移技术，如2015年收购了全球一流的PDF开发者工具包澳大利亚Debenu公司，此时福昕软件从单纯的软件开发商转变为服务供应商。[②] 当然，企业兼并也不乏其他的成功案例。例如，海尔集团的并购案，从1991年起海尔就在实施资产和技术扩张战略，先后兼并了原青岛空调器厂、冰柜厂、武汉希岛、红星电器公司等10多家大中型企业，从而晋升为中国第一家特大型家电企业，这一企业兼并的重大举措很大程度上提高了海尔集团的生产

---

① 党的十九大报告：http://cpc.people.com.cn/n1/2017/1028/c64094-29613660-7.html.

② 资料来源：http://www.mnw.cn/news/fz/1578772.html.

力和市场竞争力，从而促进中国经济的快速发展。[①] 例如，20 世纪 20 年代通用发起兼并浪潮，正是由于其对企业兼并和科学管理等手段的有效运用，通用公司远超福特公司于 1927 年一跃成为美国汽车公司的霸主。

现实经济中，企业与企业之间技术许可和企业兼并增长率都非常迅猛。据普华永道统计数据显示，2013 年中国地区企业兼并金额较 2012 年增长了 28%，达到了 2600 亿美元，创历史新高。2018 年 7 月中国兼并市场交易总金额为 913. 11 亿元。此外，我国的技术贸易额从 2001 年的 782 亿元增长到 2015 年 9835. 8 亿元，2016 年技术合同交易量达 32 万多项。这必然引人思考：为什么有的创新企业选择技术许可的方式转移而有的则选择企业兼并的方式进行？受哪些因素影响？影响程度如何？为了回答这些问题，本章通过建立一个多元回归模型来深入分析影响创新企业选择技术商业化传播模式的影响因素。

7. 1 样本数据的描述

7. 1. 1 样本数据来源

样本数据是通过主要对江西省九江市的都昌县、湖口县、彭泽县、武宁县、庐山区和江西省高安市以及江西省吉安市等江西省县市中的 105 个相关代表性企业展开实地调研而获取，调查问卷的填写人员均为熟悉本企业情况的中层及以上干部。这些企业涵盖各个行业，行业所涉范围比较广泛，有一定的代表性。需要说明一点，本章所使用的数据皆采用名义数据，因为本书研究的技术商业化模式的影响因素以及各因素的影响程度，所以采用名义数据可行。

① 海尔并购成功案例—海尔兼并案例分析 http：//www. xuexila. com/success/chenggonganli/554544. html。鲁元贵、刁政（1999）也有提到。

同时，需要补充说明一点的是，由于所调研的企业数据有限，在调研的过程中因为各种各样的原因，例如有的企业因实力不够、政府干预等原因无法实施兼并，大部分被调查企业创新技术转移方式都是以技术许可的方式，课题组成员通过集体讨论决定，在问卷中设定技术拥有企业的技术转移意愿这一项，技术拥有企业进行技术转移是采取技术许可还是企业兼并可根据企业意愿来选择。

7.1.2 样本数据的描述性统计分析

本章基于有效问卷获取的调研数据，利用 SPSS 24.0 专业的统计软件，对调查问卷结果进行了描述统计分析，首先，可以得到企业技术交易的商业化转移方式分布图，如图 7.1 所示。

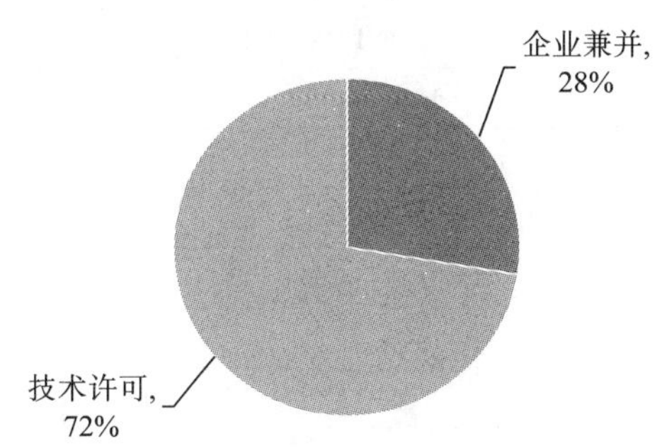

图 7.1 技术商业化转移方式分布情况

根据课题组成员收回的 105 份有效问卷的相关数据进行频数统计分析，得到如图 7.1 所示的创新技术转移方式的分布情况（即被解释变量的相关数据）。可以看出，有 72% 的技术交易者在技术交易过程中倾向于选择技术许可这一技术转移方式，仅有 28% 的技术交易者倾向于企业兼并这一技术转移方式，这说明技术交易者更倾向于选择技术许可来商业化创新技术。为了深入分析企业选择技术商业化模式会受哪些因素的影响，将在本章的 7.2 中建立多元回归的计量经济模型进行实证分析，在此就不多做说明。

其次，可以得到有关解释变量的相关统计指标值如表 7.1 所示。

表 7.1　　基本数据表

项目	选项	绝对数	相对数（%）
企业类型	股份有限公司	13	12.40
	有限责任公司	67	63.80
	高校或科研机构	25	23.80
企业性质	高校或科研机构等事业单位	28	26.70
	国有企业	16	15.20
	私营企业	61	58.10
企业年营业额	500 万元以内	14	16.50
	500 万—2000 万元	13	15.30
	2000 万—5000 万元	20	23.50
	5000 万元以上	38	44.70
成本波动	15%以内	66	66.00
	15%—40%	22	22.00
	40%以上	12	12.00
销售额波动	15%以内	56	56.00
	15%—40%	29	29.00%
	40%以上	15	15.00
成本降低程度	15%以内	10	16.90
	15%—40%	35	59.30
	40%以上	14	23.70
技术转让程度	所有权	37	35.20
	使用权	55	52.40
	商业权	13	12.40
交易专利类型	发明专利	48	45.70
	外观专利	57	54.30
合同期限	1—5 年	25	23.80
	5—10 年	27	25.70
	10—15 年	13	12.40
	15—20 年	40	38.10
交易关系	关联企业	22	21.00
	供应商的关系	36	34.30
	竞争关系	47	44.80
偏好方式	企业兼并	29	27.60
	技术买卖	76	72.40

由表 7.1 可以看出，这次接受调研的企业大部分是私营企业，所占比重竟高达 61%，这跟调研活动主要深入一些生产性企业，如高校、科研机构等事业性企业单位有关。同时，还可以看出参与技术交易的双方主要都是大中型的有限责任公司，双方主要是对技术的使用权进行转移，并且所转移的技术被模仿程度适中。而且，这些进行创新技术交易的双方与技术转移的发生有或多或少的关系，如关联企业、供货商等关系。当然，技术许可的期限为专利有效保护期占绝大多数。

7.2　实证分析

7.2.1　单个变量相关性检验

考虑到本章的研究目的是企业自主创新技术商业化转移方式选择的影响因素分析，而技术商业化转移方式目前理论界研究最多的是分析企业兼并和技术许可。因此，本章以技术转移方式为被解释变量，具体被解释变量定义为 Y，其或者是企业兼并或者是技术许可。

根据已有的社会科学相关研究成果可知，很多因素例如企业类型、企业所有制形式、交易技术用于生产的行业特征、企业规模大小（营业额）、技术创新程度、专利转移对象的选择（排他性还是非排他性）、技术转移程度、所进行交易专利的类型、合同期限、交易双方关系、企业资产规模、技术接受企业的利润率、转移技术的接收方的成本波动以及销售额波动、被转移技术的难以程度（技术是否容易被模仿模仿），以及技术转移双方企业之间的关系等都会存在着相关性，因此，本章考虑多个解释变量。

当然，为避免回归分析中出现增加的不相关变量以及遗漏重要变量的情况发生，课题会对各个解释变量与被解释变量分别作显著性回归，得到对被解释变量有影响的因素。同时，剔除不显著解释变量，保留对被解释变量有影响且符合实际的因素，再采取多元线性回归进行影响因素的显著性分析。

（1）单变量模型建立

根据单个因素显著性分析以及各个变量之间的相关性结果对本书技术转移方式选择的影响因素分析，可以建立的一元线性回归模型，模型可以表示为如下数学表达式：

$$Y_i = \alpha_i + \beta_{1i} x_{1i} i = 1, 2, 3, \cdots, n$$

其中，β_{ki}为自变量x_{1i}对被解释变量 Y_i的回归系数，即影响系数；u 为随机干扰项；α_i为截距项，对α_i和β_{ki}的参数估计值可采用 OLS 法和 ML 法进行估计。

（2）变量定义

基于计量经济学理论，本章对调查数据进行如下编码定义：一是，被解释变量定义。技术转移方式定义为被解释变量，用 Y 表示，通过技术许可进行技术转移时令 Y 为 1，通过企业兼并进行技术转移时令 Y 为 0；二是，解释变量定义。对于不相关多分类变量，采用问卷选项被选中的频率来进行编码；对于有序（如技术创新程度）变量，采用层次编序法 1—5 等进行有序变量编码；对于“布尔型”的二分类变量，采用虚拟变量 0—1 进行编码；对于连续变量，对连续变量取自然对数，这样处理后的数据更为集中，近似服从正态分布，例如本书中的企业资产规模变量就采用这种方法。具体的解释变量定义如下：

①企业类型。企业类型主要包括股份有限公司、有限责任公司、合伙制企业、个体企业和高校或科研机构这五种大类，并根据每一个大类被选择的频率进行编码。

②企业所有制形式。企业的所有制形式主要包括国有企业、国有控股企业、私营企业以及高校或科研机构等事业单位，并根据所调研企业的不同所有制形式的频率进行编码。

③营业额。设置企业的营业额这个指标其实主要是为了用来分析企业规模对技术转移方式的影响。根据企业营业额处于五个不同的区间分别进

行 1—5 编码，营业额处于在 500 万元以下编码为 1；营业额处于 500 万—2000 万元编码为 2；营业额处于 2000 万—5000 万元则编码为 3；而营业额处于 5000 万元以上编码为 4。

④成本波动。根据专利技术转移的接收方所在企业的成本波动幅度统计结果进行有序程度变量的编码，成本波动幅度在 0—15% 编码为 1；成本波动幅度在 15%—40% 编码为 2；成本波动幅度在 40% 以上则编码为 3。同样，编码数字越高，代表企业的成本波动也越大。

⑤销售额波动。根据专利技术转移的接收方所在企业的销售额波动幅度的统计结果进行有序程度变量的编码，销售额波动处于 0—15% 编码为 1；销售额波动处于 15%—40% 编码为 2；而销售额波动处于 40% 以上则编码为 3。

⑥创新企业的技术创新程度。根据专利技术使用后会带来成本的幅度来进行有序变量编码，新技术的使用带来生产成本下降“15% 以内”编码为 1；降低幅度较大“15%—40%”编码为 2；降低幅度很高“40% 以上”编码为 3。

⑦技术转让程度。将所交易的专利转让技术程度划分为所有权、使用权和商业权这三种程度，并用被选择每种程度的频率来赋值进行编码，分析企业间所交易的专利的主要转让程度。

⑧企业所处行业。将企业所属的行业划分为农业、计算机和信息服务、电子信息、化学、交通运输、新材料及其应用、“新能源与高效节能、生物、医药和医疗器械”、环境保护与资源综合利用、制造业、现代服务业、建材业等 12 个行业领域，考虑到有些企业属于这 12 个行业以外的领域，[①] 所以，在问卷的设计上还加上“其他行业”，供被调查企业来进行选择，这些可供选择的行业分别代表该题的 A—L 选项，而且利用每个被选择的技术交易双方所在行业频率来分别赋值进行编码。

⑨专利交易类型。进行专利交易的类型分为发明专利、实用新型专利和外观设计专利三种，用每一种被选择的类型频率来赋值进行计算，并分

---

① 之所以特意选择这 12 个行业，是因为很多外文文献提到这些行业技术转移活动比较频繁，如 Vishwaro（1994）等。

析企业喜欢专利的交易主要类型。

⑩交易企业之间关系。根据专利技术交易双方企业之间密切程度，将他们之间的关系分为关联企业、供应商、竞争和其他关系这四种类型，并以被调查企业中每种关系的频率进行赋值编码，来分析企业之间密切程度对企业技术转移方式选择的影响。

⑪资产规模。本章将被调查企业所填真实的资产总值取自然对数进行取值，用该指标值来分析进行专利交易的买方企业的资产规模大小对企业技术转移方式的影响。

⑫利润率。利用企业所填的真实的利润率水平这一连续变量，来分析技术接受企业的利润率水平对企业技术专利转移方式的影响。

经过定义后的解释变量的具体描述性统计分析见表 7.2 所示。

表 7.2　　变量描述统计

指标名称	平均值	众数	标准差	最小值	最大值
企业类型	0.479	0.638	0.214	0.124	0.638
企业所有制形式	0.432	0.581	0.180	0.152	0.581
企业营业额	2.965	4.000	1.128	1.000	4.000
成本波动	1.460	1.000	0.702	1.000	3.000
销售额波动	1.590	1.000	0.740	1.000	3.000
成本创新程度	2.068	2.000	0.640	1.000	3.000
技术转让程度	0.414	0.524	0.135	0.124	0.524
行业特征	0.147	0.219	0.063	0.010	0.219
专利交易类型	1.543	2.000	0.501	1.000	2.000
交易关系	0.362	0.448	0.091	0.210	0.448
资产规模	8.066	8.517	1.223	5.011	12.206
利润率	0.148	0.100	0.084	0.050	0.500
偏好方式	0.724	1.000	0.449	0.000	1.000

（3）单个变量相关性检验

根据单个变量计量模型，得到对各个解释变量与被解释变量分别作显著性分析，得到了解释变量与被解释变量之间的相关系数，如表 7.3 所示。

表7.3　技术转移方式偏好的相关性检验

指标名称	相关系数	显著性	指标名称	相关系数	显著性
技术创新程度	-0.394	0.002*	销售额波动	-0.087	0.392
企业的类型	0.236	0.015*	交易关系	-0.077	0.434
企业所有制形式	0.189	0.054*	排他性	-0.067	0.496
资产规模	-0.166	0.091*	营业额	-0.067	0.543
专利交易类型	0.160	0.103	行业特征	0.033	0.736
利润率	-0.119	0.225	技术转让程度	-0.016	0.870
成本波动	-0.115	0.253	合同期限	-0.004	0.969

对各个解释变量与被解释变量分别作显著性回归，得到通过了显著性检验的一系列影响因素，如产品创新程度、企业的所有制形式、企业的类型、企业的资产规模等因素。

7.2.2　计量模型的建立

对样本数据进行相关性检验后，剔除那些不显著的变量，保留上述对被解释变量有影响且符合实际的因素，接着采取多元线性回归进行影响因素的显著性分析。可以建立的多元线性回归模型表述为如下数学表达式最终调整为：[①]

$$Y_i = \alpha_i + \beta_{1i}x_{1i} + \beta_{2i}\beta_{3i}x_{ki}x_{2i} + \beta_{3i}x_{ki} + \beta_{4i}x_{4i} + u_i$$

其中，β_{ki}为第k个自变量对被解释变量Y_i的回归系数即影响系数；u为随机干扰项；α_i为截距项；$x_{11}, x_{2i}, x_{3i}, x_{4i}$则分别表示解释变量创新企业技术创新程度、企业的类型、企业的所有制形式、企业的资产规模，对α_i和β_{ki}的参数估计值可采用OLS法和ML法进行估计。

（1）计量结果

根据调整后的回归模型，把调查后经过处理的统计所得的各解释变量的相关数据与被解释变量带入上述计量模型，采用普通最小二乘估计等方

① 实证模型的建立参考 Macho - Stadler 等（1996）、Bousquet 等（1996）以及 Vishwasrao（2007）中的做法。

法对模型的参数进行估计，回归结果如表7.4所示。

表7.4　　回归结果

	未标准化系数		标准化系数	t	显著性	共线性统计	
	B	标准误差	Beta			容差	VIF
（常量）	2.252	0.494		4.555	0.000		
技术创新程度	-0.301	0.086	-0.414	-3.507	0.001	0.953	1.049
企业的类型	0.231	0.267	0.107	0.864	0.391	0.865	1.156
企业所有制形式	0.004	0.344	0.001	0.011	0.992	0.835	1.198
资产规模	-0.129	0.046	-0.326	-2.777	0.008	0.967	1.034

注：***表示0.01的置信水平；**表示0.05的置信水平；*表示0.1的置信水平。

回归模型的相关检验数值如表7.5和表7.6所示。

表7.5　　模型检验

R	R方	调整后R方	标准误差	D-W
0.531	0.282	0.229	0.408	1.947

表7.6　　方差分析

模型	平方和	自由度	均方	F	显著性
回归	3.527	4.000	0.882	5.301	0.001
残差	8.982	54.000	0.166		
总计	12.508	58.000			

（2）实证结果的相关检验

①多重共线性检验。课题组成员先进行解释变量的多重共线性。根据表7.3所示，所有方差膨胀因子VIF均小于2，又由于各个解释变量之间的相关系数矩阵可知，[①] 该解释变量之间不存在多重共线性。并且本章的解释变量也都不满足他们之间共线性的条件，因此，这里的共线性检验结果与实际相符。

②自相关检验。紧接着，课题组成员对模型进行自相关检验。根据表

① 见附录7-3。

7.5 所示，杜宾—沃森自相关检验的 D. W 值为 1.947，D. W 值趋向于 2，由 D. W≈2(1－ρ)可知，所求得的自相关系数趋向于零，故可以认为不存在自相关性。

③拟合度和显著性检验。根据表 7.4 可知，采用多元线性回归法所得到的回归系数均通过 t 检验，即说明相关系数通过了显著性检验。同时，由表 7.5 和表 7.6 可知，模型总体检验拟合优度R^2值为 0.282。F 检验的 P 值为 0.001 <0.01，说明样本数据对模型的拟合度较好。

④异方差检验。样本回归模型的残差在一定程度上反应了随机干扰项的某些分布特征，所以可以通过残差的图形对异方差做检验。如果残差分布呈扩大或缩小的趋势，则可认为存在递增或递减型异方差；但是如果残差分布于边界线之内，则可认为不存在异方差；根据下面回归残差的散点图可知除了少数个别点之外，绝大多数样本数据的残差落在分界线之间，回归模型显然通过了异方差检验，残差数据如图 7.2 所示。

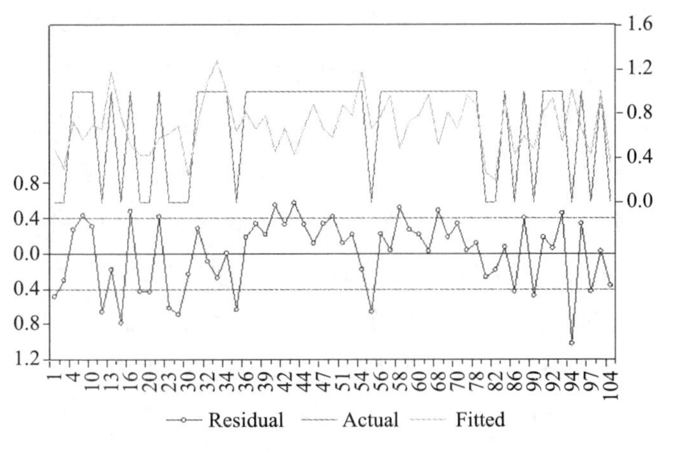

图 7.2　残差图

(3) 回归结果的相关分析

①企业自主创新技术的创新程度对企业技术的转移方式选择有着最重要的影响。从表 7.5 回归结果来看，通过了显著性检验的技术创新程度影响系数为负值，并且数据标准化后的影响系数最大。这说明，在其他影响因素不变的条件下，质量创新程度对技术许可的转让方式具有负向影响，即质量创新程度越高，自主创新企业越偏向于技术许可方式进行技术转

移。由于本章只考虑技术许可与企业兼并两种技术转移方式，即技术许可与企业兼并两者是非此即彼的对立关系，故质量创新程度越高，技术持有者更愿意选择企业兼并来进行技术转移；相反，当企业技术创新程度越低，技术持有者更愿意选择技术许可的方式来进行技术商业化转移。

关于这样一个结论，其实不难理解。技术许可时由于存在技术溢出，以及技术被其他企业进行模仿的可能更大，会给技术拥有企业带来更大的损失，当技术创新程度越高，这种损失的程度越大。这一点可以从技术转移双方企业的角度来分别进行分析。首先，从技术拥有企业的角度来看，与企业兼并相比，技术创新程度越大，技术许可时技术被非商业化传播给创新企业的风险更大，故企业采取技术许可转移技术时，创新企业的这种可能损失越大；但是，企业兼并时因为技术拥有企业参与产品的生产销售，其成本也较高。相比而言，当技术创新程度较高时，技术拥有企业在考虑其技术转移时所考虑风险因素占主导，故为了减少这种技术溢出所造成技术扩散的风险，其越愿意选择企业兼并这种技术转移方式；相反，当技术创新程度较低时，技术拥有企业在技术转移方式的选择中更多的是考虑成本问题，此时通过技术许可进行技术转移会是其更好的选择。

其次，从技术受让企业的角度来看，技术创新程度越大时，如果技术拥有企业利用技术许可的方式传播技术，技术受让企业必须给予很多的技术许可费，这会增加技术接受企业的成本，进而会给技术被转移方带来很大的资金压力。此时，技术受让企业也愿意接受企业兼并的技术许可方式。当技术创新程度较低时，则情况相反，其直接生产的动力梗阻，企业也更愿意通过技术许可的方式进行技术转让。这个结论与本课题理论部分研究的结论一致，这与李长英和宋娟（2006）的研究结论是相反的，并且也与闫庆友、徐顺青和朱丽丽（2010）和蔡桂云（2012）的研究所得的企业总是偏向企业兼并的结论相悖。

②资产规模对企业之间技术转移的方式也有着非常重要的影响。上述回归结果同时也显示资产规模对创新技术转移方式的影响系数通过显著性检验，因而也具有统计学意义。并且，资产规模对技术许可这种技术转移方式的选择具有负面的影响，即技术受让企业资产规模越大，企业之间越

是可能采取企业兼并这种技术转移方式。

这个实证结果的背后原因，可以这样理解：企业规模越大，企业之间进行市场交易成本越大，此时，企业通过兼并的方式进行技术转移可以很大程度的降低企业技术买卖的交易成本，企业之间越可能采用企业兼并这种转移创新技术方式。反之，企业规模越小，企业之间的交易成本越小，企业通过兼并来降低交易成本的优势越不明显，此时企业更愿意通过技术许可的方式进行技术转移。

7.3　结论及建议

7.3.1　相比较于企业兼并，企业通过技术许可的方式进行技术商业化传播更普遍

通过本章的图7.1可以看出，72%的企业更偏好于选择技术许可方式进行技术转移，仅仅只有28%的企业更偏好选择企业兼并方式进行技术转移，这说明大部分企业更偏好于技术许可的方式。

但是，根据本课题的部分理论研究可知，从社会福利的角度来看，企业兼并可能优于技术许可，因此，政府能否在鼓励企业通过企业兼并进行技术转移给予适当的支持，而不应该一味的对企业兼并进行限制，对技术许可而给予各种优惠政策。

7.3.2　影响企业自主创新技术商业化模式的因素较多

尽管本章多元线性回归模型的实证研究结果表明，通过了显著性检验的影响因素中只有创新企业的技术创新程度和企业的规模，但如果能在有关部门的帮助下进一步扩大样本容量，相信其他如企业的成本波动等因素

也可能会是影响企业创新技术商业化模式的重要因素。

7.3.3 偏好技术许可的企业，更倾向于转让技术的商业权，并采用排他性转让方式

根据问卷所得数据的描述性统计可知，偏好选择技术许可企业中有52.4%的企业倾向于转让技术的使用权，并且选择排他性技术转让方式的企业所占比例高达70.5%。当然，排他性转让技术的使用权，可以防止技术接受企业再次转让技术，从而可以减少专利技术多次转让而广泛传播，进而丧失创新带来的质量优势。但根据本课题的理论研究可以看出，从社会福利的角度，排他性的技术许可对社会而言未必最优。因此，政府可以通过一些补贴等鼓励性措施，鼓励创新企业选择非排他性技术许可方式，进而达到尽可能提高社会福利的目的。

第 8 章

混合寡头竞争条件下跨国技术转移研究[①]

① 这一章中的内容入选 2013 年中国经济学年会会议论文，感谢点评专家所提出的修改意见。

按照托宾 Q 理论，跨国公司在对外直接投资（FDI）的决策上，会在两种方式中衡量，即新建一个公司或者并购一家现有的公司。事实上由于跨国公司全球化的投资策略，这两种方式都非常普遍。以 2016 年为例，全球对外直接投资约 1.75 万亿美元，全球跨境并购增长 18%，达 8690 亿美元，其中中国企业的跨国并购尤其抢眼，全球跨国并购领域非常积极。仅 2016 年这一年中国企业宣布的海外并购交易达 438 笔，金额高达 2157 亿美元。与并购投资相比，新建投资增长乏力，2016 年全球新建投资额为 8280 亿美元，同期增长 7%。[①]

中国企业的海外投资区域主要集中于欧洲、北美与亚太区域，尤其是对美国投资热情不减，中国企业在北美投资金额达 908 亿美元，超过美国企业对华投资。中国成为美国最大的贸易伙伴。

已有的理论一般都认为跨国公司是发达经济体中高效率企业的代表，即拥有先进的生产技术或管理经验，投资是看重发展中国家的劳动力和资源。但是，2016 年的数据表明，有些跨国公司恰恰是低效率国家的企业，并不具备技术或管理方面的优势，其投资目的就是为了获取东道国的核心资源或先进技术。2016 年海尔集团收购美国通用电气（GE）的家电业务以获得“GE”的品牌和相关的知识产权外[②]。2016 年美的集团收购东芝所持白色家电业务 80.1% 股权。此次交易，美的获得东芝品牌授权期限为 40 年，以及超过 5000 项家电相关专利。[③] 值得一提的是，跨国公司并购目标既可能是私营企业，也可能是国有企业。如 2005 年 Cooper Tire 和 Rubber Company 收购成山轮胎——中国第三大国有轮胎制造商。[④]

现阶段，中国企业成为全球跨国投资的重要力量，赴欧美等发达国家投资的中国企业主要以兼并方式进行。[⑤] 与欧美发达国家相比，中国企业技术相对落后。因此，本章关注的重点不是技术先进的跨国公司的投资选

① 数据来源：2017 中国企业全球化报告。http://mini.eastday.com/mobile/171120191524993.html.

② http://www.maigoo.com/news/447118.html.

③ http://www.maigoo.com/news/452755.html.

④ http://www.mergers-china.com/news/index.asp.

⑤ http://www.cs.com.cn/cqzk/02/201101/t20110104_2730876.html.

择，而是技术相对落后的跨国公司在东道国的投资选择。

跨国公司的投资选择是其全球化战略布局的需要，主要考虑的是其利益最大化。然而，跨国公司的投资还会影响到东道国的经济和社会发展，因此，很多时候东道国政府为了本国社会福利的最大化，会化被动为主动，采取措施以影响跨国公司的选择。如东道国政府通过政策规制影响跨国公司的总收益，从而使得跨国公司的投资向着有利于本国经济的方向发展。当然，也有一部分国家政府对跨国投资采取自由放任的态度，并不多加干预。因此，本书同时研究一个东道国政府干预外资和两个东道国都干预外资时跨国公司的投资选择，以及实施引资政策的东道国政府实施什么样的外资政策才能使本国的福利最大化。

本章的研究与两类文献密切相关：第一类文献探讨跨国公司的区位选择，诸如 Dunning 的 OLI（O 表示所有权优势；L 表示区位优势；I 表示市场内部化优势）理论，市场失灵和知识产权保护理论（Maskus，2000）；Brouthers 和 Brouthers（2000）则认为投资双方不同的文化背景会对跨国投资的形式产生重要影响。但是，这一类研究较少讨论 FDI 政策竞争。第二类文献着重分析 FDI 的政策竞争。Nocke 和 Yeaple（2007）的研究指出，东道国与跨国公司母国之间存在贸易方面的一些限制会影响 FDI 的形式；Fumagalli（2003）则认为，东道国的跨国直接投资政策主要影响跨国公司在投资地域方面的选择。还有 Wilson（1986）、Zodrow 和 Mieszkowski（1986）、Head 等（1995）、Reis（2001）、Davies（2005）、Bjorvatn 和 Eckel（2006）等从不同角度研究 FDI 的政策竞争，但这些文献都是研究技术先进的跨国公司投资策略。尽管 Fosfuri 和 Motta（1999）和李长英、付红艳（2010）分析了跨国企业是技术落后企业的情况，但没有分析只有单方政府实施 FDI 政策的情况，更没有考虑跨国企业的兼并对象可能是国有企业的事实。

8.1　基本模型

8.1.1　假设前提与博弈顺序

假定有两个国家：经济较发达国家的 A 国和经济相对落后的 B 国，A 国市场存在两个本土企业 A_1（国企，技术落后）、A_2（私营企业，技术先进）。不失一般性，设 A_2 企业的边际成本为零，企业 A_1 的边际成本为 $c \in (0, \frac{a}{2}]$；而经济相对落后的 B 国没有本土企业。技术落后的跨国公司 M（其边际成本设为 c）[①] 有两种投资选择：去经济较发达国家 A 兼并一个企业，或者是在经济相对落后的国家投资新建一个工厂。即其可以选择并购 A 国的现有企业或者在 B 国新建一家工厂。

为排除实际投资决策中各种因素带来的干扰，本书假设并购已有企业和新建企业两者的固定成本相同。这时，对跨国公司投资选择（兼并还是新建投资）起决定性作用的是跨国公司 M 的销售利润和东道国政府的引资政策。同时，假设 A、B 两国之间的单位运输成本为 $t \in (0, \min\{\frac{a+c}{2}, a-2c\}]$。[②] 为了集中研究单方政府实施 FDI 政策对跨国公司投资选择的影响，进一步假设两国的反市场需求函数均为 $p_i = a - bq_i$，$i = A, B$。其中 p_i、q_i 是国家 i 的市场价格和市场需求。

模型的博弈时序为：在博弈第一阶段，A 国（或 B 国）政府确定其最优引资政策；在博弈第二阶段，跨国公司 M 确定其投资选择（兼并还是新建投资）；在博弈最后一个阶段，各个企业都在 A、B 两国市场上进行

---

① C 值越大，跨国企业相对于私营企业而言技术越落后。

② 运输成本给定的这个限定范围是为了保证在政府实施 FDI 政策竞争前，各个企业均能存在于两国最终产品市场上。

Cournot 竞争。按博弈论的惯用方法，本章依旧采用倒推法求均衡解。

8.1.2 研究基准

为了便于比较，本节首先分析东道国政府实施引资政策之前的市场均衡状况，以作为比较的基准。

（1）跨国公司兼并国有企业 A_1

若跨国公司 M 兼并 A_1，则市场上只存在两个企业：M 和 A_2，他们在两国的最终产品市场上进行产量竞争。此时，他们对应的利润函数分别为：

$$\max_{q_M^A, q_M^B} \pi_M^{A_1} = [a - b(q_{A_2}^A + q_M^A) - c] \times q_M^A + [a - b(q_{A_2}^B + q_M^B) - c - t] \times q_M^B$$

$$\max_{q_{A_2}^A, q_{A_2}^B} \pi_{A_2}^{A_2} = [a - b(q_{A_2}^A + q_M^A)] \times q_{A_2}^A + [a - b(q_{A_2}^A + q_M^A) - t] \times q_{A_2}^B$$

由最大化一阶条件，可以直接求出企业在两国的产出分别为：

$$q_{A_2}^A = \frac{a+c}{3b}$$

$$q_{A_2}^B = \frac{a+c-t}{3b}$$

$$q_M^A = \frac{a-2c}{3b}$$

$$q_M^B = \frac{a-2c-t}{3b}$$

因此，企业利润及两国社会福利分别为：

$$\pi_M^{A_1} = \frac{1}{9b}[2a^2 + 8c^2 + 4c(t-2a) + t(t-2a)]$$

$$\pi_{A_2}^{A_1} = \frac{1}{9b}[2\ (a+c)^2 - 2(a+c)t + t^2]$$

$$W_A^{A_1} = \frac{1}{18b}[8a^2 + 4ac + 5c^2 - 4t(a+c) + 2t^2]$$

$$W_B^{A_1} = \frac{1}{18b}(c + 2t - 2a)^2 \tag{8.1}$$

（2）跨国公司兼并私营企业 A_2

若跨国公司 M 兼并 A_2，则市场上只存在两个企业：M 和 A_1，此时跨国公司 M 因兼并行为获取私营企业 A_2 的先进技术，并且跨国公司因获取先进技术其边际成本降为零。因此，他们对应的目标函数分别为：

$$\max_{q_M^A, q_M^B} \pi_M^{A_2} = [a - b(q_{A_1}^A + q_M^A)] \times q_M^A + [a - b(q_{A_1}^B + q_M^B) - t] \times q_M^B$$

$$\max_{q_{A_1}^A, q_{A_1}^B} W_{A_1}^{A_2} = [a - b(q_{A_1}^A + q_M^A) - c] \times q_{A_1}^A + [a - b(q_{A_1}^A + q_M^A) - c - t] \times q_{A_1}^B + \frac{1}{2}(q_{A_1}^A + q_M^A)^2$$

容易求出，各企业在两国产出为：

$$q_{A_1}^A = \frac{a - c}{b}$$

$$q_M^A = \frac{c}{2b}$$

$$q_{A_1}^B = \frac{a - 2c - t}{3b}$$

$$q_M^B = \frac{a + c - t}{3b}$$

此时，跨国公司的利润及 A、B 两国社会福利分别为：

$$\pi_M^{A_2} = \frac{13c^2 - 8c(t - a) + 4\ (t - a)^2}{36b}$$

$$W_B^{A_2} = \frac{(2t + c - 2a)^2}{18b}$$

$$W_A^{A_2} = \frac{8t^2 - 16t(a - 2c) + 77c^2 - 104ac + 44a^2}{72b} \tag{8.2}$$

（3）跨国企业在 B 国投资建厂

若跨国企业 M 选择在 B 国新建一个企业，则市场上存在三个企业：M、A_1 和 A_2。由于企业 A_1 是低效国有企业，基于最大化本国福利的考虑，若其产品销往 B 国市场，A_1 生产利润增加，但同时会对企业 A_2 在 B 国产生挤出效应，从而造成企业 A_2 在 B 国生产利润更大幅度的减少。因此，为了使本国福利最大化，国有企业 A_1 会放弃 B 国的市场。

同时，技术水平落后的跨国企业 M 在市场面临的竞争对手除了技术同样落后的国有企业 A_1 还有技术先进的私营企业 A_2，并且其还有要考虑到运输成本，从利润最大化角度，跨国企业 M 会放弃 A 国的市场。

此时，他们对应的目标函数分别为：

$$\max_{q_M^B} \pi_M^B = [a - b(q_{A_1}^B + q_M^B) - c] \times q_M^B$$

$$\max_{q_{A_2}^A、q_{A_2}^B} \pi_{A_2}^B = [a - b(q_{A_1}^A + q_{A_2}^A)] \times q_{A_2}^A + [a - b(q_{A_1}^B + q_M^B) - t] \times q_{A_2}^B$$

$$\max_{q_{A_1}^A} W_A^B = [a - b(q_{A_1}^A + q_{A_2}^A) - c] \times q_{A_1}^A + \pi_{A_2}^B + \frac{1}{2}(q_{A_1}^A + q_{A_2}^A)^2$$

根据利润最大化的条件，可以直接求出各个企业在两国产出分别为：

$$q_{A_1}^A = \frac{a - 2c}{b}$$

$$q_{A_2}^A = \frac{c}{b}$$

$$q_{A_2}^B = \frac{a + c - 2t}{3b}$$

$$q_M^B = \frac{a + t - 2c}{3b}$$

因此，进一步可以得到跨国公司的利润及两个东道国的社会福利分别为：

$$\pi_M^B = \frac{(a - 2c + t)^2}{9b}$$

$$\pi_{A_2}^B = \frac{10c^2 + c(2a - 4t) + (a - 2t)^2}{9b}$$

$$W_A^B = \frac{11a^2 + 2c(a + 4t) + 8t(t - a) + 29c^2}{18b} \text{和 } W_B^B = \frac{(c + t - 2a)^2}{18b} \tag{8.3}$$

同时，为了便于表述简洁，分别给参数附值如下：

$$c_1 = \frac{a}{8}$$

$$c_2 = \frac{4a}{11}$$

$$c_3 = \frac{2a}{19}$$

$$c_4 = \frac{2a}{19}(-4 + 3\sqrt{5})$$

$$c_5 = (10 - \sqrt{94})a$$

$$c_6 = \frac{4(8 - 3\sqrt{5})}{19}a$$

$$c_7 = \frac{17 - 3\sqrt{29}}{7}a$$

$$t_1 = \frac{1}{6}(-2a + 10c - \sqrt{-2a^2 + 20ac + 4c^2})$$

$$t_2 = \frac{1}{6}(-2a + 10c + \sqrt{-2a^2 + 20ac + 4c^2})$$

$$t_3 = \frac{-4a^2 + 40ac - 19c^2}{24c}$$

$$t_4 = \frac{1}{3}(6a - 9c - \sqrt{30a^2 - 84ac + 57c^2})$$

$$t_5 = \frac{1}{2}(4a - 2c - \sqrt{16a^2 - 32ac + 6c^2})$$

$$t_6 = \frac{1}{3}(-4a + 11c + \sqrt{13a^2 - 58ac + 73c^2})$$

如果各国政府都没有关于 FDI 的政策竞争，那么跨国公司的投资选择只取决于在三种情况下其获得的生产利润的大小，分别比较研究基准的三种情形下跨国公司的利润 $\pi_M^{A_1}$、$\pi_M^{A_2}$ 和 π_M^{B} 的值，不难得到以下结论：

命题 8－1：在各国政府均不实施政策竞争的条件下。

①当跨国公司技术水平较高（$c \in (0, c_6]$）且贸易成本大时（$t \in (\max\{\frac{3c(8a-c)}{8(2a-c)}, \frac{a-2c}{4}\}, \min\{\frac{a+c}{2}, a-2c\}]$），跨国公司在 B 国投资时其总利润更高；

②当跨国公司技术相对较高（$c \in (0, c_7]$）且贸易成本较低（$t \in (\frac{3c(8a-c)}{8(2a-c)}, \frac{a-2c}{4}]$）时，跨国公司兼并企业 A_1 其总利润更高。

③当跨国公司技术较落后（$c \in (c_7, c_6]$）且贸易成本较低（$t \in (\frac{a-2c}{4}, \frac{3c(8a-c)}{8(2a-c)}]$）时，或者当跨国公司技术很落后（$c \in (c_6, \frac{a}{2}]$）时，

跨国公司兼并企业 A_2 利润更高。①

其背后的经济学解释不难理解：对于跨国企业而言，它有三种不同的选择：在 B 国进行新建投资，兼并 A 国的低技术水平生产企业 A_1，兼并 A 国的高技术水平生产企业 A_2（前面的那两种选择跨国企业无法获取先进技术，而一种情形跨国企业可以通过兼并的方式获取被兼并企业的先进技术），跨国企业的最终选择必然是这三种情形中利润最高的那种情形。

如果跨国企业选择在 B 国进行新建投资时，根据前面的分析可知，其生产利润只来源于 B 国市场。并且其边际成本为 c，而竞争对手在 B 国生产的边际成本为 t；如果跨国企业选择兼并 A 国的企业 A_1 时，其总利润会有两个来源，即 A 国和 B 国两个市场：其在 A 国市场上的边际成本为 c，并且面临着一个同样拥有先进技术的竞争对手；在 B 国市场上其边际成本为 $c+t$，也要面对同一个竞争对象；如果跨国企业选择兼并 A 国的企业 A_2 时，其利润同样来源 A 国和 B 国两个市场：其在 A 国市场上的边际成本为零，并且与边际成本为 c 的技术落后国有企业进行竞争；其在 B 国市场上其边际成本为 t，同样要与国有企业进行竞争，此时国有企业的边际成本为 $c+t$。

如果贸易成本比较高并且国有企业和跨国企业的技术水平都比较高，则跨国企业选择在 B 国投资时，能节约贸易成本并提高其在 B 国的市场竞争优势。此时，虽然其在 B 国投资时跨国企业只能从 B 国一个市场上获取利润，但是此时的利润仍然高于其他两种情形下从 A、B 两国市场上获得的利润的总和。因此，在 B 国进行新建投资是跨国企业的最优选择。

如果贸易成本比较低，那么拥有先进技术水平的私营企业的出口量就比较高，此时跨国企业选择在 B 国投资时的竞争优势就相对变弱。因此，为了增加市场份额，跨国企业势必选择在 A 国进行企业兼并投资。由于国有企业不同于私营企业，其最大化本国社会福利的动机会促使它生产更多的产品，这必然会恶化市场竞争状况。假若国有企业的成本较低，那么市场竞争会进一步恶化。为了消除部分竞争，在贸易成本和国有企业的成本

---

① 命题 8-1 的数学证明见附录 5-1。

较低时，跨国企业必定会选择到 A 国投资并且兼并企业 A_1。

如果跨国企业的技术非常落后，这样不管贸易成本是大还是小，其在 B 国投资时的竞争优势都很弱。为了扩大市场份额，跨国企业必然会选择到 A 国投资。由于兼并发生前跨国企业同国有企业的生产效率相同，故当跨国企业技术水平较低时，国有企业的竞争威胁相对变小，但是跨国企业的技术水平低下会突出私营企业 A_2 的成本优势。此时，为了最大化其自身利润，跨国企业必定兼并企业 A_2 以最大程度地缓和市场竞争。

8.2　单个东道国政府实施引资政策

考虑到现实经济中，有的国家对外资有引资政策。例如给予补贴等政策方面的优惠，而有的国家并没有积极的引资政策。因此，在这里先探讨只有一个东道国政府实行引资政策，而另一个东道国不实施引资政策这种情况。① 同时，为了分析实行 FDI 政策的东道国参与 FDI 竞争的动力，以及跨国投资所产生的社会福利效应，借鉴 Fumagalli（2003）中的做法，先给出定义：

实行政策优惠的东道国吸纳跨国投资中获得的净收益 $w_i - s_i^{\min}$，其中 $w_i \equiv W_i^i - W_i^j$，$s_i^{\min} = \pi_j^{\max} - \pi_M^i$，$(j = A_1, A_2, B, j \neq i)$，$\pi_j^{\max} = \pi_M^j + w_j$

$s_i^{\min}$ 是东道国政府在吸引外资时给予的最小补贴（或最大税收），以保证跨国公司在该国的投资总收益不低于在其他国家的投资总收益；w_i 是东道国政府吸引外资本国福利的增加值；$\pi_j^{\max}$ 是跨国公司在 j 国投资所获得的最大收益。

（1）A 国实施 FDI 政策，B 国政府对 FDI 不干预

基于（8.2）、（8.3）式可得到：$w_{A_2} - s_{A_2}^{\min} = \dfrac{-45c^2 + 16t(5c - a) - 24t^2}{72b}$

① Fumagalli（2003）、Fosfuri 和 Motta（1999）和李长英、付红艳（2010）都探讨了双方政府均实施引资政策的情况。

<0，即当跨国公司兼并企业 A_2，A 国从获得 FDI 中赚取的净收益为负值，此时，A 国政府通过介入一定不会让跨国公司兼并企业 A_2。

由（8.1）式、（8.3）式计算可得到：

$$w_{A_1} - s_{A_1}^{\min} = \frac{-a^2 - 4ac - 6t^2 + 10c(a+2t) - 16c^2}{18b}$$

求解 $w_{A_1} = s_{A_1}^{\min}$ 得到 t_1，t_2。

命题 8－2：当跨国公司效率较低 $c \in (c_1, c_2]$ 且贸易成本很高（$t_2 < t < \min\{a + c/2, a - 2c\}$］或跨国公司效率很高 $c \in (0, c_1]$，跨国公司在 B 国投资建厂，其他情况下跨国公司兼并国有企业 A_1。[①]

命题 8－2 的直观经济学解释为：由于企业 A_2 是技术先进的企业，东道国 A 在制定相应的引资政策时，必然会限制跨国公司对企业 A_2 的兼并行动。与在 B 国投资建厂相比，跨国公司选择兼并 A 国企业一方面弱化了 A 国的市场竞争力，从而使其在 A 国的生产利润更高；另一方面其产品从 A 国出口至 B 国时，存在运输成本，这会使跨国公司在 B 国的生产利润更低。当跨国公司技术水平很低或跨国公司技术水平较低且运输成本较高时，运输成本对跨国公司利润的影响更大。此时，跨国公司选择在 B 国投资建厂能使其总利润最大化；相反，当跨国公司技术水平非常高（即与技术先进的企业水平非常接近）或跨国公司技术水平较高且运输成本较低时，跨国公司的最优选择是兼并企业 A_1。

由（8.1）式、（8.3）式可得：

$$s_{A_1}^{\min} = \frac{1}{9b}(-a^2 - 4c^2 + 4ac + 4at - 8ct)$$

根据上述 $s_{A_1}^{\min}$ 的表达式，可以得到：

推论 8－1：A 国的均衡政策是补贴或者征税[②]。

这个结论不难理解，满足命题 1 跨国企业选择兼并 A_1 的前提下，若跨国公司投资 B 国，当单位运输成本较低时，技术先进的私营企业 A_2 在 B 国的竞争优势也较大，从而使得 A 国企业在 B 国市场上获得较高的生产利

① 命题 8－1 的数学证明见附录 5－2。

② 推论 8－1 的数学证明见附录 5－3。

润。此时，A 国政府的引资积极性很低，其将对跨国投资进行征税。与兼并 A_1 相比，若跨国公司投资 B 国，当运输成本较高时，技术先进的私营企业 A_2 在 B 国销售利润会减少很多，而此时跨国公司在 B 国生产利润也较高。因此，为了吸引跨国公司投资，A 国政府只能对跨国投资进行补贴。

（2）B 国实施 FDI 政策，A 国政府对 FDI 不干预。

由（8.1）式、（8.2）式、（8.3）式有：

$$\pi_M^{A_1}=\frac{1}{9b}[2a^2+(4c+t)(t-2a)+8c^2]$$

$$\pi_M^{A_2}=\frac{1}{36b}[13c^2-8c(t-a)+4(t-a)^2]$$

$$\pi_B^{\max}=\frac{1}{18b}[2(a-2c)^2+2t(4a-5c)-t^2]$$

联立方程组 $\pi_M^{A_1}=\pi_M^{A_2}$，$\pi_M^{A_1}=\pi_B^{\max}$，$\pi_M^{A_2}=\pi_B^{\max}$，可以分别得 t_3、t_4、t_5。

命题 8-3：当跨国公司效率较低（$0<c\leqslant c_4$）且运输成本较高（$t>\max\{t_3,t_4\}$）时，跨国公司选择兼并 A_1；当 $c_3<c\leqslant c_5$）且 $t\in(0,\min\{t_3,t_5\}]$ 或 $c_5<c\leqslant\frac{a}{2}$ 跨国公司选择兼并 A_2；在其他条件下，跨国公司选择在 B 国投资建厂。[①]

命题 8-3 后的经济学含义为：与不存在政策竞争相同的是，跨国公司仍然有三种选择：在 B 国投资；兼并企业 A_1；兼并企业 A_2，三种方式下跨国公司最终总收益［跨国公司的生产利润与东道国政府的补贴（或征税）之和（差）］成为跨国公司投资决策的最大考量依据。

当国有企业边际成本 c 很小（即国有企业 A_1 技术水平较高时），并且 A、B 两国间运输成本也较高时，国有企业的 A_1 为了使本国福利最大化必然选择生产更多产品。此时，若跨国公司不兼并 A_1，则必然会面临和企业 A_1 的激烈竞争。如果跨国公司选择兼并国有企业 A_1，那么该跨国公司在 A 国市场上因减少了一个竞争对手而获得较高的利润。所以，在此情况下跨国公司兼并企业 A_1 是最好的选择。

① 命题 8-3 的数学证明见附录 5-4。

当国有企业 A_1 技术水平很低或者运输成本很低时，如果跨国公司兼并技术先进企业 A_2，一方面更有利于降低 A 国的市场竞争，其可以在 A 国获取较高的生产利润；另一方面，由于运输成本较低，跨国公司在 B 国的生产利润也较高（尽管 B 国有引资政策），此时，兼并企业 A_2 是跨国公司的最佳选择。

当国有企业 A_1 技术水平较高并且 A、B 两国间运输成本也较低时，或当国有企业 A_1 技术水平较低且运输成本较高时，与兼并已有的企业相比，若跨国公司在 B 投资建厂，跨国公司在 B 国的市场竞争得到了极大地提高，其在 B 国市场的生产利润很高。因此，跨国公司的最佳选择是在 B 国投资建厂。

综上可以得到：即便 B 国政府有引资政策，在前两种情况下，B 国政府的最优策略都是限制外资流入。

由（8.1）式、（8.3）式可得到：$s_B^{\min}=\frac{1}{9b}[a^2+4c^2-4at-4c(a-2t)]>0$

由（8.2）式、（8.3）式计算出：$s_B^{\min}=\frac{1}{36b}(-3c^2-16at+24ac+8ct)$

推论 8-2：B 国的均衡政策或者是补贴或者是征税。①

这个结论容易理解，如果跨国企业选择在 B 国投资，而 B 国没有自己的本土企业，即本国企业生产利润为零，故消费者剩余的高低决定了该国的社会福利水平。考虑到运输成本，吸引外资进行本地化生产能节约运输成本，因此，相比进口而言，吸引外资新建企业能提高 B 国消费者的福利。

如果跨国公司选择兼并技术先进的私营企业 A_2，一方面可以提高其技术水平；另一方面弱化了市场竞争，其在 A 国的利润必然较高。当单位运输成本较低时，跨国公司在 B 国市场的利润也较高；因此，跨过公司兼并 A 企业的意愿强烈，此时 B 国政府要想吸引外资进入，只有通过发放投资补贴。

当单位运输成本很高时，若跨国公司在 B 国投资建厂，高效率企业 A_2

---

① 推论 8-2 的数学证明见附录 5-5。

的产品在 B 国的竞争优势降低很多，故此时跨国公司在 B 国的生产利润很高。因此，即便 B 国政府选择对投资进行征税，跨国公司仍然会在 B 国投资。因此，与人们的思维不同的是，B 国对外资征税才是使本国福利最大化的选择。

8.3　东道国政府均实施引资政策

因为现实世界中，众多国家为了吸引 FDI 制定了各种各样的外资优惠政策。因此，接下来本部分继续研究两个东道国政府都存在 FDI 政策竞争的情况。即每个国家为了吸引外商直接投资所做出利益上的让步是通过 A、B 两国相互竞价而内生决定的。

如果两个国家进行 FDI 政策竞争，那么博弈次序则变为：首先，A、B 两国政府确定其最优的引资政策以及投资补贴或投资征税的数量；其次，跨国公司决定其投资选择，即投资的国家和投资方式；最后，各个企业在 A、B 两国市场上进行 Cournot 竞争。需要补充的是，跨国公司的最优选择取决于其在两个市场上的生产利润与两个国家给出的投资补贴或投资征税的数额之和。

命题 8-4：当 A、B 两国政府都存在 FDI 政策竞争时。

（1）当跨国公司技术水平很高（$c \in (0, \frac{a}{8}]$）或跨国公司技术水平较高（$c \in (\frac{a}{8}, \frac{a}{5}]$）且贸易成本大时（$t \in (t_6, \min\{\frac{a+c}{2}, a-2c\}]$），跨国公司在 B 国投资时其总利润更高；且当 $c \in (0, \frac{a}{8}]$ 或 $c \in (\frac{a}{5}, \frac{a}{2}]$ 且 $t \in (t_2, \min\{\frac{a+c}{2}, a-2c\}]$ 时，B 国政府的最优引资策略是投资征税。

（2）当跨国公司技术水平较高（$c \in (\frac{a}{8}, \frac{a}{5}]$）且贸易成本低（$t \in (0, t_6]$）

或者跨国公司技术水平很低（$c \in (\frac{a}{5}, \frac{a}{2}]$），跨国公司兼并国有企业 A_1 其总利润更高；且当 $c \in (\frac{a}{8}, \frac{a}{5}]$ 或 $c \in (\frac{a}{5}, \frac{a}{2}]$ 且 $t \in (0, t_4]$，A 国政府的最优引资策略是投资征税。①②

命题 8－4 的经济学解释如下：首先，解释为何在政策竞争情况下，跨国公司只会在兼并国有企业 A_1 与投资 B 国之间进行取舍。根据模型的基本假定可知国有企业是技术落后的企业，其生产成本较高而私营企业是技术先进的企业其成本较低。从最大化本国社会福利的角度出发，A 国政府在设定其 FDI 政策时，必然通过 FDI 政策来促使跨国公司兼并其技术落后的国有企业，而阻止跨国公司兼并其技术先进的私营企业。因此，跨国公司最终只能在兼并企业 A_1 与投资 B 国之间进行选择。

其次，有关 A 国政府的最优引资政策的解释。当贸易成本比较高且跨国公司的技术比较低时，如果跨国公司在 B 国投资，那么高昂的贸易成本严重弱化了私营企业 A_2 的竞争优势，此时 A 国政府希望能够吸引跨国公司兼并本国技术落后的国有企业。同时，由于私营企业技术较高而跨国公司技术较低，所以跨国公司兼并国有企业不至于很大程度的弱化私营企业的竞争优势，但是却大幅度提高了私营企业在 B 国市场上的利润。因此，为了提高本国的社会福利，A 国政府将采取补贴措施以吸引跨国公司兼并其国有企业 A_1。但是，如果贸易成本较低，即使跨国公司在 B 国投资，A 国私有企业也能够在 B 国市场获得较多的利润，此时 A 国政府的引资动力相对降低，因而对跨国公司兼并国有企业 A_1 进行征税。

最后，有关 B 国政府均衡政策的解释。因为东道国 B 国没有自己的本土企业，该国社会福利的高低完全取决于其消费者剩余的大小。但由于两国之间存在贸易成本，所以跨国企业在 B 国投资比产品从 A 国进口更能够提高消费者的福利。

---

① 当 $w_{A_1} - S_{A_1}^{\min} > 0$ 且 $w_{A1} - S_{A_1}^{\min} > w_{A_2} - S_{A_2}^{\min}$ 时，跨国公司兼并企业 A_1；当 $w_{A_2} - S_{A_2}^{\min} > 0$ 且 $w_{A_2} - S_{A_2}^{\min} > w_{A_1} - S_{A_1}^{\min}$ 时，跨国公司兼并企业 A_2；当 $w_B - S_B^{\min} > 0$ 时，跨国公司在 B 国新建投资。

② 命题 8－4 的数学证明见附录 5－6。

当国有企业或跨国企业技术水平很低时，A 国政府希望通过投资补贴吸引跨国企业兼并其国有企业，此时 B 国政府只有通过投资补贴才能赢得外资；但是，当国有企业技术水平较高时，如果跨国企业兼并国有企业 A_1，那么兼并行为会严重损害东道国 A 国的社会福利，为了避免这种情况，A 国政府必定会对跨国企业征收高额的税收。故此时，B 国政府即便对跨国企业进行投资征税，仍然也能够获得外商直接投资。

8.4　模型的扩展：假设国有企业存在研发行为①

如果国有企业可以进行降低企业生产成本的研发活动，②假设边际成本降低幅度为 k 时，其研发成本为 $\frac{\alpha}{2}k^2$，（α 越高，企业的研发效率越低，反之，α 越低，企业的研发效率越高）。为保证本章研究的问题有意义，在这里假设 $\alpha>3.77$。③容易理解，此时参数 c 和 t 的取值范围都与 α 有关，考虑到本节所讨论的区间太多，数学表达式会很繁杂，并且在作者的数学能力范围内可能难以获得显性解。然而，如果采用数值模拟的方法，可以解决这一难题。同时，为了分析问题的简单，假设市场规模 $a=1$。

此时博弈时序为：首先，跨国公司选择在 A 国投资还是在 B 国投资。如果跨国公司选择在 A 国投资，则需要进一步决定是兼并企业 A_1 还是兼并企业 A_2；其次，研发企业决定最优的研发水平。如果兼并企业 A_1，则跨国公司可以利用国有企业 A_1 的资源进行研发；如果兼并企业 A_2，国有企业 A_1 进行研发；如果跨国企业选择在 B 国投资，那么只有国有企业 A_1 进行研发。其次，各个企业在两个国家进行 Cournot 竞争。采用倒推法求解问题的均衡解，与前面的分析相似，此时同样也需要考虑三种情况：

---

① 为了分析减少参数，以便分析更简洁，后面的研究均假设市场规模 $a=1$。

② 这里我们假设只有国有企业进行研发，这可能是因为私有企业的成本已经足够低，而跨国公司不进行研发的原因可以这样理解：跨国投资完成之后，没有足够的资金以支持研发。

③ 由最优化的两阶条件可得 $a>3$，但是由其他约束条件得到 $a>3.77$。

8.4.1 跨国公司在 *B* 国投资

如果跨国公司选择在 B 国进行新建投资，那么市场上将存在企业 A_1、企业 A_2 和跨国公司 M 三个企业。经过简单的数理推导，可以发现此时跨国公司不会供应 A 国市场，并且技术落后的国有企业 A_1 也不会供应 B 国市场。

因此，在 A 国市场只有企业 A_1 和企业 A_2，然而在 B 国市场上只有企业 A_2 和跨国公司 M。这时候，国有企业 A_1 的最优研发水平为：

$$k_B = \frac{1-3c}{-3+a}$$

8.4.2 跨国公司兼并企业 A_1

如果跨国公司兼并国有企业 A_1，那么它可以利用企业 A_1 的资源从事研发活动，此时跨国公司与私营企业在两国市场上进行产量竞争。根据利润最大化的一阶条件，不难求得，此时跨国公司的最优研发水平为：

$$k_{A_1} = \frac{4(-2+4c+t)}{-16+9a}$$

8.4.3 跨国公司兼并企业 A_2

假若跨国公司兼并企业 A_2，那么市场上存在着两个企业，即企业 A_1 和跨国公司 M，它们在 A、B 两国市场上互相进行产量竞争。同理，容易求得国有企业 A_1 的最优研发水平为：

$$k_{A_2} = \frac{52-77c-16t}{-77+36a}$$

直接比较上述三个算式可知，$k_{A_2} > \max\{k_{A_1}, k_B\}$。因此，可以得到以下命题。

命题 8 -5：相对于投资 B 国而言，跨国公司兼并技术先进私营企业时最能激发国有企业 A_1 的研发动力。[①]

命题 8 -5 表明，当跨国企业选择兼并技术先进的私营企业 A_2 时，国有企业的最优研发水平最高。首先，解释国有企业的研发动机 $k_{A_1} > k_B$。当跨国企业选择兼并企业 A_2 时，由于此时的跨国企业所面对的竞争对手为外国企业，为了减少本国的国内利润向外国企业进行转移，同时也为了获得本国 B 国市场上更多的市场份额。因此，从最大化本国社会福利的角度，国有企业有着非常强的研发动机，故此时国有企业的最优研发水平更高。相反，当跨国企业选择在 B 国进行兴建投资时，在本国市场上国有企业只与本国私营企业进行相互竞争，此时没有国内利润向外转移效应，再加上私营企业的效率较高，因而此时国有企业的研发动机相对较弱，其最优的研发水平也相对较低，这样就导致 $k_{A_2} > k_B$。

再解释国有企业的研发动机 $k_{A_2} > k_{A_1}$。在分析中必须考虑两种情况：一是，跨国公司兼并企业 A_1；二是跨国公司兼并企业 A_2。虽然这两种情况下 A、B 两国市场上企业的数目以及成本结构完全相同，但是研发企业的企业性质却发生了很大变化。在第一种情形下，研发企业为跨国企业，与之竞争的企业为 A 国的技术先进的私营企业 A_2。此时从事研发工作的是跨国企业，作为私营企业的跨国企业其目标是实现自身利润最大化，因而跨国企业的研发动机纯粹是最大化自身利润。然而，在第二种情形下，研发企业为国有企业 A_1，为了尽量减少国内利润因本国技术先进的企业被兼并而向跨国企业转移，一方面国有企业 A_1 必须通过自主研发以极大地提高自身竞争力；另一方面，为了提高消费者剩余，从而最大化本国福利，国有企业尽其所能进行技术创新，因此，国有企业的创新动机相对更强，即 $k_{A_2} > k_{A_1}$。

上面分析了不同情形下研发企业的创新动机，下面接着进一步讨论在国有企业存在研发条件下跨国企业的最优投资选择，可以发现：

---

① 命题 8 -5 的数学证明见附录 5 -7。

命题 8－6：在没有政策竞争条件下。

①当 $3.77<\alpha<6.34$ 时，跨国企业选择或者兼并私营企业 A_2 或者 B 在国进行新建投资。

②当 $\alpha\geqslant6.34$ 时，跨国公司选择或者是兼并国有企业或者是兼并企业高效率 A_2 或者是在 B 国进行新建投资。[①]

在一般情况下，当 α 变化时，(c,t) 的取值范围也会发生变化，所以跨国公司的投资选择难以判断。尽管总的 (c,t) 的取值范围会变化，但是决定跨国公司投资选择的区域分布不会变化。

简单起见，本部分只选用 $\alpha=5$ 这个特定数值进行跨国公司的最优投资选择。如果 $\alpha=5$，那么当贸易成本很高 $t>\frac{-4687+103\sqrt{2561}}{1012}$ 或贸易成本较高 $t\leqslant\frac{-4687+103\sqrt{2561}}{1012}$ 且国有企业效率较高 $\frac{13-4t}{45}\leqslant c\leqslant\frac{-4669-6019t+309\sqrt{545+6158t+785t^2}}{31432}$ 时，跨国公司在 B 国进行新建投资时其利润更高；然而在其他情形下，跨国公司兼并企 A_2 其利润更高。

当贸易成本很高或者贸易成本较高且国有企业的技术水平也较高时，A 国企业在 B 国市场上的竞争力非常弱，此时跨国企业的总利润中在 B 国的生产利润在其总利润中起主导作用，其最优选择是通过在 B 国投资建厂来节约贸易成本，进而提高其在 B 国的生产利润，从而最大化其总利润；相反，假如两国贸易成本相对较低，那么跨国企业的最优决策应该是选择在 A 国兼并企业，究竟兼并哪个企业则取决于国有企业 A_1 与私营企业 A_2 的成本差异，以及进行技术创新企业的研发效率。

如果国有企业的生产成本很高，即技术水平很低时，那么即使其进行技术创新活动也不能对跨国企业构成很大的威胁，此时，跨国公司的最佳策略就是兼并私营企业来获取其先进技术，然后与国有企业在两国市场上进行产量竞争。

接下来，进一步探讨如果东道国政府都实施 FDI 政策竞争的情形，并

① 命题 8－6 的数学证明见附录 5－8。

且在国有企业存在研发条件下，采取相似的分析方法，可以得到如下结论。

命题8-7：当存在政策竞争时。

①如果$3.77<\alpha<4$，那么跨国公司在B国投资建厂；

②如果$4<\alpha<5.17$，那么跨国公司或者在B国投资或者到A国兼并企业A_1；

③如果$\alpha>5.17$，那么跨国公司或者到A国兼并企业A_1或A_2，或者到B国投资建厂。①

与没有政策竞争相比，有FDI政策竞争条件下，跨国公司的最优投资选择基本类似，经济学解释也类似，在此不再赘述。

8.5　结论及政策启示

各国政府为了取得经济发展的先机，不遗余力吸引跨国公司投资，这些优惠政策对吸引外资具有一定的作用。然而对东道国政府而言，吸引外资的政策对社会福利可能会有一些负面影响。如前些年在中国颇受争议的“外资超国民待遇”问题，造成了中国内外资企业不公平的竞争格局。

本章研究的主要结论表明：不管跨国公司的投资选择是兼并还是新建工厂，也不管东道国经济发达与否，补贴都不一定是最好的引资策略。只要本国投资环境有足够吸引力，即便东道国政府对外资征税，外资仍然会选择投资。此时，东道国的最佳选择不是给对方补贴而是征税。而且，如果东道国政府吸引外资带来的福利无法弥补其带来的损失，则东道国政府最好限制外资流入。

同时，本书的研究有较丰富的政策含义。首先，我们的研究可用来评

① 命题8-7的数学证明见附录5-9。

价政府吸引外资的优惠政策是否合理，很多国家对外资实施税收优惠以及投资补贴等吸引外资优惠政策，从本章的研究看来，这些政策并非合理。其次，研究的结论可以从理论上为跨国企业的投资国别选择以及投资方式的选择（投资建厂或企业兼并）提供一定的指导，即对于跨国企业而言，通过企业兼并活动来获取他国的先进技术不一定是其最优的选择。

第 9 章

跨国公司向东道国的技术转移策略

跨国公司的对外直接投资在推动世界经济发展方面作用巨大，尽管近两年由于经济波动和贸易摩擦等原因，世界对外直接投资总额有所下降，但 FDI 仍为各国经济活力的重要部分，各国政府也在引资政策方面持续发力。2017 年，跨国公司对外直接投资交易额为 1.43 万亿美元，且发展中国家的经济体 FDI 流入占比从 2016 年的 36% 增长到 2017 年的 47%（World Investment Report，2018），跨国公司的对外投资现象已十分普遍。

一般而言，跨国公司投资策略主要有两种类型：一种类型是企业兼并，跨国企业可以通过兼并的方式转移其可以带来高效率的技术给被兼并企业；另一种类型是直接投资建厂。对于跨国公司而言，跨国兼并在把握东道国市场结构以及降低市场壁垒方面有着巨大优势，但囿于信息不对称等因素，跨国兼并会存在资产评估方面的风险。而相反尽管建厂投资本身风险较小，但是因为语言、文化等方面的差异对于产品市场的不利影响，该投资方式的后期运营成本较大。此外，跨国公司的不同投资策略也会引起东道国的不同反应，相对于建厂投资而言，外来企业对本土企业的直接兼并更易激起民众的忧患意识，从而可能引发抵制行为，考虑到企业兼并与建厂投资的市场收益以及目标国政府的政策规制，跨国公司的投资选择可能会发生相应的变化。

国家或地区之间有动力出台政策吸引外资的原因，主要在于 FDI 可以带来多方面的收益，例如为当地提供新的就业机会、提升生产技术水平、进口替代等。因此，尽管人们对于跨国公司褒贬不一，但是世界各个国家（或地区）对于 FDI 的追逐却愈演愈烈。

但是，东道国政府能否通过 FDI 政策争取到跨国公司的有利投资或避免不利投资？与政府无引资政策相比，东道国政府实施引资政策竞争会改变跨国公司的投资选择吗？与政府不采取任何政策措施相比，两国（或两地区）的政策竞争或单方面政策存在的情况下是否会实现帕累托改进吗？为了回答上述问题，本章建立两国贸易模型，假定两国（或地区）拥有相同的市场规模，且市场上产品的质量相同，其中一个发达国家拥有一个国有企业和一个私营企业，另外一个落后国家没有自己的本土企业，探讨第三国的一个拥有高效率，即低成本生产技术的跨国公司选择在发达国家兼并已有企业还是在另一个国家投资建厂来使用其技术。

9.1 基本模型

9.1.1 假设前提与博弈顺序

（1）假设前提

沿用前一章的假定，同样考虑两个经济发展程度不同的国家（或地区）A 和 B，其中 A 为相对较发达的国家，该国拥有两个生产某种同质产品但成本不同的本土企业，A_1 是一个追求本国社会福利最大化的国有企业，A_2 为一个追求其自身利润最大化的私营企业；B 为经济较为落后的国家，其在该产品的生产方面没有自己的企业。同时假设国有企业 A_1 是技术相对落后的企业，其边际成本设定为 $c\in(0,\frac{1}{2}]$，私营企业 A_2 是技术先进的低成本企业，不失一般性，其边际成本简化为零，这意味着私营企业比国有企业更有效率，且 c 的大小体现两个企业的成本差异，也反映两个企业之间的技术水平的差异程度。

此时，一个生产的边际成本为零的拥有先进技术的跨国企业 M 投资区位地选择可以在 A 国或者 B 国投资。当其选择在 A 国投资时，假设其由于文化等因素只能在兼并国有企业 A_1 或者私有企业 A_2 之间做出选择，但是如果其选择在 B 国投资，那么只能投资建厂。鉴于跨国投资的成本问题，本书在此假设跨国企业不能在两国同时进行投资。此外，由于本章的主要目的在于分析拥有先进生产技术的跨国企业的投资策略选择。因此，为了简化数学分析，在此假设跨国企业在两国投资的固定成本相同，并都假设为零。这意味着，跨国企业的最优投资策略选择只取决于销售利润及东道国的政策激励之和。

无论跨国企业在哪国投资，最终产品均可以在 A、B 两个国家市场上进行销售。同时假设这两个国家的单位贸易成本为 t（包括运输成本等），$t \in (0, \min\{c, 1-2c\}]$。[①] 显然，如果 A、B 两国的市场大小的不同一定会影响跨国企业的最优投资选择，[②] 但是本章为了着重分析各个东道国的引资政策对拥有先进技术的跨国企业投资选择可能产生的影响，因此本章同样假设两个国家的市场规模相同，并且两国消费者拥有相同的简单线性反需求函数为 $p_i = 1 - q_i$，其中 p_i 是 i 国产品的市场价格；q_i 是该国产品的市场总需求，$i = A, B$。

（2）博弈次序

本章的博弈次序是：首先，东道国政府为了获得外资或者限制外资，给出其引资政策（初始状态时则没有这阶段的博弈）；其次，拥有先进技术的跨国企业决定其在 A 国还是 B 国进行投资，如果跨国企业选择在 A 国进行企业兼并转移其先进技术，则其需要进一步选择是兼并国有企业 A_1 还是私有企业 A_2；最后，各个企业直接或者通过出口在两国市场进行古诺（产量）竞争。按照常用的办法，仍然采用倒推法对此问题进行求解。

9.1.2 研究基准

由于跨国企业 M 投资选择可以是在 A 国兼并国有企业 A_1 或者私有企业 A_2，或者在 B 国进行新建投资（不转移其先进技术）这三种可能，因而接下来分别分析这三种情况。同时，为了后面的行文方便，分别用 q_i^j 表示企业 i 在 j 国的产量，$i = A_1, A_2, M$，$j = A, B$；π_i^j 表示跨国企业选择在 j 国投资（或者兼并 j 国企业）时企业 i 的总利润；W_k^j 表示此时 k 国的总社会福利。

① 这种假设是为了保证本章问题讨论有意义。

② Bjorvatn 和 Eckel（2006）认为东道国市场规模对本国的引资优势有正的影响。这不难理解，在其他既定的前提下，市场规模越大，企业的市场需求越大，企业利润也越高，因而企业越愿意投资该国。

（1）跨国企业在 B 国投资建厂

与第 8 章相同的是，如果跨国企业选择在 B 国投资建厂，那么 A 国市场上将存在着三个企业，即跨国企业 M、国有企业 A_1 和私营企业 A_2。但是不同的是，在 B 国市场上只可能存在私营企业 A_2 和跨国企业 M 相互竞争。其背后的原因是：由于高生产成本企业 A_1 是国有企业，其目标是追求本国社会福利最大化，并且其生产成本较高，即技术水平较低。如果也选择将产品出口到 B 国以供应 B 国市场时，一方面其生产利润会增加；但是另一方面会导致 A 国的私有企业 A_2 的生产利润下降，并且此时私营企业 A_2 利润降低的幅度更大。因此，从本国社会福利最大化的角度看，国有企业 A_1 将不会向 B 国出口产品，故在 B 国市场上只存在私营企业 A_2 和跨国企业 M。

因而，A、B 两个国家总的产品销售量分别为 $q_A = q_{A_1}^A + q_{A_2}^A + q_M^A$ 和 $q_B = q_{A_2}^B + q_M^B$，各企业的利润函数以及 A 国和 B 国的社会福利函数分别为①：

$$\pi_M^B = (p_A - t) \times q_M^A + p_B \times q_M^B$$

$$\pi_{A_2}^B = p_A \times q_{A_2}^A + (p_B - t) \times q_{A_2}^B$$

$$W_A^B = \int_0^{q_A} (1-q)dq - p_A \times q_A + (p_A - c) \times q_{A_1}^A + p_A \times q_{A_2}^A + (p_B - t) \times q_{A_2}^B$$

$$W_B^B = \int_0^{q_B} (1-q)dq - p_B \times q_B$$

将两国消费者的市场反需求函数代入后，根据私营企业利润最大化、国有企业社会福利最大化以及跨国企业利润最大化的一阶条件，容易求得均衡的企业利润和社会福利分别为：②

$$\pi_M^B = \frac{1}{36}[9c^2 - 18ct + t(8 + 13t) + 4]$$

$$\pi_{A_2}^B = \frac{1}{36}[9c^2 + 18ct + t(-16 + 25t) + 4]$$

$$W_A^B = \frac{1}{72}[81c^2 + 18c(t - 4) + t(41t - 32) + 44]$$

---

① 注意到企业 A_1 的国有属性，其目标函数就是 A 国的社会福利函数，所以在此不单独求解国有企业的利润函数。后面分析也一样，不再做重复说明。

② 由于篇幅所限，本章略去了所有的关于企业的产出、消费者剩余等均衡表达式。

$$W_B^B = \frac{1}{18}(t-2)^2$$

（2）跨国企业在兼并国有企业 A_1

如果跨国企业兼并国有企业 A_1，则与上述情况不同的是，此时 A、B 两国市场上都存在着私营企业 A_2 和跨国企业 M 两个企业。因此，两国市场上产品的销量为 $q_A = q_{A_2}^A + q_M^A$ 和 $q_B = q_{A_2}^B + q_M^B$，两个企业的利润函数可以表示为：

$$\pi_M^{A_1} = p_A \times q_M^A + (p_B - t) \times q_M^B$$

$$\pi_{A_2}^{A_1} = p_A \times q_{A_2}^A + (p_B - t) \times q_{A_2}^B$$

同样，将两国消费者的市场反需求函数代入上面的表达式后，并根据企业利润最大化一阶条件，根据简单的数学知识，不难得到均衡企业利润和社会福利为：

$$\pi_M^{A_1} = \frac{1}{9}[2 + t(t-2)]$$

$$\pi_{A_2}^{A_1} = \frac{1}{9}[2 + (-2+t)t]$$

$$W_A^{A_1} = \frac{1}{9}[4 + t(t-2)]$$

$$W_B^{A_1} = \frac{2}{9}(t-1)^2$$

（3）跨国企业兼并企业 A_2

如果跨国企业兼并私营企业 A_2，则与第二种情况相同的是 A、B 两国市场上只存在着两个企业。此时，两国市场上产品的销量为 $q_A = q_{A_2}^A + q_M^A$ 和 $q_B = q_{A_2}^B + q_M^B$ 跨国企业 M 的利润函数和 A 国的社会福利函数分别为：

$$\pi_M^{A_2} = p_A \times q_M^A + (p_B - t) \times q_M^B$$

$$W_A^{A_2} \int_0^{q_A} (1-q)dq - p_A \times q_A + (p_A - c) \times q_A^{A_1} + (p_B - c - t) \times q_{A_1}^B$$

同样，根据利润最大化和社会福利最大化的一阶条件，可以得到：

$$\pi_M^{A_2} = \frac{1}{36}[13c^2 - 8c(t-1) + 4(t-1)^2]$$

$$W_A^{A_2} = \frac{1}{72}[77c^2 + 8c(4t-13) + 8t(t-2) + 44]$$

$$W_B^{A_2}=\frac{1}{18}(2t+c-2)^2$$

因此，跨国企业决定兼并私营企业 A_2 还是兼并国有企业 A_1，取决于 $\pi_M^{A_2}-\pi_M^{A_1}$ 的大小，进而决定于企业的成本差异 c 和贸易成本 t 的值。因此，与跨国企业面对私营企业不同的是，当跨国企业面对一个国企和一个私企时，可能会担心国有企业基于社会福利“过多的”增加产品数量，而跨国企业并不一定通过追求兼并技术先进的私营企业来弱化竞争。

便于行文方便，本章给变量进行赋值：

$$c_1=\frac{43-2\sqrt{37}}{81}$$

$$c_2=\frac{43-3\sqrt{61}}{52}$$

$$c_3=0.3682939$$

$$c_4=0.3266$$

$$c_5=\frac{6-\sqrt{30}}{3}$$

$$c_6=\frac{2(\sqrt{17}-2)}{13}$$

$$c_7=\frac{13-\sqrt{43}}{14}$$

$$c_8=\frac{5(31-2\sqrt{22})}{291}$$

$$c_9=\frac{39-\sqrt{210}}{57}$$

$$t_1=\frac{1}{9}(-8+2\sqrt{25-36c}+9c)$$

$$t_2=\frac{1}{9}(-8+5c+2\sqrt{64-8c+61c^2})$$

$$t_3=\frac{-4+8c+13c^2}{8c}$$

$$t_4=\frac{1}{51}(-8+9c-2\sqrt{-35+882c-1242c^2})$$

$$t_5=\frac{1}{51}(-8+9c+2\sqrt{-35+882c-1242c^2})$$

$$t_6=\frac{-12+9c+\sqrt{156-216c+54c^2}}{3}$$

$$t_7=\frac{-16+9c+2\sqrt{5}\sqrt{5+126c-189c^2}}{39}$$

9.2　东道国政府均没有引资政策

如果两国均没有针对 FDI 的政策，那么跨国企业选择在哪国投资只取决于不同投资区位选择所带来的利润大小，即分别比较三种投资选择下跨国企业的利润 $\pi_M^{A_2}$、$\pi_M^{A_1}$ 和 π_M^{B} 的值，可以得到：

命题 9－1：当国有企业技术水平较高（$c\in(1/4,c_2]$）且贸易成本很高时（$t\in(\max\{t_1,t_2\},\min\{c,1-2c\}]$），跨国企业在 B 国投资时其总利润更高；当国有企业技术水平很高（$c\in(0,1/4]$）或当国有企业技术较高（$c\in(1/4,c_3]$）且贸易成本很低（$t\in(\max\{0,t_3\},t_1]$）时，跨国企业兼并国有企业 A_1 其总利润更高；其他情形下，跨国企业兼并私营企业 A_2 总利润更高。①

命题 9－1 的直观经济学含义是：根据前面的分析可知，如果跨国企业选择在 B 国进行新建投资，一方面其在 B 国市场上只有一个私营企业与其竞争，即边际成本为 t（出口成本）的企业 A_2，而跨国企业本身的边际成本则为零。显而易见，此时跨国企业在 B 国市场上具有较强的竞争优势，并且当单位贸易成本 t 越大时，其竞争优势也越大。但是另一方面，跨国企业在 A 国市场上面对着两个竞争性企业，边际成本为 c 技术落后的国有企业和同样边际成本为零的技术先进的私营企业，而它因为产品出口导致其在 A 国的边际成本则增加为 t。因此，在 A 国跨国企业不仅面临着更多

① 命题 9－1 的数学证明见附录 6－1。

的企业进行竞争，同时其边际成本也较高，跨国企业在 A 国市场上竞争优势较弱。故相比较而言，此时跨国企业的利润主要来源于 B 国市场。当贸易成本 t 很高时，虽然在 A 国市场上跨国企业获得的利润有所降低，但在 B 国其获得的利润将会大幅度地增加，故跨国企业在两国市场上的总利润也相应更高。因此，其他既定条件下，当单位贸易成本较高时，跨国企业更倾向于在 B 国投资建厂。

当单位贸易成本比较小时，跨国企业将选择在 A 国投资，但是它要决定是兼并企业 A_1 还是兼并企业 A_2。如果选择兼并国有企业 A_1，则跨国企业将与一个技术先进（边际成本为零）的私有企业在 A、B 两国市场上进行竞争，而如果选择兼并私营企业 A_2，则跨国企业将与一个技术落后（边际成本为 c）的国有企业在两国市场上进行竞争。当国有企业与技术先进企业的技术差距较小（c 的值较小）时，跨国企业将兼并国有企业 A_1。原因在于：尽管此时国有企业的边际成本仍然高于私有企业，但是国有企业追求社会福利最大化的性质使其倾向于生产更多的产量以最大化本国福利，故市场竞争比较激烈。因此，与兼并技术先进的私有企业相比，对于跨国企业而言，兼并技术相对落后的国有企业更有利可图；甚至，当国有企业与技术先进企业的技术差距非常小时，跨国企业兼并国有企业的利润会高于其在 B 国投资建厂的总利润。相反，当国有企业与技术先进企业的技术差距较大（c 的值较大）时，国有企业对跨国企业的竞争威胁很小，此时跨国企业将兼并效率较高的私营企业 A_2。

9.3 单个东道国政府实施引资政策

同样延续第 8 章的做法，本章接下来分析只有一个东道国政府都实施引资政策的情况。这样实行引资政策的东道国政府获得的净收益为 $w_i - s_i^{\min}$，其中 $w_i \equiv W_i^i - W_i^j$，$s_i^{\min} = \pi_j^{\max} - \pi_M^i$，$(j = A_1, A_2, B, j \neq i)$，$\pi_j^{\max} = \pi_M^j + w_j$。显然 $s_i^{\min}$ 是东道国政府在吸引外资时给予的最小补贴（或最大税收），

而 $\pi_j^{\max}$ 是跨国企业在 j 投资所获得的最大收益。因此，若东道国（称为 i 国）存在引资政策，那么跨国企业在该国家投资所获得的收益为 $\pi_M^{\max}=\pi_M^i+s_i^{\min}$，而该东道国为吸引外资的最优政策为 $s_j^{\min}=\pi_i^{\max}-\pi_M^j$，若东道国不采取任何引资政策只是被动接受跨国企业的投资，则跨国企业在该国投资收益为销售利润 π_M^i，跨国企业通过比较两种利润大小选择在两个国家的其中一个来进行投资。

9.3.1　A 国政府采取引资政策，B 国政府不干预

基于前面的研究，可以知道，在不存政策竞争的情况下，跨国企业兼并国有企业 A_1 所获得的收益为 $\pi_M^{A_1}$，兼并私有企业 A_2 所获得收益为 $\pi_M^{A_2}$，两者的大小取决于生产成本 c 和贸易成本 t 的大小。因此，跨国企业在哪个国家投资取决于 3 种收益的比较。如果 $\max\{\pi_M^{A_1}+s_A^{\min},\pi_M^{A_2}+s_A^{\min}\}>\pi_M^B$，则跨国企业选择在 A 国投资；否则的话，跨国企业则选择在 B 国进行新建投资。

但根据前述分析可知，A 国政府会采取政策以阻止跨国企业兼并该国技术先进的私有企业，因此在 A 国政府单方面存在政策竞争的情况下，跨国企业只会在兼并国有企业和在 B 国投资建厂之间做出选择。

$$\pi_M^{A_1}-\pi_M^B=\pi_M^{A_1}+s_A^{\min}-\pi_M^B=\frac{1}{72}[-4+72c-99c^2+(-16+18c)t-51t^2]$$

求解 $\pi_{A_1}^{\max}=\pi_M^B$ 时得到 t_4、t_5。

命题 9－2：当国有企业技术水平较高($c\in(2/33,1/11)$)且贸易成本较低时($t\in(0,t_5]$)时或国有企业技术水平很低($c\in(1/11,1/2]$)时，跨国企业的最优选择是通过兼并活动向国有企业 A_1 转移先进技术；其他情况下，跨国企业的最优选择是在 B 国投资建厂。①

命题 9－2 的经济学背后的含义是：与第 8 章相同的是，由于私营企业 A_2 是技术水平较高的企业，东道国 A 在制定相应的引资政策时，必然会限

① 命题 9－2 的数学证明见附录 6－2。

制跨国企业 A 对高技术水平的企业 A_2 的兼并。一方面与在 B 国投资建厂相比，跨国企业如果选择兼并 A 国企业会因节约贸易成本提高其在 A 国的竞争力，其在 A 国市场的生产利润更高；但另一方面跨国企业生产的产品从 A 国出口至 B 国，此时因存在运输成本会弱化跨国公司在 B 国市场竞争力，进而导致其在 B 国的生产利润更低。

当国有企业技术水平很低或国有企业技术水平较低且贸易成本样本较低时，跨国企业的总利润中其在 A 国的生产利润占主要作用，此时，跨国企业选择在 A 国通过兼并的方式向其企业 A_1 进行技术转移能使其利益最大化；相反，在国有企业技术水平很高或国有企业技术水平较高且运输成本也较高等情况下，跨国企业在 B 国投资建厂（即不进行技术转移）其总利润更高。

根据计算容易得到，东道国政府的最小补贴为：

$$s_{A_1}^{\min}=\frac{1}{36}[-4+9c^2+(16-18c)t+9t^2]$$

推论 9-1：A 国的均衡政策可能是补贴或者征税[①]。

推论 9-1 背后的经济学原因是：根据分析可知，在只有东道国 A 国实施引资政策竞争时，跨国企业的最优选择是兼并技术落后的国有企业 A_1，只有在国有企业技术落后差距较小且贸易成本较低时或国有企业技术非常落后的条件下才可能发生。与兼并 A 国企业相比，若跨国企业投资 B 国，一方面跨国企业因节约贸易成本在 B 国的竞争优势提升，其在 B 国市场的生产利润增加；另一方面跨国企业因 A 国市场竞争加剧[②]以及出口贸易成本的存在其在 A 国市场生产利润的减少。当贸易成本较低时，跨国企业投资 B 国为其带来 B 国市场的生产利润增加的幅度远小于其 A 国市场生产利润的减少幅度。此时，即便 A 国政府对跨国投资进行征税，跨国企业仍然愿意兼并 A 国企业。因此，这种条件下 A 国政府最优引资政策是征税；当贸易成本较高时，则情况恰恰相反，为了吸引跨国企业 M 的投资，A 国政

---

① 推论 9-1 的数学证明见附录 6-3。

② 原因是如果跨国公司并购 A 国企业，那么 A 国市场只有两个企业，即并购后的企业和本国私营企业；但如果跨国公司在 B 国投资建厂，那么 A 国市场有国有企业、私营企业和跨国公司三个企业。

府最优引资政策是补贴。

9.3.2 *B* 国政府采取引资政策，*A* 国政府不干预

如果 A 国政府对外资不采取任何措施，那么跨国企业 M 可以选择兼并 A 国的国有企业或是私营企业。因此，在只有 B 国政府出台引资政策的情况下，跨国企业会在兼并国有企业 A_1、私有企业 A_2 和在 B 国投资建厂这三种投资之间做出选择。根据与第一种相似的数理推导分析，可以得到：

命题 9－3：当国有企业技术水平较高（$c\in(c_5,2/\sqrt{29})$）且贸易成本较高时（$t\in(\max\{0,t_3\},t_6)$）时或国有企业技术水平很高（$c\in(0,c_5)$）时，跨国企业的最优选择是兼并国有企业 A_1；当国有企业技术水平较低（$c\in(c_6,2/\sqrt{29})$）且贸易成本很低时（$t\in(0,t_3)$）或国有企业技术很落后（$c\in(c_7,1/2)$）时，跨国企业的最优选择是兼并企业 A_2；其他情况下，跨国企业选择是在 B 国投资建厂。[①]

命题 9－3 的直观经济学解释是：众所周知，国有企业的目标并非是自身利润最大化，而是追求本国社会福利最大化，相比较而言，国有企业一定会生产更多产品来促进市场竞争。与在 B 国投资建厂相比，跨国企业 M 兼并国有企业 A_1 会弱化其在 A 国的市场竞争（并且兼并所带来的弱化市场竞争的程度与国有企业的技术水平呈正方向变动），从而会提高其在 A 国市场的生产利润；当然，此时跨国企业 M 在 B 国市场也会因为贸易成本的存在而导致竞争力的削弱（并且兼并给其在 B 国市场竞争力削弱程度与贸易成本的大小呈正方向变动），从而会减少其在 B 国市场的生产利润。当国有企业与技术先进企业的技术差距非常小时，以及国有企业技术差距较小且贸易成本也较高时，与其在 B 国投资建厂相比，跨国企业 M 兼并国有企业 A_1 为其带来在 A 国市场生产利润增加的幅度高于其在 B 国市场生产利润减少的幅度，此时跨国企业 M 的最优选择是兼并国有企业 A_1。

当然，与在 B 国投资建厂相比，跨国企业 M 兼并私营企业 A_2 同样也

---

① 命题 9－3 的数学证明见附录 6－4。

会弱化 A 国的市场竞争（不同的是，兼并所带来的弱化市场竞争的程度与国有企业的技术水平呈反方向变动），进而提高其在 A 国市场的生产利润；同样，其在 B 国市场的生产利润会更低。当国有企业 A_1 技术水平落后或者国有企业技术水平较落后，但贸易成本也很低时，与在 B 国投资建厂相比，跨国企业 B 因兼并技术先进的私营企业 A_2 在 A 国市场的生产利润增加幅度远高于其在 B 国市场生产利润降低幅度。因此，即便 B 国东道国政府有引资政策，跨国企业的最优选择仍然是兼并技术先进的私营企业 A_2。

显然，这意味着东道国 B 国政府有引资政策对投资并非一定志在必得。某些时候，不计代价获得投资最后也可能得不偿失。

根据计算容易得到，东道国 B 国政府的最小补贴为：

$s_B^{\min}=\frac{1}{36}[4-9c^2+(16+18c)t-9t^2]$ 或者 $s_B^{\min}=\frac{1}{36}(8c+4c^2+(-16+10c)t-9t^2)$

前面一个表达式表示为了限制跨国企业兼并 A 国的国有企业 A_1，转而在 B 国投资建厂时，B 国政府所必须给予的最小补贴（最大征税），后面的表达式则表示 B 国政府吸引跨国企业由兼并企业 A_2 转而投资 B 国所给予的最小补贴。

推论 9-2：B 国的均衡政策是补贴或者征税。①

推论 9-2 背后的直观经济学解释是：由于东道国 B 国是一个相对落后的国家，该国没有自己的本土企业，因而该国的社会福利水平与这个国家的消费者剩余相等。与跨国企业在 A 国进行兼并相比（无论跨国企业是兼并国有企业还是私营企业），吸引跨国企业在 B 国投资可以节约贸易成本，从而能提高 B 国消费者的消费者剩余，进而能够提高 B 国社会福利。②

根据命题 9-1 可知，国有企业技术水平差距较小且贸易成本很高时，跨国企业的最优选择是在 B 国进行新建投资。与兼并 A 国企业相比，在 B 国进行投资因贸易成本上升及 A 国市场竞争恶化，其在 A 国市场的生产利

① 推论 9-2 的数学证明见附录 6-5。

② 当然，如果东道国 B 国政府有引资政策的话，则 B 国的社会福利为消费者剩余减去 B 国政府最小补贴 $S_B^{\min}$ 的差额。

润相对较低。同时，因新建投资节约了跨国企业 M 在 B 国市场的贸易成本，从而提高了其在 B 国市场的生产利润。当贸易成本相对较高时，在 B 国进行投资会因为节约贸易成本给跨国企业 M 在 B 国市场的生产利润增加很多，此时，跨过企业 M 有强烈的意愿在 B 国市场进行投资。因此，即便此时 B 国政府对投资进行征税。跨国企业 M 也愿意在 B 国投资，故 B 国政府的最优引资政策是对外资进行征税；当运输成本相对较小时，情况则恰恰相反，此时，为了获得外资的引入，B 国政府的引资政策只能是投资补贴。

9.4　东道国政府均实施引资政策

如果两个东道国 A、B 国政府都有引资政策，那么跨国企业的投资决策不仅要考虑其来自于市场的投资收益，而且也要考虑到两个国家的投资补贴或征税等引资政策。通过繁琐的数理推导，可以得到：

命题9-4：在两国政府均有存在政策竞争的条件下。

（1）当国有企业技术水平较低（$c\in(2/33,c_8]$）且贸易成本很低（$t\in(0,t_7]$）时或国有企业技术很落后（$c\in(c_8,1/2]$）时，跨国企业在 B 国投资；且 $c\in(2/33,c_9]$时 $t\in(0,\min\{t_6,t_7\}]$且或 $c\in(c_9,1/2]c_9<c<1/2$ A 国政府对外资进行征税；当 $c\in(0.1914,c_9]$且 $t\in(t_6,\min\{1-2c,t_7\}]$，$A$ 国政府对外资进行补贴。

（2）当国有企业技术水平很高（$c\in(0,2/33]$）时，或国有企业技术效率较高（$c\in(2/33,c_8]$）且贸易成本很高（$t\in(t_7,\min\{c,1-2c\}]$）时，跨国企业兼并国有企业 A_1。且当 $c\in(2/33,c_8]$且 $t\in(t_7,\min\{1-2c,c,t_5\}]$时，$B$ 国政府对外资进行补贴；当 $c\in(0,2/33]$时或当 $c\in(2/33,1/11]$且 $t\in(t_5,c]$时，B 国政府对外资进行征税。①

① 命题9-4的数学证明见附录6-6。

命题 9 -4 的背后的直观经济学解释如下：

首先，解释为何在政策竞争条件下，跨国企业只会在兼并企业 A_1 与投资于 B 国之间进行选择。因为企业 A_1 技术较落后，东道国 A 政府在制定引资政策时，更希望跨国企业兼并其技术落后的企业，所以相对于兼并企业 A_2 而言，国家 A 的外资政策使得跨国企业兼并企业 A_1 更有利可图。因此，在政策竞争条件下，跨国企业或者兼并企业 A_1，或者投资于 B 国。

其次，解释东道国 A 国的最优引资政策。当国有企业 A_1 技术水平非常落后且贸易成本较高时，跨国企业 M 兼并 A_1 企业可以提高 A 国生产企业的总体技术水平，进而会改善 A 国社会福利。因此，A 国政府采取补贴措施以使得跨国企业兼并企业 A_1。然而，当贸易成本较低时，即使跨国企业在 B 国投资，技术先进的私营企业 A_2 对 A 国市场的出口量也较大。此时，A 国政府的引资动力相对较弱，尤其是当国有企业 A_1 的技术差距较低时，A 国政府更不愿意吸引外资。因此，A 国政府将对跨国企业 M 进行投资征税。

最后，再来解释 B 国的最优引资政策。因为 B 国没有自己的企业，其社会福利只是取决于该国消费者剩余的大小。当贸易成本较高时，B 国从 A 国的进口产品的数量较少，所以 B 国政府希望通过采用投资补贴措施来吸引跨国企业 M 的新建投资。当贸易成本很低且国有企业 A_1 的技术差距很小时，如果跨国企业在 A 国投资，它将被征收高额的税收；反过来，即使跨国企业在 A 国投资，由于贸易成本很低，B 国从 A 国进口产品的数量也很大，B 国消费者也会受益颇多，在这种情况下，B 国政府将对跨国企业 M 征收投资税。

9.5 本章小结

本章通过建立一个两国贸易模型，分析了政策竞争对于高效率跨国企业投资选择的影响。本章的研究表明，第一，当不存在政策竞争时，跨国企业或者兼并国有企业，或者兼并私营企业，或者投资建厂，即对技术先进的跨国企业而言，通过兼并活动向其他企业进行技术转移并非坏事，也并非好事，这取决于两国的贸易成本以及企业之间的技术水平差异程度；第二，如果两国政府都存在针对 FDI 的政策竞争，东道国之间的政策博弈使得跨国企业会在兼并国有企业与投资建厂之间进行抉择。与目前多数国家的政策相反，两个国家的最优政策可能是投资征税，因此，东道国为了获取跨国企业的先进技术（通过兼并或者新建投资）而一味的采取补贴等优惠政策并非是其上策，其应该具体情况具体分析。第三，当只有发达东道国政府存在引资政策，跨国企业或者在兼并国有企业，或者投资建厂，然而当只有不发达东道国政府存在引资政策，跨国企业的选择则或者兼并国有企业，或者兼并私营企业，或者投资建厂。

第 10 章

主要研究结论以及后续研究方向

本课题对企业自主创新技术的技术商业化模式进行了多角度的分析，例如技术商业化模式分别探讨了技术许可和企业兼并这两种模式，其中技术许可又分固定收费、单位产出费、单位产出费加固定收费这三种技术许可方式。并且，本书从不同的企业之间的竞争方式、不同的技术创新类型（产品创新和过程创新）等角度进行研究。经过了严密的数理推导以及以数据为依据的实证分析，本书得到主要的研究结论如下：

10.1　主要研究结论

本课题运用产业组织理论和博弈论，并通过问卷调查、统计数据分析、实证分析等，采用定性和定量的分析对企业自主创新技术的最优商业化模式以及影响其技术传播方式的影响因素进行了探讨，本课题研究得到以下主要结论：

①在双寡头古诺市场竞争条件下，一个拥有提高下游市场所生产的最终产品质量技术的非生产性创新企业技术许可选择。在固定收费许可方式下，技术拥有企业向一个企业转让技术时其利润更高；在单位产出费许可方式下，技术拥有企业技术许可对象选择与企业的技术革新程度密切相关；在固定收费加单位产出费许可方式下，不管政府是否允许技术拥有企业对被技术受让企业进行补贴，技术拥有企业都应该只向一个企业转让其新技术。因此，一些大学院校以及一些科研机构等非生产性企业的技术成果如果通过技术许可的方式转移，其到底只向一个企业，即采取排他性技术许可与否跟其自主创新技术的革新程度以及技术许可的收费方式有关；令人惊讶的是，与政府不允许企业进行补贴相比，政府允许企业补贴时技术拥有企业的利润、消费者剩余以及社会福利不会更低，因此，从最大化社会福利的角度来看，政府反对企业补贴政策不太合理；对于技术拥有企业而言，当然单纯从理论上进行比较来看，固定收费加单位产出费许可方式肯定最优（但在现实中难以操作），但固定收费许可和单位产出费许可

两种方式相比，孰优孰劣取决于企业自主创新技术的技术革新程度［这与 Kamien 和 Tauman（1986）中的结论不同］；在单位产出费许可方式下，如果技术拥有企业只向一个企业进行技术许可，技术许可可能会给其竞争对手带来正的外部效应；当然，技术许可对生产中间品的上游企业也不一定产生正的效应，这取决于技术拥有企业技术许可对象和技术许可方式的选择还有其技术革新的程度有关。

②在差异寡头古诺市场竞争条件下，一个拥有降低下游市场所生产的最终产品生产成本技术的非生产性创新企业技术许可选择。在固定收费许可方式下，技术拥有企业最优技术许可对象选择则取决于新技术的使用所带来企业生产成本下降的幅度；在单位产出费许可方式下，技术拥有企业同时转让技术其利润更高；固定收费加单位产出费许可方式下，不管政府是否允许企业补贴，技术拥有企业最优技术许可对象选择都与企业的技术革新程度紧密相关，因此，从创新企业的角度看，其如何选择许可对象同样要考虑其技术的先进性以及其与竞争对手协议的技术收费方式。

③通过实证研究发现：影响企业自主创新技术许可方式选择的因素很多，其中技术创新程度是一个非常重要的影响因素，并且技术创新程度越高，技术拥有企业越偏好采取固定收费许可的方式，这与本课题理论部分研究结论一致；技术的转移程度以及企业的销售额波动等也影响企业技术许可方式的选择。

④在顺序进入市场条件下，一个拥有提高下游市场所生产的最终产品质量技术的非生产性创新企业的技术商业化转移选择。采用企业兼并方式来商业化传播技术时，如果技术拥有企业选择兼并先进入企业，不管政府是否允许补贴，兼并后的企业是否向竞争对手进行技术许可取决于技术革新程度。与前面研究结论不同的是，与政府不允许企业补贴相比时，政府允许企业补贴时技术拥有企业的利润更高，但消费者剩余和社会福利可能会更低；与兼并先进入企业相同的是，创新企业兼并跟随企业时，兼并后的企业应根据技术革新程度的大小选择是否向竞争对手许可技术；综合比较来看，企业的最优并购选择或者是兼并先进入企业或者跟随企业或者兼并两个企业，这取决于政府是否允许企业补贴以及企业技术提高产品质量

的程度；在技术拥有企业通过技术许可方式进行技术商业化传播时，不管政府是否允许企业补贴，技术拥有企业的最优许可对象或者是跟随企业或者两个企业，这取决于创新技术提高产品质量的幅度。综合比较这两种技术商业化传播方式发现，不管政府允许企业补贴，与技术许可相比，兼并时的消费者剩余和社会福利都可能更高。因此，从社会福利的角度来看，国家鼓励企业通过技术许可进行技术转移从而给予相关优惠政策，而对企业兼并可能会设置种种限制的政策可能存在一定的不合理性。

⑤在同时进入市场条件下，非生产性创新企业如何商业化其拥有提高最终产品质量的技术。在技术拥有企业通过企业兼并方式转移技术条件下，如果下游市场进行产量竞争时，不管政府是否允许补贴，兼并后的企业是否向竞争对手进行技术许可取决于技术革新程度，但是与政府不允许企业补贴相比时，政府允许企业补贴时的消费者剩余与社会福利更低，故在这种条件下政府反补贴政策应具有合理性。而创新企业的最优兼并对象的数目与新技术的革新程度以及政府是否允许企业补贴的政策有关。并且不管政府是否允许企业进行补贴，两种技术转移方式下创新企业的利润、消费者剩余和社会福利的高低取决于技术创新程度；如果下游市场进行价格竞争时，技术拥有企业的最优兼并对象选择和最优许可对象选择都只取决于企业的技术创新程度，并且两种技术转移方式，技术拥有企业的最优技术传播方式既可能是兼并，也可能是技术许可，但对社会而言，兼并时的消费者剩余和社会福利不会比技术许可时更低，即又一次从理论上论证了政府鼓励技术许可转让技术的优惠政策存在不合理性；如果将两种不同竞争方式下均衡时的产业利润和社会福利比较，可以得到以下结论：创新技术所有者通过企业兼并的方式或者技术许可的方式转让其创新技术时，与 Bertrand 竞争相比，Cournot 竞争时的社会福利可能更高，产业利润可能更低，这与 Singh 和 Vives（1984）中的观点存在很大的不同。

⑥影响企业自主创新技术的商业化传播的因素有多个，其中技术创新程度是最重要的影响因素。研究表明企业自主创新技术的更新程度越高（低），技术拥有企业越偏向于通过技术许可的方式（企业兼并）转移其创新技术；当然，企业资产规模等也是影响企业技术商业化模式的重要影响

因素。

⑦在纯粹寡头垄断市场条件下，一个生产技术落后的跨国企业的投资选择，即其继续利用落后技术进行生产，还是通过兼并发达国家来获取对方先进技术来进行高效率生产。如果在各国政府均不实施政策竞争的条件下，跨国公司是否应该选择兼并发达国家技术先进的企业，从而能获取先进技术。这与跨国投资之前企业之间的技术差距以及两国贸易成本有关，当且仅当他们的技术差异很大或技术差异较大且贸易成本较低，其最优选择才是兼并技术先进的企业；但如果发达国家有引资政策，则跨国公司一定不会选择兼并技术先进的企业，并且此时发达国家的引资政策可能是征税或者补贴；如果仅经济落后的国家有引资政策，跨国公司选择兼并先进技术的企业与否同样取决于他们之间的技术差异程度以及贸易成本的大小，并且落后国家的引资政策也可能是征税，这意味着经济落后的国家不要为了获得投资一味对外国企业进行补贴，只有有足够的优势，即便投资征税也能吸引到外资；如果两国均有引资政策，则跨国公司也一定不会选择兼并技术先进的企业；不过，如果跨国企业选择兼并技术先进的企业，可以鼓励该发达国家技术落后的企业进行最大程度的研发；同时，在落后企业从事研发并且东道国政府均没有引资政策时，跨国公司选择兼并先进技术的企业与否取决于企业的研发效率以及贸易成本的高低。但如果东道国政府都有引资政策，当且仅当发达国家技术落后企业的研发效率很低时，跨国公司可能选择兼并先进技术的企业；显然，有些结论是反人们视觉，兼并技术先进企业来进行高效率生产可能比继续使用落后技术进行生产还差，即企业通过兼并技术先进企业来提升自身技术水平对企业而言不一定最优。

⑧在纯粹寡头垄断市场条件下，一个技术先进的跨国企业的投资选择，即要不要通过企业兼并的方式向技术落后的企业进行技术转让。不管东道国政府是否有引资政策，则跨国公司是否会选择兼并向技术落后企业转移其先进技术取决于他们之间的技术差异程度以及贸易成本的大小，并且即便是经济落后的东道国政府，其最优引资政策也可能是征税。

10.2　研究不足以及后续研究思路

尽管课题组成员尽力去完成课题的研究，但是在研究中会受各种各样无法克服的原因影响，致使本课题的研究存在以下不足之处：

10.2.1　研究不足之处

①虽然与专利交易局进行沟通希望拿到专利交易合同的相关数据，或是与一些专利交易平台联系希望获取专利交易的真实数据，但属于商业机密不方便提供，因此最终只能以问卷调查的方式获取数据。

②本研究从研究深度与广度看，问卷调查量非常不足，尤其是上市公司等规模很大的公司没有填写调查问卷，因而需要的数据也没办法采集齐全，这些变量只能用其他变量进行替代。

③本课题只是从经济学的角度，并且只是考虑当前的利益分析企业创新技术转移问题，并未从社会学以及长远利益角度来探讨技术转移问题。同时，本课题的理论研究部分因课题组成员的数学处理能力有限，只研究了线性需求函数，而并未将研究拓展到向更为实际的一般需求函数。

10.2.2　后续研究思路

本课题后续的研究将主要从以下几个方面进行：

①考虑技术转移过程中发生的技术溢出效应，深入研究存在技术溢出的条件下创新企业技术许可方式的选择，并进一步从社会福利的角度探讨知识产权最优保护力度。

②进一步研究技术接受企业存在着研发时，企业的研发效率对创新企业技术转移方式的影响。

③考虑到现在高校科研成果有部分是以技术入股的方式进行转移的现实，可以深入研究技术入股这种技术转移方式。

④技术转移双方都有一定的谈判势力，这种谈判势力的引入对创新最优的技术和最优商业化模式的影响方式。

附录

附录1 第2章命题和引理的数学证明

1-1 命题2-1的数学证明

根据第2章分析可知，当技术拥有企业采用固定收费的许可方式只向一个企业转让其提高产品质量的技术时，技术拥有企业的利润为：

$$\pi_4^{FO}=\begin{cases}\dfrac{(-1+\lambda)^2}{\lambda(2-\lambda)^2}-\dfrac{1}{36} & 0<\lambda\leqslant\dfrac{1}{2}(5-\sqrt{17})\\ \dfrac{(8-7\lambda+\lambda^2)^2}{16\lambda(-4+\lambda)^2}-\dfrac{1}{36} & \dfrac{1}{2}(5-\sqrt{17})<\lambda\leqslant 1\end{cases}$$

但是，如果其同时向两个企业进行技术许可时，其利润则为：

$$\pi_4^{FB}=2(\frac{1}{36\lambda}-\frac{1}{36})$$

因此可以得到，当 $0<\lambda\leqslant\frac{1}{2}(5-\sqrt{17})$ 时，$\pi_4^{FO}-\pi_4^{FB}=\dfrac{28-60\lambda+30\lambda^2+\lambda^3}{36(-2+\lambda)^2\lambda}>0$

当 $\frac{1}{2}(5-\sqrt{17})<\lambda\leqslant 1$ 时，$\pi_4^{FO}-\pi_4^{FB}=\dfrac{448-880\lambda+545\lambda^2-122\lambda^3+9\lambda^4}{144(-4+\lambda)^2\lambda}\geqslant 0$

所以，在固定收费许可方式下，非生产性企业4向一个企业转让技术时其利润更高。

1-2 命题2-2的数学证明

根据第2章的相关内容可知，当企业4采用单位产出费许可方式向一个企业转让其创新技术时，其利润为：

$$\pi_4^{RO}=\begin{cases}\dfrac{(8-7\lambda+\lambda^2)^2}{16(-8+\lambda)(-4+\lambda)\lambda} & \dfrac{8-7\lambda+\lambda^2}{2(8-\lambda)\lambda} \quad 0<\lambda\leqslant 0.687229\\ \dfrac{-24+8\sqrt{\lambda}+21\lambda-2^{3/2}-3\lambda^2}{18(-8+\lambda)\sqrt{\lambda}} & \dfrac{8-7\lambda+\lambda^2}{2(8-\lambda)\lambda} \quad 0.687229<\lambda\leqslant 1\end{cases}$$

而如果企业 4 同时向两个企业转让技术，其利润为：

$$\pi_4^{RB}=\begin{cases}\dfrac{1}{12\lambda}, & 0<\lambda\leqslant\dfrac{1}{4}\\ \dfrac{1}{3}\left(-1+\dfrac{1}{\sqrt{\lambda}}\right), & \dfrac{1}{4}<\lambda\leqslant 1\end{cases}$$

这样通过数学计算可以得到：

当技术创新程度 $0<\lambda\leqslant\frac{1}{4}$ 时，

$$\pi_4^{RO}-\pi_4^{RB}=\frac{64-288\lambda+191\lambda^2-42\lambda^3+3\lambda^4}{48(-8+\lambda)(-4+\lambda)\lambda}>0$$

当技术创新程度 $\frac{1}{4}<\lambda\leqslant 0.2674$ 时，

$$\pi_4^{RO}-\pi_4^{RB}=\frac{192-512\sqrt{\lambda}+176\lambda+192\lambda^{3/2}+3\lambda^2-16\lambda^{5/2}-26\lambda^3+3\lambda^4}{48(-8+\lambda)(-4+\lambda)\lambda}>0$$

当技术创新程度 $0.26736<\lambda\leqslant 0.687229$ 时，

$$\pi_4^{RO}-\pi_4^{RB}=\frac{192-512\sqrt{\lambda}+176\lambda+192\lambda^{3/2}+3\lambda^2-16\lambda^{5/2}-26\lambda^3+3\lambda^4}{48\lambda(-8+\lambda)(-4+\lambda)}<0$$

当技术创新程度 $0.687229<\lambda\leqslant 1$ 时，

$$\pi_4^{RO}-\pi_4^{RB}=\frac{24-40\sqrt{\lambda}+15\lambda+4\lambda^{3/2}-3\lambda^2}{18(-8+\lambda)\sqrt{\lambda}}<0$$

综合可知，当技术创新程度 $0<\lambda\leqslant 0.26736$ 时，企业 4 应该向一个企业技术许可时其利润更高；然而当技术创新程度 $0.26736<\lambda<1$ 时，企业 4 向两个企业进行技术许可时其利润更高。

1-3 命题 2-3 的数学证明

根据前面的分析可知，在固定收费加单位产出费许可方式下，当政府允许企业对技术受让企业进行补贴（一次性补贴或者单位补贴）时，如果企业 4 只向一个企业转让技术，则企业 4 的利润可以表示为：

$$\pi_4^{TOY}=\begin{cases}\dfrac{288-324\lambda+60\lambda^2+\lambda^3}{36(-6+\lambda)^2\lambda} & 0<\lambda\leqslant 0.504865\\[2ex]\dfrac{576-944\lambda+553\lambda^2-123\lambda^3+9\lambda^4}{36\lambda(64-32\lambda+3\lambda^2)} & 0.504865<\lambda\leqslant 1\end{cases}$$

然而，如果企业 4 同时向两个企业转让技术则企业 4 的利润为：

$$\pi_4^{TBY}=\frac{9-5\lambda}{90\lambda}$$

因此，如果政府允许企业进行补贴，两种情形下的利润差为：

当技术创新程度 $0<\lambda\leqslant 0.5049$ 时，

$$\pi_4^{TOY}-\pi_4^{TBY}=\frac{264-384\lambda+54\lambda^2+5\lambda^3}{60(-6+\lambda)^2\lambda}>0$$

当技术创新程度 $0.5049<\lambda<1$ 时，

$$\pi_4^{TOY}-\pi_4^{TBY}=\frac{576-1168\lambda+797\lambda^2-195\lambda^3+15\lambda^4}{60\lambda(64-32\lambda+3\lambda^2)}>0$$

同理，当政府不允许企业对技术受让企业进行补贴时，如果企业 4 只向一个企业转让技术，则企业 4 的利润可以表示为：

$$\pi_4^{TON}=\begin{cases}\dfrac{288-324\lambda+60\lambda^2+\lambda^3}{36(-6+\lambda)^2\lambda} & 0<\lambda\leqslant \dfrac{1}{2}(5-\sqrt{17})\\[2ex]\dfrac{576-944\lambda+553\lambda^2-122\lambda^3+9\lambda^4}{144(-4+\lambda)^2\lambda} & \dfrac{1}{2}(5-\sqrt{17})<\lambda\leqslant 1\end{cases}$$

而同时向两个企业转让技术则企业 4 的利润为：

$$\pi_4^{TBN}=\begin{cases}\dfrac{9-5\lambda}{90\lambda} & 0<\lambda\leqslant\dfrac{9}{25}\\[2ex]\dfrac{1}{3}\left(-1+\dfrac{1}{\sqrt{\lambda}}\right) & \dfrac{9}{25}<\lambda<1\end{cases}$$

因此，如果政府不允许企业进行补贴，两种情形下的利润差为：

当技术创新程度 $0<\lambda\leqslant\frac{9}{25}$ 时，$\pi_4^{TON}-\pi_4^{TBN}=\dfrac{264-384\lambda+54\lambda^2+5\lambda^3}{60(-6+\lambda)^2\lambda}>0$

当技术创新程度 $\frac{9}{25}<\lambda\leqslant\frac{1}{2}(5-\sqrt{17})$ 时，

$$\pi_4^{TON}-\pi_4^{TBN}=\frac{288-432\sqrt{\lambda}+108\lambda+144\lambda^{3/2}-84\lambda^2-12\lambda^{5/2}+13\lambda^3}{36(-6+\lambda)^2\lambda}>0$$

当技术创新程度$\frac{1}{2}(5-\sqrt{17})<\lambda\leqslant 1$时，

$$\pi_4^{TON}-\pi_4^{TBN}=\frac{576-768\sqrt{\lambda}-176\lambda+384\lambda^{3/2}+169\lambda^2-48\lambda^{5/2}-74\lambda^3+9\lambda^4}{144(-4+\lambda)^2\lambda}>0$$

综合上述分析可以得到：不管政府是否允许技术拥有企业对被许可企业进行补贴，技术拥有企业的最优选择是只向一个企业转让新技术。

1-4　引理2-1的数学证明

根据命题2-3可知，不管政府是否允许企业对技术受让方进行补贴，其最优选择都是向一个企业转让新技术。这样有：

如果政府允许企业补贴时，企业4的利润、消费者剩余和社会福利分别为：

$$\pi_4^{TY}=\begin{cases}\dfrac{288-324\lambda+60\lambda^2+\lambda^3}{36(-6+\lambda)^2\lambda} & 0<\lambda\leqslant 0.5049\\[2ex] \dfrac{576-944\lambda+553\lambda^2-123\lambda^3+9\lambda^4}{36(64-32\lambda+3\lambda^2)\lambda} & 0.5049<\lambda\leqslant 1\end{cases}$$

$$CS^{TY}=\begin{cases}\dfrac{2}{(-6+\lambda)^2\lambda} & 0<\lambda\leqslant 0.5049\\[2ex] \dfrac{4096-9984\lambda+11712\lambda^2-7196\lambda^3+2297\lambda^4-379\lambda^5+31\lambda^6-\lambda^7}{8(-8+\lambda)^2\lambda(-8+3\lambda)^2} & 0.5049<\lambda\leqslant 1\end{cases}$$

$$W^{TY}=\begin{cases}\dfrac{180-12\lambda^2+\lambda^3}{18(-6+\lambda)^2\lambda} & 0<\lambda\leqslant 0.5049\\[2ex] \dfrac{110592-151808\lambda+99392\lambda^2-31556\lambda^3+2715\lambda^4+783\lambda^5-171\lambda^6+9\lambda^7}{72(8-3\lambda)^2(-8+\lambda)^2\lambda} & 0.5049<\lambda\leqslant 1\end{cases}$$

如果政府不允许企业补贴时，企业4的利润、消费者剩余和社会福利分别为：

$$\pi_4^{TN}=\begin{cases}\dfrac{288-324\lambda+60\lambda^2+\lambda^3}{36\lambda\,(-6+\lambda)^2} & 0<\lambda\leqslant\dfrac{1}{2}(5-\sqrt{17})\\ \dfrac{576-944\lambda+553\lambda^2-122\lambda^3+9\lambda^4}{144\,(-4+\lambda)^2\lambda} & \dfrac{1}{2}(5-\sqrt{17})<\lambda\leqslant 1\end{cases}$$

$$CS^{TN}=\begin{cases}\dfrac{2}{\lambda\,(-6+\lambda)^2} & 0<\lambda\leqslant\dfrac{1}{2}(5-\sqrt{17})\\ \dfrac{64-140\lambda+153\lambda^2-75\lambda^3+15\lambda^4-\lambda^5}{32\lambda\,(-4+\lambda)^2} & \dfrac{1}{2}(5-\sqrt{17})<\lambda\leqslant 1\end{cases}$$

$$W^{TN}=\begin{cases}\dfrac{180-12\lambda^2+\lambda^3}{18\lambda\,(-6+\lambda)^2} & 0<\lambda\leqslant\dfrac{1}{2}(5-\sqrt{17})\\ \dfrac{1728-1652\lambda+871\lambda^2-29\lambda^3-63\lambda^4+9\lambda^5}{288\lambda\,(-4+\lambda)^2} & \dfrac{1}{2}(5-\sqrt{17})<\lambda\leqslant 1\end{cases}$$

进一步，分别比较这两种情况下企业 4 的利润以及消费者剩余和社会福利之差：

当技术创新程 $0<\lambda\leqslant\frac{1}{2}(5-\sqrt{17})$ 时，$\pi_4^{TY}-\pi_4^{TN}=0$；$CS^{TY}-CS^{TN}=0$；$W^{TY}-W^{TN}=0$

当技术创新程度 $\frac{1}{2}(5-\sqrt{17})<\lambda\leqslant 0.5049$ 时，

$$\pi_4^{TY}-\pi_4^{TN}=\frac{-256+1216\lambda-1828\lambda^2+980\lambda^3-237\lambda^4+26\lambda^5-\lambda^6}{16(-6+\lambda)^2(-4+\lambda)^2\lambda}>0$$

$$CS^{TY}-CS^{TN}=\frac{-1280+5296\lambda-7188\lambda^2+4676\lambda^3-1593\lambda^4+291\lambda^5-27\lambda^6+\lambda^7}{32\,(-6+\lambda)^2\,(-4+\lambda)^2\lambda}>0$$

$$W^{TY}-W^{TN}=-\frac{1792-6352\lambda+5900\lambda^2-1660\lambda^3-81\lambda^4+115\lambda^5-19\lambda^6+\lambda^7}{32\,(-6+\lambda)^2\,(-4+\lambda)^2\lambda}>0$$

当技术创新程度 $0.5049<\lambda\leqslant 1$ 时，

$$\pi_4^{TY}-\pi_4^{TN}=\frac{\lambda\,(64-112\lambda+65\lambda^2-14\lambda^3+\lambda^4)}{16\,(-4+\lambda)^2\,(64-32\lambda+3\lambda^2)}>0$$

$$CS^{TY}-CS^{TN}=\frac{65536-204800\lambda+268032\lambda^2-187392\lambda^3+75228\lambda^4-17693\lambda^5+2391\lambda^6-171\lambda^7+5\lambda^8}{32\,(-8+\lambda)^2\,(-4+\lambda)^2\,(-8+3\lambda)^2}>0$$

$$W^{TY}-W^{TN}=\frac{65536-122880\lambda+59648\lambda^2+17920\lambda^3-26108\lambda^4+9669\lambda^5-1703\lambda^6+147\lambda^7-5\lambda^8}{32(8-3\lambda)^2(-8+\lambda)^2(-4+\lambda)^2}>0$$

综合上述分析可以得到：对于技术拥有企业而言，当技术创新程度较低，单位产出费许可优于固定收费许可；相反，当技术创新程度较高，固定收费许可优于单位产出费许可。

1-5 引理 2-2 的数学证明

由命题 2-1 可以得到，如果企业 4 采取固定收费许可的方式转让技术时，企业 4 的利润可以表示为：

$$\pi_4^F=\begin{cases}\dfrac{(-1+\lambda)^2}{(-2+\lambda)^2\lambda}-\dfrac{1}{36} & 0<\lambda\leqslant\dfrac{1}{2}(5-\sqrt{17})\\ \dfrac{(8-7\lambda+\lambda^2)^2}{16(-4+\lambda)^2\lambda}-\dfrac{1}{36} & \dfrac{1}{2}(5-\sqrt{17})<\lambda\leqslant 1\end{cases}$$

同理，由命题 2-2 可知，如果企业 4 采取单位产出费收费许可的方式转让技术时，企业 4 的利润则为：

$$\pi_4^R=\begin{cases}\dfrac{(8-7\lambda+\lambda^2)^2}{16(-8+\lambda)(-4+\lambda)\lambda} & 0<\lambda\leqslant 0.2647\\ \dfrac{1}{3}\left(-1+\dfrac{1}{\sqrt{\lambda}}\right) & 0.2647<\lambda\leqslant 1\end{cases}$$

因而，不难得到以下比较结果：

当技术创新程度 $0<\lambda\leqslant 0.2647$ 时，

$$\pi_4^F-\pi_4^R=\frac{2304-5120\lambda+1964\lambda^2+1500\lambda^3-917\lambda^4+158\lambda^5-9\lambda^6}{144(-8+\lambda)(-4+\lambda)(-2+\lambda)^2\lambda}>0$$

当技术创新程度 $0.2647<\lambda\leqslant\frac{1}{2}(5-\sqrt{17})$ 时，

$$\pi_4^F-\pi_4^R=\frac{36-48\sqrt{\lambda}-28\lambda+48\lambda^{3/2}-8\lambda^2-12\lambda^{5/2}+11\lambda^3}{36(-2+\lambda)^2\lambda}>0$$

当技术创新程度 $\frac{1}{2}(5-\sqrt{17})<\lambda\leqslant 1$ 时，

$$\pi_4^F-\pi_4^R=\frac{576-768\sqrt{\lambda}-304\lambda+384\lambda^{3/2}+233\lambda^2-48\lambda^{5/2}-82\lambda^3+9\lambda^4}{144(-4+\lambda)^2\lambda}>0$$

此时，当 $\frac{1}{2}(5-\sqrt{17})<\lambda\leqslant 0.8841$ 时，

$$\frac{576-768\sqrt{\lambda}-304\lambda+384\lambda^{3/2}+233\lambda^{2}-48\lambda^{5/2}-82\lambda^{3}+9\lambda^{4}}{144(-4+\lambda)^{2}\lambda}>0$$

然而，当 $0.8841<\lambda\leqslant 1$ 时，

$$\frac{576-768\sqrt{\lambda}-304\lambda+384\lambda^{3/2}+233\lambda^{2}-48\lambda^{5/2}-82\lambda^{3}+9\lambda^{4}}{144(-4+\lambda)^{2}\lambda}<0$$

因此，综上可知，对于企业 4 而言，若技术创新程度很低时，单位产出费许可优于固定收费许可；相反，若技术创新程度较高，则固定收费许可方式优于单位产出费许可方式。

1-6 引理 2-3 的数学证明

由命题 2-1 可知，采取固定收费许可的方式下企业 4 的利润为：

$$\pi_4^F=\begin{cases}\dfrac{(-1+\lambda)^2}{(-2+\lambda)^2\lambda}-\dfrac{1}{36} & 0<\lambda\leqslant\dfrac{1}{2}(5-\sqrt{17})\\[2ex] \dfrac{(8-7\lambda+\lambda^2)^2}{16(-4+\lambda)^2\lambda}-\dfrac{1}{36} & \dfrac{1}{2}(5-\sqrt{17})<\lambda\leqslant 1\end{cases}$$

由命题 2-2 可知，单位产出费收费许可的方式下企业 4 的利润为：

$$\pi_4^R=\begin{cases}\dfrac{(8-7\lambda+\lambda^2)^2}{16(-8+\lambda)(-4+\lambda)\lambda} & 0<\lambda\leqslant 0.2674\\[2ex] \dfrac{1}{3}\left(-1+\dfrac{1}{\sqrt{\lambda}}\right) & 0.2674<\lambda\leqslant 1\end{cases}$$

由引理 2-1 可知对于技术拥有企业而言，与政府不允许企业补贴相比，政府允许企业补贴时其利润不会更低。因此，只需要分析政府不允许企业补贴这种情况。同时，由命题 2-3 可知，固定收费加单位产出费许可的方式下企业 4 的利润为：

$$\pi_4^T=\begin{cases}\dfrac{288-324\lambda+60\lambda^2+\lambda^3}{36(-6+\lambda)^2\lambda} & 0<\lambda\leqslant\dfrac{1}{2}(5-\sqrt{17})\\[2ex] \dfrac{576-944\lambda+553\lambda^2-122\lambda^3+9\lambda^4}{144(-4+\lambda)^2\lambda} & \dfrac{1}{2}(5-\sqrt{17})<\lambda\leqslant 1\end{cases}$$

首先，比较 π_4^F 与 π_4^T 的大小。

当技术革新程度为 $0<\lambda\leqslant\frac{1}{2}(5-\sqrt{17})$，$\pi_4^T-\pi_4^F=\frac{-72+360\lambda-282\lambda^2+16\lambda^3+2\lambda^4+\lambda^5}{18(-6+\lambda)^2(-2+\lambda)^2\lambda}>0$

当技术革新程度为 $\frac{1}{2}(5-\sqrt{17})<\lambda\leqslant 1$，$\pi_4^T-\pi_4^F=\frac{1}{18}>0$

其次，比较 π_4^R 与 π_4^T 的大小。

当技术革新程度为 $0<\lambda\leqslant 0.2674$，$\pi_4^T-\pi_4^R=\frac{16128-12096\lambda-9348\lambda^2+8516\lambda^3-2229\lambda^4+238\lambda^5-9\lambda^6}{144(-8+\lambda)(-4+\lambda)(-6+\lambda)^2\lambda}>0$

当技术革新程度为 $0.2674<\lambda\leqslant\frac{1}{2}(5-\sqrt{17})$，$\pi_4^T-\pi_4^R=\frac{288-432\sqrt{\lambda}+108\lambda+144\lambda^{3/2}-84\lambda^2-12\lambda^{5/2}+13\lambda^3}{36(-6+\lambda)^2\lambda}>0$

当技术革新程度为 $\frac{1}{2}(5-\sqrt{17})<\lambda\leqslant 1$，$\pi_4^T-\pi_4^R=\frac{576-768\sqrt{\lambda}-176\lambda+384\lambda^{3/2}+169\lambda^2-48\lambda^{5/2}-74\lambda^3+9\lambda^4}{144(-4+\lambda)^2\lambda}>0$

综上所得，固定收费加单位产出费许可方式下技术拥有企业的利润最高。

附录2　第3章命题和引理的数学证明

$$(c_4=\frac{4-4d+d^2+\sqrt{2}\sqrt{48-32d+8d^2-8d^3+3d^4}}{20+12d+5d^2}$$

$$c_5=\frac{-4+4d-d^2+\sqrt{160+112d-112d^2-40d^3+18d^4+3d^5}}{12+20d+3d^2}$$

$$c_6=\frac{12-4d-5d^2+2d^3+2\sqrt{80-64d-24d^2+32d^3-3d^4-4d^5+d^6}}{44+4d-5d^2+4d^3}$$

$$c_7 = \frac{276 + 388d + 133d^2 - 14d^3 - 8d^4 - \sqrt{2}\sqrt{-1344 - 569d - 6704d^2 + 3520d^3 + 15124d^4 + 14668d^5 + 6835d^6 + 1578d^7 + 144d^8}}{372 + 692d + 461d^2 + 134d^3 + 16d^4}$$

$$c_8 = \frac{68 + 12d - 39d^2 - 16d^3}{100 + 60d - 47d^2 - 28d^3}$$

2-1 命题3-1的数学证明

根据第三章相关的分析可知，当拥有降低企业生产成本技术的企业4向一个企业转让其创新技术时，其利润为：

$$\pi_4^{FO} = \begin{cases} \dfrac{c(6+d)[8-4d+c(-2+5d)]}{16(-4+d^2)^2} & 0 < c \leqslant \dfrac{2(2-d)}{6+d} \\ \dfrac{-(-2+d)^2 + 2c(-2+d)^2 + c^2(6+d)(2+3d)}{4(-2+d)^2(2+d)^2} & \dfrac{2(2-d)}{6+d} < c \leqslant 1 \end{cases}$$

如果企业4向两个企业转让其创新技术时，那么其利润为：

$$\pi_4^{FB} = \frac{2c - c^2}{2(2+d)^2}$$

这样，非常容易求得：

当技术革新程度为$0 < c \leqslant \dfrac{2(2-d)}{6+d}$，

$$\pi_4^{FB} - \pi_4^{FO} = \frac{c(16 - 48d + 20d^2) - c^2(20 - 4d + 13d^2)}{16(-2+d)^2(2+d)^2}$$

此时，当产品差异化程度$0 < d < 0.0745$，$\dfrac{c(16 - 48d + 20d^2) - c^2(20 - 4d + 13d^2)}{16(-2+d)^2(2+d)^2} > 0$，当产品差异化程度$0.0745 < d \leqslant 1$且技术创新程度$0 < c \leqslant \dfrac{16 - 48d + 20d^2}{20 - 4d + 13d^2}$时，$\dfrac{c(16 - 48d + 20d^2) - c^2(20 - 4d + 13d^2)}{16(-2+d)^2(2+d)^2} > 0$；然而，当产品差异化程度$0.0745 < d < 1$且技术创新程度$\dfrac{16 - 48d + 20d^2}{20 - 4d + 13d^2} < c \leqslant \dfrac{2(2-d)}{6+d}$时，$\dfrac{c(16 - 48d + 20d^2) - c^2(20 - 4d + 13d^2)}{16(-2+d)^2(2+d)^2} < 0$

当技术革新程度为$\frac{2(2-d)}{6+d}<c\leqslant 1$，

$$\pi_4^{FB}-\pi_4^{FO}=\frac{4-4d+d^2+c^2(-20-12d-5d^2)+(18-8d+2d^2)}{4(-2+d)^2(2+d)^2}<0$$

这时，当产品差异化程度$0<d<0.0745$且技术创新程度为$\frac{2(2-d)}{6+d}<$

$c\leqslant\frac{(2-d)^2+\sqrt{96-64d+16d^2-16d^3+6d^4}}{20+12d+5d^2}$时，

$$\frac{4-4d+d^2+c^2(-20-12d-5d^2)+c(8-8d+2d^2)}{4(-2+d)^2(2+d)^2}<0;$$

当产品差异化程度$0<d\leqslant 0.0745$且技术创新程度为$\frac{4-4d+d^2+\sqrt{2}\sqrt{48-32d+8d^2-8d^3+3d^4}}{20+12d+5d^2}<c\leqslant 1$时，

$\frac{4-4d+d^2+(-20-12d+5d^2)+c(8-8d+2d^2)}{4(-2+d)^2(2+d)^2}<0$；当产品差异化程度$0.0745<d\leqslant 1$时，$\frac{4-4d+d^2+c^2(-20+12d-5d^2+c(8-8d+2d^2)}{4(-2+d)^2(2+d)^2}<0$

综上所得，固定收费许可方式下，当技术创新程度很高或技术创新程度较高且产品差异化程度较低时，企业4都只向一个企业转让技术；在其他条件，其向两个企业同时转让技术。

2-2 命题3-2的数学证明

同样，由第三章的相关分析可知，企业4采取单位产出费许可方式向一个企业转让技术时，企业4的利润为：

$$\pi_4^{RO}=\begin{cases}\frac{c(1-c)}{2(2+d)} & 0<c\leqslant c_4\\ \frac{[4-2d+c(2+3d)]^2}{16(6+d)(4-d^2)} & c_4<c\leqslant c_5\\ \frac{2(1-c)[2(-2+d)+c(6+d)]}{(2+3d)^2} & c_5<c\leqslant 1\end{cases}$$

但如果其向两个企业同时转让技术，那么它的利润则变为：

$$\pi_4^{RB}=\begin{cases}\dfrac{c-c^2}{2+d} & 0<c\leqslant\dfrac{1}{2}\\ \dfrac{1}{4(2+d)} & \dfrac{1}{2}<c\leqslant 1\end{cases}$$

将企业4向一个企业转让技术和同时向两个企业转让时的利润比较有：

当技术革新程度为$0<c\leqslant c_1$，$\pi_4^{RB}-\pi_4^{RO}=\dfrac{c(1-c)}{2(2+d)}>0$；

当技术革新程度为$c_1<c\leqslant\dfrac{1}{2}$，

$$\pi_4^{RB}-\pi_4^{RO}=\frac{16-16d+4d^2+c^2(196-52d-7d^2)+c(-176+80d+4d^2)}{16(-2+d)(2+d)(6+d)}>0$$

当技术革新程度为$\dfrac{1}{2}<c\leqslant c_5$，

$$\pi_4^{RB}-\pi_4^{RO}=\frac{-32+8d^2+c(16+16d-12d^2)+c^2(4+12d+9d^2)}{16(-2+d)(2+d)(6+d)}>0$$

当技术革新程度为$c_5<c\leqslant 1$，

$$\pi_4^{RB}-\pi_4^{RO}=\frac{68+12d-7d^2+c(-160-64d+8d^2)+c^2(96+64d+8d^2)}{4(2+d)(2+3d)^2}>0$$

综上所得，自主创新企业4向两个企业转让技术其总利润更高。

2-3 命题3-3的数学证明

根据第3章的相关内容可知，如果政府允许企业4对技术受让企业进行补贴，且企业4选择只向一个企业转移技术，其利润为：

$$\pi_4^{TOY}=\begin{cases}\dfrac{-[(-2+d+2d^2)^2-2c(-92-68d+9d^2+20d^3+6d^4)+c^2(-44+60d+113d^2+52d^3+9d^4)]}{4(2+d)^2(6+d)(-10+d+4d^2)} & 0<c<\dfrac{2(16-6d-5d^2)}{44+8d-7d^2}\\ \dfrac{-68-12d+39d^2+16d^3+c(200+184d+34d^2-8d^3)-c^2(132+172d+73d^2+8d^3)}{4(2+d)^2(2+3d)^2} & \dfrac{2(16-6d-5d^2)}{44+8d-7d^2}<c<1\end{cases}$$

但是，若其选择同时向两个企业转移技术，其利润为：

$$\pi_4^{TBY}=\frac{(1+d)^2-c^2(3+2d)+c(6+4d)}{2(2+d)^2(3+2d)}$$

如果政府不允许企业 4 对技术受让企业进行补贴，向一个企业转移技术的企业 4 利润为：

$$\pi_4^{TON}=\begin{cases}\dfrac{c(-1+c)}{2(2+d)} & 0<d\leqslant d_1 \text{ 且 } 0<c<c_3\\[2ex] -\dfrac{(-2+d+2d^2)^2-2c(-92-68d+9d^2+20d^3+6d^4)+c^2(-44+60d+113d^2+52d^3+9d^4)}{4(2+d)^2(6+d)(-10+d+4d^2)} & 0<d\leqslant d_1 \text{ 且 } c_3<c\leqslant c_1\\[2ex] \dfrac{-68-12d+39d^2+16d^3+c(200+184d+34d^2-8d^3)+c^2(132+172d+73d^2+8d^3)}{4(2+d)^2(2+3d)^2} & 0<d\leqslant d_1 \text{ 且 } c_1\leqslant<c<1 \text{ 或 } d_1<d\leqslant 1 \text{ 且 } c_2<c\leqslant 1\\[2ex] \dfrac{c(6+d)[(8-4d+c(-2+5d)]}{16(-4+d^2)^2} & d_1<d\leqslant 1 \text{ 且 } 0<c\leqslant c_2\end{cases}$$

但是若其选择同时向两个企业转移技术企业 4 的利润为：

$$\pi_4^{TBN}=\begin{cases}\dfrac{c(-1+c)}{2+d} & 0<c\leqslant\dfrac{1+d}{3+2d}\\[2ex] \dfrac{(1+d)^2-c^2(3+2d)+c(6+4d)}{2(2+d)^2(3+2d)} & \dfrac{1+d}{3+2d}<c\leqslant 1\end{cases}$$

因此，如果政府允许企业补贴，两种许可方式下企业 4 的利润差为：

当技术革新程度为 $0<c\leqslant\dfrac{2(16-6d-5d^2)}{44+8d-7d^2}$，

$$\pi_4^{TOY}-\pi_4^{TBY}=\frac{108+252d+115d^2-98d^3-86d^4-16d^5+2c(84-124d-243d^2-46d^3+42d^4+12d^5)-c^2(228+356d+325d^2+258d^3+115d^4+18d^5)}{4(2+d)^2(6+d)(3+2d)(-10+d+4d^2)}<0$$

当技术革新程度为 $\dfrac{2(16-6d-5d^2)}{44+8d-7d^2}<c\leqslant 1$ 时，

$$\pi_4^{TOY}-\pi_4^{TBY}=\frac{-212-212d+19d^2+66d^3+14d^4-16d^5+c(552+776d+266d^2-28d^3-16d^4)-c^2(372+692d+461d^2+134d^3+6d^4)}{4(2+d)^2(3+2d)(2+3d)^2}$$

此时，当产品差异化程度较大 $0<d\leqslant 0.7097$，

$\dfrac{-212-212d+19d^2+66d^3+14d^4+c(552+776d+266d^2-28d^3-16d^4)-c^2(372+692d+461d^2+134d^3+6d^4)}{4(2+d)^2(3+2d)(2+3d)^2}<0$；当产品差

异化程度较小 0.7097 < $d \leqslant 1$，技术革新程度为$\frac{2(16-6d-5d^2)}{44+8d-7d^2}<c\leqslant c_7$，

$$\frac{-212-212d+19d^2+66d^3+14d^4+c(552+776d+266d^2-28d^3-16d^4)-c^2(372+692d+461d^2+134d^3+16d^4)}{4(2+d)^2(3+2d)(2+3d)^2}<0$$，但技术革

新程度为 $c_7<c\leqslant 1$，$\frac{-212-212d+19d^2+66d^3+14d^4+c(552+776d+266d^2-28d^3-16d^4)-c^2(372+692d+461d^2+134d^3+16d^4)}{4(2+d)^2(3+2d)(2+3d)^2}>0$

如果政府不允许企业补贴，两种许可方式下企业 4 的利润差为：

当产品差异化程 $0<d\leqslant\frac{1}{4}(\sqrt{17}-1)$时，

如果技术革新程度 $0<c\leqslant c_3$ 则 $\pi_4^{TON}-\pi_4^{TBN}=\frac{c(-1+c)}{2(2+d)}<0$，

如果技术革新程度 $c_3<c\leqslant\min\{\frac{2(16-6d-5d^2)}{44+8d-7d^2},\frac{1+d}{3+2d}\}$，

则 $\pi_4^{TON}-\pi_4^{TBN}=\frac{(-2+d+2d^2)^2+c^2(436+332d-71d^2-80d^3-7d^4)+2c(-148-68d+83d^2+46d^3+2d^4)}{4(2+d)^2(6+d)(10-d-4d^2)}<0$，

如果技术革新程度 $\min\{\frac{2(16-6d-5d^2)}{44+8d-7d^2},\frac{1+d}{3+2d}\}<c\leqslant\max\{\frac{2(16-6d-5d^2)}{44+8d-7d^2},\frac{1+d}{3+2d}\}$，$\pi_4^{TON}-\pi_4^{TBN}=$

$$\frac{108+252d+115d^2-98d^3-86d^4-16d^5+2c(84-124d-243d^2-46d^3+42d^4+12d^5)-c^2(228+356d+325d^2+258d^3+115d^4+18d^5)}{4(2+d)^2(6+d)(3+2d)(-10+d+4d^2)}<0$$ 或者

$$\pi_4^{TON}-\pi_4^{TBN}=\frac{-68-12d+39d^2+16d^3+c(168+72d-86d^2-44d^3)-c^2(100+60d-47d^2-28d^3)}{4(2+d)^2(2+3d)^2}<0$$，

如果技术革新程度 $\max\{\frac{2(16-6d-5d^2)}{44+8d-7d^2},\frac{1+d}{3+2d}\}<c\leqslant c_7$，$\pi_4^{TON}-\pi_4^{TBN}$

$$=\frac{-212-212d+19d^2+66d^3+14d^4+c(552+776d+266d^2-28d^3-16d^4)-c^2(372+692d+461d^2+134d^3+16d^4)}{4(2+d)^2(3+2d)(2+3d)^2}<0$$ 但技术革

新程度为 $c_7<c\leqslant 1$，

$$\pi_4^{TON}-\pi_4^{TBN}=\frac{-212-212d+19d^2+66d^3+14d^4+c(552+776d+266d^2-28d^3-16d^4)-c^2(372+692d+461d^2+134d^3+16d^4)}{4(2+d)^2(3+2d)(2+3d)^2}>0$$

当产品差异化程度$\frac{1}{4}(\sqrt{17}-1)<d<1$时，如果技术革新程度$0<c<\frac{4-2d}{6+d}$则，

$$\pi_4^{TON}-\pi_4^{TBN}=\frac{c[-80+48d+28d^2-16d^3+c(116-36d-27d^2+16d^3]}{16(-4+d^2)^2}<0,$$

如果技术革新程度$\frac{4-2d}{6+d}<c<\frac{1+d}{3+2d}$，则

$$\pi_4^{TON}-\pi_4^{TBN}=\frac{-68-12d+39d^2+16d^3+c(168+72d-86d^2-44d^3)+c^2(-100-60d+47d^2+28d^3)}{4(2+d)^2(2+3d)^2},$$

此时，若产品差异化程度相对较高$\frac{1}{4}(\sqrt{17}-1)<d<0.8644$，

$$\frac{-68-12d+39d^2+16d^3+c(168+72d-86d^2-44d^3)+c^2(-100-60d+47d^2+28d^3)}{4(2+d)^2(2+3d^2)^2}<0$$，若产品差异化程度相对较高$0.8644<d<1$，则技术革新程度$\frac{4-2d}{6+d}<c<c_8$，

$$\frac{-68-12d+39d^2+16d^3+c(168+72d-86d^2-44d^3)+c^2(-100-60d+47d^2+28d^3)}{4(2+d)^2(2+3d)^2}$$

<0，但技术革新程度$c_8<c<\frac{1+d}{3+2d}$，

$$\frac{-68-12d+39d^2+16d^3+c(168+72d-86d^2-44d^3)+c^2(-100-60d+47d^2+28d^3)}{4(2+d)^2(2+3d)^2}$$

>0，如果技术革新程度$\frac{1+d}{3+2d}<c\leqslant 1$，

$$\pi_4^{TON}-\pi_4^{TBN}=\frac{-212-212d+19d^2+66d^3+14d^4+c(552+776d+266d^2-28d^3-16d^4)-c^2(372+692d+461d^2+134d^2+16d^4)}{4(2+d)^2(3+2d)(2+3d)^2},$$

此时，若产品差异化程度相对较高$\frac{1}{4}(\sqrt{17}-1)<d<0.8644$，

$$\frac{-212-212d+19d^2+66d^3+14d^4+c\ (552+776d+226d^2-28d^3-16d^4)\ -c^2\ (372+629d+461d^2+134d^3+16d^4)}{4\ (2+d)^2\ (3+2d)\ (2+3d)^2}<0$$

若产品差异化程度相对较高 $0.8644<d<1$，且技术革新程度 $\frac{1+d}{3+2d}<c<c_7$，

$\frac{-212-212d+19d^2+66d^3+14d^4+c(552+776d+226d^2-28d^3-16d^4)-c^2(372+692d+461d^2+134d^3+16d^4)}{4\ (2+d)^2(3+2d)(2+3d)^2}<0$ 若技术革新程度 $c_7<c\leqslant 1$，$\frac{-212-212d+19d^2+66d^3+14d^4+c(552+776d+226d^2-28d^3-16d^4)-c^2(372+692d+461d^2+134d^3+16d^4)}{4\ (2+d)^2(3+2d)(2+3d)^2}>0$

综合上述的证明，可以得到：在单位产出费加固定收费技术许可方式下，无论政府是否允许企业补贴，产品差异化程度较低且技术创新程度较高时，企业 4 应该向一个企业转让技术，其利润更高。然而在其他条件下，企业 4 则同时向两个企业转让技术其利润更高。

2-4 引理 3-1 的数学证明

由上述命题 3-3 的数学证明，不难得到当政府允许企业 4 对技术受让企业进行单位补贴时，企业 4 的利润为：

$$\pi_4^{TY}=\begin{cases}\dfrac{(1+d)^2-c^2(3+2d)+c(6+4d)}{2\ (2+d)^2(3+2d)} & 0<c\leqslant c_7 \text{ 或者 } c_7<c\leqslant 1 \text{ 且 } 0<d\leqslant 0.7097\\ \dfrac{-68-12d+39d^2+16d^3+c(200+184d+34d^2-8d^3)-c^2(132+172d+73d^2+8d^3)}{4\ (2+d)^2\ (2+3d)^2} & c_7<c\leqslant 1 \text{ 且 } 0.7097<d\leqslant 1\end{cases}$$

如果政府不允许企业 4 对技术受让企业进行单位补贴时，企业 4 的利润为：

$$\pi_4^{TN}=\begin{cases}\dfrac{(1-c)c}{2+d} & 0<c\leqslant c_8\text{ 或者 }c_8<c<\dfrac{1+d}{3+2d}\text{且 }0<d<0.8644\\ \dfrac{(1+d)^2-c^2(3+2d)+c(6+4d)}{2(2+d)^2(3+2d)} & \dfrac{1+d}{3+2d}<c\leqslant c_7\text{ 或者 }c_7<c\leqslant 1\text{ 且 }0<d<0.7097\\ & \text{或者 }c_7<c\leqslant 1\text{ 且 }d_1<d<0.8644\\ \dfrac{-68-12d+39d^2+16d^3+c(200+184d+34d^2-8d^3)-c^2(132+172d+73d^2+8d^3)}{4(2+d)^2(2+3d)^2} & \\ \quad 0.7097<d\leqslant d_1\text{ 且 }c_7\leqslant c\leqslant 1\text{ 或 }0.8644<d\leqslant 1\text{ 且 }c_8\leqslant c<\dfrac{1+d}{3+2d}\text{或者} & \\ \quad 0.8644<d\leqslant 1\text{ 且 }c_7<c\leqslant 1 & \end{cases}$$

分别比较上述企业 4 在政府允许其对接受技术许可的企业进行补贴和不允许其补贴这两种条件下利润 π_4^{TY} 和 π_4^{TN} 的值有：

当技术革新程 $0<c\leqslant c_8$ 或者 $c_8<c\leqslant\dfrac{1+d}{3+2d}$ 且 $0<d\leqslant 0.8644$ 时，$\pi_4^{TY}-\pi_4^{TN}=\dfrac{[1+d-c(3+2d)]^2}{2(2+d)^2(3+2d)}>0$

当技术革新程度 $\dfrac{1+d}{3+2d}<c\leqslant c_7$ 且 $0.8644<d\leqslant 1$ 或者技术革新程 $c_7<c\leqslant 1$ 且 $0<d\leqslant 0.7097$，$\pi_4^{TY}-\pi_4^{TN}=0$

当技术革新程度 $c_8<c\leqslant\dfrac{1+d}{3+2d}$ 且 $0.8644<d\leqslant 1$

$$\pi_4^{TY}-\pi_4^{TN}=\frac{\begin{array}{c}212+212d-19d^2-66d^3-14d^4+2c(-276-388d-133d^2\\+14d^3+8d^4)+c^2(372+692d+461d^2+134d^3+16d^4)\end{array}}{4(2+d)^2(3+2d)(2+3d)^2}>0$$

当技术革新程度 $c_7<c\leqslant 1$ 且 $d_1<d\leqslant 0.8644$，

$$\pi_4^{TY}-\pi_4^{TN}=\frac{\begin{array}{c}-212-212d+19d^2+66d^3+14d^4+c(552+776d+266d^2-\\28d^3-16d^4)-c^2(372+692d+461d^2+134d^3+16d^4)\end{array}}{4(2+d)^2(3+2d)(2+3d)^2}>0$$

当技术革新程度 $c_7<c\leqslant 1$ 且 $0.7097<d\leqslant d_1$ 或者技术革新程度 $c_7<c\leqslant 1$ 且 $0.8644<d\leqslant 1$，$\pi_4^{TY}-\pi_4^{TN}=0$；

综上可得，企业 4 在政府允许补贴时的利润不会比政府不允许补贴时低。

2－5　引理3－2的数学证明

由前面命题3－1的数学证明可以总结，企业4采取固定收费许可转让其技术时，其利润为：

当产品差异程度$0<d<0.0745$时，

$$\pi_4^F=\begin{cases}\dfrac{2c-c^2}{2(2+d)^2} & 0<c\leqslant c_4\\[2ex] \dfrac{-(-2+d)^2+2(-2+d)^2c+(6+d)(2+3d)c^2}{4(-2+d)^2(2+d)^2} & c_4<c\leqslant 1\end{cases}$$

当产品差异程度$0.0745<d<1$时，

$$\pi_4^F=\begin{cases}\dfrac{2c-c^2}{2(2+d)^2} & 0<c\leqslant\dfrac{16-48d+20d^2}{20-4d+13d^2}\\[2ex] \dfrac{c(6+d)[8-4d+c(-2+5d)]}{16(-4+d^2)^2} & \dfrac{16-48d+20d^2}{20-4d+13d^2}<c<\dfrac{2(2-d)}{6+d}\\[2ex] \dfrac{-(-2+d)^2+2(-2+d)^2c+(6+d)(2+3d)c^2}{4(-2+d)^2(2+d)^2} & \dfrac{2(2-d)}{6+d}<c\leqslant 1\end{cases}$$

由命题3－2的数学证明可知，单位产出费许可条件下，企业4的利润为：

$$\pi_4^R=\begin{cases}\dfrac{c-c^2}{2+d} & 0<c\leqslant\dfrac{1}{2}\\[2ex] \dfrac{1}{4(2+d)} & \dfrac{1}{2}<c\leqslant 1\end{cases}$$

因此有：当产品差异程度较大$0<d\leqslant 0.0745$时，

当技术革新程度$0<c\leqslant\frac{1}{2}$，$\pi_4^F-\pi_4^R=\dfrac{c[-2(1+d)+c(3+2d)]}{2(2+d)^2}<0$

当技术革新程度$\frac{1}{2}<c\leqslant c_4$，$\pi_4^F-\pi_4^R=\dfrac{-2-d+4c-2c^2}{4(2+d)^2}<0$

当技术革新程度$c_4<c\leqslant 1$，

$$\pi_4^F-\pi_4^R=\frac{2c(-2+d)^2-(-2+d)^2(3+d)+c^2(12+20d+3d^2)}{4(-4+d^2)^2}$$

此时，当技术创新程度 $c_4 < c \leqslant c_5$，

$$\frac{2c(-2+d)^2-(-2+d)^2(3+d)+c^2(12+20d+3d^2)}{4(-4+d^2)^2}<0$$

但当技术创新程度 $c_5 < c \leqslant 1$，

$$\frac{2c(-2+d)^2-(-2+d)^2(3+d)+c^2(12+20d+3d^2)}{4(-4+d^2)^2}>0$$

当产品差异程度 $0.0745 < d \leqslant 1$ 时，

如果产品差异程度很大 $0.0745 < d \leqslant 0.1359$ 时，此时技术革新程度 $0 < c \leqslant \frac{1}{2}$，$\pi_4^F - \pi_4^R = \frac{c[-2(1+d)+c(3+2d)]}{2(2+d)^2} < 0$；技术革新程度 $\frac{1}{2} < c < \frac{-16+48d-20d^2}{20-4d+13d^2}$，$\pi_4^F - \pi_4^R = -\frac{2-4c+2c^2+d}{4(2+d)^2} < 0$；技术革新程度 $\frac{-16+48d-20d^2}{20-4d+13d^2} < c < \frac{2(2-d)}{6+d}$，

$$\pi_4^F - \pi_4^R = \frac{-4(-2+d)^2(2+d)+c^2(12-28d-5d^2)+4c(-12+4d+d^2)}{16(-4+d^2)^2}<0;$$

技术革新程度 $\frac{2(2-d)}{6+d} < c < 1$，

$\pi_4^F - \pi_4^R = \frac{2c(-2+d)^2-(-2+d)^2(3+d)+c^2(12+20d+3d^2)}{4(-4+d^2)^2}$，技术革新程度 $\frac{2(2-d)}{6+d} < c < c_5$，

$\frac{2c(-2+d)^2-(-2+d)^2(3+d)+c^2(12+20d+3d^2)}{4(-4+d^2)^2} < 0$，当技术革新程度 $c_5 < c \leqslant 1$，$\frac{2c(-2+d)^2-(-2+d)^2(3+d)+c^2(12+20d+3d^2)}{4(-4+d^2)^2} > 0$

如果产品差异程度较大 $0.1359 < d < 0.4$ 时，则技术革新程度 $0 < c \leqslant \frac{16-48d+20d^2}{20-4d+13d^2}$，$\pi_4^F - \pi_4^R = \frac{c[-2(1+d)+c(3+2d)]}{2(2+d)^2} < 0$；技术革新程度 $\frac{16-48d+20d^2}{20-4d+13d^2} < c \leqslant \frac{1}{2}$，

$$\pi_4^F - \pi_4^R = \frac{c[4(-44+20d+9d^2-4d^3)+c(140-92d-37d^2+16d^3)]}{16(-4+d^2)^2} < 0;$$

技术革新程度$\frac{1}{2}<c\leqslant\frac{2(2-d)}{6+d}$，

$\pi_4^F-\pi_4^R=\frac{-4(-2+d)^2(2+d)+c^2(12-28d-5d^2)+4c(-12+4d+d^2)}{16(-4+d^2)^2}<0$；

技术革新程度$\frac{2(2-d)}{6+d}<c\leqslant1$，

$\pi_4^F-\pi_4^R=\frac{2c(-2+d)^2-(-2+d)^2(3+d)+c^2(12+20d+3d^2)}{4(-4+d^2)^2}$，如果技术革新程度$\frac{2(2-d)}{6+d}<c\leqslant c_5$，

$\frac{2c(-2+d)^2-(2-d)^2(3+d)+c^2(12+20d+3d^2)}{4(-4+d^2)^2}<0$，如果技术革新程度$c_5<c\leqslant1$，$\frac{2c(-2+d)^2-(-2+d)^2(3+d)+c^2(12+20d+3d^2)}{4(-4+d^2)^2}>0$。

如果产品差异程度较小$0.4<d<1$时，则技术革新程度$0<c\leqslant\frac{16-48d+20d^2}{20-4d+13d^2}$，$\pi_4^F-\pi_4^R=\frac{c[-2(1+d)+c(3+2d)]}{2(2+d)^2}<0$；技术革新程度$\frac{16-48d+20d^2}{20-4d+13d^2}<c\leqslant\frac{2(2-d)}{6+d}$，

$\pi_4^F-\pi_4^R=\frac{c[4(-44+20d+9d^2-4d^3)+c(140-92d-37d^2+16d^3)]}{16(-4+d^2)^2}<0$；

技术革新程度$\frac{2(2-d)}{6+d}<c\leqslant\frac{1}{2}$，

$\pi_4^F-\pi_4^R=-\frac{(-2+d)^2+2c(-2+d)^2(3+2d)-c^2(44+4d-5d^2+4d^3)}{4(-4+d^2)^2}$，

此时如果产品差异程度较小$0.4<d<0.4943$，

$-\frac{(-2+d)^2+2c(-2+d)^2(3+2d)-c^2(44+4d-5d^2+4d^3)}{4(-4+d^2)^2}<0$，此时，若产品差异程度很小$0.4943<d<1$，则且当技术革新程度$\frac{2(2-d)}{6+d}<c\leqslant c_6$，

$-\frac{(-2+d)^2+2c(-2+d)^2(3+2d)-c^2(44+4d-5d^2+4d^3)}{4(-4+d^2)^2}<0$，技术革新程度$c_6<c\leqslant\frac{1}{2}$，

$-\frac{(-2+d)^2+2c(-2+d)^2(3+2d)-c^2(44+4d-5d^2+4d^3)}{4(-4+d^2)^2}>0$；技术革新程度$\frac{1}{2}<c\leqslant 1$，

$\pi_4^F-\pi_4^R=\frac{2c(-2+d)^2-(-2+d)^2(3+d)+c^2(12+20d+3d^2)}{4(-4+d^2)^2}$，此时，产品差异程度较小 $0.4<d<0.4943$，

$\frac{2c(-2+d)^2-(-2+d)^2(3+d)+c^2(12+20d+3d^2)}{4(-4+d^2)^2}<0$，若产品差异程度很小 $0.4943<d<1$，则且当技术革新程度$\frac{1}{2}<c\leqslant c_5$，

$\frac{2c(-2+d)^2-(-2+d)^2(3+d)+c^2(12+20d+3d^2)}{4(-4+d^2)^2}<0$，技术革新程度 $c_5<c\leqslant 1$，$\frac{2c(-2+d)^2-(-2+d)^2(3+d)+c^2(12+20d+3d^2)}{4(-4+d^2)^2}>0$；

综上所得，可以看出当技术创新程度很高或技术创新程度较高且产品差异程度较小时，对企业 4 而言，固定收费优于单位产出费许可方式；在其他条件下，单位产出费许可方式优于固定收费许可方式。

附录 3　第 5 章命题和引理的数学证明

3－1　引理 5－1 的数学证明

根据第 5 章的相关内容可知，当企业 4 选择兼并先行企业 1 并且兼并后的企业向跟随企业 2 进行技术许可时，如果政府允许企业 4 对技术受让企业进行补贴，兼并后企业 I 的利润、消费者者剩余和社会福利分别为：

$$\pi_I^{I1YY}=\begin{cases}\frac{9}{100\lambda} & 0<\lambda\leqslant\frac{4}{7}\\ \frac{9}{100\lambda}-\frac{(4-7\lambda)^2}{64(-4+\lambda)^2} & \frac{4}{7}<\lambda<1\end{cases},\quad CS^{I1YY}=\frac{9}{200\lambda},\quad W^{I1YY}=\frac{51}{200\lambda}$$

但是，如果政府不允许企业 4 对技术受让企业进行补贴，其利润、消费者剩余和社会福利则分别为：

$$\pi_I^{I1YN}=\begin{cases}\dfrac{9}{100\lambda} & 0<\lambda\leqslant\dfrac{4}{7}\\ \dfrac{1152+384\sqrt{\lambda}-944\lambda-768\lambda^{3/2}+1360\lambda^2+168\lambda^{5/2}-1127\lambda^3}{800\lambda(-4+\lambda)^2} & \dfrac{4}{7}<\lambda<1\end{cases}$$

$$CS^{I1YN}=\begin{cases}\dfrac{9}{200\lambda} & 0<\lambda\leqslant\dfrac{4}{7}\\ \dfrac{9(16-4\sqrt{\lambda}-4\lambda+7\lambda^{3/2})^2}{3200(-4+\lambda)^2\lambda} & \dfrac{4}{7}<\lambda<1\end{cases}$$

$$W^{I1YN}=\begin{cases}\dfrac{51}{200\lambda} & 0<\lambda\leqslant\dfrac{4}{7}\\ \dfrac{3(4252-896\sqrt{\lambda}-2224\lambda+1792\lambda^{3/2}+440\lambda^2-392\lambda^{5/2}-147\lambda^3)}{3200(-4+\lambda)^2\lambda} & \dfrac{4}{7}<\lambda<1\end{cases}$$

当技术革新程度较高（$0<\lambda\leqslant\frac{4}{7}$）时，$\pi_I^{I1YY}-\pi_I^{I1YN}=0$；$CS^{I1YY}-CS^{I1YN}=0$；$W^{I1YY}-W^{I1YN}=0$。

当技术革新程度较低（$\frac{4}{7}<\lambda<1$）时，$\pi_I^{I1YY}-\pi_I^{I1YN}=$

$$\frac{3(-256+112\sqrt{\lambda}+512\lambda-392\lambda^{3/2}-112\lambda^2+343\lambda^{5/2})}{1600(-4+\lambda)^2\sqrt{\lambda}}>0$$

$$CS^{I1YY}-CS^{I1YN}=\frac{9(-128+16\sqrt{\lambda}+256\lambda-56\lambda^{3/2}-56\lambda^2+49\lambda^{5/2})}{3200(-4+\lambda)^2\sqrt{\lambda}}<0$$

$$W^{I1YY}-W^{I1YN}=\frac{3(896+48\sqrt{\lambda}-1792\lambda-168\lambda^{3/2}+392\lambda^2+147\lambda^{5/2})}{3200(-4+\lambda)^2\sqrt{\lambda}}<0$$

由此可见，当技术革新程度较低（$\frac{4}{7}<\lambda<1$）时与政府不允许企业补贴相比，政府允许兼并企业 I 对技术接受企业进行补贴时，兼并后的企业 I 的总利润更高，因而企业 4 的利润也更高；然而消费者剩余和社会福利更低。

3-2 命题5-1的数学证明

根据前面的研究可知，当企业4选择兼并先行企业1后不向跟随企业2进行技术许可时，技术拥有企业4的利润为：

$$\pi_I^{I1N}=\begin{cases}-\dfrac{2(-2+\lambda)(-1+\lambda)^2}{(4-3\lambda)^2\lambda} & 0<\lambda\leqslant\dfrac{4}{7}\\ -\dfrac{(8-5\lambda)^2(-2+\lambda)}{32(-4+\lambda)^2\lambda} & \dfrac{4}{7}<\lambda<1\end{cases}$$

然而，当企业4选择兼并先行企业1后跟随企业进行技术许可时，政府允许企业 *I* 对技术受让方给予补贴和政府不允许企业补贴这两种情形下的利润分别为：

$$\pi_I^{I1YY}=\begin{cases}\dfrac{9}{100\lambda} & 0<\lambda\leqslant\dfrac{4}{7}\\ \dfrac{9}{100\lambda}-\dfrac{(4-7\lambda)^2}{64(-4+\lambda)^2} & \dfrac{4}{7}<\lambda<1\end{cases}$$

$$\pi_I^{I1YN}=\begin{cases}\dfrac{9}{100\lambda} & 0<\lambda\leqslant\dfrac{4}{7}\\ \dfrac{1152+384\sqrt{\lambda}-944\lambda-768\lambda^{3/2}+1360\lambda^2+168\lambda^{5/2}-1127\lambda^3}{800(-4+\lambda)^2\lambda} & \dfrac{4}{7}<\lambda<1\end{cases}$$

当技术革新程度高（$0<\lambda\leqslant\frac{4}{7}$）时，

$$\pi_I^{I1N}-\pi_I^{I1YY}=\frac{256-784\lambda+719\lambda^2-200\lambda^3}{100(-4+3\lambda)^2\lambda}>0;$$

$$\pi_I^{I1N}-\pi_I^{I1YN}=\frac{256-784\lambda+719\lambda^2-200\lambda^3}{100(-4+3\lambda)^2\lambda}>0$$

当技术革新程度低（$\frac{4}{7}<\lambda<1$）时，

$$\pi_I^{I1N}-\pi_I^{I1YY}=\frac{4096-9648\lambda+4956\lambda^2-25\lambda^3}{1600(-4+\lambda)^2\lambda}$$

$$\pi_I^{I1N}-\pi_I^{I1YN}=\frac{1024-192\sqrt{\lambda}-2328\lambda+384\lambda^{3/2}+945\lambda^2-84\lambda^{5/2}+251\lambda^3}{400(-4+\lambda)^2\lambda}$$

此时，当技术革新程度相对较高（$\frac{4}{7} < \lambda < 0.6238$）时，$\frac{4096-9648\lambda+4956\lambda^2-25\lambda^3}{1600(-4+\lambda)^2\lambda}>0$ 然而当技术革新程度相对较低（$0.6238 < \lambda < 1$）时，$\frac{4096-9648\lambda+4956\lambda^2-25\lambda^3}{1600(-4+\lambda)^2\lambda}<0$

同样，当技术革新程度相对较高（$\frac{4}{7} < \lambda < 0.6443$）时，

$$\frac{1024-192\sqrt{\lambda}-2328\lambda+384\lambda^{3/2}+945\lambda^2-84\lambda^{5/2}+251\lambda^3}{400\lambda(-4+\lambda)^2}>0;$$

当技术革新程度相对较低（$0.6443 < \lambda < 1$）时，

$$\frac{1024-192\sqrt{\lambda}-2328\lambda+384\lambda^{3/2}+945\lambda^2-84\lambda^{5/2}+251\lambda^3}{400\lambda(-4+\lambda)^2}<0$$

综合上述计算结果，可以得到结论：不管政府是否允许企业对技术接受方进行补贴，当技术革新程度较低时，并购后的企业 *I* 偏好于向跟随企业进行技术许可；然而当技术革新程度较高时，并购后的企业不向其跟随企业进行技术许可时其利润更高。

3－3　命题 5－2 的数学证明

根据前面的研究可知，当企业 4 选择兼并跟随企业 2 后并不向先进入企业 1 进行技术许可时，并购后企业 *I* 的利润为：

$$\pi_I^{I2N}=\begin{cases}\dfrac{(-1+\lambda)^2}{(-2+\lambda)^2\lambda} & 0<\lambda\leqslant\dfrac{2}{5}\\[2ex] \dfrac{(-16+10\lambda+3\lambda^2)^2}{64\lambda(-4+\lambda^2)^2} & \dfrac{2}{5}<\lambda<1\end{cases}$$

然而，此时如果并购后的企业向跟随企业进行技术许可，则政府允许和不允许企业 4 对技术受让方进行补贴这两种情形下的利润分别为：

$$\pi_I^{I2YY}=\begin{cases}\dfrac{9}{100\lambda} & 0<\lambda\leqslant\dfrac{2}{5}\\[2ex] \dfrac{9}{100\lambda}-\dfrac{(2-5\lambda)^2}{32(2-\lambda)(2+\lambda)^2} & \dfrac{2}{5}<\lambda<1\end{cases}$$

$$\pi_I^{I2YN}=\begin{cases}\dfrac{9}{100\lambda} & 0<\lambda\leqslant\dfrac{2}{5}\\ \dfrac{-1152\sqrt{2-\lambda}-384\sqrt{\lambda}-292\sqrt{2-\lambda}\lambda+960\lambda^{3/2}-1132\lambda^2\sqrt{2-\lambda}+96\lambda^{5/2}+1919\sqrt{2-\lambda}\lambda^3-240\lambda^{7/2}}{1600\lambda\sqrt{2-\lambda}(-2+\lambda)(2+\lambda)^2} & \dfrac{2}{5}<\lambda<1\end{cases}$$

当技术革新程度高（$0<\lambda\leqslant\frac{2}{5}$）时，$\pi_I^{I2N}-\pi_I^{I2YY}=\frac{64-164\lambda+91\lambda^2}{100(-2+\lambda)^2\lambda}>0$；$\pi_I^{I2N}-\pi_I^{I2YN}=\frac{64-164\lambda+91\lambda^2}{100(-2+\lambda)^2\lambda}>0$

当技术革新程度低（$\frac{2}{5}<\lambda<1$）时，

$$\pi_I^{I2N}-\pi_I^{I2YY}=\frac{4096-7600\lambda-948\lambda^2+5000\lambda^3-1169\lambda^4}{1600(-2+\lambda^2)^2(2+\lambda)^2\lambda}$$

$$\pi_I^{I2N}-\pi_I^{I2YN}=\frac{2048\sqrt{2-\lambda}-384\sqrt{\lambda}-3716\sqrt{2-\lambda}\lambda+1152\lambda^{3/2}-936\sqrt{2-\lambda}\lambda^2-384\lambda^{5/2}+3235\sqrt{2-\lambda}\lambda^3-288\lambda^{7/2}-847\sqrt{2-\lambda}\lambda^4+120\lambda^{9/2}}{800\sqrt{2-\lambda}(-2+\lambda^2)^2\lambda(2+\lambda)^2}$$

此时，当技术革新程度相对较高（$\frac{2}{5}<\lambda<0.6295$）时，$\frac{4096-7600\lambda-948\lambda^2+5000\lambda^3-1169\lambda^4}{1600(-2+\lambda^2)\lambda(2+\lambda)^2}>0$；然而，当技术革新程度相对较低（$0.6295<\lambda\leqslant1$）时，$\frac{4096-7600\lambda-948\lambda^2+5000\lambda^3-1169\lambda^4}{1600(-2+\lambda^2)\lambda(2+\lambda)^2}<0$

同样，当技术革新程度相对较高（$\frac{2}{5}<\lambda<0.7151$）时，

$$\frac{2048\sqrt{2-\lambda}-384\sqrt{\lambda}-3716\lambda\sqrt{2-\lambda}+1152\lambda^{3/2}-936\lambda^2\sqrt{2-\lambda}-384\lambda^{5/2}+3235\lambda^3\sqrt{2-\lambda}-288\lambda^{7/2}-847\lambda^4\sqrt{2-\lambda}+120\lambda^{9/2}}{800\sqrt{2-\lambda}(-2+\lambda^2)\lambda(2+\lambda)^2}>0$$

当技术革新程度相对较低（$0.7151<\lambda<1$）时，

$$\frac{2048\sqrt{2-\lambda}-384\sqrt{\lambda}-3716\lambda\sqrt{2-\lambda}+1152\lambda^{3/2}-936\lambda^2\sqrt{2-\lambda}-384\lambda^{5/2}+3235\lambda^3\sqrt{2-\lambda}-288\lambda^{7/2}-847\lambda^4\sqrt{2-\lambda}+120\lambda^{9/2}}{800\sqrt{2-\lambda}(-2+\lambda^2)\lambda(2+\lambda)^2}<0$$

综合可以得到结论：与命题5－2相似的是，不管政府是否允许企业对

技术接受方进行补贴，当技术革新程度较低时，并购后的企业 I 偏好于向先行企业进行技术许可；然而当技术革新程度较高时，并购后的企业不向先行企业进行技术许可时其利润更高。

3－4　命题 5－3 的数学证明

根据命题 5－1 可知，当技术拥有企业 4 选择兼并先进入企业 1 时，在政府允许和不允许企业进行补贴两种情况下，不难得到企业 4 的利润分别为：

$$\pi_4^{I1Y}=\pi_I^{I1Y}-\frac{1}{32}=\begin{cases}\dfrac{128-336\lambda+280\lambda^2-73\lambda^3}{32(-4+3\lambda)^2\lambda} & 0<\lambda\leqslant\dfrac{4}{7}\\ \dfrac{64-120\lambda+69\lambda^2-13\lambda^3}{16(-4+\lambda)^2\lambda} & \dfrac{4}{7}<\lambda<0.6238\\ -\dfrac{3(-768+784\lambda-648\lambda^2+425\lambda^3)}{1600(-4+\lambda)^2\lambda} & 0.6238<\lambda<1\end{cases}$$

$$\pi_4^{I1N}=\pi_I^{I1N}-\frac{1}{32}=\begin{cases}\dfrac{128-336\lambda+280\lambda^2-73\lambda^3}{32(-4+3\lambda)^2\lambda} & 0<\lambda\leqslant\dfrac{4}{7}\\ \dfrac{64-120\lambda+69\lambda^2-13\lambda^3}{16(-4+\lambda)^2\lambda} & \dfrac{4}{7}<\lambda<0.6443\\ \dfrac{3(48+16\sqrt{\lambda}-56\lambda-32\lambda^{3/2}+65\lambda^2+7\lambda^{5/2}-48\lambda^3)}{100(-4+\lambda)^2\lambda} & 0.6443<\lambda<1\end{cases}$$

根据命题 5－2 可知，当技术拥有企业 4 选择兼并跟随企业 2 时，在政府允许和不允许企业进行补贴两种情况下，企业 4 的利润分别为：

$$\pi_4^{I2Y}=\pi_I^{I2Y}-\frac{1}{64}=\begin{cases}\dfrac{64-132\lambda+68\lambda^2-\lambda^3}{64(-2+\lambda)^2\lambda} & 0<\lambda\leqslant\dfrac{2}{5}\\ \dfrac{256-336\lambda+4\lambda^2+68\lambda^3+9\lambda^4-\lambda^5}{64\lambda(-4+\lambda^2)^2} & \dfrac{2}{5}<\lambda<0.6295\\ \dfrac{4096-8000\lambda-948\lambda^2+5200\lambda^3-1169\lambda^4-25\lambda^5}{1600(-2+\lambda)^2\lambda(2+\lambda)^2} & 0.6295<\lambda<1\end{cases}$$

$$\pi_4^{I2N}=\pi_I^{I2N}-\frac{1}{64}$$

$$=\begin{cases}\dfrac{64-132\lambda+68\lambda^2-\lambda^3}{64(-2+\lambda)^2\lambda} & 0<\lambda\leqslant\dfrac{2}{5}\\ \dfrac{256-336\lambda+4\lambda^2+68\lambda^3+9\lambda^4-\lambda^5}{64\lambda(-4+\lambda^2)^2} & \dfrac{2}{5}<\lambda\leqslant 0.7151\\ \dfrac{\begin{array}{c}-1152\sqrt{2-\lambda}-384\sqrt{\lambda}-92\sqrt{2-\lambda}\lambda+960\lambda^{3/2}-1032\sqrt{2-\lambda}\lambda^2\\+96\lambda^{5/2}+1869\sqrt{2-\lambda}\lambda^3-240\lambda^{7/2}-25\sqrt{2-\lambda}\lambda^4\end{array}}{1600\sqrt{2-\lambda}(-2+\lambda)\lambda(2+\lambda)^2} & 0.7151<\lambda<1\end{cases}$$

当技术拥有企业 4 选择同时兼并企业 1 和企业 2 时，企业 4 的利润分别为：$\pi_4^{IB}=\pi_I^{IB}-\frac{3}{64}=\frac{4-3\lambda}{64\lambda}$

（1）如果政府允许企业对技术被许可企业进行补贴，则有：

当技术革新程度（$0<\lambda\leqslant\frac{2}{5}$）

$$\pi_4^{I1Y}-\pi_4^{I2Y}=\frac{64-352\lambda+660\lambda^2-508\lambda^3+137\lambda^4}{64(-2+\lambda)^2(-4+3\lambda)^2}<0$$

当技术革新程度（$\frac{2}{5}<\lambda\leqslant\frac{4}{7}$）

$$\pi_4^{I1Y}-\pi_4^{I2Y}=\frac{768-3520\lambda+5072\lambda^2-2772\lambda^3+116\lambda^4+455\lambda^5-137\lambda^6}{64(-4+3\lambda)^2(-4+\lambda^2)^2}<0$$

当技术革新程度（$\frac{4}{7}<\lambda\leqslant 0.6238$）

$$\pi_4^{I1Y}-\pi_4^{I2Y}=\frac{256+640\lambda-2288\lambda^2+1556\lambda^3+44\lambda^4-259\lambda^5+51\lambda^6}{64(-4+\lambda)^2(-4+\lambda^2)^2}<0$$

当技术革新程度（$0.6238<\lambda\leqslant 0.6295$）

$$\pi_4^{I1Y}-\pi_4^{I2Y}=\frac{-65536+147968\lambda-62528\lambda^2-19584\lambda^3-3348\lambda^4+8348\lambda^5+1519\lambda^6-1250\lambda^7}{1600(-4+\lambda)^2\lambda(-4+\lambda^2)^2}<0$$

当技术革新程度（$0.6295<\lambda<1$），

$$\pi_4^{I1Y}-\pi_4^{I2Y}=\frac{28672-123136\lambda+40256\lambda^2+84368\lambda^3-48004\lambda^4+6304\lambda^5-2913\lambda^6+1250\lambda^7}{1600(-4+\lambda)^2(-2+\lambda)^2\lambda(2+\lambda)^2}>0$$

这样可以看出，如果技术革新程度 $\lambda\in(0,0.6295]$，企业 4 兼并跟随企业 2 利润更高；如果技术革新程度 $\lambda\in(0.6295,1]$，企业 4 兼并企业 1

利润更高。

当技术革新程度（$0<\lambda\leqslant\frac{4}{7}$）时，

$$\pi_4^{I1Y}-\pi_4^{IB}=\frac{192-496\lambda+404\lambda^2-101\lambda^3}{64\lambda(-4+3\lambda)^2}>0$$

当技术革新程度（$\frac{4}{7}<\lambda<0.6238$）时，

$$\pi_4^{I1Y}-\pi_4^{IB}=\frac{192-368\lambda+232\lambda^2-47\lambda^3}{64(-4+\lambda)^2\lambda}>0$$

当技术革新程度（$0.6238<\lambda<1$）时，

$$\pi_4^{I1Y}-\pi_4^{IB}=\frac{352+224\lambda+422\lambda^2-575\lambda^3}{800\lambda(-4+\lambda)^2}>0$$

与兼并两个企业相比，企业 4 只兼并先进入企业其总利润更高。

因此有：如果政府允许企业 4 对技术受让企业给予补贴，当技术革新程度 $\lambda\in(0,0.6295]$，其兼并跟随企业 2 利润会更高；当技术革新程度 $\lambda\in(0.6295,1]$，其兼并企业 1 利润会更高。

（2）如果政府不允许企业对技术被许可企业进行补贴，则有：

当技术革新程度（$0<\lambda\leqslant\frac{2}{5}$）

$$\pi_4^{I1N}-\pi_4^{I2N}=\frac{-64+352\lambda-660\lambda^2+508\lambda^3-137\lambda^4}{64(-2+\lambda)^2(-4+3\lambda)^2}<0$$

当技术革新程度（$\frac{2}{5}<\lambda\leqslant\frac{4}{7}$）

$$\pi_4^{I1N}-\pi_4^{I2N}=\frac{768-3520\lambda+5072\lambda^2-2772\lambda^3+116\lambda^4+455\lambda^5-137\lambda^6}{64(-4+3\lambda)^2(-4+\lambda^2)^2}<0$$

当技术革新程度（$\frac{4}{7}<\lambda\leqslant0.6443$）时，

$$\pi_4^{I1N}-\pi_4^{I2N}=\frac{-256-640\lambda+2288\lambda^2-1556\lambda^3-44\lambda^4+259\lambda^5-51\lambda^6}{64(-4+\lambda)^2(-4+\lambda^2)^2}<0$$

当技术革新程度（$0.6443<\lambda\leqslant0.7151$）时，

$$\pi_4^{I1N}-\pi_4^{I2N}=\frac{\begin{array}{c}-65536+12288\sqrt{\lambda}+142592\lambda-24576\lambda^{3/2}-43712\lambda^2\\-768\lambda^{5/2}-33360\lambda^3+12288\lambda^{7/2}-12756\lambda^4-1920\lambda^{9/2}\\+16244\lambda^5-1536\lambda^{11/2}+2695\lambda^6+336\lambda^{13/2}-2279\lambda^7\end{array}}{1600(-4+\lambda)^2\lambda(-4+\lambda^2)^2}$$

此时，当技术革新程度（$0.6443<\lambda<0.7109$）时，上式为负值；然而当技术革新程度（$0.7109<\lambda<0.7151$）时，上式为正值；

当技术革新程度（$0.7151<\lambda<1$）

$$\pi_4^{I1N}-\pi_4^{I2N}=\frac{\begin{array}{c}48(-4+\lambda)^2(-4+\lambda^2)(-2+5\lambda)+\sqrt{2-\lambda}(-6144+\\4544\sqrt{\lambda}+9216\lambda+7328\lambda^{3/2}+4992\lambda^2-35188\lambda^{5/2}-\\3648\lambda^3+29152\lambda^{7/2}-864\lambda^4-3557\lambda^{9/2}+336\lambda^5-2279\lambda^{11/2})\end{array}}{1600\sqrt{2-\lambda}(-4+\lambda)^2(-2+\lambda)\sqrt{\lambda}(2+\lambda)^2}>0$$

故技术革新程度较高 $\lambda\in(0,0.7109]$，企业 4 兼并跟随企业 2 时其利润更高；技术革新程度较低 $\lambda\in(0.7109,1]$，企业 4 兼并先进入企业 1 时其利润更高。

当技术革新程度（$0<\lambda\leqslant\frac{4}{7}$）时，

$$\pi_4^{I1N}-\pi_4^{IB}=\frac{192-528\lambda+452\lambda^2-119\lambda^3}{64(-4+3\lambda)^2\lambda}>0$$

当技术革新程度（$\frac{4}{7}<\lambda<0.6443$）时，

$$\pi_4^{I1N}-\pi_4^{IB}=\frac{192-400\lambda+248\lambda^2-49\lambda^3}{64(-4+\lambda)^2\lambda}>0$$

当技术革新程度（$0.6443<\lambda<1$）时，

$$\pi_4^{I1N}-\pi_4^{IB}=\frac{704+768\sqrt{\lambda}-688\lambda-1536\lambda^{3/2}+2420\lambda^2+336\lambda^{5/2}-2229\lambda^3}{1600(-4+\lambda)^2\lambda}$$

此时，当技术革新程度（$0.6443<\lambda<0.9325$）时，上式为正值；然而当技术革新程度（$0.9325<\lambda<1$）时，上式为负值；

故技术革新程度较高 $\lambda\in(0,0.9325]$，企业 4 兼并企业 1 其利润更高；技术革新程度较低 $\lambda\in(0.9325,1]$，企业 4 同时兼并两个企业其利润更高。

当技术革新程度（$0<\lambda\leqslant\frac{2}{5}$）时，

$$\pi_4^{I2N}-\pi_4^{IB}=\frac{24-52\lambda+26\lambda^2+\lambda^3}{32(-2+\lambda)^2\lambda}>0$$

当技术革新程度（$\frac{2}{5}<\lambda<0.7151$）时，

$$\pi_4^{I2N}-\pi_4^{IB}=\frac{192-288\lambda+36\lambda^2+44\lambda^3+5\lambda^4+2\lambda^5}{64\lambda(-4+\lambda^2)^2}>0$$

当技术革新程度（0.7151 < λ < 1）时，

$$\pi_4^{I2N}-\pi_4^{IB}=\frac{-384\sqrt{\lambda}+960\lambda^{3/2}+96\lambda^{5/2}-240\lambda^{7/2}+\sqrt{2-\lambda}(-352-292\lambda-1532\lambda^2+1919\lambda^3+50\lambda^4)}{1600\sqrt{2-\lambda}(-2+\lambda)\lambda(2+\lambda)^2}>0$$

此时，当技术革新程度（0.7151 < λ < 0.9285）时，上式为正值；然而当技术革新程度（0.9285 < λ < 1）时，上式为负值；

故当技术革新程度较高 $\lambda\in(0,0.9285)$ 时，企业 4 兼并企业 2 时其利润更高；当技术革新程度较低 $\lambda\in(0.9285,1)$ 时，企业 4 同时兼并两个企业时其利润更高。

综上所得，当政府不允许企业对被许可企业进行补贴时，当技术革新程度较高 $\lambda\in(0,0.7109]$，企业 4 兼并跟随企业 2 其利润更高；$\lambda\in(0.7109,0.9325]$，企业 4 兼并企业 1 其利润更高；$\lambda\in(0.9325,1]$，企业 4 同时兼并企业 1 和企业 2 其利润更高。

3－5 命题 5－4 的数学证明

根据前面的分析可知，如果企业 4 只向先进入企业 1 进行技术许可时，在政府允许和不允许企业进行补贴两种情况下，得到技术拥有企业 4 的利润分别为：

$$\pi_4^{L1Y}=\begin{cases}\dfrac{1024-1936\lambda+1016\lambda^2-153\lambda^3}{32(12-5\lambda)^2\lambda} & 0<\lambda\leqslant 0.4953\\[2ex] \dfrac{512-960\lambda+552\lambda^2-103\lambda^3}{32\lambda(64-32\lambda+3\lambda^3)} & 0.4953<\lambda\leqslant 1\end{cases}$$

$$\pi_4^{L1N}=\begin{cases}\dfrac{1024-1936\lambda+1016\lambda^2-153\lambda^3}{32(12-5\lambda)^2\lambda} & 0<\lambda\leqslant 0.4953\\[2ex] \dfrac{512-960\lambda+552\lambda^2-103\lambda^3}{32\lambda(64-32\lambda+3\lambda^2)} & 0.4953<\lambda<0.9369\\[2ex] \dfrac{-64+24\sqrt{\lambda}+72\lambda-13\lambda^{3/2}-20\lambda^2+\lambda^{5/2}}{32\sqrt{\lambda}(-8+3\lambda)} & 0.9369<\lambda<1\end{cases}$$

然而，如果企业 4 只向跟随企业 2 进行技术许可，则政府允许和不允许企业进行补贴这两种情形下，企业 4 利润分别为：

$$\pi_4^{L2Y}=\begin{cases}\dfrac{512-292\lambda-268\lambda^2-\lambda^3}{64\lambda\ (6+\lambda)^2} & 0<\lambda\leqslant 0.5067\\ \dfrac{4096-5376\lambda+64\lambda^2+1092\lambda^3+156\lambda^4-7\lambda^5}{64\lambda(256-132\lambda^2-12\lambda^3+7\lambda^4)} & 0.5067<\lambda<1\end{cases}$$

$$\pi_4^{L2N}=\begin{cases}\dfrac{512-292\lambda-268\lambda^2-\lambda^3}{64\lambda\ (6+\lambda)^2} & 0<\lambda\leqslant 0.4\\ \dfrac{256-336\lambda+4\lambda^2+68\lambda^3+9\lambda^4-\lambda^5}{64\lambda\ (-4+\lambda^2)^2} & 0.4<\lambda<1\end{cases}$$

如果企业同时向企业 1 和企业 2 进行技术许可，则企业 4 利润为：

$$\pi_4^{LBY}=\frac{3}{28\lambda}-\frac{3}{64}$$

（1）如果政府允许企业对技术被许可企业进行补贴，则有：

当技术革新程度（$0<\lambda\leqslant 0.4953$）时，

$$\pi_4^{L1Y}-\pi_4^{L2Y}=\frac{-11328+19488\lambda-15220\lambda^2+4940\lambda^3-281\lambda^4}{64\ (6+\lambda)^2\ (-12+5\lambda)^2}<0$$

当技术革新程度（$0.4953<\lambda<0.5067$）时，

$$\pi_4^{L1Y}-\pi_4^{L2Y}=\frac{4096-21760\lambda+24000\lambda^2-3724\lambda^3-596\lambda^4-203\lambda^5}{64\lambda\ (6+\lambda)^2(64-32\lambda+3\lambda^2)}<0$$

当技术革新程度（$0.5067<\lambda<1$）时，

$$\pi_4^{L1Y}-\pi_4^{L2Y}=\frac{-16384-40960\lambda+136704\lambda^2-90752\lambda^3+2668\lambda^4+9508\lambda^5-1421\lambda^6}{64(64-32\lambda+3\lambda^2)(256-132\lambda^2-12\lambda^3+7\lambda^4)}<0$$

故不管技术的革新程度的高低，企业 4 向跟随企业 2 进行技术许可比其向先进入企业 1 进行技术许可时其利润更高。

当技术革新程度（$0<\lambda\leqslant 0.5067$）时，

$$\pi_4^{L2Y}-\pi_4^{LBY}=\frac{928-932\lambda-836\lambda^2+7\lambda^3}{224\lambda\ (6+\lambda)^2}>0$$

当技术革新程度（$0.5067<\lambda<1$）时，

$$\pi_4^{L2Y}-\pi_4^{LBY}=\frac{8192-16128\lambda+3392\lambda^2+2724\lambda^3+252\lambda^4+49\lambda^5}{224\lambda(256-132\lambda^2-12\lambda^3+7\lambda^4)}$$

此时，当技术革新程度（$0.5067<\lambda<0.6426$）时，上式为正值；然而当技术革新程度（$0.6426<\lambda<1$）时，上式为负值。

故当技术革新程度较低 $\lambda\in(0.6426,1]$ 时，企业 4 同时向两个企业进行技术许可时企业 4 的利润更高；当技术革新程度较高 $\lambda\in(0,0.6426]$ 时，其向跟随企业 2 进行技术许可其总利润更高。

综上所得，如果政府允许企业进行补贴，那么当技术革新程度 $\lambda\in(0.6426,1]$ 时，企业 4 偏好于同时向两个企业进行技术许可；而当技术革新程度 $\lambda\in(0,0.6426]$ 时，企业 4 偏好向跟随企业 2 进行技术许可。

（2）如果政府不允许企业对技术被许可企业进行补贴，则有：

当技术革新程度（$0<\lambda\leqslant 0.4$）时，

$$\pi_4^{L1N}-\pi_4^{L2N}=\frac{-11328+19488\lambda-15220\lambda^2+4940\lambda^3-281\lambda^4}{64(6+\lambda)^2(-12+5\lambda)^2}<0$$

当技术革新程度（$0.4<\lambda\leqslant 0.4953$）时，

$$\pi_4^{L1N}-\pi_4^{L2N}=\frac{4096-17152\lambda+31168\lambda^2-25168\lambda^3+7444\lambda^4+1900\lambda^5-1687\lambda^6+281\lambda^7}{64\lambda(-12+5\lambda)^2(-4+\lambda^2)^2}<0$$

当技术革新程度（$0.4953<\lambda<0.9369$）时，

$$\pi_4^{L1N}-\pi_4^{L2N}=\frac{1024+2304\lambda-8848\lambda^2+6220\lambda^3+124\lambda^4-1045\lambda^5+203\lambda^6}{64(-4+\lambda^2)^2(64-32\lambda+3\lambda^2)}<0$$

当技术革新程度（$0.9369<\lambda<1$）时，

$$\pi_4^{L1N}-\pi_4^{L2N}=\frac{\begin{array}{c}2048-2048\sqrt{\lambda}-2688\lambda+2304\lambda^{3/2}+624\lambda^2+384\lambda^{5/2}+180\lambda^3\\-1152\lambda^{7/2}+76\lambda^4+192\lambda^{9/2}-3\lambda^5+144\lambda^{11/2}-23\lambda^6-40\lambda^{13/2}+2\lambda^7\end{array}}{64\lambda(-8+3\lambda)(-4+\lambda^2)^2}$$

此时，当技术革新程度（$0.9369<\lambda<0.9689$）时，上式为负值；当技术革新程度（$0.9689<\lambda<1$）时，上式为正值。

故当技术革新程度 $\lambda\in(0,0.9689]$，企业 4 偏好向跟随企业 2 进行技术许可，而当技术革新程度 $\lambda\in(0.9689,1]$ 企业 4 偏好向先进入企业 1 进行技术许可。

当技术革新程度（$0<\lambda\leqslant 0.3265$）时，

$$\pi_4^{L2N}-\pi_4^{LBN}=\frac{928-932\lambda-836\lambda^2+7\lambda^3}{224\lambda(6+\lambda)^2}>0$$

当技术革新程度（$0.3265<\lambda\leqslant 0.4$）时，

$$\pi_4^{L2N} - \pi_4^{LBN} = \frac{512 - 864\sqrt{\lambda} + 572\lambda - 288\lambda^{3/2} + 20\lambda^2 - 24\lambda^{5/2} + 23\lambda^3}{64\lambda\ (6 + \lambda)^2} > 0$$

当技术革新程度（0.4 < λ < 1）时，

$$\pi_4^{L2N} - \pi_4^{LBN} = \frac{256 - 384\sqrt{\lambda} + 48\lambda + 4\lambda^2 + 192\lambda^{5/2} - 124\lambda^3 + 9\lambda^4 - 24\lambda^{9/2} + 23\lambda^5}{64\lambda\ (-4 + \lambda^2)^2}$$

此时，当技术革新程度（0.4 < λ < 0.8877］时，上式为正值；当技术革新程度（0.8877 < λ < 1］时，上式为负值。

故当技术革新程度 $\lambda \in (0, 0.8877]$，企业 4 偏好向跟随企业 2 进行技术许可，而当 $\lambda \in (0.8877, 1]$ 企业 4 偏好向两个企业同时进行技术许可。

当技术革新程度（0 < λ ≤ 0.3265）时，

$$\pi_4^{L1N} - \pi_4^{LBN} = \frac{7424 - 18320\lambda + 10504\lambda^2 - 1617\lambda^3}{448\lambda\ (-12 + 5\lambda)^2} > 0$$

当技术革新程度（0.3265 < λ ≤ 0.4953）时，

$$\pi_4^{L1N} - \pi_4^{LBN} = \frac{1024 - 1728\sqrt{\lambda} - 208\lambda + 1440\lambda^{3/2} - 424\lambda^2 - 300\lambda^{5/2} + 147\lambda^3}{32\lambda\ (-12 + 5\lambda)^2} > 0$$

当技术革新程度（0.4953 < λ < 0.9369）时，

$$\pi_4^{L1N} - \pi_4^{LBN} = \frac{512 - 768\sqrt{\lambda} - 192\lambda + 384\lambda^{3/2} + 168\lambda^2 - 36\lambda^{5/2} - 67\lambda^3}{32\lambda(64 - 32\lambda + 3\lambda^2)}$$

此时，当技术革新程度（0.4953 < λ ≤ 0.7698），上式为正值，但是当技术革新程度（0.7698 < λ ≤ 0.9369）时，上式为负值。

当技术革新程度（0.9369 < λ < 1）时，

$$\pi_4^{L1N} - \pi_4^{LBN} = \frac{32 - 72\sqrt{\lambda} + 36\lambda + 23\lambda^{3/2} - 20\lambda^2 + \lambda^{5/2}}{32\sqrt{\lambda}(-8 + 3\lambda)} < 0$$

故当技术革新程度 $\lambda \in (0, 0.7698]$ 时，企业 4 偏好向企业 1 进行技术许可，而当技术革新程度 $\lambda \in (0.7698, 1]$ 企业 4 偏好同时向两个企业进行技术许可。

综合所得，如果政府不允许企业进行补贴，那么当技术革新程度较低 $\lambda \in (0.8877, 1]$ 时，企业 4 偏好于同时向两个企业进行技术许可；而当技术革新程度较高 $\lambda \in (0, 0.8877]$ 时，企业 4 偏好向跟随企业 2 进行技术许可。

3-6 命题5-5的数学证明

如果企业4采取企业兼并的方式转移技术，那么政府允许和不允许企业进行补贴两种情形下企业4的利润、消费者剩余和社会福利分别为：

$$\pi_4^{IY}=\begin{cases}\dfrac{(-1+\lambda)^2}{(-2+\lambda)^2\lambda}-\dfrac{1}{64} & 0<\lambda\leqslant\dfrac{2}{5}\\ \dfrac{(-16+10\lambda+3\lambda^2)^2}{64\lambda(-4+\lambda^2)^2}-\dfrac{1}{64} & \dfrac{2}{5}<\lambda<0.6295\\ \dfrac{9}{100\lambda}-\dfrac{(4-7\lambda)^2}{64(-4+\lambda)^2}-\dfrac{1}{32} & 0.6295<\lambda<1\end{cases}$$

$$CS^{IY}=\begin{cases}\dfrac{(-1+\lambda)^2}{2(-2+\lambda)^2\lambda} & 0<\lambda\leqslant\dfrac{2}{5}\\ \dfrac{256-432\lambda+324\lambda^2-16\lambda^3-51\lambda^4}{128\lambda(-4+\lambda^2)^2} & \dfrac{2}{5}<\lambda<0.6295\\ \dfrac{9}{200\lambda} & 0.6295<\lambda<1\end{cases}$$

$$W^{IY}=\begin{cases}\dfrac{(-3+\lambda)(-1+\lambda)}{2(-2+\lambda)^2\lambda} & 0<\lambda\leqslant\dfrac{2}{5}\\ \dfrac{768-464\lambda-132\lambda^2+240\lambda^3-61\lambda^4}{128\lambda(-4+\lambda^2)^2} & \dfrac{2}{5}<\lambda<0.6295\\ \dfrac{51}{200\lambda} & 0.6295<\lambda<1\end{cases}$$

$$\pi_4^{IN}=\begin{cases}\dfrac{(-1+\lambda)^2}{(-2+\lambda)^2\lambda}-\dfrac{1}{64} & 0<\lambda\leqslant\dfrac{2}{5}\\ \dfrac{(-16+10\lambda+3\lambda^2)^2}{64\lambda(-4+\lambda^2)^2}-\dfrac{1}{64} & \dfrac{2}{5}<\lambda<0.7109\\ \dfrac{1152+384\sqrt{\lambda}-944\lambda-768\lambda^{3/2}+1360\lambda^2+168\lambda^{5/2}-1127\lambda^3}{800(-4+\lambda)^2\lambda}-\dfrac{1}{32} & 0.7109<\lambda<0.9325\\ \dfrac{1}{16\lambda}-\dfrac{3}{64} & 0.9325<\lambda<1\end{cases}$$

$$
CS^{IN}=\begin{cases}\dfrac{(-1+\lambda)^2}{2(-2+\lambda)^2\lambda} & 0<\lambda\leqslant\dfrac{2}{5}\\[2ex] \dfrac{256-432\lambda+324\lambda^2-16\lambda^3-51\lambda^4}{128\lambda(-4+\lambda^2)^2} & \dfrac{2}{5}<\lambda<0.7109\\[2ex] \dfrac{9(16-4\sqrt{\lambda}-4\lambda+7\lambda^{3/2})^2}{3200\lambda(-4+\lambda)^2} & 0.7109<\lambda<0.9325\\[2ex] \dfrac{1}{32\lambda} & 0.9325<\lambda<1\end{cases}
$$

$$
W^{IN}=\begin{cases}\dfrac{(-3+\lambda)(-1+\lambda)}{2(-2+\lambda)^2\lambda} & 0<\lambda\leqslant\dfrac{2}{5}\\[2ex] \dfrac{768-464\lambda-132\lambda^2+240\lambda^3-61\lambda^4}{128\lambda(-4+\lambda^2)^2} & \dfrac{2}{5}<\lambda<0.7109\\[2ex] -\dfrac{3(-4352+896\sqrt{\lambda}+2224\lambda-1792\lambda^{3/2}-440\lambda^2+392\lambda^{5/2}+147\lambda^3)}{3200\lambda(-4+\lambda)^2} & 0.7109<\lambda<0.9325\\[2ex] \dfrac{7}{32\lambda} & 0.9325<\lambda<1\end{cases}
$$

如果企业 4 采取技术许可的方式转移技术，那么政府允许和不允许企业进行补贴两种情形下企业 4 的利润、消费者剩余和社会福利分别为：

$$
\pi_4^{LY}=\begin{cases}\dfrac{-512+292\lambda+268\lambda^2+\lambda^3}{64\lambda(6+\lambda)^2} & 0<\lambda\leqslant0.5067\\[2ex] \dfrac{4096-5376\lambda+64\lambda^2+1092\lambda^3+156\lambda^4-7\lambda^5}{64\lambda(256-132\lambda^2-12\lambda^3+7\lambda^4)} & 0.5067<\lambda<0.6426\\[2ex] \dfrac{3}{28\lambda}-\dfrac{3}{64} & 0.6426<\lambda<1\end{cases}
$$

$$
CS^{LY}=\begin{cases}\dfrac{(2+\lambda)^2}{2\lambda(6+\lambda)^2} & 0<\lambda\leqslant0.5067\\[2ex] \dfrac{65536-94208\lambda+41984\lambda^2+14912\lambda^3-24368\lambda^4+320\lambda^5+4312\lambda^6+284\lambda^7-123\lambda^8}{8\lambda(-16-2\lambda+\lambda^2)^2(-16+2\lambda+7\lambda^2)^2} & 0.5067<\lambda<0.6426\\[2ex] \dfrac{9}{392\lambda} & 0.6426<\lambda\leqslant1\end{cases}
$$

$$W^{LY}=\begin{cases}\dfrac{(2+\lambda)(10+\lambda)}{2(6+\lambda)^2\lambda} & 0<\lambda\leqslant 0.5067\\ \dfrac{3145728-1898496\lambda-1369600\lambda^2+367392\lambda^3+201008\lambda^4+57264\lambda^5+7224\lambda^6+1962\lambda^7+1415\lambda^8-98\lambda^9}{128\lambda(-16-2\lambda+\lambda^2)^2(-16+2\lambda+7\lambda^2)^2} & 0.5067<\lambda<0.6426\\ \dfrac{75}{392\lambda} & 0.6426<\lambda<1\end{cases}$$

$$\pi_4^{LN}=\begin{cases}\dfrac{-512+292\lambda+268\lambda^2+\lambda^3}{64\lambda(6+\lambda)^2} & 0<\lambda\leqslant 0.4\\ \dfrac{256-336\lambda+4\lambda^2+68\lambda^3+9\lambda^4-\lambda^5}{64\lambda(-4+\lambda^2)^2} & 0.4<\lambda<0.8877\\ \dfrac{3(-8+7\sqrt{\lambda})}{64\sqrt{\lambda}}-\dfrac{3}{64} & 0.8877<\lambda<1\end{cases}$$

$$CS^{LN}=\begin{cases}\dfrac{(2+\lambda)^2}{2\lambda(6+\lambda)^2} & 0<\lambda\leqslant 0.4\\ \dfrac{256-432\lambda+324\lambda^2-16\lambda^3-51\lambda^4}{128\lambda(-4+\lambda^2)^2} & 0.4<\lambda<0.8877\\ \dfrac{9}{128} & 0.8877<\lambda<1\end{cases}$$

$$W^{LN}=\begin{cases}\dfrac{(2+\lambda)(10+\lambda)}{2\lambda(6+\lambda)^2} & 0<\lambda\leqslant 0.4\\ \dfrac{768-464\lambda-132\lambda^2+240\lambda^3-61\lambda^4}{128\lambda(-2+\lambda^2)(2+\lambda)^2} & 0.4<\lambda\leqslant 0.8877\\ \dfrac{3(-16+3\sqrt{\lambda})}{128\sqrt{\lambda}} & 0.8877<\lambda\leqslant 1\end{cases}$$

（1）如果政府允许企业进行补贴，则有：

当技术革新程度（$0<\lambda\leqslant\frac{2}{5}$）时，

$$\pi_4^{IY}-\pi_4^{LY}=\frac{4-12\lambda+5\lambda^2-2\lambda^3+5\lambda^4}{(-2+\lambda)^2\lambda(6+\lambda)^2}>0$$

$$CS^{IY}-CS^{LY}=\frac{20-60\lambda+21\lambda^2+10\lambda^3}{2(-2+\lambda)^2\lambda(6+\lambda)^2}>0$$

$$W^{IY}-W^{LY}=\frac{28-76\lambda+15\lambda^2}{2(-2+\lambda)^2\lambda(6+\lambda)^2}>0$$

当技术革新程度（$\frac{2}{5}<\lambda<0.5067$）时，

$$\pi_4^{IY}-\pi_4^{LY}=\frac{1024-4352\lambda+4752\lambda^2-160\lambda^3-1512\lambda^4+424\lambda^5+265\lambda^6}{64\lambda(-4+\lambda^2)^2(6+\lambda)^2}<0$$

$$CS^{IY}-CS^{LY}=\frac{5120-16576\lambda+7760\lambda^2+4928\lambda^3-1448\lambda^4-884\lambda^5-115\lambda^6}{128\lambda(-4+\lambda^2)^2(6+\lambda)^2}<0$$

$$W^{IY}-W^{LY}=\frac{7168-19776\lambda-336\lambda^2+12736\lambda^3-216\lambda^4-1260\lambda^5-125\lambda^6}{128\lambda(-4+\lambda^2)^2(6+\lambda)^2}<0$$

当技术革新程度（$0.5067<\lambda<0.6295$）时，

$$\pi_4^{IY}-\pi_4^{LY}=\frac{-\lambda(1024+1792\lambda-1520\lambda^2-2592\lambda^3+792\lambda^4+648\lambda^5+81\lambda^6}{64(-4+\lambda^2)^2(256-132\lambda^2-12\lambda^3+7\lambda^4)}<0$$

$$CS^{IY}-CS^{LY}=\frac{\begin{array}{c}-4194304+1572864\lambda+10698752\lambda^2-6643712\lambda^3\\-5839616\lambda^4+3652160\lambda^5+1426432\lambda^6-615760\lambda^7\\-178672\lambda^8+20732\lambda^9+3240\lambda^{10}-531\lambda^{11}\end{array}}{\begin{array}{c}128\lambda(-4+\lambda^2)^2(-16-2\lambda+\lambda^2)^2\\(-16+2\lambda+7\lambda^2)^2\end{array}}<0$$

$$W^{IY}-W^{LY}=\frac{\begin{array}{c}-16384-6737920\lambda+10651392\lambda^2+3294848\lambda^3\\-9401216\lambda^4-20768\lambda^5+2859744\lambda^6-173256\lambda^7\\-3213842\lambda^8+30626\lambda^9+9631\lambda^{10}-2202\lambda^{11}+49\lambda^{12})\end{array}}{\begin{array}{c}64\lambda(-4+\lambda^2)^2(-16-2\lambda+\lambda^2)^2\\(-16+2\lambda+7\lambda^2)^2\end{array}}<0$$

当技术革新程度（$0.6295<\lambda\leqslant 0.6426$）时，

$$\pi_4^{IY}-\pi_4^{LY}=\frac{\begin{array}{c}-524288+1183744\lambda-504832\lambda^2-166592\lambda^3-\\28928\lambda^4+67604\lambda^5+11804\lambda^6-4375\lambda^7\end{array}}{800\lambda(-4+\lambda)^2(256-132\lambda^2-12\lambda^3+7\lambda^4)}<0$$

$$CS^{IY}-CS^{LY}=\frac{\begin{array}{c}-262144+588800\lambda-414464\lambda^2-107024\lambda^3+199568\lambda^4\\+5128\lambda^5-30784\lambda^6-2153\lambda^7+879\lambda^8\end{array}}{50\lambda(-16-2\lambda+\lambda^2)^2(-16+2\lambda+7\lambda^2)^2}<0$$

$$W^{IY}-W^{LY}=\frac{\begin{array}{c}-25165824+47462400\lambda-20908544\lambda^{2}-14198304\lambda^{3}+12117328\lambda^{4}\\+1153488\lambda^{5}-1571064\lambda^{6}-186138\lambda^{7}+4609\lambda^{8}+2450\lambda^{9}\end{array}}{3200\lambda(-16-2\lambda+\lambda^{2})^{2}(-16+2\lambda+7\lambda^{2})^{2}}<0$$

当技术革新程度（$0.6426<\lambda\leqslant 1$）时，$\pi_4^{IY}-\pi_4^{LY}=\frac{3(64-32\lambda-171\lambda^{2}+175\lambda^{3})}{700\lambda(-4+\lambda)^{2}}<0$

$$CS^{IY}-CS^{LY}=\frac{27}{1225\lambda}\quad W^{IY}-W^{LY}=\frac{78}{1225\lambda}$$

综上有：如果政府允许企业补贴，当技术革新程度较高时，技术拥有企业通过企业兼并的方式转移技术其利润更高，且兼并时的消费者剩余和社会福利也更高；当技术革新程度较低时，技术拥有企业通过技术许可的方式转移技术其利润更高。

（2）如果政府不允许企业进行补贴，则有：

当技术革新程度（$0<\lambda\leqslant\frac{2}{5}$）时，

$$\pi_4^{IN}-\pi_4^{LN}=\frac{4-12\lambda+5\lambda^{2}-2\lambda^{3}+5\lambda^{4}}{(-2+\lambda)^{2}\lambda(6+\lambda)^{2}}>0$$

$$CS^{IN}-CS^{LN}=\frac{20-60\lambda+21\lambda^{2}+10\lambda^{3}}{2(-2+\lambda)^{2}\lambda(6+\lambda)^{2}}>0$$

$$W^{IN}-W^{LN}=\frac{28-76\lambda+15\lambda^{2}}{2(-2+\lambda)^{2}\lambda(6+\lambda)^{2}}>0$$

当技术革新程度（$\frac{2}{5}<\lambda<0.7109$）时，$\pi_4^{IN}-\pi_4^{LN}=0$、$CS^{IN}-CS^{LN}=0$、$W^{IN}-W^{LN}=0$

当技术革新程度（$0.7109<\lambda<0.8877$）时，

$$\pi_4^{IN}-\pi_4^{LN}=\frac{\begin{array}{c}-65536+12288\sqrt{\lambda}+142592\lambda-24576\lambda^{3/2}-43712\lambda^{3/2}\\-768\lambda^{5/2}-33360\lambda^{3}+12288\lambda^{7/2}-12756\lambda^{4}-1920\lambda^{9/2}+\\16244\lambda^{5}-1536\lambda^{11/2}+2695\lambda^{6}+336\lambda^{13/2}+2279\lambda^{7}\end{array}}{1600(-4+\lambda)^{2}\lambda(-4+\lambda^{2})^{2}}>0$$

$$CS^{IN}-CS^{LN}=\frac{\begin{array}{c}-65536-18432\sqrt{\lambda}+207872\lambda+36864\lambda^{3/2}-246592\lambda^{2}\\+1152\lambda^{5/2}+97120\lambda^{3}-18432\lambda^{7/2}+14284\lambda^{4}+2880\lambda^{9/2}\\-14336\lambda^{5}+2304\lambda^{11/2}+915\lambda^{6}-504\lambda^{13/2}+441\lambda^{7}\end{array}}{3200(-4+\lambda)^{2}\lambda(-2+\lambda)^{2}(2+\lambda)^{2}}<0$$

$$W^{IN}-W^{LN}=\frac{\begin{array}{c}-98304-43008\sqrt{\lambda}+232448\lambda+86016\lambda^{3/2}-142528\lambda^{2}\\+2688\lambda^{5/2}-64480\lambda^{3}-43008\lambda^{7/2}+78196\lambda^{4}+6720\lambda^{9/2}\\-21344\lambda^{5}+5376\lambda^{11/2}+2845\lambda^{6}-1176\lambda^{13/2}-441\lambda^{7}\end{array}}{3200\lambda(-4+\lambda)^{2}(-2+\lambda)^{2}(2+\lambda)^{2}}<0$$

当技术革新程度（$0.8877<\lambda\leqslant 0.9325$）时，

$$\pi_4^{IN}-\pi_4^{LN}=-\frac{3(-96+368\sqrt{\lambda}-288\lambda-136\lambda^{3/2}+70\lambda^{2}+11\lambda^{5/2}+71\lambda^{3})}{200(-4+\lambda)^{2}\lambda}>0$$

$$CS^{IN}-CS^{LN}=\frac{9(32-16\sqrt{\lambda}-64\lambda+32\lambda^{3/2}+20\lambda^{2}-7\lambda^{5/2}+3\lambda^{3}}{400(-4+\lambda)^{2}\lambda}<0$$

$$W^{IN}-W^{LN}=\frac{3(544-912\sqrt{\lambda}-128\lambda+624\lambda^{3/2}-20\lambda^{2}-99\lambda^{5/2}-9\lambda^{3})}{400(-4+\lambda)^{2}\lambda}<0$$

当技术革新程度（$0.9325<\lambda\leqslant 1$）时，$\pi_4^{IN}-\pi_4^{LN}=\frac{4-24\sqrt{\lambda}+21\lambda}{64\lambda}>0$

$$CS^{IN}-CS^{LN}=\frac{4-9\lambda}{128\lambda}<0\quad W^{IN}-W^{LN}=\frac{28-48\sqrt{\lambda}+9\lambda}{128\lambda}<0$$

附录4　第6章命题和引理的数学证明

4-1　引理6-1的数学证明

根据第6章的相关内容可知，如果政府允许企业进行补贴，兼并后的企业 I 的利润、消费者剩余和社会福利分别为：

$$\pi_I^{CI1YY}=\begin{cases}\dfrac{4}{49\lambda} & 0<\lambda\leqslant\dfrac{1}{2}(5-\sqrt{17})\\ \dfrac{1024-708\lambda+1044\lambda^2-1421\lambda^3+490\lambda^4-49\lambda^5}{784\lambda(-4+\lambda)^2} & \dfrac{1}{2}(5-\sqrt{17})<\lambda\leqslant 1\end{cases}$$

$CS^{CI1YY}=\dfrac{2}{49\lambda}$，$W^{CI1YY}=\dfrac{12}{49\lambda}$

如果政府不允许补贴，相应的指标值则分别为：

$$\pi_I^{CI1YN}=\begin{cases}\dfrac{4}{49\lambda} & 0<\lambda\leqslant\dfrac{1}{2}(5-\sqrt{17})\\ 1024+192\sqrt{\lambda}-748\lambda-528\lambda^{3/2}+1244\lambda^2+ & \\ \dfrac{216\lambda^{5/2}-1711\lambda^3-24\lambda^{7/2}+590\lambda^4-59\lambda^5}{784(-4+\lambda)^2\lambda} & \dfrac{1}{2}(5-\sqrt{17})<\lambda\leqslant 1\end{cases}$$

$$CS^{CI1YN}=\begin{cases}\dfrac{2}{49\lambda} & 0<\lambda\leqslant\dfrac{1}{2}(5-\sqrt{17})\\ \dfrac{(-16+2\sqrt{\lambda}+4\lambda-5\lambda^{3/2}+\lambda^{5/2})^2}{392(-4+\lambda)^2\lambda} & \dfrac{1}{2}(5-\sqrt{17})<\lambda\leqslant 1\end{cases}$$

$$W^{CI1YN}=\begin{cases}\dfrac{12}{49\lambda} & 0<\lambda\leqslant\dfrac{1}{2}(5-\sqrt{17})\\ \dfrac{(-16+2\sqrt{\lambda}+4\lambda-5\lambda^{3/2}+\lambda^{5/2})}{392(-4+\lambda)^2\lambda} & \dfrac{1}{2}(5-\sqrt{17})<\lambda\leqslant 1\end{cases}$$

当技术革新程度较高（$0<\lambda<\dfrac{1}{2}(5-\sqrt{17})$）时，

$\pi_I^{CI1YY}-\pi_I^{CI1YN}=0$、$CS^{CI1YY}-CS^{CI1YN}=0$、$W^{CI1YY}-W^{CI1YN}=0$

当技术革新程度较低（$\dfrac{1}{2}(5-\sqrt{17})<\lambda<1$）时，

$$\pi_I^{CI1YY}-\pi_I^{CI1YN}=\frac{-96+20\sqrt{\lambda}+264\lambda-100\lambda^{3/2}-108\lambda^2+145\lambda^{5/2}+12\lambda^3-50\lambda^{7/2}+5\lambda^{9/2}}{392(-4+\lambda)^2\sqrt{\lambda}}>0$$

$$CS^{CI1YY}-CS^{CI1YN}=\frac{64-4\sqrt{\lambda}-176\lambda+20\lambda^{3/2}+72\lambda^2-29\lambda^{5/2}-8\lambda^3+10\lambda^{7/2}-\lambda^{9/2}}{392(-4+\lambda)^2\sqrt{\lambda}}<0$$

$$W^{CI1YY}-W^{CI1YN}=\frac{160+4\sqrt{\lambda}-440\lambda-20\lambda^{3/2}+180\lambda^2+29\lambda^{5/2}-20\lambda^3-10\lambda^{7/2}+\lambda^{9/2}}{392(-4+\lambda)^2\sqrt{\lambda}}<0$$

因此可以得到：当技术创新程度较低时，与政府不允许企业补贴相比，政府允许补贴技术拥有企业利润更高，但消费者剩余和社会福利则更低。

4-2 命题 6-1 的数学证明

由前面的研究可知，当企业 4 选择兼并一个企业，如果兼并后的企业其不对竞争对手进行技术许可时，兼并后的企业利润为：

$$\pi_I^{CI1N}=\begin{cases}\dfrac{(-1+\lambda)^2}{(-2+\lambda)^2\lambda} & 0<\lambda\leqslant\dfrac{1}{2}(5-\sqrt{17})\\[2ex] \dfrac{(8-7\lambda+\lambda^2)^2}{16(-4+\lambda)^2\lambda} & \dfrac{1}{2}(5-\sqrt{17})<\lambda\leqslant 1\end{cases}$$

如果兼并后的企业 I 对其竞争对手进行技术许可时，政府允许和不允许企业进行补贴两种条件下兼并后的企业利润分别为：

$$\pi_I^{CI1YY}=\begin{cases}\dfrac{4}{49\lambda} & 0<\lambda\leqslant\dfrac{1}{2}(5-\sqrt{17})\\[2ex] \dfrac{1024-708\lambda+1044\lambda^2-1421\lambda^3+490\lambda^4-49\lambda^5}{784(-4+\lambda)^2\lambda} & \dfrac{1}{2}(5-\sqrt{17})<\lambda\leqslant 1\end{cases}$$

$$\pi_I^{CI1YN}=\begin{cases}\dfrac{4}{49\lambda} & 0<\lambda\leqslant\dfrac{1}{2}(5-\sqrt{17})\\[2ex] 9216+1728\sqrt{\lambda}-9868\lambda-4752\lambda^{3/2}+12764\lambda^2+ & \\ \dfrac{1944\lambda^{5/2}-15595\lambda^3-216\lambda^{7/2}+5310\lambda^4-531\lambda^5}{7056(-4+\lambda)^2\lambda} & \dfrac{1}{2}(5-\sqrt{17})<\lambda\leqslant 1\end{cases}$$

（1）政府允许企业补贴

当技术革新程度较高（$0<\lambda<\frac{1}{2}(5-\sqrt{17})$）时，$\pi_I^{CI1YY}-\pi_I^{CI1N}=$

$$\frac{-33+82\lambda-45\lambda^2}{49(-2+\lambda)^2\lambda}<0$$

当技术革新程度较高（$\frac{1}{2}(5-\sqrt{17})<\lambda<1$）时，$\pi_I^{CI1YY}-\pi_I^{CI1N}$

$$=\frac{-192\sqrt{\lambda}-4740\lambda+528\lambda^{3/2}+1941\lambda^2-216\lambda^{5/2}+1025\lambda^3+24\lambda^{7/2}-541\lambda^4+59\lambda^5}{784\lambda(-4+\lambda)^2}$$

此时，当技术革新程度（$\frac{1}{2}(5-\sqrt{17})<\lambda<0.6767$），上式为负值；然而当技术革新程度（$0.6767<\lambda<1$），上式为正值。

故有政府允许企业补贴时，当技术革新程度 $\lambda\in(0,0.6767)$，并购后的企业向其竞争对手不进行技术许可其利润更高，而当技术革新程度 $\lambda\in(0.6767,1)$ 企业 I 向其竞争对手进行技术许可其利润更高。

（2）政府不允许企业补贴

当技术革新程度较高（$0<\lambda<\frac{1}{2}(5-\sqrt{17})$）时，$\pi_I^{CI\backslash YN}-\pi_I^{CI\backslash N}=\frac{-33+82\lambda-45\lambda^2}{49(-2+\lambda)^2\lambda}<0$

当技术革新程度较高（$0<\lambda<\frac{1}{2}(5-\sqrt{17})$）时，

$$\pi_I^{CI\backslash YN}-\pi_I^{CI\backslash N}=\frac{\begin{array}{c}2112-192\sqrt{\lambda}-4740\lambda+528\lambda^{3/2}+1941\lambda^2-216\lambda^{5/2}\\+1025\lambda^3+24\lambda^{7/2}-541\lambda^4+59\lambda^5\end{array}}{784(-4+\lambda)^2\lambda}$$

此时，当技术革新程度（$\frac{1}{2}(5-\sqrt{17})<\lambda<0.7567$），上式为负值；然而当技术革新程度（$0.7567<\lambda<1$），上式为正值。

故有政府不允许企业补贴时，当技术革新程度 $\lambda\in(0,0.7567]$，并购后的企业 I 偏好于向其竞争对手不进行技术许可，而当技术革新程度 $\lambda\in(0.7567,1]$ 企业 I 偏好于向其竞争对手进行技术许可。

综合有：不管政府是否允许企业补贴，当技术革新程度较低时，并购后的企业 I 偏好于向竞争对手进行技术许可；反之，当技术革新程度较高时，企业 I 偏好于不向竞争对手进行技术许可。

4－3　命题 6－2 的数学证明

由命题 6－1 可以求得，如果企业 4 只兼并一个企业，政府允许和不允许企业进行补贴两种条件下企业 4 利润分别为：

$$\pi_4^{CI1Y}=\begin{cases}\dfrac{(-1+\lambda)^2}{(-2+\lambda)^2\lambda}-\dfrac{1}{36} & 0<\lambda\leqslant\dfrac{1}{2}(5-\sqrt{17})\\ \dfrac{(8-7\lambda+\lambda^2)^2}{16(-4+\lambda)^2\lambda}-\dfrac{1}{36} & \dfrac{1}{2}(5-\sqrt{17})<\lambda<0.6767\\ \dfrac{1024-708\lambda+1044\lambda^2-1421\lambda^3+490\lambda^4-49\lambda^5}{784(-4+\lambda)^2\lambda}-\dfrac{1}{36} & 0.6767<\lambda\leqslant1\end{cases}$$

$$\pi_4^{CI1N}=\begin{cases}\dfrac{(-1+\lambda)^2}{(-2+\lambda)^2\lambda}-\dfrac{1}{36} & 0<\lambda\leqslant\dfrac{1}{2}(5-\sqrt{17})\\ \dfrac{(8-7\lambda+\lambda^2)^2}{16(-4+\lambda)^2\lambda}-\dfrac{1}{36} & \dfrac{1}{2}(5-\sqrt{17})<\lambda<0.7567\\ \begin{array}{l}9216+1728\sqrt{\lambda}-9868\lambda-4752\lambda^{3/2}+12764\lambda^2+\\ \dfrac{1944\lambda^{5/2}-15595\lambda^3-216\lambda^{7/2}+5310\lambda^4-531\lambda^5}{7056(-4+\lambda)^2\lambda}\end{array} & 0.7567<\lambda<1\end{cases}$$

而企业 4 同时兼并两个企业时，其利润 $\pi_4^{CIB}=\dfrac{1}{16\lambda}-\dfrac{1}{18}$

（1）政府允许企业补贴

当技术革新程度高（$0<\lambda<\dfrac{1}{2}(5-\sqrt{17})$）时，

$$\pi_I^{CI1Y}-\pi_I^{CIB}=\frac{108-236\lambda+119\lambda^2+4\lambda^3}{144(-2+\lambda)^2\lambda}>0$$

当技术革新程度适中（$\dfrac{1}{2}(5-\sqrt{17})<\lambda<0.6767$）时，

$$\pi_I^{CI1Y}-\pi_I^{CIB}=\frac{432-872\lambda+554\lambda^2-122\lambda^3+9\lambda^4}{144(-4+\lambda)^2\lambda}>0$$

当技术革新程度低（$0.6767<\lambda<1$）时，

$$\pi_I^{CI1Y}-\pi_I^{CIB}=\frac{2160+292\lambda+7387\lambda^2-12593\lambda^3+4410\lambda^4-441\lambda^5}{7056(-4+\lambda)^2\lambda}>0$$

故如果政府允许企业补贴，那么企业 4 总偏好于兼并一个企业。

（2）政府不允许企业补贴

当技术革新程度（$0<\lambda<\dfrac{1}{2}(5-\sqrt{17})$）时，

$$\pi_I^{CI1N}-\pi_I^{CIB}=\frac{108-236\lambda+119\lambda^2+4\lambda^3}{144(-2+\lambda)^2\lambda}>0$$

当技术革新程度（$\frac{1}{2}(5-\sqrt{17})<\lambda<0.7567$）时，

$$\pi_I^{CI1N}-\pi_I^{CIB}=\frac{432-872\lambda+554\lambda^2-122\lambda^3+9\lambda^4}{144(-4+\lambda)^2\lambda}>0$$

当技术革新程度（$0.7567<\lambda<1$）时，

$$\pi_I^{CI1N}-\pi_I^{CIB}=\frac{2160+1728\sqrt{\lambda}-68\lambda-4752\lambda^{3/2}+9187\lambda^2+1944\lambda^{5/2}-15203\lambda^3-216\lambda^{7/2}+5310\lambda^4-531\lambda^5}{7056(-4+\lambda)^2\lambda}>0$$

此时，当技术革新程度（$0.7567<\lambda<0.9579$）时，上式为正值；但当技术革新程度（$0.9579<\lambda<1$）时，上式为负值。

综合有：如果政府允许企业补贴，那么企业 4 兼并一个企业其利润更高；如果政府不允许企业补贴，当技术创新程度较低时，企业 4 兼并两个企业其利润更高，但技术创新程度较高时，企业 4 兼并一个企业其利润更高。

4-4 命题 6-3 的数学证明

由命题 2-3 可知，企业 4 采取固定收费加双重收费许可的方式转让技术时，政府允许企业 4 对技术受让企业给予补贴和不允许企业补贴两种情况下技术拥有企业 4 的利润和消费者剩余以及社会福利分别为：

$$\pi_4^{CLY}=\begin{cases}\dfrac{288-324\lambda+60\lambda^2+\lambda^3}{36(-6+\lambda)^2\lambda} & 0<\lambda\leqslant 0.5049\\[2ex]\dfrac{576-944\lambda+553\lambda^2-123\lambda^3+9\lambda^4}{36\lambda(64-32\lambda+3\lambda^2)} & 0.5049<\lambda\leqslant 1\end{cases}$$

$$CS^{CLY}=\begin{cases}\dfrac{2}{(-6+\lambda)^2\lambda} & 0<\lambda\leqslant 0.5049\\[2ex]\dfrac{4096-9984\lambda+11712\lambda^2-7196\lambda^3+2297\lambda^4-379\lambda^5+31\lambda^6-\lambda^7}{8(-8+\lambda)^2\lambda(-8+3\lambda)^2} & 0.5049<\lambda\leqslant 1\end{cases}$$

$$W^{CLY}=\begin{cases}\dfrac{180-12\lambda^2+\lambda^3}{18(-6+\lambda)^2\lambda} & 0<\lambda\leqslant 0.5049\\ \dfrac{110592-151808\lambda+99392\lambda^2-31556\lambda^3+2715\lambda^4+783\lambda^5-171\lambda^6+9\lambda^7}{72(-8+3\lambda)^2(-8+\lambda)^2\lambda} & 0.5049<\lambda\leqslant 1\end{cases}$$

$$\pi_4^{CLN}=\begin{cases}\dfrac{288-324\lambda+60\lambda^2+\lambda^3}{36(6-\lambda)^2\lambda} & 0<\lambda\leqslant\dfrac{1}{2}(5-\sqrt{17})\\ \dfrac{576-944\lambda+553\lambda^2-122\lambda^3+9\lambda^4}{144(-4+\lambda)^2\lambda} & \dfrac{1}{2}(5-\sqrt{17})<\lambda\leqslant 1\end{cases}$$

$$CS^{CLN}=\begin{cases}\dfrac{2}{(-6+\lambda)^2\lambda} & 0<\lambda\leqslant\dfrac{1}{2}(5-\sqrt{17})\\ \dfrac{64-140\lambda+153\lambda^2-75\lambda^3+15\lambda^4-\lambda^5}{32(-4+\lambda)^2\lambda} & \dfrac{1}{2}(5-\sqrt{17})<\lambda\leqslant 1\end{cases}$$

$$W^{CLN}=\begin{cases}\dfrac{180-12\lambda^2+\lambda^3}{18(-6+\lambda)^2\lambda} & 0<\lambda\leqslant\dfrac{1}{2}(5-\sqrt{17})\\ \dfrac{1728-1652\lambda+871\lambda^2-29\lambda^3-63\lambda^4+9\lambda^5}{288(-4+\lambda)^2\lambda} & \dfrac{1}{2}(5-\sqrt{17})<\lambda\leqslant 1\end{cases}$$

而由命题6－2可知，企业4采取企业兼并的方式转让技术时，政府允许和不允许企业进行补贴两种条件下，企业4的利润、消费者剩余、社会福利分别为：

$$\pi_4^{CIY}=\begin{cases}\dfrac{(-1+\lambda)^2}{(-2+\lambda)^2\lambda}-\dfrac{1}{36} & 0<\lambda\leqslant\dfrac{1}{2}(5-\sqrt{17})\\ \dfrac{(8-7\lambda+\lambda^2)^2}{16(-4+\lambda)^2\lambda}-\dfrac{1}{36} & \dfrac{1}{2}(5-\sqrt{17})<\lambda<0.6767\\ \dfrac{1024-708\lambda+1044\lambda^2-1421\lambda^3+490\lambda^4-49\lambda^5}{784(-4+\lambda)^2\lambda}-\dfrac{1}{36} & 0.6767<\lambda\leqslant 1\end{cases}$$

$$CS^{CIY}=\begin{cases}\dfrac{(-1+\lambda)^2}{2(-2+\lambda)^2\lambda} & 0<\lambda\leqslant\dfrac{1}{2}(5-\sqrt{17})\\ -\dfrac{-64+140\lambda-153\lambda^2+75\lambda^3-15\lambda^4+\lambda^5}{32(-4+\lambda)^2\lambda} & \dfrac{1}{2}(5-\sqrt{17})<\lambda<0.6767\\ \dfrac{2}{49\lambda} & 0.6767<\lambda\leqslant 1\end{cases}$$

$$W^{CIY}=\begin{cases}\dfrac{(-3+\lambda)(-1+\lambda)}{2(-2+\lambda)^2\lambda} & 0<\lambda\leqslant\dfrac{1}{2}(5-\sqrt{17})\\ -\dfrac{192-212\lambda+111\lambda^2-5\lambda^3-7\lambda^4+\lambda^5}{32(-4+\lambda)^2\lambda} & \dfrac{1}{2}(5-\sqrt{17})<\lambda<0.6767\\ \dfrac{8}{49\lambda} & 0.6767<\lambda\leqslant 1\end{cases}$$

$$\pi_4^{CIN}=\begin{cases}\dfrac{(-1+\lambda)^2}{(-2+\lambda)^2\lambda}-\dfrac{1}{36} & 0<\lambda\leqslant\dfrac{1}{2}(5-\sqrt{17})\\ \dfrac{(8-7\lambda+\lambda^2)^2}{16(-4+\lambda)^2\lambda}-\dfrac{1}{36} & \dfrac{1}{2}(5-\sqrt{17})<\lambda\leqslant 0.7567\\ \dfrac{\begin{array}{c}9216+1728\sqrt{\lambda}-9868\lambda-4752\lambda^{3/2}+12764\lambda^2+\\1944\lambda^{5/2}-15595\lambda^3-216\lambda^{7/2}+5310\lambda^4-531\lambda^5\end{array}}{7056(-4+\lambda)^2\lambda}-\dfrac{1}{32} & 0.7576<\lambda<0.95796\\ \dfrac{1}{16\lambda}-\dfrac{1}{18} & 0.95796<\lambda\leqslant 1\end{cases}$$

$$CS^{CIN}=\begin{cases}\dfrac{(-1+\lambda)^2}{2(-2+\lambda)^2\lambda}-\dfrac{1}{36} & 0<\lambda\leqslant\dfrac{1}{2}(5-\sqrt{17})\\ \dfrac{-64+140\lambda-153\lambda^2+75\lambda^3-15\lambda^4+\lambda^5}{32(-4+\lambda)^2\lambda} & \dfrac{1}{2}(5-\sqrt{17})<\lambda\leqslant 0.7567\\ \dfrac{(-16+2\sqrt{\lambda}+4\lambda-5\lambda^{3/2}+\lambda^{5/2})^2}{392(-4+\lambda)^2\lambda} & 0.7567<\lambda\leqslant 0.95796\\ \dfrac{1}{32\lambda} & 0.95796<\lambda\leqslant 1\end{cases}$$

$$W^{CIN}=\begin{cases}\dfrac{(-3+\lambda)(-1+\lambda)}{2(-2+\lambda)^2\lambda} & 0<\lambda\leqslant\dfrac{1}{2}(5-\sqrt{17})\\ \dfrac{192-212\lambda+111\lambda^2-5\lambda^3-7\lambda^4+\lambda^5}{32(-4+\lambda)^2\lambda} & \dfrac{1}{2}(5-\sqrt{17})<\lambda\leqslant 0.7567\\ \dfrac{\begin{array}{c}-1536+160\sqrt{\lambda}+772\lambda-440\lambda^{3/2}-116\lambda^2\\+180\lambda^{5/2}+29\lambda^3-20\lambda^{7/2}-10\lambda^4+\lambda^5\end{array}}{392(-4+\lambda)^2\lambda} & 0.7567<\lambda\leqslant 0.95796\\ \dfrac{7}{32\lambda} & 0.95796<\lambda\leqslant 1\end{cases}$$

（1）政府允许企业补贴

当技术革新程度高（$0<\lambda<\frac{1}{2}(5-\sqrt{17})$）时，

$$\pi_I^{CLY}-\pi_I^{CIY}=\frac{-72+360\lambda-282\lambda^2+16\lambda^3+2\lambda^4+\lambda^5}{18(-6+\lambda)^2(-2+\lambda)^2\lambda}$$

$$CS^{CLY}-CS^{CIY}=\frac{-20+68\lambda+57\lambda^2+14\lambda^3-\lambda^4}{2(-6+\lambda)^2(-2+\lambda)^2\lambda}<0$$

$$W^{CLY}-W^{CIY}=\frac{-252+900\lambda-651\lambda^2+196\lambda^3-25\lambda^4+\lambda^5}{18(-6+\lambda)^2(-2+\lambda)^2\lambda}$$

此时，当技术革新程度（$0<\lambda\leqslant0.2471$）时，上第一式子为负值，然而当技术技术革新程度（$0.2471<\lambda\leqslant\frac{1}{2}(5-\sqrt{17})$）时，上第一式子为正值；当技术革新程度（$0<\lambda\leqslant0.3673$）时，上第三式子为负值，然而当技术技术革新程度（$0.3673<\lambda\leqslant\frac{1}{2}(5-\sqrt{17})$）时，上第三式子为正值；

当技术革新程度高（$\frac{1}{2}(5-\sqrt{17})<\lambda<0.5049$）时，

$$\pi_I^{CLY}-\pi_I^{CIY}=\frac{-2304+15552\lambda-20292\lambda^2+10004\lambda^3-2293\lambda^4+242\lambda^5-9\lambda^6}{144(-6+\lambda)^2(-4+\lambda)^2\lambda}>0$$

$$CS^{CLY}-CS^{CIY}=\frac{-1280+5296\lambda-7188\lambda^2+4676\lambda^3-1593\lambda^4+291\lambda^5-27\lambda^6+\lambda^7}{32(-6+\lambda)^2(-4+\lambda)^2\lambda}>0$$

$$W^{CLY}-W^{CIY}=\frac{108288-112464\lambda+60396\lambda^2-13724\lambda^3-1049\lambda^4+1051\lambda^5-171\lambda^6+9\lambda^7}{288(-6+\lambda)^2(-4+\lambda)^2\lambda}>0$$

当技术革新程度较高（$0.5049<\lambda<0.6767$）时，

$$\pi_I^{CLY}-\pi_I^{CIY}=\frac{8192-7616\lambda+1936\lambda^2+137\lambda^3-102\lambda^4+9\lambda^5}{144(-4+\lambda)^2(64-32\lambda+3\lambda^2)}>0$$

$$CS^{CLY}-CS^{CIY}=\frac{65536-204800\lambda+268032\lambda^2-187392\lambda^3+75228\lambda^4-17693\lambda^5+2391\lambda^6-171\lambda^7+5\lambda^8}{32(-8+\lambda)^2(-4+\lambda)^2(-8+3\lambda)^2\lambda}>0$$

$$W^{CLY}-W^{CIY}=\frac{14155776-28147712\lambda+26001408\lambda^2-13101824\lambda^3+3295872\lambda^4-140420\lambda^5-133077\lambda^6+33543\lambda^7-3267\lambda^8+117\lambda^9}{288(-8+\lambda)^2(-4+\lambda)^2\lambda(-8+3\lambda)^2}>0$$

当技术革新程度较低（$0.6767<\lambda\leqslant1$）时，

$$\pi_I^{CLY}-\pi_I^{CIY}=\frac{\begin{array}{c}1216512-2960128\lambda+2293696\lambda^2-227444\lambda^3-\\401176\lambda^4+170079\lambda^5-25578\lambda^6+1323\lambda^7\end{array}}{7056(-4+\lambda)^2\lambda(64-32\lambda+3\lambda^2)}>0$$

$$CS^{CLY}-CS^{CIY}=\frac{\begin{array}{c}135168-423680\lambda+551360\lambda^2-349532\lambda^3+\\112409\lambda^4-18571\lambda^5+1519\lambda^6-49\lambda^7\end{array}}{392(-8+\lambda)^2\lambda(-8+3\lambda)^2}>0$$

$$W^{CLY}-W^{CIY}=\frac{\begin{array}{c}3059712-5079296\lambda+4059200\lambda^2-1435652\lambda^3+\\127851\lambda^4+38367\lambda^5-8379\lambda^6+441\lambda^7\end{array}}{3528(-8+\lambda)^2\lambda(-8+3\lambda)^2}>0$$

故如果政府允许补贴，那么当技术创新程度较高时，企业 4 进行技术许可时其利润更低，并且消费者剩余更低和社会福利更低；反之更高。

（2）政府不允许企业补贴

当技术革新程度 $[0<\lambda<\frac{1}{2}(5-\sqrt{17})]$ 时，

$$\pi_I^{CLN}-\pi_I^{CIN}=\frac{-72+360\lambda-282\lambda^2+16\lambda^3+2\lambda^4+\lambda^5}{18(-6+\lambda)^2(-2+\lambda)^2\lambda},$$

$$CS^{CLN}-CS^{CIN}=\frac{-20+68\lambda-57\lambda^2+14\lambda^3-\lambda^4}{2(-6+\lambda)^2(-2+\lambda)^2\lambda}<0,$$

$$W^{CLN}-W^{CIN}=\frac{-252+900\lambda-651\lambda^2+196\lambda^3-25\lambda^4+\lambda^5}{18(-6+\lambda)^2(-2+\lambda)^2\lambda}<0$$

此时，与前面相同的是：当技术革新程度（$0<\lambda\leqslant0.2471$）时，上面第一个算式为负值，然而当技术技术革新程度（$0.2471<\lambda\leqslant\frac{1}{2}(5-\sqrt{17})$）时，上面第一算式为正值；当技术革新程度（$0<\lambda\leqslant0.3673$）时，上面第三个算式为负值，然而当技术技术革新程度（$0.3673<\lambda\leqslant\frac{1}{2}(5-\sqrt{17})$）时，上面第三个算式为正值；

当技术革新程度（$\frac{1}{2}(5-\sqrt{17})<\lambda<0.7567$）时，

$\pi_I^{CLN}-\pi_I^{CIN}=\frac{1}{18}$，$CS^{CLN}-CS^{CIN}=0$，$W^{CLN}-W^{CIN}=\frac{1}{18}$

当技术革新程度（$0.7567<\lambda\leqslant0.9579$）时，

$$\pi_I^{CLN} - \pi_I^{CIN} = \frac{\begin{array}{c}19008 - 1728\sqrt{\lambda} - 36388\lambda + 4752\lambda^{3/2} + 14333\lambda^2 - \\ 1944\lambda^{5/2} + 9617\lambda^3 + 216\lambda^{7/2} - 4869\lambda^4 + 531\lambda^5\end{array}}{7056(-4+\lambda)^2\lambda} > 0$$

$$CS^{CLN} - CS^{CIN} = \frac{\begin{array}{c}2112 + 256\sqrt{\lambda} - 6364\lambda - 704\lambda^{3/2} + 7513\lambda^2 + \\ 288\lambda^{5/2} - 3791\lambda^3 - 32\lambda^{7/2} + 775\lambda^4 - 53\lambda^5\end{array}}{1568(-4+\lambda)^2\lambda} > 0$$

$$W^{CLN} - W^{CIN} = \frac{\begin{array}{c}29376 + 5760\sqrt{\lambda} - 53156\lambda - 15840\lambda^{3/2} + 38503\lambda^2 + \\ 6480\lambda^{5/2} - 377\lambda^3 - 720\lambda^{7/2} - 3447\lambda^4 + 477\lambda^5\end{array}}{14112(-4+\lambda)^2\lambda} > 0$$

当技术革新程度（$0.9579 < \lambda < 1$）时，

$$\pi_I^{CLN} - \pi_I^{CIN} = \frac{144 - 248\lambda + 160\lambda^2 - 38\lambda^3 + 3\lambda^4}{48(-4+\lambda)^2\lambda} > 0$$

$$CS^{CLN} - CS^{CIN} = \frac{48 - 132\lambda + 152\lambda^2 - 75\lambda^3 + 15\lambda^4 - \lambda^5}{32(-4+\lambda)^2\lambda} > 0$$

$$W^{CLN} - W^{CIN} = \frac{720 - 1148\lambda + 808\lambda^2 - 29\lambda^3 - 63\lambda^4 + 9\lambda^5}{288(-4+\lambda)^2\lambda} > 0$$

因此如果政府不允许补贴，那么当技术革新程度较高时，企业 4 偏好于通过企业兼并的方式转让技术，并且消费者剩余更低和社会福利更低；当技术革新程度较低，则情况恰恰相反。

综上可以得到：不管政府是否允许企业进行补贴，当技术革新程度很高时，技术拥有企业通过兼并转移技术时其利润更高，并且兼并时消费者剩余和社会福利也更高；当技术革新程度较低时，则情况相反，兼并转移技术时企业 4 利润更低，并且兼并时消费者剩余和社会福利也更低。

4－5　命题 6－4 的数学证明

根据本章相关研究可知，如果企业 4 只兼并一个企业，那么兼并后企业 I 的利润为：$\pi_I^{BI1} = \frac{1}{4}(-1 + \frac{1}{\lambda})$

但是，如果企业 4 选择同时兼并两个企业，其利润为：$\pi_I^{BIB} = \frac{1}{16\lambda}$

所以有：$\pi_I^{BI1} - \pi_I^{BIB} = \frac{3-4\lambda}{16\lambda}$。显然，当技术革新程度高（$0<\lambda<\frac{3}{4}$）时，$\frac{3-4\lambda}{16\lambda}>0$；当技术革新程度低（$\frac{3}{4}<\lambda<1$）时，$\frac{3-4\lambda}{16\lambda}<0$

当技术革新程度（$\frac{3}{4}<\lambda<1$）时，$CS^{BIB}=\frac{1}{32\lambda}$，$W^{BIB}=\frac{7}{32\lambda}$。兼并发生前的消费者剩余和社会福利分别为 $CS=\frac{1}{8}$和 $W=\frac{3}{8}$

显然，$CS^{BIB}-CS=\frac{1-4\lambda}{32\lambda}<0$、$W^{BIB}-W=\frac{7-12\lambda}{32\lambda}<0$，企业兼并活动会降低消费者剩余和社会福利。

综上可知：技术革新程度较高（$0<\lambda<\frac{3}{4}$）时，技术拥有企业兼并一个企业其利润更高，当技术革新程度较低（$\frac{3}{4}<\lambda<1$）时，技术拥有企业兼并两个企业其利润更高，并且企业兼并活动会带来消费者剩余和社会福利的减少。

4－6　命题 6－5 的数学证明

同样，根据本章相关分析可知，如果技术拥有企业 4 只向一个企业许可技术，那么企业 4 的利润为：

$$\pi_4^{BL1}=\begin{cases}\dfrac{(-4+\lambda)(-1+\lambda)(2+\lambda)}{36\lambda} & 0<\lambda<0.4927\\[2ex] \dfrac{(1-\lambda)(8+\lambda)^2}{4\lambda(64+32\lambda-21\lambda^2-4\lambda^3+\lambda^4)} & 0.4927<\lambda<1\end{cases}$$

但是，如果其同时向两个企业进行技术许可，那么企业 4 的利润为：$\pi_4^{BLB}=\frac{1}{8\lambda}$

当技术革新程度（$0<\lambda<0.4927$）时，

$$\pi_4^{BL1}-\pi_4^{BLB}=\frac{7-12\lambda-6\lambda^2+2\lambda^3}{72\lambda}>0$$

当技术革新程度（$0.4927<\lambda<1$）时，

$$\pi_4^{BL1}-\pi_4^{BLB}=\frac{64-128\lambda-9\lambda^2+2\lambda^3-\lambda^4}{8\lambda(64+32\lambda-21\lambda^2-4\lambda^3+\lambda^4)}<0$$

因此，当技术革新程度较高（$0<\lambda<0.4927$）时，技术拥有企业只向一个企业转让技术其利润更高，当技术革新程度较低（$0.4927<\lambda<1$）时，则情况相反，此时向两个企业同时转让技术其利润更高。

4－7 命题6－6的数学证明

根据命题6－4可以得到，企业4通过兼并的方式转移技术时，技术拥有企业的利润、消费者剩余以及社会福利分别为：

$$\pi_4^{BI}=\begin{cases}\frac{1}{4}(-1+\frac{1}{\lambda}) & 0<\lambda<\frac{3}{4}\\ \frac{1}{16\lambda} & \frac{3}{4}<\lambda<1\end{cases}$$

$$CS^{BI}=\begin{cases}\frac{1}{8\lambda} & 0<\lambda<\frac{3}{4}\\ \frac{1}{32\lambda} & \frac{3}{4}<\lambda<1\end{cases}$$

$$W^{BI}=\begin{cases}\frac{3}{8\lambda} & 0<\lambda<\frac{3}{4}\\ \frac{7}{32\lambda} & \frac{3}{4}<\lambda<1\end{cases}$$

根据命题6－5可以得到，企业4通过技术许可的方式转移技术时，技术拥有企业的利润、消费者剩余以及社会福利分别为：

$$\pi_4^{BL}=\begin{cases}\frac{1}{8\lambda} & 0.4927<\lambda<1\\ \frac{(-4+\lambda)(-1+\lambda)(2+\lambda)}{36\lambda} & 0<\lambda<0.4927\end{cases}$$

$$CS^{BL}=\begin{cases}\frac{1}{32\lambda} & 0.4927<\lambda<1\\ \frac{(2+\lambda)^2}{72\lambda} & 0<\lambda<0.4927\end{cases}$$

$$W^{BL}=\begin{cases}\dfrac{7}{32\lambda} & 0.4927<\lambda<1\\ \dfrac{20+8\lambda-\lambda^2}{72\lambda} & 0<\lambda<0.4927\end{cases}$$

当技术革新程度（$0<\lambda<0.4927$）时，$\pi_4^{BL}-\pi_4^{BI}=\dfrac{(-1+\lambda)^3}{36\lambda}<0$，$CS^{BL}-CS^{BI}=\dfrac{-5+4\lambda+\lambda^2}{72\lambda}<0$，$W^{BL}-W^{BI}=\dfrac{-7+8\lambda-\lambda^2}{72\lambda}<0$

当技术革新程度（$0.4927<\lambda<\dfrac{3}{4}$）时，$\pi_4^{BL}-\pi_4^{BI}=\dfrac{-1+2\lambda}{8\lambda}$，$CS^{BL}-CS^{BI}=-\dfrac{3}{32\lambda}$，$W^{BL}-W^{BI}=-\dfrac{5}{32\lambda}$

当技术革新程度（$\dfrac{3}{4}<\lambda<1$）时，$\pi_4^{BL}-\pi_4^{BI}=\dfrac{1}{16\lambda}$，$CS^{BL}-CS^{BI}=0$，$W^{BL}-W^{BI}=0$

综合可知：技术革新程度（$0.5<\lambda<1$）时，技术拥有企业偏好技术许可的方式转让技术，相反的是当技术革新程度（$0<\lambda<0.5$）时，技术拥有企业偏好兼并的方式转移技术；并且兼并时的消费者剩余和社会福利不会低于技术许可时的消费者剩余和社会福利。

4－8 命题 6－7 的数学证明

根据命题 6－1 和 6－2 可以得到，如果企业 4 选择企业兼并的方式转移技术，下游企业进行 Cournot 竞争时的产业利润、消费者剩余以及社会福利分别为：

$$CS^{CI}=\begin{cases}\dfrac{(-1+\lambda)^2}{2(-2+\lambda)^2\lambda} & 0<\lambda\leq\dfrac{1}{2}(5-\sqrt{17})\\ \dfrac{64-140\lambda+153\lambda^2-75\lambda^3+15\lambda^4-\lambda^5}{32(-4+\lambda)^2\lambda} & \dfrac{1}{2}(5-\sqrt{17})<\lambda<0.6767\\ \dfrac{2}{49\lambda} & 0.6767<\lambda\leq 1\end{cases}$$

$$\Pi^{CI}=\begin{cases}\dfrac{1-\lambda}{(-2+\lambda)^2\lambda} & 0<\lambda\leqslant\dfrac{1}{2}(5-\sqrt{17})\\ \dfrac{64-36\lambda-21\lambda^2+35\lambda^3-11\lambda^4+\lambda^5}{16(4-\lambda)^2\lambda} & \dfrac{1}{2}(5-\sqrt{17})<\lambda<0.6767\\ \dfrac{10}{49\lambda} & 0.6767<\lambda\leqslant 1\end{cases}$$

$$W^{CI}=\begin{cases}\dfrac{(1-\lambda)(3-\lambda)}{2(2-\lambda)^2\lambda} & 0<\lambda\leqslant\dfrac{1}{2}(5-\sqrt{17})\\ -\dfrac{192-212\lambda+111\lambda^2-5\lambda^3-7\lambda^4+\lambda^5}{32(4-\lambda)^2\lambda} & \dfrac{1}{2}(5-\sqrt{17})<\lambda\leqslant 0.6767\\ \dfrac{12}{49\lambda} & 0.6767<\lambda\leqslant 1\end{cases}$$

根据命题5－4可以得到，如果企业4选择企业兼并的方式转移技术，下游企业进行Bertrand竞争时的产业利润、消费者剩余以及社会福利分别为：

$$CS^{BI}=\begin{cases}\dfrac{1}{8\lambda} & 0<\lambda<\dfrac{3}{4}\\ \dfrac{1}{32\lambda} & \dfrac{3}{4}<\lambda<1\end{cases}$$

$$\Pi^{BI}=\begin{cases}\dfrac{1}{4\lambda} & 0<\lambda<\dfrac{3}{4}\\ \dfrac{3}{16\lambda} & \dfrac{3}{4}<\lambda<1\end{cases}$$

$$W^{BI}=\begin{cases}\dfrac{3}{8\lambda} & 0<\lambda<\dfrac{3}{4}\\ \dfrac{7}{32\lambda} & \dfrac{3}{4}<\lambda<1\end{cases}$$

当技术革新程度（$0<\lambda\leqslant\frac{1}{2}(5-\sqrt{17})$）时，$CS^{CI}-CS^{BI}=\dfrac{-4+3\lambda}{8(-2+\lambda)^2}<0$，$\Pi^{CI}-\Pi^{BI}=\dfrac{-\lambda}{4(2-\lambda)^2}<0$，$W^{CI}-W^{BI}=\dfrac{-4+\lambda}{8(-2+\lambda)^2}<0$

当技术革新程度（$\frac{1}{2}(5-\sqrt{17})<\lambda<0.6767$）时，

$$CS^{CI}-CS^{BI}=\frac{-108+149\lambda-75\lambda^2+15\lambda^3-\lambda^4}{32\lambda(-4+\lambda)^2}<0,$$

$$\Pi^{CI}-\Pi^{BI}=\frac{-4-25\lambda+35\lambda^2-11\lambda^3+\lambda^4}{16(-4+\lambda)^2}<0,$$

$$W^{CI}-W^{BI}=\frac{-384+308\lambda-123\lambda^2+5\lambda^3+7\lambda^4-\lambda^5}{32(-4+\lambda)^2\lambda}<0$$

当技术革新程度（$0.6767<\lambda<\frac{3}{4}$）时，$CS^{CI}-CS^{BI}=\frac{33}{392\lambda}$，$\Pi^{CI}-\Pi^{BI}=\frac{9}{196\lambda}$，$W^{CI}-W^{BI}=\frac{51}{392\lambda}$

当技术革新程度（$\frac{3}{4}<\lambda<1$）时，$CS^{CI}-CS^{BI}=\frac{15}{1568\lambda}$，$\Pi^{CI}-\Pi^{BI}=\frac{13}{784\lambda}$，$W^{CI}-W^{BI}=\frac{41}{1568\lambda}$

综上有：当技术拥有企业通过纵向兼并的方式转移技术时，与 Bertrand 竞争相比，Cournot 竞争时的产业利润可能更低，而消费者剩余和社会福利可能会更高。

4-9　命题 6-8 的数学证明

根据命题 3-1 和命题 3-2 可知，如果企业 4 选择技术许可的方式转移技术，下游企业进行 Cournot 竞争时的产业利润、消费者剩余以及社会福利分别为：

$$\Pi^{CL}=\begin{cases}\dfrac{2(4-\lambda)}{\lambda(-6+\lambda)^2} & 0<\lambda<0.5049\\[2ex] \dfrac{4096-4352\lambda+576\lambda^2+1532\lambda^3-955\lambda^4+231\lambda^5-25\lambda^6+\lambda^7}{4\lambda(64-32\lambda+3\lambda^2)^2} & 0.5049<\lambda\leqslant 1\end{cases}$$

$$CS^{CL}=\begin{cases}\dfrac{2}{\lambda(-6+\lambda)^2} & 0<\lambda\leqslant 0.5049\\[2ex] \dfrac{4096-9984\lambda+11712\lambda^2-7196\lambda^3+2297\lambda^4-379\lambda^5+31\lambda^6-\lambda^7}{8\lambda(-8+\lambda)^2(-8+3\lambda)^2} & 0.5049<\lambda\leqslant 1\end{cases}$$

$$W^{CL}=\begin{cases}\dfrac{180-12\lambda^2+\lambda^3}{18\lambda(-6+\lambda)^2} & 0<\lambda\leqslant 0.5049\\ \dfrac{110592-151808\lambda+99392\lambda^2-31556\lambda^3+2715\lambda^4+783\lambda^5-171\lambda^6+9\lambda^7}{72(8-3\lambda)^2(-8+\lambda)^2\lambda} & 0.5049<\lambda\leqslant 1\end{cases}$$

根据命题6－5可知，如果企业4选择技术许可的方式转移技术，下游企业进行 Bertrand 竞争时的产业利润、消费者剩余以及社会福利分别为：

$$\Pi^{BL}=\begin{cases}\dfrac{8+2\lambda-\lambda^2}{36\lambda} & 0<\lambda<0.4927\\ \dfrac{3}{16\lambda} & 0.4927<\lambda<1\end{cases}$$

$$CS^{BL}=\begin{cases}\dfrac{(2+\lambda)^2}{72\lambda} & 0<\lambda<0.4927\\ \dfrac{1}{32\lambda} & 0.4927<\lambda<1\end{cases}$$

$$W^{BL}=\begin{cases}\dfrac{20+8\lambda-\lambda^2}{72\lambda} & 0<\lambda<0.4927\\ \dfrac{7}{32\lambda} & 0.4927<\lambda<1\end{cases}$$

当技术革新程度（$0<\lambda<0.4927$）时，

$$CS^{CL}-CS^{BL}=\frac{-96+8\lambda+8\lambda^2-\lambda^3}{72\lambda(-6+\lambda)^2}<0$$

$$\Pi^{CL}-\Pi^{BL}=\frac{-48+52\lambda-14\lambda^2+\lambda^3}{36(-6+\lambda)^2}<0$$

$$W^{CL}-W^{BL}=\frac{-192+112\lambda-20\lambda^2+\lambda^3}{72(-6+\lambda)^2}<0$$

当技术革新程度（$0.4927<\lambda<0.5049$）时，

$$CS^{CL}-CS^{BL}=\frac{28+12\lambda-\lambda^2}{32(-6+\lambda)^2\lambda}>0,$$

$$\Pi^{CL}-\Pi^{BL}=\frac{20+4\lambda-3\lambda^2}{16\lambda(-6+\lambda)^2}>0,$$

$$W^{CL}-W^{BL}=\frac{68+20\lambda-7\lambda^2}{32\lambda(-6+\lambda)^2}>0$$

当技术革新程度（$0.5049<\lambda<1$）时，

$$CS^{CL}-CS^{BL}=\frac{12288-35840\lambda+45440\lambda^2-28592\lambda^3+9179\lambda^4-1516\lambda^5+124\lambda^6-4\lambda^7}{32(-8+\lambda)^2\lambda(-8+3\lambda)^2}>0$$

$$\Pi^{CL}-\Pi^{BL}=\frac{4096-5120\lambda-1920\lambda^2+6704\lambda^3-3874\lambda^4+924\lambda^5-100\lambda^6+4\lambda^7}{16\lambda(64-32\lambda+3\lambda^2)}>0$$

$$W^{CL}-W^{BL}=\frac{20480-46080\lambda+41600\lambda^2-15184\lambda^3+1485\lambda^4+332\lambda^5-76\lambda^6+4\lambda^7}{32\lambda(-8+\lambda)^2(-8+3\lambda)^2}>0$$

综上可以得到：当企业 4 通过技术许可的方式转移其创新技术时，与 Cournot 竞争相比，Bertrand 竞争条件下的产业利润可能更高，而消费者剩余和社会福利可能会更低。

附录 5　第 8 章命题和推论的数学证明

5－1　命题 8－1 的数学证明

由于东道国政府均没有政策竞争，因而跨国公司的投资选择取决于其利润的大小。根据第 8 章的相关内容，如果跨国公司选择并购低效率国有企业 A_1，其利润为：$\pi_M^{A_1}=\frac{1}{9b}[2a^2+8c^2+4c(t-2a)+t(t-2a)]$；如果其选择并购高效率私营企业 A_2，其利润为：$\pi_M^{A_2}=\frac{13c^2-8c(t-a)+4(t-a)^2}{36b}$；如果其选择在在 B 国投资建厂，其利润则为 $\pi_M^B=\frac{(a+t-2c)^2}{9b}$

因此有：$\pi_M^{A_1}-\pi_M^{A_2}=\frac{4a^2-40ac+19c^2+24ct}{36b}$

当 $0<c<\frac{2a}{19}$ 或者 $\frac{2a}{19}<c<\frac{a}{2}$ 且 $t>\frac{-4a^2+40ac-19c^2}{24c}$ 时，

$$\frac{4a^2-40ac+19c^2+24ct}{36b}>0$$

$\pi_M^{A_1}-\pi_M^B=\frac{a^2-4ac+4c^2-4at+8ct}{9b}$；当 $t<\frac{a-2c}{4}$时，$\frac{a^2-4ac+4c^2-4at+8ct}{9b}>0$

$\pi_M^{A_2}-\pi_M^B=\frac{24ac-3c^2-16at+8ct}{36b}$；当 $t>\frac{3c(8a-c)}{8(2a-c)}$，$\frac{24ac-3c^2-16at+8ct}{36b}>0$

当然，为了保证研究有意义，贸易成本必须满足 $t\in(0,\min\{\frac{a+c}{2},a-2c\})$

综合所得：当 $0<c\leqslant\frac{4a(8-3\sqrt{5})}{19}$ 且 $t\in(\max\{\frac{3c(8a-c)}{8(2a-c)},\frac{a-2c}{4}\},\min\{\frac{a+c}{2},a-2c\})$时，$\frac{a^2-4ac+4c^2-4at+8ct}{9b}\leqslant 0$ 且 $\frac{24ac-3c^2-16at+8ct}{36b}\leqslant 0$，即跨国公司的最优选择在 B 国投资；

当 $0<c<\frac{17-3\sqrt{29}}{7}a$ 且（$t\in(\frac{3c(8a-c)}{8(2a-c)},\frac{a-2c}{4})$）时，$\frac{a^2-4ac+4c^2-4at+8ct}{9b}>0$，且 $\frac{4a^2-40ac+19c^2+24ct}{36b}>0$，即跨国公司的最优选择兼并企业 A_1；

当 $\frac{17-3\sqrt{29}}{7}a<c\leqslant\frac{4(8-3\sqrt{5})}{19}$ 且（$t\in(\frac{a-2c}{4},\frac{3c(8a-c)}{8(2a-c)})$）时或者当跨国公司效率很低（$\frac{4(8-3\sqrt{5})}{19}a<c<\frac{a}{2}$）时，$\frac{4a^2-40ac+19c^2+24ct}{36b}<0$ 且 $\frac{24ac-3c^2-16at+8ct}{36b}>0$，即跨国公司的最优选择兼并企业 A_2。

5-2 命题 8-2 的数学证明

由于 $w_i\equiv W_i^i-W_i^j$，$s_i^{\min}=\pi_j^{\max}-\pi_M^i$，$\pi_j^{\max}=\pi_j^{\max}+w_j$，又因为

$$W_A^{A_2}=\frac{8t^2-16t(a-2c)+77c^2-104ac+44a^2}{72b},$$

$$W_A^B=\frac{11a^2-2c(7a+4t)+8t(t-a)+29c^2}{18b}$$

所以，可以求出：

$$w_{A_2} \equiv W_A^{A_2} - W_A^B = \frac{-48ac - 39c^2 + 64ct - 24t^2 + 16at}{72b}$$

$$s_{A_2}^{\min} = \pi_M^B - \pi_M^{A_2} = \frac{-24ac + 3c^2 - 8ct + 16at}{36b}$$

进而可以得到：$w_{A_2} - s_{A_2}^{\min} = \frac{-24t^2 - 45c^2 + 80ct - 16at}{72b} < 0$。这样，$A$ 国政府通过介入一定不让跨国公司并购企业 A_2。

同理，$W_A^{A_1} = \frac{8a^2 + 4ac + 5c^2 - 4t(a+c) + 2t^2}{18b}$

$W_A^B = \frac{11a^2 - 2c(7a+4t) + 8t(t-a) + 29c^2}{18b}$，

可以求出：

$$s_{A_1}^{\min} = \pi_M^B - \pi_M^{A_1} = \frac{-a^2 + 4ac - 4c^2 - 8ct + 4at}{9b}$$

$$w_{A_1} - s_{A_1}^{\min} = \frac{-a^2 + 10ac - 16c^2 + 20ct - 42t - 6t^2}{18b}$$

通过求解有：

当 $0 < c < \frac{a}{8}$ 时，$w_{A_1} - s_{A_1}^{\min} < 0$

当 $\frac{a}{8} < c < \frac{4a}{11}$ 时，$0 < t < t_2$，$w_{A_1} - s_{A1}^{\min} > 0$；$t_2 < t < \min\{\frac{a+c}{2}, a-2c\}$，$w_{A_1} - s_{A_1}^{\min} < 0$

当 $\frac{4a}{11} < c < \frac{a}{2}$ 时，$w_{A_1} - s_{A_1}^{\min} > 0$

因此，当 $c_1 < c < c_2$ 且 $t_2 < t < \min\{\frac{a+c}{2}, a-2c\}$ 或 $0 < c < c_1$ 时，跨国公司 B 在国投资建厂；其他情况下，跨国公司并购国有企业 A_1。

5－3　推论 8－1 的数学证明

根据前面的计算有：$s_{A_1}^{\min} = \pi_M^B - \pi_M^{A_1} = \frac{-a^2 + 4ac - 4c^2 - 8ct + 4at}{9b}$

同时，由命题1可知，当$\frac{a}{8}<c<\frac{4a}{11}$且$0<t<t_2$，或$\frac{4a}{11}<c<\frac{a}{2}$时，跨国公司并购企业$A_1$。

此时，当$\frac{a}{8}<c<\frac{a}{56}(16-3\sqrt{2})$且$0<t<t_2$时$s_{A_1}^{\min}<0$，$A$国的均衡策略是征税；

当$\frac{a}{56}(16-3\sqrt{2})<c<\frac{4a}{11}$时，$0<t<\frac{a-2c}{4}$，$s_{A1}^{\min}<0$，即$A$国的均衡策略是征税；$\frac{a-2c}{4}<t<t_2$，$s_{A1}^{\min}>0$，$A$国的均衡策略是补贴。

当$\frac{4a}{11}<c<\frac{a}{2}$且$0<t<\frac{a-2c}{4}$时，$s_{A1}^{\min}<0$，即$A$国的均衡策略是征税；$\frac{a-2c}{4}<t<(a-2c)$时，$s_{A1}^{\min}>0$，$A$国的均衡策略是补贴。

5-4 命题8-3的数学证明

由$\pi_M^{A_1}=\frac{1}{9b}[2a^2+8c^2+4c(t-2a)+t(t-2a)]$和$\pi_{A_2}^{A_1}=\frac{1}{9b}[2(a+c)^2+2(a+c)t+t^2]$

可以求出：

$\pi_M^{A_1}-\pi_M^{A_2}=\frac{4a^2+19c^2-40ac+24ct}{36b}$

当$0<c<c_3$，$\pi_M^{A_1}-\pi_M^{A_2}>0$

当$c_3<c<c_4$，$0<t\leqslant t_3$，$\pi_M^{A_1}-\pi_M^{A_2}<0$；$t_3<t$，$\pi_M^{A_1}-\pi_M^{A_2}>0$

当$c_4<c<\frac{a}{2}$，$\pi_M^{A_1}-\pi_M^{A_2}<0$

又$w_B\equiv W_B^B-W_B^{A_1}=\frac{-t(-4a+2c+3t)}{18b}$

$\pi_B^{\max}=\frac{2a^2+8c^2+8at-t^2-2c(4a+5t)}{18b}$

可以求出：$s_B^{\min}=\pi_M^{A_1}-\pi_M^B=\frac{a^2-4ac+4c^2+8ct-4at}{9b}$和$w_B-s_B^{\min}=$

$$-\frac{2a^2-8ac+8c^2+18ct-12at+3t^2}{18b}$$

通过分析，当 $0<t<t_4 w_B-s_B^{\min}>0$；$t_4<t$，$w_B-s_B^{\min}<0$

同理，由 $w_B \equiv W_B^B - W_B^{A_1} = \frac{-t(-4a+2c+3t)}{18b}$ 和 $\pi_B^{\max}$ $=\frac{2a^2+8c^2+8at-t^2-2c(4a+5t)}{18b}$

可以求出：

$$s_B^{\min}=\pi_M^{A_2}-\pi_M^B=\frac{24c-3c^2+8ct-16t}{36},\ w_B-s_B^{\min}=\frac{c^2-8c-4ct+8t-2t^2}{12}$$

通过分析可知：

当 $0<c<c_5$ 时，$0<t<t_5$，$w_B-s_B^{\min}<0$；$t_5<t$，$w_B-s_B^{\min}>0$

当 $c_5<c<\frac{a}{2}$，$w_B-s_B^{\min}<0$

这样，综合所得：

当 $0<c<c_3$ 且 $t<t_4$，或当 $c_3<c<c_4$ 且 $t_3<t<t_4$，或当 $c_3<c<c_5$ 且 $t_5<t<t_3$ 时，$w_B-s_B^{\min}>0$，即跨国公司会选择在 B 国投资。

当 $0<c<c_3$ 且 $t_4<t$；当 $c_3<c<c_4$ 且 $t_3<t$，$t_4<t$，$w_B-s_B^{\min}<0$，跨国公司会选择兼并 A_1。

当 $c_3<c<c_5$，$t<t_3$，且 $t<t_5$，或 $c_5<c$，$w_B-s_B^{\min}<0$ 跨国公司会选择兼并 A_2。

5-5 推论 8-2 的数学证明

根据前面的计算有：

由命题 8-2 可知，当 $0<c<c_3$ 且 $t<t_4$，或当 $c_3<c<c_4$ 且 $t_3<t<c_4$，或当 $c_3<c<c_5$ 且 $t_5<t<t_3$ 时，$w_B-s_B^{\min}>0$，即跨国公司会选择在 B 国投资。

当 $0<c<c_3$ 且 $t<t_4$，或当 $c_3<c<c_4$，$t_3<t<t_4$ 时，

$s_B^{\min}=\pi_M^{A_1}-\pi_M^B=\frac{a^2-4ac+4c^2-4at+8ct}{9b}>0$，即 B 国的均衡政策是

补贴。

当 $c_3 < c < c_5$，且 $t_5 < t < t_3$，$w_B - s_B^{\min} > 0$，$s_B^{\min} = \dfrac{-3c^2 + 24ac + 8ct - 16at}{36b}$

当 $c_3 < c < c_5$，$t_5 < t < \dfrac{3(c^2 - 8ac)}{8(c - 2a)}$，$s_B^{\min} > 0$，$B$ 即国的均衡政策是补贴；当$\dfrac{3(-8c + c)}{8(-2 + c)} < t < t_3$，$s_B^{\min} < 0$，即 $w_B - s_B^{\min} > 0$ 国的均衡政策是征税。

5－6 命题 8－4 的数学证明

由于跨国公司在某国进行投资时，东道国的净收益为 $w_i \equiv W_i^i - W_i^j$，这也是东道国政府能够跨国公司提供的最大可能的优惠政策。跨国公司在该国投资的最大收益为 $\pi_i^{\max} = \pi_M^i + w_i$，故东道国政府应该给予的最小补贴（征税）为 $s_j^{\min} = \pi_i^{\max} - \pi_M^j$。显然，只有当 $w_j > s_j^{\min}$ 时，东道国 j 才有动机赢取投资，否则对方赢得投资。

因此，根据第 8 章的相关内容可以求得：

$w_{A_1} - s_{A_1}^{\min} = W_A^{A_1} - W_A^B - (W_B^B - W_B^{A_1}) + \pi_M^{A_1} - \pi_M^B = \dfrac{1}{18b}(-a^2 + 10ac - 16c^2 + (-8a + 22c)t - 3t^2)$

此时，当 $0 < c < \dfrac{a}{8}$ 或者 $\dfrac{a}{8} < c < \dfrac{a}{5}$ 且 $t \in (\dfrac{1}{3}(-4a + 11c + \sqrt{13a^2 - 58ac + 73c^2}), \min\{\dfrac{a + c}{2}, a - 2c\})$ 时，$w_{A_1} - s_{A_1}^{\min} < 0$；当$\dfrac{a}{8} < c < \dfrac{a}{5}$且 $t \in (0, \dfrac{1}{3}(-4a + 11c + \sqrt{13a^2 - 58ac + 73c^2}))$或$\dfrac{a}{5} < c < \dfrac{a}{2}$时，$w_{A_1} - s_{A_1}^{\min} > 0$。

$w_{A_2} - s_{A_2}^{\min} = W_A^{A_2} - W_A^B - (W_B^B - W_B^{A_2}) + \pi_M^{A_2} - \pi_M^B = \dfrac{1}{72b}(-96ac - 33c^2 + (32a + 56c)t - 12t^2)$和$(w_{A_1} - s_{A_1}^{\min}) - (w_{A_2} - s_{A_2}^{\min}) = \dfrac{1}{72b}(-4a^2 + 136ac - 31c^2 - 64at + 32ct)$。当 $\dfrac{a}{8} < c < \dfrac{a}{5}$ 且 $t \in (0, \dfrac{1}{3}(-4a + 11c + \sqrt{13a^2 - 58ac + 73c^2}))$或$\dfrac{a}{5} < c < \dfrac{a}{2}$时，$(w_A - s_{A_1}^{\min}) - (w_{A_1} - s_{A_2}^{\min}) > 0$，显

然，如果跨国公司在 A 国投资，其必然选择兼并 A_1。

$$w_B - s_B^{\min} = -\max\left\{\frac{1}{18b}(-a^2 + 10ac - 16c^2 + (-8a + 22c)t - 3t^2),\right.$$

$$\left.\frac{1}{72b}(-96ac - 33c^2 + (32a + 56c)t - 12t^2)\right\}$$

综合有，当跨国公司效率很高或跨国公司效率较高且贸易成本大时，跨国公司在 B 国投资时其总利润更高；当跨国公司效率较高且贸易成本低时或者跨国公司效率很低时，跨国公司兼并国有企业 A_1 其总利润更高。

$$s_{A_1}^{\min} = \frac{1}{18b}(-2a^2 + 8ac - 8c^2 - (12a - 18c)t - 3t^2)$$

此时，当 $\frac{a}{8} < c < \frac{a}{5}$ 或 $\frac{a}{5} < c < \frac{a}{2}$ 且 $t \in (0, \frac{1}{3}(6a - 9c + \sqrt{3}\sqrt{10a^2 - 28ac + 19c^2}))$ 时 $s_{A_1}^{\min} < 0$，即 A 国政府的最优引资策略是投资征税。

$$s_B^{\min} = \frac{-a^2 + 10ac - 16c^2 + (-4a + 20c)t - 6t^2}{18b}$$

当 $0 < c < \frac{a}{8}$ 或 $\frac{a}{5} < c < \frac{a}{2}$ 且 $t \in (\frac{1}{6}(-2a + 10c + \sqrt{2}\sqrt{-a^2 + 10ac + 2c^2}), \min\{\frac{a+c}{2}, a - 2c\})$ 时，$s_B^{\min} < 0$，即 B 国政府的最优引资策略是投资征税。

5-7　命题 8-5 的数学证明

如果跨国公司选择在 B 国投资，则企业的利润函数以及 A 国的社会福利分别为：

$$\pi_M^B = (p_B - c) \times q_M^B,\quad \pi_{A_2}^B = p_A \times q_{A_2}^A + (p_B - t) \times q_{A_2}^B$$

$$W_A^B = \int_0^{q_A}(1 - q)dq - p_A \times q_A + (p_A - c + k) \times q_{A_1}^A + p_A \times q_{A_2}^A + (p_B - t) \times q_{A_2}^B - \frac{\alpha}{2}k^2 \text{ 和 } W_B^B = \int_0^{q_B}(1 - q)dq - p_B \times q_B$$

由最优化的一阶条件可得各企业的均衡产量为：

$q_{A_1}^A = 1 - 2c + 2k$，$q_{A_2}^A = c - k$，$q_{A_2}^B = \frac{1 + c - 2t}{3}$和 $q_M^B = \frac{1 - 2c + t}{3}$

此时，国有企业 A_1 的目标函数是：

$$W_A^B = \frac{11 + 29c^2 + 8t(t - 1) - 2c(7 + 27k + 4t) + 18k - 9k^2(-3 + \alpha)}{18}$$

因此，企业 A_1 的最优研发水平为 $k_B = \frac{1 - 3c}{-3 + \alpha}$

为保证 $0 \leqslant k \leqslant c$，要求$\frac{1}{\alpha} \leqslant k \leqslant \frac{1}{3}$，同时$(c,t)$的取值应保证各个产量都大于零。

同理，可以求得：

当跨国公司并购国有企业 A_1，国有企业最优研发水平为 $k_{A_1} = \frac{4(-2 + 4c + t)}{16 - 9\alpha}$，为保证 $0 \leqslant k \leqslant c$，要求$\frac{8 - 9c\alpha}{4} \leqslant t \leqslant 2(1 - 2c)$

当跨国公司兼并私营企业 A_2，国有企业最优研发水平为 $k_{A_2} = \frac{52 - 77c - 16t}{-77 + 36\alpha}$，为保证 $0 \leqslant k \leqslant c$，要求$\frac{13 - 9c\alpha}{4} \leqslant t \leqslant \frac{52 - 77c}{16}$

$k_{A_2} - k_{A_1} = \frac{-216 + 180\alpha - 117c\alpha - 52t}{(-16 + 9\alpha)(-77 + 36\alpha)}$，因为 $\alpha > 3.77$，$k_{A_2} - k_{A_1} > 0$

$k_{A_2} - k_B = \frac{-79 + 16t(3 - \alpha) + 16\alpha + 31c\alpha}{(-3 + \alpha)(-77 + 36\alpha)}$，又 $\alpha > 3.77$ 且 $t \leqslant 2(1 - 2c)$，$k_{A_2} - k_B > 0$

5-8 命题 8-6 的数学证明

根据命题 8-5 的证明可知，如果跨国公司选择在 B 国投资，国有企业 A_1 的最优研发水平为 $k_B = \frac{1 - 3c}{-3 + \alpha}$，将 $k_B = \frac{1 - 3c}{-3 + \alpha}$代入相应的函数，不难求得跨国企业的利润和东道国社会福利分别为：

$\pi_M^B = \frac{1}{9}(1 - 2c + t)^2$，$W_B^B = \frac{1}{18}(-2 + c + t)$和 $W_A^B = \frac{1}{18}\left[11 + 29c^2 + 8t(t - 1) - 8ct - 14c + \frac{9(1 - 3c)^2}{-3 + \alpha}\right]$

同理，可以求得跨国公司并购国有企业 A_1 时，跨国企业的利润和东道国社会福利分别为：

$$\pi_M^{A_1}=\frac{-8t^2+9[2+8c^2+4c(-2+t)+(-2+t)t]\alpha}{9(9\alpha-16)}$$

$$W_B^{A_1}=\frac{[24-28t+9(-2+c+2t)\alpha]^2}{18(16-9\alpha)^2}$$

$$W_A^{A_1}=\frac{\begin{array}{c}[16t(53t-132)+72(22+13c-10t)t\alpha+81(9+4c+\\5c^2-4t-4ct+2t^2)\alpha^2+144(20-18\alpha-9c\alpha)]^2\end{array}}{18(16-9\alpha)^2}$$

跨国公司并购私营企业 A_2 时，跨国企业的利润和东道国社会福利分别为：

$$\pi_M^{A_2}=\frac{\begin{array}{c}2525-3082t+1025t^2+24\alpha(-43-82c+74t+43ct-31t^2)\\+36\alpha^2[13c^2-8c(t-1)+4(t-1)^2]\end{array}}{(77-36\alpha)^2}$$

$$W_A^{A_2}=\frac{-19+[44+c(77c-104)]\alpha+2t[-6-5t+4(t+4c-2)\alpha]}{-154+72\alpha}$$

$$W_B^{A_2}=\frac{2[17-23t+6(c-2+2t)\alpha]^2}{(77-36\alpha)^2}$$

$$\pi_M^{A_1}-\pi_M^{B}=\frac{\begin{array}{c}16+8t^2+9\alpha-4t(-8+9\alpha)+4c^2(16+9\alpha)+\\4c[-16-9\alpha+2t(-8+9\alpha)]\end{array}}{9(-16+9\alpha)}$$

$$\pi_M^{A_1}-\pi_M^{A_2}=\frac{\begin{array}{c}8t^2(12521-11556\alpha+2592\alpha^2)+36t[-12328+113(98+89c)\alpha\\-54\alpha^2(44+167c)+1944c\alpha^3]+9[40400+(-27379-78920c+\\47432c^2)\alpha-72(-7-926c+512c^2)\alpha^2+324(4-40c+19c^2)\alpha^3]\end{array}}{9(77-36\alpha)^2(-16+9\alpha)}$$

当且仅当 $3.77<\alpha<6.34$ 时，$\pi_M^{A_1}-\pi_M^{B}<0$ 且 $\pi_M^{A_1}-\pi_M^{A_2}<0$。此时，跨国公司的最优选择一定不是兼并企业 A_1；当 $\alpha>6.34$，则三种选择下跨国公司的利润则各有胜负，即跨国公司可能兼并企业 A_1，也可能兼并企业 A_2，还可能 B 在国投资。

例如，当 $\alpha=5$，又 $\frac{4(2-t)}{9\alpha}<c\leqslant\frac{2-t}{4}$、$\frac{13-4t}{9\alpha}<c\leqslant\frac{4(13-4t)}{77}$，故有

$$\frac{13-4t}{9\alpha}\leqslant c\leqslant\frac{2-t}{4}$$

$$\pi_M^{A_1}-\pi_M^{B}=\frac{61+224c^2-148t+8t^2+4c(-61+74t)}{261}<0$$

$$\pi_M^{A_1}-\pi_M^{A_2}=\frac{702945-3130200c+765540c^2-588888t+2442060ct+156328t^2}{2768949}<0$$

$$\pi_M^{A_2}-\pi_M^{B}=\frac{4(-481+15716c^2-8459t+4669c+6019ct-616t^2)}{95481}$$

此时，当 $t<\frac{-4687+103\sqrt{2561}}{1012}$ 且 $\frac{13-4t}{45}\leqslant c\leqslant\frac{-4669-6019t+309\sqrt{545+6158t+785t^2}}{31432}$ 或者 $t>\frac{-4687+103\sqrt{2561}}{1012}$ 时，$\pi_M^{A_2}-\pi_M^{B}<0$，即跨国公司在 B 投资其利润更高。

5 -9 命题 8 -7 的数学证明

根据前面的内容可以求得：

$$w_{A_1}-s_{A_1}^{\min}=\frac{\begin{aligned}&384-6144c+8448c^2-896\alpha+9248c\alpha-12320c^2\alpha+378\alpha^2\\&-4104c\alpha^2+5967c^2\alpha^2-81\alpha^3+810c\alpha^3-1296c^2\alpha^3+t(4224\\&-10752c-6592\alpha+17840c\alpha+3672\alpha^2-10098c\alpha^2-648\alpha^3\\&+1782c\alpha^3)+t^2(2784-3952\alpha+1737\alpha^2-243\alpha^3)\end{aligned}}{18(16-9\alpha)^2(\alpha-3)}$$

$$w_{A_2}-s_{A_2}^{\min}=\frac{\begin{aligned}&41955-142296c+195657c^2-54884\alpha+155234c\alpha-24817c^2\alpha+\\&12672\alpha^2-30168c\alpha^2+96075c^2\alpha^2-14580c^2\alpha^3+t(83640-249018c-\\&116008\alpha+356462c\alpha+60480\alpha^2-176688c\alpha^2-10368\alpha^3+28512c\alpha^3)\\&+t^2(62385-77603\alpha+30600\alpha^2-3888\alpha^3)\end{aligned}}{18(-77+36\alpha)^2(\alpha-3)}$$

$$w_B-s_B^{\min}=-\max\{w_{A_1}-s_{A_1}^{\min},w_{A_2}-s_{A_2}^{\min}\}$$

$$w_{A_1}-s_{A_1}^{\min}-(w_{A_2}-s_{A_2}^{\min})=\frac{\begin{array}{c}2821248-5290272\alpha-2724192c\alpha+3150819\alpha^2+\\5628528c\alpha^2-904122c^2\alpha^2-402408\alpha^3-4216536c\alpha^3+\\1441233c^2\alpha^3-104976\alpha^4+1049760c\alpha^4-498636c^2\alpha^4+\\t(-1210752+2501568\alpha-803664c\alpha-1874016\alpha^2+\\1281096c\alpha^2+466560\alpha^3-443232c\alpha^3)+\\t^2(-178592+284688\alpha-98496\alpha^2)\end{array}}{18(77-36\alpha)^2(16-9\alpha)^2}$$

通过数学计算可知：当 $3.77<\alpha<4$ 时，$w_B-s_B^{\min}>0$；

当 $4<\alpha<5.17$ 则，$w_B-s_B^{\min}>0$ 或者 $w_{A_1}-s_{A_1}^{\min}>0$ 并且 $w_{A_1}-s_{A_1}^{\min}>w_{A_2}-s_{A_2}^{\min}$

当 $\alpha>5.17$ 则 $w_B-s_B^{\min}$ 或者 $w_{A_1}-s_{A_1}^{\min}>0$ 并且 $w_{A_1}-s_{A_1}^{\min}>w_{A_2}-s_{A_2}^{\min}$

附录 6　第 9 章命题和推论的数学证明

6－1　命题 9－1 的数学证明

根据前面的内容可知：跨国公司在 B 国投资建厂时，其均衡利润为：

$$\pi_M^B=\frac{9c^2-18ct+t(8+13t)+4}{36}$$

但是，如果跨国公司选择并购国有企业 A_1，其均衡利润则为：$\pi_M^{A_1}=\frac{1}{9}[2+t(t-2)]$

跨国公司兼并私营企业 A_2，其利润为：$\pi_M^{A_2}=\frac{1}{36}[13c^2-8c(t-1)+4(t-1)^2]$

因此，可以求得：

$$\pi_M^B-\pi_M^{A_1}=\frac{-4+9c^2+(16-18c)t+9t^2}{36}$$

此时，当$\frac{1}{4}<c<\frac{1}{3}$且$\frac{-8+2\sqrt{25-36c}+9c}{9}<t<c$时，$\pi_M^B-\pi_M^{A_1}>0$；当$\frac{1}{4}<c<\frac{1}{3}$且$0<t<\frac{-8+2\sqrt{25-36c}+9c}{9}$或者$0<c<\frac{1}{4}$，$\pi_M^B-\pi_M^{A_1}<0$；当$\frac{1}{3}<c<\frac{43-2\sqrt{37}}{81}$且$0<t<\frac{-8+2\sqrt{25-36c}+9c}{9}$或者$\frac{43-2\sqrt{37}}{81}<c<\frac{1}{2}\pi_M^B-\pi_M^{A_1}<0$；$\frac{1}{3}<c\leqslant\frac{43-2\sqrt{37}}{81}$且$\frac{-8+2\sqrt{25-36c}+9c}{9}<t<1-2c$

$$\pi_M^{A_1}-\pi_M^{A_2}=\frac{-13c^2-8c+8ct+4}{36}$$

此时，当$0<c<\frac{2}{13}(-2+\sqrt{17})$或者$\frac{2}{13}(-2+\sqrt{17})<c<\frac{1}{3}$且$\frac{-4+8c+13c^2}{8c}<t<c$或者$\frac{1}{3}<c<\frac{2}{\sqrt{29}}$且$\frac{-4+8c+13c^2}{8c}<t<1-2c$，$\pi_M^{A_1}-\pi_M^{A_2}>0$；$\frac{2}{13}(-2+\sqrt{17})<c<\frac{1}{3}$且$0<t<\frac{-4+8c+13c^2}{8c}$或者$\frac{1}{3}<c<\frac{2}{\sqrt{29}}$且$0<t<\frac{-4+8c+13c^2}{8c}$或者$\frac{2}{\sqrt{29}}<c<\frac{1}{2}$，$\pi_M^{A_1}-\pi_M^{A_2}<0$；

$$\pi_M^B-\pi_M^{A_2}=\frac{1}{36}(-8c-4c^2+(16-10c)t+9t^2)；$$

此时，当$0<c<\frac{1}{3}$且$\frac{1}{9}(-8+5c+\sqrt{64-8c+61c^2})<t<c$或者当$\frac{1}{3}<c<\frac{1}{52}(43-3\sqrt{61})$且$\frac{1}{9}(-8+5c+\sqrt{64-8c+61c^2})<t<1-2c$，$\pi_M^B-\pi_M^{A_2}>0$；当$0<c<\frac{1}{3}$且$0<t<\frac{1}{9}(-8+5c+\sqrt{64-8c+61c^2})$或者$\frac{1}{3}<c<\frac{1}{52}(43-3\sqrt{61})$且$0<t<\frac{1}{9}(-8+5c+\sqrt{64-8c+61c^2})$或者$\frac{1}{52}(43-3\sqrt{61})<c<\frac{1}{2}$，$\pi_M^B-\pi_M^{A_2}<0$；

综合有：$\frac{1}{4}<c\leqslant\frac{1}{52}(43-3\sqrt{61})$且$t\in(\max\{\frac{1}{9}(-8+2\sqrt{25-36c}+9c),\frac{1}{9}(-8+5c+\sqrt{64-8c+61c^2})\},\min\{c,1-2c\})$时，$\pi_M^B-\pi_M^{A_2}>0$和

$\pi_M^B - \pi_M^{A_1} > 0$，故此时跨国公司在 B 国投资总利润更高；当 $0 < c < \frac{1}{4}$ 或 $\frac{1}{4} < c < c_3$ 且 $t \in (\max\{0, \frac{-4+8c+13c^2}{8c}\}, \frac{1}{9}(-8+2\sqrt{25-36c}+9c))$，$\pi_M^{A_1} - \pi_M^{A_2} > 0$ 和 $\pi_M^B - \pi_M^{A_1} < 0$，故此时跨国公司兼并国有企业 A_1 其总利润更高。

6-2　命题 9-2 的数学证明

根据前面的内容可知：跨国公司在 B 国进行投资的均衡利润和东道国社会福利分别为：

$$\pi_M^B = \frac{1}{36}[9c^2 - 18ct + t(8+13t) + 4], \quad W_B^B = \frac{1}{18}(t-2)^2$$

$$W_A^B = \frac{1}{72}[81c^2 + 18c(t-4) + t(-32+41t) + 44]$$

跨国公司兼并国有企业 A_1 时，其均衡利润和东道国社会福利分别为：

$$\pi_M^{A_1} = \frac{1}{9}[2 + t(t-2)], \quad W_A^{A_1} = \frac{1}{9}[(4 + t(t-2)] \text{ 和 } W_B^{A_1} = \frac{2}{9}(t-1)^2$$

跨国公司兼并企业 A_2 时，其均衡利润和东道国社会福利分别为：

$$\pi_M^{A_2} = \frac{1}{36}[13c^2 - 8c(t-1) + 4(t-1)^2], \quad W_B^{A_2} = \frac{1}{18}(2t + c - 2)^2 \text{ 和}$$

$$W_A^{A_2} = \frac{1}{72}[77c^2 + 8c(4t-13) + 8t(t-2) + 44]$$

因此有：

$$w_{A_2} \equiv W_A^{A_2} - W_A^B = \frac{1}{72}[-4c^2 - 32c + 14ct + 16t - 33t^2)$$

$$s_{A_2}^{\min} = \pi_M^B - \pi_M^{A_2} = \frac{1}{36}[-4c^2 - 8c - 10ct + 16t + 9t^2)$$

进而可以得到：$w_{A_2} - s_{A_2}^{\min} = \frac{1}{72}[-16c + 4c^2 + (-16+34c)t - 51t^2] < 0$

这样，A 国政府通过介入一定不让跨国公司并购企业 A_2。

同理可求得：

$$w_{A_1} \equiv W_A^{A_1} - W_A^B = \frac{1}{72}(-12 + 72c - 81c^2 - 18ct + 16t - 33t^2)$$

$s_{A_1}^{\min}=\pi_M^B-\pi_M^{A_1}=\frac{1}{36}(-4+9c^2-18ct+16t+9t^2)$

因而有：$w_{A1}-s_{A1}^{\min}=\frac{1}{72}(-4+72c-99c^2+18ct-16t-51t^2)$

当 $0<c\leqslant\frac{2}{33}$ 时，$w_{A_1}-s_{A_1}^{\min}<0$

当 $\frac{2}{33}<c<\frac{1}{11}$ 时，$0<t\leqslant\frac{-8+9c+2\sqrt{-35+882c-1242c^2}}{51}$，$w_{A1}-s_{A1}^{\min}>0$

$\frac{-8+9c+2\sqrt{-35+882c-1242c^2}}{51}<t<c$，$w_{A_1}-s_{A_1}^{\min}<0$

当 $\frac{1}{11}<c<\frac{1}{2}$ 时 $w_{A1}-s_{A1}^{\min}>0$

综合有，当 $\frac{2}{33}<c<\frac{1}{11}$ 且 $0<t<t_5$ 时或当 $\frac{1}{11}<c<\frac{1}{2}$，跨国公司并购国有企业 A_1 其利润更高；其他情况下，跨国公司在 B 国投资建厂利润更高。

6-3 推论 9-1 的数学证明

根据命题 9-2 的数学证明可知：

$s_{A_1}^{\min}=\frac{1}{36}(-4+9c^2-18ct+16t+9t^2)$

此时，当 $\frac{2}{33}<c<\frac{1}{11}$ 且 $0<t<\frac{-8+9c+2\sqrt{25-36c}}{9}$ 时，$s_{A_1}^{\min}\leqslant 0$；当 $\frac{2}{33}<c<\frac{1}{11}$ 时，$\frac{-8+9c+2\sqrt{25-36c}}{9}<t<c$，$s_{A_1}^{\min}<0$

当 $\frac{2}{33}<c<\frac{1}{11}$ 时，$0<t<t_2$，$w_{A_1}-s_{A_1}^{\min}>0$，$s_{A_1}^{\min}\leqslant 0$

当 $\frac{1}{11}<c<\frac{1}{4}$，$s_{A_1}^{\min}\leqslant 0$

当 $\frac{1}{4}<c<\frac{1}{3}$ 且 $0<t<t_3$ 时，$s_{A_1}^{\min}\leqslant 0$；当 $\frac{1}{4}<c<\frac{1}{3}$ 且 $\frac{-8+2\sqrt{25-36c}+9c}{9}<t<c$ 时，$s_{A_1}^{\min}\geqslant 0$

当$\frac{1}{3}<c<\frac{1}{81}(43-2\sqrt{37})$且$0<t<\frac{1}{9}(-8+2\sqrt{25-36c}+9c)$时，$s_{A_1}^{\min}\leqslant 0$；当$\frac{1}{3}<c<\frac{1}{81}(43-2\sqrt{37})$且$\frac{1}{9}(-8+2\sqrt{25-36c}+9c)<t<1-2c$，$s_{A_1}^{\min}\geqslant 0$

当$\frac{1}{81}(43-2\sqrt{37})<c<\frac{1}{2}$，$s_{A_1}^{\min}\leqslant 0$

综合所得：当$\frac{2}{33}<c<\frac{1}{11}$或$\frac{1}{4}<c<\frac{1}{81}(43-2\sqrt{37})$，且$t\in(\frac{1}{9}(-8+2\sqrt{25-36c}+9c),\min\{c,1-2c\})$时，东道国 A 国的最优引资政策是投资补贴；然而当$\frac{1}{11}<c<\frac{1}{4}$或$\frac{1}{81}(43-2\sqrt{37})<c<\frac{1}{2}$或$\frac{1}{4}<c<\frac{1}{81}(43-2\sqrt{37})$且$0<t<\frac{1}{9}(-8+2\sqrt{25-36c}+9c)$时东道国 A 国的最优引资政策是投资征税。

6－4　命题 9－3 的数学证明

由前面的相关内容可知：

$\pi_M^{A_1}-\pi_M^{A_2}=\frac{1}{36}(4-8c-13c^2+8ct)$

此时，当$0<c<\frac{2}{13}(-2+\sqrt{17})$时$\pi_M^{A_1}-\pi_M^{A_2}>0$

当$\frac{2}{13}(-2+\sqrt{17})<c<\frac{2}{\sqrt{29}}$且$\frac{-4+8c+13c^2}{8c}<t\leqslant\min\{c,1-2c\}$，$\pi_M^{A_1}-\pi_M^{A_2}>0$

当$\frac{2}{13}(-2+\sqrt{17})<c<\frac{2}{\sqrt{29}}$且$0<t<\frac{-4+8c+13c^2}{8c}$，$\pi_M^{A_1}-\pi_M^{A_2}<0$

当$\frac{2}{\sqrt{29}}<c<\frac{1}{2}$，$\pi_M^{A_1}-\pi_M^{A_2}<0$

因此：在东道国 A 国没有政策竞争时，当$0<c<\frac{2}{13}(-2+\sqrt{17})$或$\frac{2}{13}$

$(-2+\sqrt{17})<c<\frac{2}{\sqrt{29}}$且$\frac{-4+8c+13c^2}{8c}<t<\min\{c,1-2c\}$时，跨国公司并购 A_1；当 $\frac{2}{\sqrt{29}}<c<\frac{1}{2}$ 或 $\frac{2}{13}(-2+\sqrt{17})<c<\frac{2}{\sqrt{29}}$ 且 $0<t<\frac{-4+8c+13c^2}{8c}$时，跨国公司并购 A_1。

故当 $0<c<\frac{2}{13}(-2+\sqrt{17})$ 或 $\frac{2}{13}(-2+\sqrt{17})<c<\frac{2}{\sqrt{29}}$ 且 $\frac{-4+8c+13c^2}{8c}<t<\min\{c,1-2c\}$时，

$s_B^{\min}=\pi_M^{A_1}-\pi_M^B=\frac{1}{36}(4-9c^2+(-16t+18c)t-9t^2)$；$w_B\equiv W_B^B-W_B^{A_1}=\frac{1}{18}(4t-3t^2)$

因而有：$w_B-s_B^{\min}=\frac{1}{36}(-4+9c^2+(24t-18c)t+3t^2)$

此时，当$0<c<\frac{1}{3}(6-\sqrt{30})$时，$w_B-s_B^{\min}<0$

当$\frac{1}{3}(6-\sqrt{30})<c<\frac{2}{\sqrt{29}}$，$\frac{1}{3}(-12+9c+\sqrt{6}\sqrt{26-36c+9c^2}<t<\min\{c,1-2c\}$，$w_B-s_B^{\min}>0$，$0<t<\frac{1}{3}(-12+9c+\sqrt{6}\sqrt{26-36c+9c^2}$，$w_B-s_B^{\min}<0$

同理，当$\frac{2}{13}(-2+\sqrt{17})<c<\frac{2}{\sqrt{29}}$且$0<t<\frac{-4+8c+13c^2}{8c}$时或当$\frac{2}{\sqrt{29}}<c<\frac{1}{2}$时，

$s_B^{\min}=\pi_M^{A_2}-\pi_M^B=\frac{1}{36}(8c+4c^2+(-16+10c)t-9t^2)$，$w_B\equiv W_B^B-W_B^{A_2}=\frac{1}{18}(4c-c^2+4t-4ct-3t^2)$

因此有：$w_B-s_B^{\min}=\frac{1}{12}[-2c^2+(8-6c)t+t^2]$

此时，当$\frac{2}{13}(-2+\sqrt{17})<c<\frac{2}{\sqrt{29}}$时，$0<t\leqslant\frac{-4+8c+13c^2}{8c}$，$w_B-s_B^{\min}$

<0

当$\frac{2}{\sqrt{29}}<c<\frac{1}{14}(13-\sqrt{43})$时，$-4+3c+\sqrt{16-24c+11c^2}<t<\frac{-4+8c+13c^2}{8c}$，$w_B-s_B^{\min}>0$；$0<t<-4+3c+\sqrt{16-24c+11c^2}$，$w_B-s_B^{\min}<0$

当$\frac{1}{14}(13-\sqrt{43})<c<\frac{1}{2}$时，$w_B-s_B^{\min}<0$

综合可以得到：当$\frac{1}{14}(13-\sqrt{43})<c<\frac{1}{2}$时或$\frac{2}{13}(-2+\sqrt{17})<c<\frac{2}{\sqrt{29}}$且$0<t<\frac{-4+8c+13c^2}{8c}$；跨国公司的决策是兼并$A_2$；$0<c<\frac{1}{3}(6-\sqrt{30})$或$\frac{1}{3}(6-\sqrt{30})<c<\frac{2}{\sqrt{29}}$且$0<t<\frac{1}{3}(-12+9c+\sqrt{6}\sqrt{26-36c+9c^2}$，跨国公司的决策是兼并$A_1$；其他情形下，跨国公司的决策是在$B$国新建投资。

6-5 推论9-2的数学证明

根据命题9-3可知：当$\frac{1}{3}(6-\sqrt{30})<c<\frac{2}{\sqrt{29}}$且$\min\{c,1-2c\}>t>\frac{1}{3}(-12+9c+\sqrt{6}\sqrt{26-36c+9c^2})$，$w_B-s_B^{\min}>0$投资$B$国。此时，$s_B^{\min}=\pi_M^{A_1}-\pi_M^{B}$
$=\frac{1}{36}(4-9c^2+(-16+18c)t-9t^2)$

当$\frac{1}{4}<c<\frac{2}{\sqrt{29}}$，$\frac{1}{9}(-8+2\sqrt{25-36c}+9c)<t<\min\{c,1-2c\}$时，$s_B^{\min}<0$；但当$\frac{1}{3}(-12+9c+\sqrt{6}\sqrt{26-36c+9c^2})<t<\frac{1}{9}(-8+2\sqrt{25-36c}+9c)$时，$s_B^{\min}>0$

当$\frac{1}{3}(6-\sqrt{30})<c<\frac{1}{4}$，$\frac{1}{3}(-12+9c+\sqrt{6}\sqrt{26-36c+9c^2}<t<\min\{c,1-2c\}$，$s_B^{\min}>0$

当$\frac{2}{\sqrt{29}}<c<\frac{1}{14}(13-\sqrt{43})$且$-4+3c+\sqrt{16-24c+11c^2}<t<1-2c$

$s_B^{\min}=\pi_M^{A_2}-\pi_M^B=\frac{1}{36}(8c+4c^2+(-16+10c)t-9t^2)$

此时，当$\frac{2}{\sqrt{29}}<c<\frac{1}{52}(43-3\sqrt{61})$时，$-4+3c+\sqrt{16-24c+11c^2}<t<\frac{1}{9}(-8+5c+\sqrt{64-8c+61c^2})$，$s_B^{\min}>0$，当$\frac{1}{9}(-8+5c+\sqrt{64-8c+61c^2}<t<1-2c$，$s_B^{\min}<0$

当$\frac{1}{52}(43-3\sqrt{61})<c<\frac{1}{14}(13-\sqrt{43})$时，$-4+3c+\sqrt{16-24c+11c^2}<t<1-2c$，$s_B^{\min}>0$

6－6　命题9－4的数学证明

（1）根据前面的分析可得：

$w_{A_2}-s_{A_2}^{\min}=\frac{1}{72}(-32c+8c^2+(-32+50c)t-39t^2)<0$；即两国政府都有FDI引资政策，跨国公司不会选择并购A_1。

$w_{A_1}-s_{A_1}^{\min}=\frac{1}{72}(-4+72c-99c^2+(-32+18c)t-39t^2)$；

当$0<c<\frac{2}{33}$时，$w_{A_1}-s_{A_1}^{\min}\leqslant0$；

当$\frac{2}{33}<c<\frac{1}{3}$时，$\frac{1}{39}(-16+9c+2\sqrt{5}\sqrt{5+126c-189c^2})<t<c$，$w_{A_1}-s_{A_1}^{\min}\leqslant0$；然而$0<t<\frac{1}{39}(-16+9c+2\sqrt{5}\sqrt{5+126c-189c^2})$，$w_{A_1}-s_{A_1}^{\min}>0$；

当$\frac{1}{3}<c<\frac{5(31-2\sqrt{22})}{291}$时，$\frac{1}{39}(-16+9c+2\sqrt{5}\sqrt{5+126c-189c^2})<t<1-2c$，$w_{A_1}-s_{A_1}^{\min}\leqslant0$；然而$0<t<\frac{1}{39}(-16+9c+2\sqrt{5}\sqrt{5+126c-189c^2})$，$w_{A_1}-s_{A_1}^{\min}>0$；

当$\frac{5(31-2\sqrt{22})}{291}<c<\frac{1}{2}$时，$0<t<1-2c$，$w_{A_1}-s_{A_1}^{\min}>0$

（2）由于$s_{A_1}^{\min}=\frac{1}{36}(-4+9c^2+(24-18c)t+3t^2)$

此时，当$\frac{2}{33}<c<0.1914$时，$0<t<\frac{1}{39}(-16+9c+2\sqrt{5}\sqrt{5+126c-189c^2})$，$s_{A_1}^{\min}<0$；

当$0.1914<c<\frac{5}{291}(31-2\sqrt{22})$时，$0<t<\frac{1}{3}(-12+9c+\sqrt{6}\sqrt{26-36c+9c^2})$，$s_{A_1}^{\min}<0$；$\frac{1}{3}(-12+9c+\sqrt{6}\sqrt{26-36c+9c^2})<t<\frac{1}{39}(-16+9c+2\sqrt{5}\sqrt{5+126c-189c^2})$，$s_{A_1}^{\min}>0$；

当$\frac{5}{291}(31-2\sqrt{22})<c<\frac{1}{57}(39-\sqrt{210})$，$0<t<\frac{1}{3}(-12+9c+\sqrt{6}\sqrt{26-36c+9c^2}$，$s_{A_1}^{\min}<0$，$\frac{1}{3}(-12+9c+\sqrt{6}\sqrt{26-36c+9c^2})<t<1-2c$，$s_{A_1}^{\min}>0$；

$\frac{1}{57}(39-\sqrt{210})<c<\frac{1}{2}$，$s_{A_1}^{\min}<0$

同理，$s_B^{\min}=\frac{1}{72}(-4+72c-99c^2+(-16t+18c)t-51t^2)$

此时，当$0<c<\frac{2}{33}$时，$s_B^{\min}<0$

当$\frac{2}{33}<c<\frac{1}{11}$时，$\frac{1}{39}(-16+9c+2\sqrt{5}\sqrt{5+126c-189c^2}<t<\frac{1}{51}(-8+9c+2\sqrt{-35+882c-1242c^2})$，$s_B^{\min}>0$；$\frac{1}{51}(-8+9c+2\sqrt{-35+882c-1242c^2}<t<c$，$s_B^{\min}<0$

当$\frac{1}{11}<c<\frac{1}{3}$时，$\frac{1}{39}(-16+9c+2\sqrt{5}\sqrt{5+126c-189c^2})<t<c$，$s_B^{\min}>0$

当$\frac{1}{3}<c\leqslant\frac{5}{291}(31-2\sqrt{22})$时，$\frac{1}{39}(-16+9c+2\sqrt{5}\sqrt{5+126c-189c^2})<t<1-2c$，$s_B^{\min}>0$

附录7 相关矩阵表

7-1 固定收费许可共线性诊断

维	特征值	条件指标	常量	技术转让程度	销售额波动	利润率	交易企业之间关系	交易类型	质量创新程度	难易程度
1	7.182	1.000	0.000	0.002	0.003	0.003	0.001	0.002	0.002	0.002
2	0.255	5.312	0.000	0.012	0.000	0.605	0.000	0.023	0.074	0.003
3	0.165	6.601	0.000	0.000	0.856	0.008	0.007	0.018	0.002	0.055
4	0.133	7.345	0.000	0.056	0.024	0.163	0.010	0.000	0.320	0.256
5	0.124	7.623	0.000	0.515	0.038	0.054	0.049	0.052	0.005	0.051
6	0.073	9.900	0.000	0.026	0.001	0.014	0.003	0.593	0.348	0.266
7	0.057	11.20	0.005	0.047	0.008	0.149	0.583	0.240	0.116	0.087
8	0.011	25.53	0.994	0.341	0.069	0.004	0.346	0.071	0.133	0.281

7-2 单位产出费许可共线性诊断

维	特征值	条件指标	常量	销售额波动	技术转让程度	质量创新程度	利润率	企业所有制形式	排他性
1	6.196	1.000	0.001	0.004	0.003	0.003	0.005	0.003	0.003
2	0.262	4.867	0.001	0.015	0.021	0.027	0.562	0.082	0.001
3	0.188	5.738	0.000	0.356	0.003	0.113	0.088	0.188	0.018
4	0.143	6.585	0.000	0.478	0.002	0.363	0.055	0.074	0.001
5	0.106	7.631	0.000	0.002	0.358	0.007	0.084	0.003	0.583
6	0.087	8.461	0.001	0.023	0.508	0.109	0.081	0.344	0.250
7	0.018	18.590	0.998	0.122	0.106	0.379	0.126	0.305	0.144

7-3 技术转移方式共线性诊断

维	特征值	条件指标	常量	技术创新程度	企业类型	企业所有制形式	企业资产规模
1	4.686	1.000	0.001	0.003	0.006	0.004	0.001
2	0.156	5.473	0.003	0.153	0.402	0.099	0.010
3	0.098	6.917	0.001	0.100	0.544	0.493	0.004
4	0.052	9.518	0.021	0.599	0.021	0.310	0.136
5	0.008	24.786	0.974	0.144	0.028	0.094	0.850

附录8 企业自主创新技术商业化模式问卷

企业自主创新技术商业化模式问卷

您好！感谢您抽出时间填写这一份问卷，为了调查专利买卖市场的完善对于工业企业技术创新的作用，我们设计了以下问题。此次问卷所获信息仅为研究统计之用，请放心作答。您的回答对调查信息的完整性非常重要，请根据实际情况如实填写！

1. 在专利技术交易中，您是？（ ）

A. 买方 B. 卖方

2. 您所在企业（或单位）的类型？（ ）

A. 股份有限公司 B. 有限责任公司

C. 高校或科研机构

3. 与您进行专利技术交易的对方所在企业（或单位）的类型？（ ）

A. 股份有限公司 B. 有限责任公司

C. 高校或科研机构

4. 您所在企业（或单位）的性质？（ ）

A. 国有企业　　B. 国有控股企业
C. 私营企业　　D. 高校或科研机构等事业单位
E. 其他

5. 与您进行专利技术交易的对方所在企业（或单位）的性质？(　　)

A. 国有企业　　B. 国有控股企业
C. 私营企业　　D. 高校或科研机构等事业单位
E. 其他

6. 您就职企业（或单位）所处的行业？(　　)

A. 农业　　B. 计算机和信息服务
C. 电子信息　　D. 化学
E. 现代交通运输　　F. 新材料及其应用
G. 新能源与高效节能　　H. 生物、医药和医疗器械
I. 环境保护与资源综合利用　　J. 高校或科研机构
K. 制造业　　L. 现代服务业
M. 建材业　　N. 其他如

7. 与您进行专利技术交易的对方所在企业（或单位）所处的行业？(　　)

A. 农业　　B. 计算机和信息服务
C. 电子信息　　D. 先进制造
E. 交通运输　　F. 新材料及其应用
G. 新能源与高效节能　　H. 生物、医药和医疗器械
I. 环境保护与资源综合利用　　J. 高校或科研机构
K. 制造业　　L. 现代服务业
M. 建材业　　N. 其他

8. 如果您所在的单位为企业，则企业的年营业额或年销售额？(　　)

A. 500 万元以下　　B. 500 万—2000 万元
C. 2000 万—5000 万元　　D. 5000 万元以上

9. 如果与您进行专利技术交易的对方单位为企业，则对方企业的年营业额或年销售额？(　　)

A. 500 万元以下　　B. 500 万—2000 万元

C. 2000 万—5000 万元　　D. 5000 万元以上

10. 如果您为专利技术交易的买方，您所在企业的成本波动幅度？（　　）

A. 0—10%　　B. 10%—40%

C. 20%—30%　　D. 30%—40%

E. 40% 以上

11. 如果您为专利技术交易的买方，您所在企业的销售额波动幅度？（　　）

A. 0—10%　　B. 10%—20%

C. 20%—30%　　D. 30%—40%

E. 40% 以上

12. 使用专利技术后，对您所在单位的产品的成本所下降幅度？【选填】（　　）

A. 15% 以内　　B. 15%—30%

C. 30% 以上

13. 使用专利技术后，对您所在单位的产品质量带来提高的幅度是？【选填】（　　）

A. 较小　　B. 中等

C. 较高　　D. 很高

14. 交易专利技术所采取收费的方式？（　　）

A. 固定费用　　B. 单位产出费

C. 单位产出费加固定费用

15. 这项专利技术是否具有排他性？（　　）

A. 是　　B. 否

16. 所交易的专利技术转让程度？（　　）

A. 所有权　　B. 使用权

C. 商业权

17. 所交易的专利技术应用于生产后，这项新技术技术是否容易被与

你竞争或者潜在竞争的其他企业模仿？（ ）

A. 易　　B. 难

18. 您与对方进行交易专利的类型？（ ）

A. 发明专利　　B. 实用新型专利

C. 外观设计专利

19. 您签订合同期限为？（ ）

A. 1—5 年　　B. 5—10 年

C. 10—15 年　　D. 15—20 年

20. 专利技术交易双方企业之间的关系？（ ）

A. 关联企业　　B. 供应商的关系

C. 竞争关系　　D. 其他

21. 如果您是专利技术持有者，可以通过企业兼并以及技术买卖这两种方式来转让技术，你更偏好？（ ）

A. 企业兼并　　B. 技术买卖

22. 您所在企业的资产规模________万元。

23. 您所在企业的利润率大概________%。

主要参考文献

[1] Abito, J. M. and Wright, J., 2008, "Exclusive dealing with imperfect downstream competition," *International Journal of Industrial Organization* 26: 227 - 246.

[2] Acemoglu, D., Griffith, R., Aghion, P., Zilibotti, F., 2010, "Vertical integration and technology: theory and evidence", *Journal of the European Economic Association*, 8 (5): 989 - 1033.

[3] Anand, B., Khanna, T., 2000, "The structure of licensing contracts," *Journal of Industrial Economics*, 48 (1): 103 - 135.

[4] Armour, H. O., and Teece, D. J., 1980, "Vertical Integration and Technological Innovation" The Review of Economics and Statistics, 62 (3): 470 - 474.

[5] Arora, A. and Fosfuri, A., 2003, "Licensing the Market for Technology," *Journal of Economic Behavior & Organization*, 52 (2): 277 - 295.

[6] Arrow, K., 1962, "Economic welfare and the allocation of resources for inventions", *In: Nelson, R. (Ed.), The Rate and Direction of Inventive Activity. Princeton University Press, Princeton.*

[7] Arrow, K., 1975, "Vertical Integration and Communication," *The Bell Journal of Economics*, 6 (1): 173 - 183.

[8] Arya, A., Mittendorf, B. and Sappington, D. E. M., 2008, "The make - or - buy decision in the presence of a rival: strategic outsourcing to a common supplier," *Management Science*, 54: 1747 - 1758.

[9] Arya, A. , Mittendorf, B. , and Sappington, D. E. M. , 2008, "Outsourcing, vertical integration, and price vs. quantity competition," *International Journal of Industrial Organization* 26 (1): 1 – 16.

[10] Aulakh, P. S. , Cavusgil, T. S. and Sarkar, M. B. , 1998, "Compensation in international licensing agreements," *Journal of International Business Studies*, 29 (2), 409 – 419.

[11] Avenel, E. and Barlet, C. , 2000, "Vertical foreclosure, technological choice and entry on intermediate market," *Journal of Economics and Management Strategy*, 9 (2), 211 – 230.

[12] Beggs, A. W. , 1992, "The licensing of patents under asymmetric information", *International Journal of Industrial Organization* , 10: 171 – 191.

[13] Beladi, H. , Chakrabarti, A. , Marjit, S. , 2008, "Vertical mergers and downstream spatial competition with different product varieties," *Economics Letters*, 101: 262 – 264.

[14] Besanko, D. and Perry, M. K. , 1993, "Equilibrium incentives for exclusive dealing in a differentiated products oligopoly," *RAND Journal* of *Economics*, 24: 646 – 667.

[15] Biglaiser, G. , DeGraba, P. , 2001, "Downstream integration by a bottleneck input supplier whose regulated wholesale prices are above cost," *Rand Journal of Economics* , 32: 302 – 315.

[16] Blalock, G. and Gertler, P. J. , 2008, "Welfare gains from foreign direct investment through technology transfer to local supplier," *Journal of International Economics* 74 (2), 402 – 421.

[17] Blomstrom, M. , Kokko, A. , Zejan, M. , 1994, "Host country competition, labor skills, and technology transfer by multinationals," *Weltwirtschaftliches Archiv*, 130 (3): 521 – 533.

[18] Blomstrom, M. , Sjoholm, F. , 1999, "Technology transfer and spillovers: dose local participation with multinationals matter?" *European Economic Review*, 43: 915 – 923.

[19] Blomstrom, M., Wolff, E. N., 1994, "Multinational corporations and productivity convergence in Mexico," NBER working paper series, vol. w3141.

[20] Bolton, P. and Whinston, M. D., 1993, "Incomplete contracts, vertical integration, and supply assurance," *Review of Economics Studies*, 60 (1): 121 – 148.

[21] Bork, R. H., 1978, The Antitrust Paradox: A Policy at War with Itself. New York: Basic Books.

[22] Bousquet, A., Cremer, H., Ivaldi, M., Wolkovicz, M., 1998, "Risk sharing in licensing," *International Journal of Industrial Organization*, 16: 535 – 554.

[23] Buehler, S. and Haucap, J., 2006, "Strategic outsourcing revisited," *Journal of Economic Behavior and Organization*, 61: 325 – 338.

[24] Bunn, D. W., Martoccia, M., Ochoa, P., Kim, H., Ahn, N., Yoon, Y., 2010, "Vertical integration and market power: A model – based analysis of restructuring in the Korean electricity market," *Energy Policy*, 38: 3710 – 3716.

[25] Caballero – Sanz, F., Moner – Colonques, R. and Sempere – Monerris, J. J., 2005, "Licensing policies for a new product," *Economics of Innovation and New Technology* 14 (8): 697 – 713.

[26] Carlton, D. W., 1979, "Vertical integration in competitive markets under uncertainty," *The Journal of Industrial Economics*, 27 (3): 189 – 209.

[27] Caves, R., Bradburd, R. M., 1988, "The empirical determinants of vertical integration," *Journal of Economic Behavior & Organization*, 9 (3): 265 – 279.

[28] Caves, R., Crookell, H., Killing, P. J., 1983, "The imperfect market for technology licenses," *Oxford Bulletin of Economics and Statistics*, 45: 249 – 267.

[29] Caves, E. R., 1974, "Multinational firms, competition, and pro-

ductivity in host - country markets," *Economica*, 41 (162): 176 - 193.

[30] Chemla, G., 2003, "Downstream competition, foreclosure, and vertical integration," *Journal of Economics & Management Strategy*, 12: 261 - 289.

[31] Chen, R., 2011, "Strategic sourcing for entry deterrence and tacit collusion," *Journal of Economics*, 102: 137 - 156.

[32] Chen, R., Dubey, P., Sen, D., 2011, "Outsourcing induced by strategic competition," *International Journal of Industrial Organization*, 29: 484 - 492.

[33] Chen, Y., 2001, "On vertical merger and their competitive effects," *RAND Journal of Economics*, 32 (4), 667 - 685.

[34] Chen, Y. and Riordan, M. H., 2007, "Vertical integration, exclusive dealing, and *ex post* cartelization," *RAND Journal of Economics*, 38 (1): 1 - 21.

[35] Chen, Y. W., Y. P. Yang, L. F. Wang and S. J. Wu, 2014, "Technology Licensing in Mixed Oligopoly," International Review of Economics and Finance, 31: 193 - 204.

[36] Choi, J. P. and Yi, S. S, 2000, "Vertical foreclosure with the choice of input specifications," *Rand Journal of Economics* 31 (4), 717 - 743.

[37] Church, J., and Gandal, N., 2000, "Systems competition, vertical merger, and foreclosure," *Journal of Economics and Management Strategy* 9 (1), 25 - 51.

[38] Cronin, B., 1989, "Licensing patents for maximum profits," *International Journal of Technology Management*, 4 (5): 411 - 420.

[39] DeFontenay, C. and Gans, J., 2004, "Can vertical integration by a monopsonist harm consumer welfare?" *International Journal of Industrial Organization*, 22: 821 - 834.

[40] DeFontenay, C. and Gans, J., 2005, "Vertical integration in the presence of upstream competition," *Rand Journal of Economics*, 36: 544 - 572.

[41] Deneckere, R. and Davidson, C., 1985, "Incentives to Form Coali-

tions with Bertrand Competition. ", *RAND Journal of Economics*, 16: 473 – 486.

[42] Doganoglu, T. , and Wright, J. , 2010, "Exclusive dealing with network effects," *International Journal of Industrial Organization*, 28: 145 – 154.

[43] DOJ/FTC, 1995, "Antitrust Guidelines for the Licensing of Intellectual Properties," Department of Justice and Federal Trade Commission, Washington, D. C. April.

[44] Dries, L. , & Swinnen, J. F. M. 2004, "Foreign Direct Investment, Vertical Integration, and Local Suppliers: Evidence from the Polish Dairy Sector," *World Development*, 32 (9): 1525 – 1544.

[45] Erkal, N. , 2005, "Optimal licensing policy in differentiated industries," *The Economic Record* 81 (252), 51 – 64.

[46] Erutku, C. and Richelle, Y. , 2007, "Optimal licensing contracts and the value of a patent," *Journal of Economics and Management Strategy* 16 (2), 407 – 436.

[47] Farrell, J . and Shapiro, C. , 1990, "Horizontal Mergers: an Equilibrium Analysis," *American Economic Review*, 80: 107 – 126.

[48] Fauli – Oller, R. , Sandonis, J. , 2002, "Welfare reducing licensing," *Games and Economic Behavior* 41 (2), 192 – 205.

[49] Fauli – Oller, R. , Sandonis, J. , 2003, "To merger or to license: Implications for competition policy," *International Journal of Industrial Organization* 21 (5), 655 – 672.

[50] Fershtman, C. and Kamien, M. I. , 1992, "Cross licensing of complementary technologies," *International Journal of Industrial Organization* 10 (3), 329 – 348.

[51] Fetz, A. , Filippini, M. , 2010, "Economies of vertical integration in the Swiss electricity sector" *Energy Economics*, 32: 1325 – 1330.

[52] Filippini, L. , 2005, " Licensing contract in a Stackelberg model," *The Manchester School*, 73: 582 – 598.

[53] Gallini, N. and Wright, B. D. , 1990, "Technology Transfer under

Asymmetric Information", *Rand Journal of Economics*, 21, 147 - 160.

[54] Gambardella, A., Giuri, P., Luzzi, A., 2007, "The market for patents in Europe," *Research Policy*, 36: 1163 - 1183.

[55] Gaudet, G. and N. V. Long, 1996, "Vertical Integration, Foreclosure, and Profits in the Presence of Double Marginalization," *Journal of Economics & Management Strategy*, 5 (3): 409 - 432.

[56] Goh, A. T., 2005, "Knowledge diffusion, input supplier's technological effort and technology transfer via vertical relationships," *Journal of International Economics* 66 (2), 527 - 540.

[57] Gordanier, J. Miao, C., 2011, "On the duration of technology licensing," *International Journal of Industrial Organization*, 29: 755 - 765.

[58] Greenhut, M. L. and Ohta, H., 1979, "Vertical Integration of Successive Oligopolists," *American Economic Review*, 69: 137 - 141.

[59] Grindley, P. and Nickerson, J., 1996, "Licensing and Business Strategies in the Chemical Industry," In Parr, R., and Sullvian, p. (eds.), Technology Licensing Strategies. John Wiley, New York, 97 - 120.

[60] Grindley, P. and Teece, D., 1997, "Managing Intellectual Capital: Licensing and Cross - Licensing in Semiconductors and Electronics," *California Management Review*, 39: 8 - 41.

[61] Grossman, S. and Hart, O., 1986, "The costs and benefits of ownership: a theory of vertical and lateral integration," *Journal of Political Economy*, 94: 691 - 719.

[62] Grossman, G. M., and Helpman, E., 2002, "Integration vs. outsourcing in industry equilibrium," *Quarterly Journal of Economics*, 117: 85 - 120.

[63] Grossman, G. M. and Helpman, E., 2005, "Outsourcing in a global economy," *Review of Economic Studies* 72: 135 - 159.

[64] Hackner, J., 2000, "A note on price and quantity competition in a differentiated oligopolies," *Journal of Economic Theory* 93 (2), 233 - 239.

[65] Hall, B. H., 1997, "The relationship between firm size and firm growth in the US manufacturing sector," *Journal of Industrial Economics*, 35 (4), 583 -606.

[66] Hall, B. H. and Ziedonis, R. H., 2001, "An Empirical Study of Patenting in the U. S. Semiconductor Industry," *The RAND Journal of Economics*, 32 (1): 101 -128.

[67] Hart, O., Tirole, J., Carlton, D. W., and Williamson, O. E., 1990, "Vertical integration and market foreclosure," *Brookings Papers on Economics Activity. Microeconomics* (1990), 205 -286.

[68] Hastings, J. S., 2004, "Vertical relationships and competition in retail gasoline markets: empirical evidence from contract changes in Southern California," *American Economic Review*, 94: 317 -328.

[69] Heavner, D. L., 2004, "Vertical enclosure: vertical integration and the reluctance to purchase from a competitor," *Journal of Industrial Economics*, 52: 179 -199.

[70] Heywood, J. S., J. Li, and G. Ye, 2014," Per Unit vs. Ad Valorem Royalties under Asymmetric Information," *International Journal of Industrial Organization*, 37: 38 -46.

[71] Inderst, R., 2010, "Vertical market relations," *International Journal of Industrial Organization*, 28: 341 -344.

[72] Inderst, R., and Shaffer, G., 2007, "Retail Mergers, Buyer Power and Product Variety," *The Economic Journal* 117 (516), 45 -67.

[73] Inderst, R. and Wey, C., 2003, "Bargaining, mergers, and technology choice in bilaterally oligopolistic industries," *Rand Journal of Economics*, 34: 1 -19.

[74] Ivarsson, I. and Alvstam, C. G. 2004, "International technology transfer through local business linkages: The case of Volvo Trucks and their domestic suppliers in India," Oxford Development Studies, 32 (2): 241 -260.

[75] Ivarsson, I. and Alvstam, C. G., 2005, "Technology transfer from

TNCs to local suppliers in developing countries: a study of AB Volvo's truck and bus plants in Brazil, China, India, and Mexico," *World Development*, 33 (8): 1325 - 1344.

[76] Javorcik, B. S., 2004, "Does foreign investment increase the productivity of domestic firms? In search of spillovers through backward linkages," *American Economic Review*, 94 (3): 605 - 627.

[77] Kabiraj, T., 2004, "Patent licensing in a leadership structure," *The Manchester School* 72 (2), 188 - 205.

[78] Kabiraj, T., 2011, "Strategic outsourcing with technology transfer," Working Paper, No. 203 available at: http: //www. cdedse. org/pdf/work 203. pdf.

[79] Kamien, M., 1992, "Patent licensing", Chapter 11. In R. J. Aumann & S. Hart (Eds.), *Handbook of game theory*. 331 - 354.

[80] Kamien, M., Schwartz, N., 1982, "Market Structure and Innovation", *Cambridge University Press*.

[81] Kamien, M. and Tauman, Y., 1984, "The private value of a patent: A game theoretic analysis," *Journal of Economics* (Supplement) 4, 93 - 118.

[82] Kamien, M. and Tauman, Y., 1986, "Fees versus royalties and the private value of a patent," *Quarterly Journal of Economics* 101 (3), 471 - 491.

[83] Kamien, M. and Tauman, Y., 2002, "Patent Licensing: the inside story," *The Manchester School*, 70 (1), 7 - 15.

[84] Kamien, M., Tauman, Y., Zang, I., 1988, "Optimal license fees for a new product," Mathematical Social Sciences, 16: 77 - 106.

[85] Kamien, M., Oren, S. S. and Tauman, Y., 1992, "Optimal licensing of cost reducing innovation", *Journal of Mathematical Economics*, 21, 483 - 508.

[86] Katz, J. M., 1969, "Production function: foreign investment and growth, a study based on the Argentine manufacturing sector 1946 - 1961,"

Amesterdam: *North – Holland Pub. Co.* ,

[87] Katz, M. L. and Shapiro, C. , 1985, "On the licensing of innovation," *The Rand Journal of Economics*, 16 (4), 504 – 520.

[88] Katz, M. L. , and Shapiro, C. , 1986, "How to license intangible property," *Quarterly Journal of Economics*, 101 (3), 567 – 590.

[89] Keller, W. , 2004, "International technology diffusion," *Journal of Economic Literature*, 42: 752 – 782.

[90] Kim, Y. J. , and Vonortas, N. S. , 2006, "Technology licensing partners," *Journal of Economics and Business* , 58: 273 – 289.

[91] Kim, Y. J. , 2009, "Choosing between international technology licensing partners: An empirical analysis of U. S. biotechnology firms," *Journal of Engineering and Technology Management*, 26: 57 – 72.

[92] Kiyota, K. and Okazaki, T. , 2005, "Foreign technology acquisition policy and firm performance in Japan, 1957 – 1970: Micro – aspects of industrial policy," *International Journal of Industrial Organization*, 23: 563 – 586.

[93] Koizumi, T. , Kopecky, K. J. , 1977, "Economic growth, capital movements and international transfer of technology knowledge," *Journal of Internaional Economics*, 7: 45 – 65.

[94] Kokko, A. , Zejan, M. , Tansini, R. , 2001, "Trade regimes and spillover effect of FDI: evidence from Uruguay," *Weltwirtschaftliches Archiv*, 137 (1): 124 – 129.

[95] Kollmer, H. , Dowling, M. , 2004, "Licensing as a commercialisation strategy for new technology – based firms," *Research Policy*, 33: 1141 – 1151.

[96] Krattenmaker, T. G. and Salop, S. C. , 1986, "Anticompetitive exclusion: raising rival's costs to achieve Power over Price," *The Yale Law Journal*, 96: 209 – 293.

[97] Kreps, D. M. , and Scheinkman, J. A. , 1983, "Quantity Precommitment and Bertrand Competition Yield Cournot Outcomes," *The Bell Journal of*

Economics, 14: 326 -37.

[98] Kuhn, K. U., and Vives, X., 1999, "Excess Entry, Vertical Integration, and Welfare," *RAND Journal of Economics*, 30 (4), 575 -603.

[99] Lafontaine, F., Slade, M., 2007, "Vertical integration andfirm boundaries: the evidence Lafontaine, Francine," *Journal of Economic Literature*, 45: 629 -685.

[100] Lemarie, S., 2005, "Vertical integration and the licensing of innovation with a fixed fee or a royalty", Working Paper GAEL, 2005 -17, available at http: //ideas. repec. org/p/gbl/wpaper/200517. html.

[101] Li, C., 2005, "Merging ver sus Licensing in a Differentiated Goods Duopoly," *Proceedings of CES annual conference.*

[102] Li, C., and Geng, X., 2008, "Licensing to a durable - good monopoly," *Economic Modelling* 25 (5), 876 -884.

[103] Li, C., and Ji, X., 2010, "Innovation, licensing, and price vs. quantity competition," *Economic Modelling* 27 (3), 746 -754.

[104] Li, C., and Song, J. "Technology Licensing in a Vertically Differentiated Duopoly," *Japan and the World Economy*, 2009, 21 (2), 183 -190.

[105] Li, C., and Wang, J., 2010, "Licensing a vertical product innovation," *The Economic Record* 86 (275), 517 -527.

[106] Liao, C., and Sen, D., 2005, "Subsidy in Licensing: Optimality and Welfare Implications," *The Manchester School*, 73: 281 -299.

[107] Lin, P., 1996, "Fixed - fee licensing of innovations and collusion," *The Journal of Industrial Economics* 44 (4), 443 -449.

[108] Lin, P., & Saggi, K., 2005, "Multinational firms and backward linkages: A critical survey and a simple model," In T. H. Moran, E. M. Graham, & M. Blomstro¨m (Eds.), Does foreign direct investment promote development? (pp. 159 - 191). Washington, DC: Institute for International Economics and Center for Global Development.

[109] Lin, P., & Saggi, K., 2007, "Multinational Firms, Exclusivity,

and the Degree of Backward Linkages, " *Journal of International Economics*, 71: 206 –220.

[110] Lin, P. , & Saggi, K. , 2011, "Foreign direct investment in a two – tier oligopoly: coordination, vertical integration, and welfare," *International Economic Review*, 52 (4): 1271 –1290.

[111] Lin, Y. J. , 1988, "Oligopoly and Vertical Integration: Note," *American Economic Review*, 78: 251 –254.

[112] Linnemer, L. , 2003, "Backward integration by a dominant firm," *Journal of Economics and Management Strategy* 12 (2), 231 –259.

[113] Lopez, R. A. , 2008, "Foreign Technology Licensing, Productivity, and Spillovers," *World Development*, 36 (4): 560 –574.

[114] Ma, C. A. , 1997, "Option Contracts and Vertical Foreclosure," *Journal of Economics & Management Strategy*, 6 (4): 725 –753.

[115] Macdougall, G. D. A. , 1960, "The benefits and costs of private investment from abroad: a theoretical approach" *Oxford Bulletin of Economics and Statistics* 22 (3): 189 –211.

[116] Macduffie, J. P. , and Helper, S. , 1997, "Creating lean suppliers: Diffusing lean production through the supply chain," *California Management Review* 39 (4), 118 –151.

[117] Macho – Stadler, I. , Martínez – Giralt, X. , Pérez – Castrillo, J. D. , 1996, "The role of information in licensing contract design," *Research Policy*, 25: 43 –57.

[118] Macho – Stadler, I. , Perez – Castrillo, D. , and Veugelers, R. , 2007, "Licensing of University Inventions: The Role of a Technology Transfer Office, " *International Journal of Industrial Organization*, 25: 483 –510.

[119] Mansfield, E. , Romeo, A. , "Technology transfer to overseas subsidiaries by U. S. based firms," *Quarterly Journal of Economics*, 1980, 95, 737 –749.

[120] Martin, S. , Normann, H. T. , Snyder, C. M. , 2001, "Vertical

foreclosure in experimental markets," *RAND Journal of Economics*, 32: 466 - 496.

[121] Martín, M. S., and Saracho, A. I., 2010, "Royalty licensing," *Economics Letters*, 107: 284 - 287.

[122] Marvel, H., 1982, "Exclusive Dealing," *Journal of Law and Economics*, 25: 1 - 25.

[123] Mathewson, G. F., and Winter, R., 1984, "An Economic Theory of Vertical Restraints," *RAND Journal of Economics*, 15: 27 - 38.

[124] Marx, L., Shaffer, G., 2007, "Upfront payments and exclusion in downstream markets," *RAND Journal of Economics* 38 (3): 823 - 843.

[125] McDonald, D. W., and Leahey, H. S., 1985, "Licensing has a role in technology strategic planning," *Research Management*, 28 (1): 35 - 50.

[126] Mendi, P., 2009, "Backward integration and collusion in a duopoly model with asymmetric costs," *Journal of Economics* 96 (2), 95 - 112.

[127] Miklós - Thal, J., Rey, P., Vergé, T., 2010, "Vertical Relations," *International Journal of Industrial Organization*, 28: 345 - 349.

[128] Milliou, C., 2004, "Vertical Integration and R&D information flow: is there a need for 'firewalls'?" *International Journal of Industrial Organization*, 22: 25 - 43.

[129] Milliou, C., Petrakis, E., 2011, "Vertical integration and decreasing rival's cost," Working Paper, available at: http://econlab.uom.gr/econdep/images/stories/christou/Petrakis.pdf

[130] Motta, M., 1993, "Endogenous quality choice: Price vs. quantity competition," *The Journal of Industrial Economics* 41 (2), 113 - 131.

[131] Mukherjee, A., 2005, "Innovation, Licensing and Welfare," *The Manchester School*, 73: 29 - 39.

[132] Mukherjee, A., 2007, "Optimal Licensing Contract in an Open Economy", *Economics Bulletin*, 12, 1 - 6.

[133] Mukherjee, A. and Balasubramanian, N., 2001, "Technology

Transfer in Horizontally Differentiated Product Market", *Research in Economics*, 55, 257 -74.

[134] Mukherjee, A. and Ray, A., 2007, "Strategic outsourcing and R&D in a vertical structure," *The Manchester School*, 75: 297 -310.

[135] Mukherjee, A. and Tsai, Y., 2010, "International outsourcing and welfare reduction: An entry deterrence story," *The Manchester School*, 78: 647 - 659.

[136] Muto, S., 1993, "On Licensing Policies in Bertrand Competition", *Games and Economic Behavior*, 5, 257 -67.

[137] Neumann, M., 2005, "Successive Oligopolies, Vertical Downstream Integration and Foreclosure," *Journal of Industry, Competition and Trade*, 5 (1): 59 -77.

[138] Nickerson J. 1996, "Strategic objectives supported by licensing," *In*: Parr R. L. *and* Sullivan P. H. (*Eds*), Technology Licensing: Corporate Strategies for Maximizing Value. *Wiley*, New York, pp. 63 -82.

[139] Nocke, V., White, L., 2007, "Do vertical mergers facilitate upstream collusion?" *American Economic Review*, 97 (4): 1321 -1339.

[140] Normann, H. T., 2009, "Vertical integration, raising rivals' costs and upstream collusion," *European Economic Review*, 53: 461 -480.

[141] O'Brien, D. P., and Shaffer, G., 1992, "Vertical control with bilateral contracts," *RAND Journal of Economics*, 23 (3), 299 -308.

[142] O'Brien, D. P., and Shaffer, G., 1997, "Non - linear supply contracts, exclusive dealing, and equilibrium market foreclosure," *Journal of Economics and Management Strategy*, 6: 755 -785.

[143] Okuguchi, K., 1987, "Equilibrium prices in the Bertrand and Cournot oligopolies," *Journal of Economic Theory*, 42: 128 -139.

[144] Ordover, J. A., Saloner, G., and Salop, S. C., 1990, "Equilibrium vertical foreclosure," *American Economic Review* 80: 127 -142.

[145] Ordover, J., Saloner, G., and Salop, S., 1992, "Equilibrium

Vertical Foreclosure: Reply," *American Economic Review*, 82: 698 -703.

[146] Owen, B. M. , 2011, "Antitrust and Vertical Integration in "New Economy" Industries with Application to Broadband Access," *Review of Industrial Organization*, 38: 363 -386.

[147] Pack, H. , 2006, " Econometric versus case study approaches to technology transfer," In B. Hoekman, & B. S. Javorcik (Eds.), Global integration and technology transfer (pp. 29 -50) . New York, NY: Palgrave.

[148] Pack, H. , and Saggi, K. , 2001, "Vertical technology transfer via international outsourcing," *Journal of Development Economics* 65 (2), 389 -415.

[149] Pack, H. , and Westphal, L. , 1986, "Industrial strategy and technological change: theory versus reality," *Journal of Development Economics*, 22: 87 -128.

[150] Paulsson and Gunnar, 1986, "Licensing industrial technology to developing countries: the operation of Swedish firms in India," *Aussenwirtschaft*, 41 (4): 533 -549.

[151] Perry, M. K. , 1989, "Vertical Integration: Determinants and effects," In R. Schmalensee and R. D. Willig, eds. , *Handbook of Industrial Organization.* Amsterdam: North - Holland.

[152] Perry, M. K. , and R. H. Porter, 1985. "Oligopoly and the incentive for horizontal merger," *The American Economic Review* (75): 219 -227.

[153] Poddar, S. , and Sinha, U. B. , 2004, "On the patent licensing in spatial competition," *The Economic Record* 80 (249), 208 -218.

[154] Poddar, S. , and Sinha, U. B. , 2010, "Patent Licensing from a High - Cost Firm to a Low - Cost Firm", *Economic Record*, 86 (274), 384 -395.

[155] Posner, R. A. , 1976, "Antitrust Law: An Antitrust Perspective," Chicago: *University of Chicago Press.*

[156] Postmus, D. , Wijngaard, J. , Wortmann, H. , 2009, "An eco-

nomic model to compare the profitability of pay – per – use and fixed – fee licensing," *Information and Software Technology*, 51: 581 –588.

[157] Qiu, L. D. , 1997, "On the dynamic efficiency of Bertrand and-Cournot equilibria," *Journal of Economic Theory*, 75 (1), 213 –329.

[158] Rasmusen, E. , Ramseyer, J. , and Wiley, J. , 1991, "Naked Exclusion," *American Economic Review*, 81: 1137 –1145.

[159] Reiffen, D. , 1992, "Equilibrium Vertical Foreclosure: Comment," *American Economic Review*, 82: 694 –697.

[160] Rey, P. , Tirole, J. , 2007, "A primer on foreclosure," *Handbook of Industrial Organization* 3: 2145 –2220.

[161] Rey, P. , and Verg'e, T. , 2004, "Bilateral Control with Vertical Contracts. " *RAND Journal of Economics*, 35: 728 –746.

[162] Rhee, Y. , Ross – Larson, B. , Pursell, G. , 1984, " Korea's Competitive Edge: Managing Entry into World Market," Johns Hopkins Univ. Press, Baltimore.

[163] Riordan, M. H. , 1998, "Anticompetitive vertical integration by a dominant firm," *American Economic Review* 88 (5), 1232 –1248.

[164] Riordan, M. H. 2008, "Competitive effects of vertical integration," In: Buccirossi, P. (Ed.) *Handbook of Antitrust Economics*, MIT Press, Cambridge, pp. 145 –182.

[165] Riordan, M. H. , and Salop, S. C. , 1995, "Evaluating vertical mergers: a post – Chicago approach," *Antitrust Law Journal* 63 (2), 513 – 568.

[166] Rockett, K. , 1990, "The Quality of Licensed Technology", *International Journal of Industrial Organization*, 8, 559 –74.

[167] Rostoker, M. , 1983, "PTC research report: a survey of corporate licensing," *IDEA – The Journal of Law and Technology*, 24: 59 –92.

[168] Sandonis, J. , Fauli – Oller, R. , 2006, "On the competitive effects of vertical integration by a research laboratory," *International Journal of Industri-*

al Organization, 24 (4), 715 - 31.

[169] Saggi, K., 1996, "Entry into a foreign market: foreign direct investment versus licensing," *Review of International Economics*, 4: 99 - 104.

[170] Saggi, K., 1999, "Foreign direct investment, licensing, and incentives for innovation," *Review of International Economics* 7 (4): 699 - 714.

[171] Salant, S. W., S. Switzer, R. J. Reynolds, 1983," Losses from horizontal mergers: The effects of an exogenous change in industry structure on Cournot - Nash equilibrium", *Quarterly Journal of Economics*, 98: 185 - 199.

[172] Salinger, M. A., 1988, "Vertical mergers and market foreclosure," *Quarterly Journal of Economics*, 103 (2), 345 - 356.

[173] Salinger, M. A., 1991, "Vertical mergers in multi - product industries and Edgeworth's paradox of taxation," *Journal of Industrial Economics*, 39: 545 - 556.

[174] Salop, S. C. and Scheffman, D. T., 1983, "Raising rivals' costs," *American Economic Review* 73 (2), 267 - 271.

[175] Salop, S. C. and Scheffman, D. T., 1987, "Cost - raising strategies," *Journal of Industrial Economics* 36 (1), 19 - 34.

[176] San Martín, and M., Saracho, A. I., 2010, "Royalty Licensing," *Economics Letters*," 107: 284 - 287.

[177] Sappington, D., 2005, "On the irrelevance of input prices for make - or - buy decisions," *American Economic Review*, 95: 1631 - 1638.

[178] Saracho, A. I., 2002, "Patent Licensing under Strategic Delegation, " *Journal of Economics and Management Strategy*, 11, 225 - 51.

[179] Saracho, A. I., 2005, "The relationship between patent licensing and competitive behavior," *The Manchester School* , 73: 563 - 581.

[180] Saracho, A. I., 2011, "Licensing information goods," *International Journal of Industrial Organization* , 29: 187 - 199.

[181] Sen, D., 2005, "Fee versus Royalty Reconsidered", *Games and Economic Behavior*, 53, 141 - 7.

[182] Sen, D., Stamatopoulos, G., 2009, "Drastic innovations and multiplicity of optimal licensing policies," *Economics Letters*, 105: 7 – 10.

[183] Sen, D., Tauman, Y., 2007, "General licensing schemes for a cost – reducing innovation," *Games and Economic Behavior*, 59, 163 – 186.

[184] Shapiro, C., 1985, "Patent licensing and R&D rivalry", *American Economic Review*, 75 (2), 25 – 30.

[185] Shy, O., and Stenbacka, R., 2003, "Strategic outsourcing," *Journal of Economic Behavior and Organization*, 50: 203 – 224.

[186] Sinha, U. B., 2006, "Patent enforcement, innovation and welfare," *Journal of Economics*, 8: 211 – 41.

[187] Singh, N., and Vives, X., 1984, "Price and quantity competition in a differentiated duopoly," *The Rand Journal of Economics* 15 (4), 546 – 554.

[188] Spengler, J. J., 1950, "Vertical integration and antitrust policy," Journal of Political Economy, 58: 347 – 352.

[189] Stamatopoulos, G., and Tauman, Y., 2008, "Licensing of a Quality – Improving Innovation", *Mathematical Social Science*, 56: 410 – 38.

[190] Stigler, G. J., 1950, "Monopoly and oligopoly by merger," *American Economic Review*, 40 (5): 23 – 24.

[191] Suzuki, A., 2009, "Market foreclosure and vertical merger: A case study of the vertical merger between Turner Broadcasting and Time Warner," *International Journal of Industrial Organization*, 27: 532 – 543.

[192] Symeonidis, G., 2003, Comparing Cournot and Bertrand equilibria in a differentiated duopoly with product R&D," *International Journal of Industrial Organization* 21 (1), 39 – 55.

[193] Taylor, C., Silberston, Z., 1973, "The Economic Impact of the Patent System: a Study of the British Experience," Cambridge University Press, Cambridge.

[194] Teece, D. J., 1977, "Technology transfer by multinational firms:

the resource costs of transferring technological know how," *Economic Journal*, 87: 242 -261.

[195] Teece, D. J., 1986. Profiting from technological innovation: implications for integration, collaboration, licensing and public policy. Research Policy 15, 285 -305.

[196] Teece, D. J., 1997, "The Multinational Corporation and Resource Cost of International Technology Transfer," Ballinger, Cambridge.

[197] Teece, D. J., 2010, "Forward Integration and Innovation: Transaction Costs and Beyond," *Journal of Retailing*, *Volume* 86 (3): 277 -283.

[198] Thursby, J. G. and Thursby, M. C., 2002, "Who Is Selling the Ivory Tower? Sources of Growth in University Licensing", *Management Science*, 48 (1), 90 -104.

[199] Van Long, N., 2005, "Outsourcing and technology spillovers," *International Review of Economics & Finance*, 14: 297 -304.

[200] Vasconcelos, H., 2005, "Tacit collusion, cost asymmetries, and mergers," *RAND Journal of Economics*, 36 (1): 39 -62.

[201] Vishwasrao, S., & Bosshardt, W., 2001, "Foreign ownership and technology adoption: Evidence from Indian firms," *Journal of Development Economics*, 65 (2): 367 -387.

[202] Vishwasrao, S., 2007, "Royalties vs. fees: how do firms pay for foreign technology?" *International Journal of Industrial Organization*, 25 (4): 741 -759.

[203] Vishwasrao, Sharmila, 1994, "Intellectual property rights and the mode of technology transfer", *Journal of Development Economics*, 44 (2) 381 -402.

[204] Wang, J. Y., Blomstrom, M., 1992, "Foreign investment and technology transfer: a simple model," *Europe Economics Review* 36 (1): 137 -155.

[205] Wang, X. H., 1998, "Fee versus royalty licensing in a Stackelberg

duopoly model," *Economics Letters* 60（1）: 55 –62.

［206］Wang, X. H., 2002, "Fee versus royalty licensing in a differentiated Cournot duopoly model," *Journal of Economics and Business*, 54（2）, 253 –266.

［207］Wang, X. H., & Yang, B., 1999, "On licensing under Bertrand competition", *Australian Economic Papers*, 38, 106 –119.

［208］Wang, X. H., Yang, B., 2003, "A note on technology transfer by a monopoly", *Australian Economic Papers*, 42（1）, 50 –55.

［209］William, M. F., 1991, "Price and welfare effects ofoligopolistic mergers," *Bulletin of Economic Research*, 43（4）: 331 –355.

［210］Williamson, O. E., 1968, "Economics as an antitrust defense: the welfare tradeoffs," *American Economic Review*, 58: 1372 –1376.

［211］Williamson, O. E., 1971, "The Vertical Integration of Production: Market Failure Considerations," *American Economic Review*, 61（2）, 112 –123.

［212］Zanchettin, P., 2006, "Differentiated duopoly with asymmetric costs," *Journal of Economics and Management Strategy*, 15（4）: 999 –1015.

［213］蔡桂云、李爱兵．技术授权理论：一个文献综述［J］．现代管理科学，2011（2）：51 –53 +102.

［214］蔡桂云、李程．企业间纵向技术转让及社会福利分析［J］．中国城市经济，2011（5）：86 –87.

［215］蔡桂云．纵向一体化和技术授权研究．［D］天津，南开大学，2012.

［216］陈德智、肖宁川．并购——技术跨越模式研究［J］．科技管理研究，2003（5）：65 –67.

［217］陈丰龙、徐康宁．经济转型是否促进 FDI 技术溢出：来自 23 个国家的证据［J］．世界经济，2014（3）：104 –128.

［218］陈涛涛、范明曦、马文祥．对影响我国外商直接投资行业内溢出效应的因素的经验研究［J］．金融研究，2003（5）：117 –126.

[219] 蒋冠宏. 我国企业跨国并购真的失败了吗? ——基于企业效率的再讨论 [J]. 金融研究, 2017 (4): 46-60.

[220] 寇宗来、张剑. 累积创新中的内生许可证 [J]. 世界经济文汇, 2006 (1): 1-29.

[221] 李长英、宋娟. 政府在企业兼并与技术转让中的策略选择 [J]. 南开学报 (哲学社会科学版), 2006 (1): 125-132.

[222] 李长英、宋娟. 古诺竞争条件下异质品企业之间的兼并与技术转让 [J]. 世界经济, 2006 (7): 74-81.

[223] 李长英、姜羽. Stackelberg 竞争条件下的企业兼并与技术转让 [J]. 世界经济文汇, 2006 (2): 45-55.

[224] 李长英. 企业顺序进入市场条件下的技术授权问题 [J]. 世界经济文汇, 2008 (3): 46-56.

[225] 李长英、王君美. 技术授权形式及其社会福利效应 [J]. 世界经济文汇, 2009 (6): 77-88.

[226] 李长英、王君美. 最优技术授权及其社会福利效应 [J]. 世界经济, 2010 (1): 18-33.

[227] 李金生、李晏墅. 高技术企业原始创新风险传递效应模型研究 [J]. 中国工业经济, 2012 (1): 110-119.

[228] 李仁耀、黄金树. 外国技术授权策略与本国关税政策之探讨 [J]. 经济学 (季刊), 2005 (10): 203-226.

[229] 李仁耀、黄金树. 专利权人在不对称信息下的技术授权策略选择 [J]. 经济研究, 2006 (10): 44-51.

[230] 李习保. 中国区域创新能力变迁的实证分析: 基于创新系统的观点 [J]. 管理世界, 2007 (12): 18-30+171.

[231] 李新春、李胜文、张书军. 高技术与非高技术产业创新的单要素效率 [J]. 中国工业经济, 2010 (5): 68-77.

[232] 綦勇、侯泽敏、田海峰. Stackelberg 竞争下内生技术创新的企业兼并与技术授权 [J]. 系统管理学报, 2017 (1): 44-53.

[233] 乔晓楠、张欣. 东道国的环境税与低碳技术跨国转让 [J]. 经

济学（季刊），2012（3）：853－872.

［234］田晓利．纵向兼并劣于于技术许可吗?［J］管理科学学报，2016（8）：32－42.

［235］谢申祥、张辉、王孝松．外国企业的技术授权策略与社会福利［J］．世界经济，2013（10）：103－122.

［236］魏航、谈丹、李佩．具有技术转让的捆绑采购最优决策研究［J］．管理科学学报，2016（6）：1－19.

［237］徐璐、叶光亮．竞争政策与跨国最优技术授权策略［J］．经济研究，2018（2）：95－108.

［238］秦晓钟、胡志宝．外商对华直接投资技术外溢效应的实证分析［J］．江苏经济探讨，1998（4）：47－49+25.

［239］詹政、向洪金．市场规模、关税政策与外国厂商不同级别的技术授权研究［J］．软科学，2014（6）：75－80.

［240］张倩肖、冯根福．三种 R&D 溢出与本地企业技术创新——基于我国高技术产业的经验分析［J］．中国工业经济，2007（11）：64－72.

［241］赵丹、王宗军．消费者剩余、技术许可选择与双边政府 R&D 补贴［J］．科研管理，2012（2）：88－96.

后　记

2013年，在江西农业大学经济管理学院领导以及科技处相关领导的指导和帮助以及课题组成员共同努力下，我有幸获批国家社会科学基金青年项目《企业自主创新技术的商业化模式研究》（13CJL026）。几年来，课题组一方面搜集和整理大量的文献资料以完成课题理论部分研究，同时组织江西农业大学经济管理学院的多名本科生对100多家企业展开了调查，从而获取数据以完成课题实证部分研究，最终形成这本著作。当然，本著作的研究肯定不是尽善尽美，但可以告慰的是，课题组成员以及参与调研的学生确实付出了艰辛的努力。

在此，我要感谢课题组成员，他们是：宋娟女士、许其彬先生、刘文女士、谢蕊蕊女士、杨晶女士、陈雄强先生；我还要感谢参与课题调查的江西农业大学经济管理学院谌书颖、韩梦捷、齐军明、以及张果等同学；感谢王强、齐军明同学对课题实证部分所给予的大力帮助；感谢许许多多为课题研究以及专著出版提供过帮助的朋友。

最后，我要感谢我的丈夫李爱兵和我的母亲，是他们的理解、支持和鼓励，课题的研究和专著出版才得以顺利完成。同时，我的女儿李楚湉小朋友的乖巧懂事也减轻了我对她的担心和操劳，从而能集中精力进行研究和写作，并且女儿每天积极乐观的情绪感染和激励着我不断前行。

蔡桂云

2021年8月于南昌